中国神仙故事

〔明〕王世贞 撰
潘尧 点校

上册

图书在版编目（CIP）数据

中国神仙故事：上下 /（明）王世贞撰；潘尧点校
. -- 北京：现代出版社，2022.6

ISBN 978-7-5143-7536-7

Ⅰ.①中… Ⅱ.①王… ②潘… Ⅲ.①笔记小说 – 作品集 – 中国 – 明代 Ⅳ.①I242.1

中国版本图书馆CIP数据核字(2022)第082158号

中国神仙故事

作　　者：[明] 王世贞
点　　校：潘　尧
责任编辑：申　晶
出版发行：现代出版社
地　　址：北京市安定门外安华里504号
邮政编码：100011
电　　话：010-64267325　64245264（兼传真）
网　　址：www.1980xd.com
印　　刷：北京瑞禾彩色印刷有限公司
开　　本：787mm x 1092mm　1/16
印　　张：49.75
字　　数：608千字
版　　次：2022年9月第1版　2022年9月第1次印刷
书　　号：ISBN 978-7-5143-7536-7
定　　价：218.00元

版权所有，翻印必究；未经许可，不得转载

推荐序

根植于中国本土的神仙文化

神仙文化是中国文化传统中重要的组成部分。早在先秦时代，今天河北、山东沿海地区的燕国、齐国方士已经发展出一套求仙升仙的信仰追求和学说体系。这大约是因为大海茫茫，古人无法抵达彼岸，又有海市蜃楼之类的幻境，最容易引发人们对异世界的想象。秦始皇、汉武帝等雄才大略的君主，为了能长生不死，永葆世间的权势财富，实现开疆拓土的雄心壮志，更是靡费财力人力，派遣使者到处求仙问药，导致世间修仙之风大盛。此后历朝历代，神仙之说都十分流行，上到帝王将相，下到平民隐士，多有醉心于入山访仙、在家炼药者。随便翻开一本古人的作品集，里边完全找不到神仙身影的，恐怕是屈指可数。

我们今天当然已经知道，神仙是不存在的——或者至少，历来所说的那些神仙没有哪一个是得到证实的。从今天的科学理性来说，我们当然没有必要继续相信神仙，更不应该沉迷追随。但是，神仙文化在中国传统文化里有很重要的地位，给几千年来的中国人在生活和思想上都打下了深深的烙印。在传统文化里那些迄今仍颇具价值的部分，美丽而富于趣味，且都是和神仙联系在一起的。就像世界上其他文明里那些古老的神怪妖物至今仍活跃在奇幻文学、好莱坞电影和梦工厂动画里一样，中国的神仙至今也还不断地激发着文艺创作的灵感，活在当代人的文化记忆和文化想象里。所以，将神仙文化一律斥为封建迷信，嗤之以鼻，丢在一边，也是不可取的。如果想要真正地理解中国的传统文化和文学，深入体会古人的生活和内心世界，想要让我们的心灵变得更开放更充实，我们就还得好好地去读一读那些写神仙的作品，学一学关于神仙的知识。

中国的神仙典籍，有源远流长的谱系，上古时代的《山海经》《穆天子传》等已经包含很多的神怪形象和神仙传说。汉代以后更产生了传为西汉刘向所著的《列仙传》、传为东晋葛洪所著的《神仙传》、五代沈汾所著的《续仙传》等专门的神仙传记。汉魏六朝志怪、唐代传奇以降直到《西游记》《封神演义》等明清叙事文学中利用神仙故事，又进一步加以渲染而创作的作品更是不胜枚举。年轻的读者当然未必从一开始就要去啃那些最古老的艰深典籍。找一部分量适中、内容全面，最好还有白话译注的著作入手，是比较推荐的。这部《中国神仙故事》，就是一个很不错的选择，它对《列仙全传》做了注释与翻译，可读性非常高。

《列仙全传》出版于明代，因为出现时间较晚，重要的仙人形象和文学传记早已出世，此书将既有的各种仙传加以综合，囊括了历朝历代的重要仙人事迹，一览可得。书的价值，我们简单举例一二便可了然。

例如著名的"东方朔偷桃"故事,可以从本书《西王母》篇里看到:

后来西汉元封元年,西王母降临在汉武帝的宫殿,进献七个蟠桃给武帝。西王母自己吃了两个,武帝想留下桃核。西王母说:"这种桃子不是人间所有,三千年才结一次果。"东方朔恰巧在窗缝间看到这一幕,西王母又指着他说:"这个人多次偷吃过我的桃子。"(潘尧译文)

记载虽然简洁,但西王母、武帝与东方朔三人的情态宛如一幕小戏剧,绘声绘色。"东方朔偷桃"也在后来成为各种文艺作品中常见的题材,屡屡作为典故被引用。古代文人墨客只要写到桃花、桃子,往往就会想到东方朔的这个故事。

我们最熟悉的小说《西游记》里,第二十六回写到孙悟空打坏了镇元大仙的人参果树,为此四方求药治树。当他来到东华帝君所居的方丈仙山时,有这么一段插科打诨:

只见翠屏后转出一个童儿。他怎生打扮:

身穿道服飘霞烁,腰束丝绦光错落。头戴纶巾布斗星,足登芒履游仙岳。炼元真,脱本壳,功行成时遂意乐。识破原流精气神,主人认得无虚错。逃名今喜寿无疆,甲子周天管不着。转回廊,登宝阁,天上蟠桃三度摸。缥缈香云出翠屏,小仙乃是东方朔。

行者见了,笑道:"这个小贼在这里哩!帝君处没有桃子你偷吃!"

东方朔朝上进礼,答道:"老贼,你来这里怎的?我师父没有仙丹你偷吃。"

让孙悟空和东方朔这两个超越时空的"神仙"来了一段拌嘴。东方朔本来就是历史上著名的滑稽人物,孙悟空的牙尖嘴利更是老少皆知。这段拌嘴把他们的性格刻画得入木三分,令人忍俊不禁。但如果我们不知道东方朔背后这个"偷桃"的故事,也就读不出这段文字的趣味了。

又如《东王公传》记载东王公和玉女做"投壶之戏"时,东王公见到玉女失误便大笑,闪电随着笑声从口中发出。这段记载本身的意图,是想要解释"闪电"这种天气现象的起源。神话时代的人们对于各种天文地理现象还缺乏足够的科学知识,便为之想象出许多起源故事。它也成为传说文学中一种很重要的类型。我们今天当然不需要把这个解释当作知识来接受,但由此而产生的这个小场景(也许还不足以称为"故事")却很有趣味,东王公就像是一位我们生活里常常能够见到的那种诙谐亲切的老人,和年轻的玉女一起游戏,对对手的失误发出善意的戏谑。"玉女投壶""天公大笑"也同样成为中国文学里著名的意象。比如李白的名作《短歌行》里写道:

> 白日何短短,百年苦易满。
> 苍穹浩茫茫,万劫太极长。
> 麻姑垂两鬓,一半已成霜。

> 天公见玉女，大笑亿千场。
> 吾欲揽六龙，回车挂扶桑。
> 北斗酌美酒，劝龙各一觞。
> 富贵非所愿，与人驻颜光。

只从字面来看，"天公"一联令人莫名其妙，不知道天公为什么见了玉女就要大笑，这大笑又有什么意思？我们只有读过了这个故事，才会明白李白原来是在说天地茫茫，亘古以来已经不知道发生过多少次的雷鸣电闪了，在如此广阔寂寥的宇宙背景下，时间是永恒的，无始无终；而生命是短暂的，转瞬即逝，进而推敲出诗作背后的深意，年华易老，且行且珍惜。

书中像这一类的内容十分丰富，不但充满趣味，对理解整体的中国文化、中国文学也很有帮助。潘尧为全书作了明白晓畅的白话翻译，下附原文和简明的注释，书中还配上精美的插图，既能恰当地传达出原书的内容旨趣，也营造出了轻松多彩的氛围，颇便于阅读。本书对于想要了解传统文化的读者来说，都是十分方便且有益的。

是为序。

林晓光[*]

---

[*] 原浙江大学中文系副教授，日本九州大学人文科学研究院特任准教授，现任教于日本大阪大学大学院文学研究科。

译序

共飨异世界幻想盛宴

中国传记文学有着悠久的历史传统,所谓"左史记言,右史记事",无论人与事,其关注点均为"人"。西汉著名史学家司马迁创造性地将"言"与"事"结合,以人物为中心,写出流传千载的史学名著《史记》,是中国传记文学的奠基之作。

中国传记文学大致可分为四类:一是史传之作,如著名的"前四史"等;二是杂传之作,不同于正史采信于实,往往杂有荒诞之言,如《东方朔传》《郭泰别传》《蔡邕别传》等;三是碑志之作,如《曹娥碑》等;四是行状之作,代表作有《大唐故三藏玄奘法师行状》等。

史传之作中除了经典的正史类著作,还包括大量中国古代道教的仙传作品。所谓仙传,学者丁培仁将其定义为"记载神仙谱系、灵验和道教历史的作品"。仙传自身体量庞大,历朝历代均有所出,如战国《穆天子传》六卷、西汉刘向《列仙传》、东晋葛洪《神仙传》、唐杜光庭《墉城集仙录》、南宋陈葆光《三洞群仙录》、清李子端《中原仙汇》等。

仙传作品的一个重要特点是带有讽喻色彩，《列仙全传》便是其中的代表作。《列仙全传》又名《绣像列仙全传》《绘图列仙全传》《有象列仙全传》等，成书于明代，在中国古代传记文学中别具一格，亦是了解中国传统文化的重要载体。

《列仙全传》自问世以来，深受读者喜爱，流传十分广泛，只用了二十年左右的时间就东传日本，并被大量翻刻出版。全书共九卷，前八卷题吴郡王世贞辑次，新都汪云鹏校梓，末卷题新都后学汪云鹏辑补。一般来说，《列仙全传》的作者被定为王世贞。但亦有学者认为《列仙全传》的作者并非王世贞，而是汪云鹏。把作者假冒为著名文人在明代出版界是一种比较普遍的营销手段。汪云鹏作为书商，托名当朝名人王世贞试图增加《列仙全传》的名气，以此扩大书籍销量，赚取利润。

《列仙全传》在众多仙传作品中独树一帜，主要是因为它在一些方面与以往同类著作相比，特色鲜明：

第一，收录神仙数量庞大。全书以时间脉络为经纬，以老子为起点，终于明代道士周思德，记载了上古至明朝中期近六百位道士羽化登仙的故事，与《列仙传》《神仙传》等书相比，蔚为大观。

第二，所记神仙类型全备。书中不仅包括了神话神仙、历史人物神仙以及民间传说神仙，还突破教派樊篱，对各派成仙之士均有涉及。

第三，图文并茂是其最突出的特点。前八卷均附有精美插图，皆为明代人物版画，共计一百九十多幅，被郑振铎誉为"典型的最上乘的徽派木刻画品"，线条流畅，人物传神，在当时亦是创新之举。

据学者汤志波考证，《列仙全传》主要存在两个版本系统：一是汪云鹏玩虎轩刻本，乃《列仙全传》首刊本，国家图书馆有藏；二是明末清初翻刻本，如德让唐重修本，以及上海图书馆、浙江图书馆等藏本均属于该系统。由于明末清初翻刻本发行数量庞大，流传更为广泛，相比被束之高阁的玩虎轩刻本，更为大众所熟知，对书籍史和知识史的发展，有着独特的文献版本价值。本书的底本——台北大中国图书公司出版的影印本《绘图列仙全传》——即属于明末清初翻刻本系统。

《中国神仙故事》将原书所收录的数百篇道人传记逐字逐句翻译成现代白话文，并补充句读，对其中晦涩难懂的字词及背景知识予以注释，这在目前市面所见的《列仙全传》相关版本中尚不曾见。本书的参考价值有三：

首先，辅助读者熟悉独具中国特色的传统文化。比如高中语文必修课本中的名篇《庖丁解牛》，即出自《庄子·养生主》，而现在广为流行的养生理念也源于此。《庄子》是道教中非常重要的典籍之一，被称为《南华真经》，此书在唐代一度被列为科举考试的官方教科书，与"五经"同列。此外，大家熟知的众多古代著名文人实际上也与道教渊源颇深，例如留下名曲《广陵散》的嵇康、大书法家王羲之、田园诗人陶渊明、诗仙李白等。

其次，激发读者对中国古代典籍的阅读兴趣。中国古代典籍浩如烟海，是中国传统文化的重要载体，是中国古代精神文明的结晶。如果我们没有发自内心的喜爱与兴趣，恐怕难以品读其中蕴藏的古人智慧。全注全译后的《中国神仙故事》，将仙传故事中的曲折生动更加直观地呈现出来，通过阅读一个个引人入胜的故事，读者既掌握了丰富的传统文化知识，又破除了惧难之感，更容易对古代典籍产生阅读兴趣与信心。这本书就像一位引路人，带领大家逐渐步入中国古代典籍的殿堂，亲手触摸中国传统文化的核心与精华。

最后，帮助读者提高文言文解读能力。从长远角度来看，由汉字书写的文言文，超越了时间和空间的限制，不仅是中国，就连日本、韩国、越南等国的传统典籍也主要由文言文所书写，这些都是各国文化精髓的根基所在。掌握了一定的文言文解读能力，我们可以自主学习汉文化圈中的文化精萃，极大地拓展自己的文化视野。通过本书文白对照的体例，读者可以熟记重点字词的现代语义，在欣赏栩栩如生、曲折传奇的仙传故事时，潜移默化地提高对文言文的解读能力。

在序言后，要特别感谢人民文学出版社的曾老师、现代出版社的申老师、大学本科同学刘佳慧等人在该书出版过程中给予的大力支持与帮助！由于本人水平有限，书中难免存在挂一漏万之处，欢迎各位读者批评指正！

潘尧
2022 年 6 月

目录

第一卷 / 1

2 老子	27 洪崖先生	44 吕尚	68 亢仓子
9 木公	27 马师皇	47 范蠡	68 琴高
11 西王母	30 王倪	47 刘越	70 寇先
13 太真王夫人	30 何侯	51 匡续	72 马丹
15 东王公	32 偓佺	53 葛由	72 王玮玄
15 上元夫人	35 宛丘先生	55 蔡琼	73 负局先生
17 赤松子	35 铁拐先生	57 彭宗	75 列子
19 容成公	37 务光	59 冯长	76 庄子
19 广成子	37 孟岐	61 王子乔	78 尹喜
22 黄帝	39 匡裕	61 沈羲	87 尹轨
25 甯封子	42 彭祖钱铿	65 周亮	
25 赤将子舆	44 青乌公	66 涓子	

第二卷 / 89

90 丁令威	113 毛女	132 杜宇	152 尹澄
90 李八百	115 徐福	134 安期生	153 緱仙姑
93 明香真人	117 孔丘明	134 朱仲	155 金申
94 折象	117 黄石公	136 清平吉	155 王真
94 宋伦	119 控鹤仙人	136 刘京	157 李根
96 玉子	119 鬼谷子	137 武夷君	157 苏耽
99 太阳子	121 马成子	138 茅盈	159 东方朔
101 太阳女	122 茅濛	141 屈处静	162 稷丘君
101 太阴女	124 魏真君	141 鲁妙典	164 李少君
104 太玄女	124 萧史	142 修羊公	166 卫叔卿
106 墨子	126 刘海蟾	144 鲍叔阳	168 王兴
109 浮丘伯	126 卢侯二仙	144 司马季主	169 黄安
109 祝鸡翁	127 蔡女仙	146 巫炎	171 车子侯
111 皇太姥	127 白石生	147 朱璜	171 郭琼
111 古丈夫	130 涉正	149 刘安	173 太山老父

175 拳夫人	180 史通平	182 蓟子训	186 南阳公主
176 鲁生女	180 马明生	183 焦先	188 阴长生
176 程伟妻	181 丁义	185 唐公昉	
179 寿光侯	181 庄君平	186 灵寿光	

第三卷 / 191

192 王褒	201 毛伯道	213 江妃二女	242 沈文泰
195 王仲都	201 方回	215 刘根	242 王乔
196 乐巴	203 陈永伯	216 谷春	245 萧綦
196 徐登	204 赵丙	217 梅福	245 王远
198 陵阳子明	204 董仲	219 龙述	247 蔡经
198 张惠明	206 陈安世	219 姚光	251 子英
199 鸡窠小儿	206 庄伯微	220 魏伯阳	251 于吉
199 瞿武	208 东郭延	224 王老	252 宫嵩
200 上成公	209 华子期	225 张道陵	254 董奉
200 范幼冲	209 苏林	239 刘晨	259 封衡

260 介象　　267 刘讽　　270 朱孺子　　274 王梵志

263 钟离简　267 介琰　　272 左慈　　　

264 钟离权　268 李阿　　274 张鲁

第四卷 / 277

278 吕恭　　295 耆域　　317 吴猛　　349 许毛

280 罗真人　295 王质　　319 衍客　　349 王道真

282 黄初平　298 蓬球　　320 吴彩鸾　349 郑思远

284 贺元　　299 葛玄　　322 许逊　　352 许迈

284 兰公　　306 梁谌　　337 甘戬　　353 许穆

286 谌姆　　307 曹仙媪　338 盱烈　　354 葛洪

286 费长房　307 鲍靓　　338 黄仁览　356 张元化

291 严青　　310 孙登　　341 潘茂名　357 黄野人

292 蓝采和　313 王烈　　341 彭抗　　358 麻姑

294 沈建　　313 嵇康　　342 郭璞

中国神仙故事

第一卷

老子

老子就是太上老君。《混元图》说，初三皇时期，老子化身成为万法天师；中三皇时期，化身成为盘古；伏羲时期，是郁华子；女娲时期，是郁密子；神农时期，是太成子；轩辕时期，是广成子；少皞时期，是随应子；颛帝时期，是赤精子；帝喾时期，是录图子；尧时期，是务成子；舜时期，是尹寿子；禹时期，是真行子；汤时期，是锡则子。

老子虽然历代转化成为不同的人物，却在诞生时没有任何特殊迹象。直到商汤阳甲时期，投胎在玄妙玉女的肚子里，待了八十一年。在武丁庚辰二月十五日卯时，降生在楚国苦县濑乡曲仁里。老子从母亲左腋出来，在李子树下诞生。他指着李子树说："这就是我的姓。"老子出生时，一头白发，面色黄白，额头有多道皱纹贯通，显示着星宿的排列。额角两端似有日月的形状，耳朵硕长，目光炯炯有神。鼻骨端正宽大，每只耳朵上有三个耳孔，胡须修美，额头宽阔。牙齿稀疏，口呈方形。他脚掌上的纹路符合三五之道，双手上长有十种符合大道的纹路。老子姓李名耳，字伯阳，号老子，又号老聃。

周文王还被封为西伯侯时，老子被下诏任命为守藏史。武王时，升为柱下史。成王时，老子依然担任柱下史。老子后来游历西域、大秦、竺乾等国，号为古先生，开化教导这些国家。康王时，老子回到周朝，再次担任柱下史。昭王时，辞官归隐毫地。后来，老子又打算启发教化西域各国，于是在昭王二十三年，驾青牛车经过函谷关。守关令尹喜知道老子乃一神人，于是从老子那里求得大道。昭王二十五年，老子出现在蜀地青羊肆，和尹喜一同穿越沙漠前往西域。到穆王时，老子又回到中原。平王时，老子又出关去启发教化周围的邻国，后来又回到中原。敬王十七年时，孔子向老子请教大道，回去之后便赞叹老子的大道高深奇妙，如龙的变化一般不可预测。烈王三年时，老子路过秦国，秦献公询问他国运之事，然后西出散关。郝王九年时，老子又西出散关，在昆仑山羽化升仙。秦朝时，老子降生在峡河边，号河上公，传授安期生大道。

　　汉文帝时，老子号广成子。汉文帝喜好老子的学说，派遣使者下诏询问老子。老子说："道尊德贵，不可以通过使者来询问。"文帝于是下令驾车亲自前往拜访。文帝说："普天之下都是我的国土，四海之人都是我的臣民。宇宙中有四种东西称为大，我就是其中之一。您虽然有大道，依然是我的臣民，却不能屈尊自己，为何使自己高高在上？我能够使贫贱之人获得富贵。"不一会儿，老子拍手坐下，在空中冉冉升起，就像云气上升一样，离开地面几百米，悬在空中。过了很久，老子俯下身子回答道："我现在向上未到达天庭，悬在半空又不像人，往下又不在地面，怎么能算你的臣民呢？陛下哪里能够使我变得富贵或者贫贱呢？"文帝于是醒悟，这才知道老子是神人，走下车向老子跪拜赔礼。老子传授文帝《道经》和《德经》。

　　汉成帝时，老子降生在曲阳县泉水边，传授于吉《太平真经》。汉章帝时，老子传授于吉一百八十大戒。汉安帝时，再次降生，传授刘图《罪福新科》。汉顺帝时，又降生，传授天师《三洞经箓》。汉桓帝时，降生

老子

于天台，传授葛孝先《上清》《灵宝》《大洞》等真经。魏明帝时，降生于嵩山，传授天师寇谦之《新科符箓》。

唐高祖时，降生于羊角山，口授吉善行《唐公受命符》。唐玄宗天宝初年，降生在丹凤门，玄宗亲自在兴庆宫设宴款待老子。后老子又降生，把藏在函谷的《金匮灵符》口授给田同秀。再降生，口授王元翼《妙真符》。北宋政和二年，降生在华阳洞天，传授梁先生《加句天童护命经》。老子历代都会降生，在尘世劫难来临之前度化众人，在宇宙万物形成之后常常降临人间，隐显莫测，变化无穷，普度众人，其中事迹实在不可以详细描述。

史书说，老子在西方升天之时，紫微星散发出五彩光芒。周昭王命令太史占卜，太史说："当有圣人前往西方，一千年之后，圣人的声威教化将会返回北方，这是开化西方的征兆。"从周昭王甲寅年到东汉永平初年，果然是一千年。《续博物志》记载：唐高祖武德三年，晋州人吉善行在羊角山见到一位白衣老人。老人对善行说："你替我告诉唐朝天子，我是太上老君，是他的祖先。"高祖因此为老子立庙，高宗追尊老子为玄元皇帝，明皇给老子注释《道德真经》。长安和洛阳以及各州都设置玄元皇帝庙。京城的玄元皇帝庙叫作玄元宫，各州的叫作紫极宫。不久，改长安的为太清宫，洛阳的为太微宫，两宫都安排学生学习。老子的尊号是"太圣祖高上大道金阙玄元天皇大帝"。

原文　老子者，太上老君也。《混元图》[1]云，初三皇[2]时，化身号为万法天师；中三皇[3]时，为盘古先生；伏羲时，为郁华子；女娲氏时，为郁密子；神农时，为太成子；轩辕时，为广成子；少皞时，为随应子；颛帝时，为赤精子；帝喾时，为录图子；尧时，为务成子；舜时，为尹寿子；

禹时，为真行子；汤时，为锡则子。

1《混元图》：老子用来描述万物初始的宇宙图式。**2** 初三皇：中国传说中的古老帝王，道教奉为神灵，又名上三皇，天皇即玉清圣境元始天尊盘古氏，地皇即上清真境灵宝天尊，人皇即太清仙境道德天尊。**3** 中三皇：指天皇、地皇、人皇。

老君[1]虽累世化身，而未有诞生之迹。迨[2]商汤阳甲时，分神化气，始寄胎玄妙玉女八十一年。暨武丁庚辰二月十五日卯时，降诞于楚之苦县濑乡曲仁里。从母左腋而生于李树下，指树曰，此吾姓也。生时白首，面黄白色，额有参牛达理[3]，日月角[4]悬，长耳矩目，鼻纯骨双柱，耳有三漏门[5]，美须广颡，疏齿方口，足蹈三五[6]，手把十文[7]。姓李名耳，字伯阳，号曰老子，又号曰老聃。

1 老君：指老子，是李老君或太上老君的简称。**2** 迨：等到。**3** 参牛达理：参，二十八星宿中的参宿。牛，二十八星宿中的牛宿。参宿主吉，牛宿主凶。达理，贯通的纹理，这里指老子额头的皱纹显示星宿排列的奥秘，以显示其智慧。**4** 日月角：指日角和月角。额骨中央部分隆起，形状如日，被称为日角，旧时相术家认为是大贵之相。人的右额被称为月角，在天庭的右边。**5** 三漏门：又称为"耳三漏"或者"耳参漏"，指两耳各有三个孔，过去传说是圣人的异相。**6** 足蹈三五：三五指三五之道，又叫三五之数，三阳（爻）五行，这里指脚下的纹理符合三五之道。**7** 十文：五行配合阴阳，共有十种。这里指手掌上长有十种符合大道的纹理。

周文王为西伯，召为守藏史[1]。武王时，迁为柱下史。成王时，仍为柱下史[2]。乃游西极[3]、大秦[4]、竺乾[5]等国。号古先生，化导[6]其国。康王时，还归于周，复为柱下史。昭王时，去官归亳隐焉。后复欲开化西域，乃以昭王二十三年，驾青牛车，过函谷关[7]。度关，令尹喜知之，求得其道。二十五年，降于蜀青羊肆，会尹喜同度流沙[8]胡域。至穆王时，复还中夏。平王时，复出关开化苏邻诸国，复还中国。敬王十七年，孔子问道于老聃，退而有犹龙之叹。烈王三年，过秦，秦献公问以历数，遂出散关⁹。赧王九年，复出散关，飞升昆仑。秦时，降陕河之滨，号河上公，授道安期生。

1 守藏史：周朝的职官名称，掌管国家图书。**2** 柱下史：周、秦时的职官名称，掌管中央的奏章、档案和图书。**3** 西极：西边的尽头，具体指长安以西的疆域。**4** 大秦：古国名。又名犁靬、海西。古代中国史书对罗马帝国的称呼。**5** 竺乾：又叫天竺，古印度的别称。**6** 化导：教化开导。**7** 函谷关：关口名，战国时秦朝设置，在今天河南省灵宝市境内。**8** 流沙：沙漠，指西域一带。**9** 散关：又叫大散关，在陕西省宝鸡市西南大散岭上。

汉文帝时，号广成子。文帝好老子之旨，遣使诏问之。公曰："道尊德贵，非可遥问。"帝即命驾诣之。帝曰："普天之下，莫非王土。率土之滨，莫非王臣。域中有四大，王居一也。子虽有道，犹朕民也。不能屈，何乃高乎？朕足使贫贱富贵。"须臾，公乃抚掌坐跃，冉冉在虚空中，如云之升，去地百余丈而止于玄虚。良久，俯而答曰："今上不至天，中不类人，下不居地，何民之有！陛下焉能令富贵贫贱乎？"帝乃悟，知是神人，方下辇稽首¹礼谢。授帝《道》《德》二经。

1 稽首：古时一种跪拜礼，叩头至地，是九拜中最恭敬者。

成帝时，降曲阳¹泉，授于吉《太平真经》。章帝时，授于吉一百八十大戒。安帝时，降，授刘图《罪福新科》。顺帝时，降，授天师《三洞经箓》。桓帝时，降天台²，授葛孝先《上清》《灵宝》《大洞》诸经。魏明帝时，降嵩山³，授天师寇谦之《新科符箓》。

1 曲阳：即曲阳县，今属于河北省保定市。**2** 天台：山名，在今天浙江省天台县北。**3** 嵩山：山名，在河南省登封市北，是五岳中的中岳，有三座山峰，分别是东峰太室山、中峰峻极山和西峰少室山。

唐高祖时，降羊角山，语吉善行《唐公受命符》。玄宗天宝初，降丹凤门[1]，帝亲享之兴庆宫。随又降，语田同秀以函谷所藏《金匮灵符》。又降，语王元翼《妙真符》。宋政和二年，降华阳洞天[2]，授梁先生《加句天童护命经》。盖无世不出，先尘劫[3]而行化，后无极[4]而常存；隐显莫测，变化无穷，普度天人，良不可以具述[5]者矣。

1 丹凤门：唐朝西都长安大明宫的正南门，今位于西安大明宫国家遗址公园内。**2** 洞天：指神道居住的名山胜地。洞天就是地上的仙山，它包括十大洞天、三十六小洞天，构成道教地上仙境的主体部分。**3** 尘劫：佛教称一世为一劫，无量无边劫为尘劫。后亦泛指尘世的劫难。**4** 无极：中国古代哲学认为是形成宇宙万物的本原。因其无形无象，无声无色，无始无终，无可指名，故曰无极。**5** 具述：详细陈述。

史云，老子西升之时，五色光贯紫微[1]。昭王令太史[2]占之，云："当有圣人西去，千年之外，声教返北，此西化之兆也。"自昭王甲寅，至汉永平，果千年焉。《续博物志》云：唐高祖武德三年，晋州人吉善行，于羊角山见白衣父老，呼善行曰："为吾语唐天子，吾为老君，即其祖也。"高祖因立庙，高宗追尊玄元皇帝，明皇为注《道德真经》。两京及诸州各置玄元皇帝庙。京师号玄元宫，诸州号紫极宫。寻改西京为太清宫，东京为太微宫，皆置学生。尊号曰太圣祖高上大道金阙玄元天皇大帝。

1 紫微：即紫微垣，三垣之一，又叫紫微宫，是天帝居住的地方，是皇帝内院，除了皇帝外，皇后、太子、宫女都在这里居住。**2** 太史：职官名，主要掌管记载史事、编写史书、起草文书，兼管国家典籍和天文历法等。秦汉曰太史令，汉属太常，掌天时星历。

木公

木公，名倪，字君明。世界上还没有万物时，木公孕育诞生于大海之上，苍灵之地。他道性端庄娴静，崇信清静无为。木公开创了宇宙万物，孕育了世间万物，功劳伟大。木公主宰阳和之气，管理东方，也号称东王公。凡是修炼后上天入地、得道成仙的男子，都归木公掌管。木公曾经在丁卯日登上仙台，查看在轮回中的修道者，发现修道成仙之人可以分为九等：一是九天真皇，二是三天真皇，三是太上真人，四是飞天真人，五是灵仙，六是真人，七是灵人，八是飞仙，九是仙人。不同等级的成仙之人在飞升的那天，都会先拜见木公，然后拜访金母。只有这件事情完成之后，他们才能升入九天，进入三清宫，礼拜太上真君，见到元始天尊。汉代初年，有一群儿童在路上戏唱歌谣："着青裙，上天门，揖金母，拜木公。"当时人们都不知道什么意思，只有张子房去拜访这群小朋友。张子房回来后对人们说："他们是东王公身边的玉童。"

【原文】 木公，讳倪，字君明。天下未有民物[1]时，钟化而生于碧海[2]之上，苍灵[3]之墟。道性凝寂，湛体无为。将赞迪玄功，育化万物。主阳和之气，理于东方，亦号东王公。凡上天下地，男子登仙得道者，悉所掌焉。尝以丁卯日登台，观望转劫[4]学道得仙之品，品有九。一曰九天真皇，二曰三天真皇，三曰太上真人，四曰飞天真人，五曰灵仙，六曰真人，七曰灵人，八曰飞仙，九曰仙人。凡品仙升天之日，先拜木公，后谒金母，受事既毕，方得升九天，入三清，礼太上而观元始。汉初，有群儿戏谣于道曰："着青裙，上天门，揖金母，拜木公。"时人皆莫之知，唯子房往拜焉。乃语人曰："此东王公之玉童也。"

木公

1 民物：泛指人民、万物。**2** 碧海：传说中的海名。**3** 苍灵：即青帝。我国古代神话中的五天帝之一，是位于东方的司春之神。**4** 转劫：转世。

西王母

　　西王母，就是龟台金母，凭借西华宫神妙的灵气，降生在伊川。据说姓缑，一说姓何，一说姓杨，名回，字婉妗，又字太虚，配享祭祀的方位是西方，与东王公一起管理阴阳二气，调和阴阳，创造出天地和万物。凡是天上或地下得道成仙的女子，都归西王母管理。她居住在昆仑山巅阆风的花园中，华丽的楼台高达九层，左边是瑶池，右边环绕着翠水，还有华林、媚兰、青娥、瑶姬、玉卮五个女儿。周穆王乘坐八匹骏马的马车西巡时，手拿白色的玉圭和黑色的玉璧拜访西王母，又在瑶池上和西王母一起饮酒。西王母为周穆王唱歌："白云在天，山陵自出。道里悠远，山川间之。将子无死，尚能复来。"后来西汉元封元年，西王母降临在汉武帝的宫殿，进献七个蟠桃给武帝。西王母自己吃了两个，武帝想留下桃核。西王母说："这种桃子不是人间所有，三千年才结一次果。"东方朔恰巧在窗缝间看到这一幕，西王母又指着他说："这个人多次偷吃过我的桃子。"西王母那天命令侍女董双成吹奏云和笛，王子登弹奏八琅璈，许飞琼吹奏灵虚簧，安法兴唱玄灵曲，给汉武帝祝寿。

原文　　西王母，即龟台金母[1]也，以西华[2]至妙之气，化而生于伊川[3]。姓缑，一作何，一作杨，讳回，字婉妗，一字太虚，配位[4]西方，与东王公共理二气，调成天地，陶钧[5]万品。凡上天下地，女子之登仙得道者，咸所隶焉。居昆仑之圃，阆风[6]之苑。玉楼玄台九层，左带瑶池[7]，

西王母

右环翠水。女五：华林、媚兰、青娥、瑶姬、玉卮。周穆王八骏西巡，乃执白圭玄璧，谒见西王母。复觞母于瑶池之上。母为王谣曰："白云在天，山陵自出。道里悠远，山川间之。将子无死，尚能复来。"后汉元封元年降武帝殿，母进蟠桃七枚于帝。自食其二，帝欲留核。母曰："此桃非世间所有，三千年一实耳。"偶东方朔于牖[8]间窥之，母指曰："此儿已三偷吾桃矣。"是日命侍女董双成吹云和之笛，王子登弹八琅之璈[9]，许飞琼鼓灵虚之簧[10]，安法兴歌玄灵之曲，为武帝寿焉。

1 龟台金母：龟台，传说中仙人居住的地方。金母，古代神话传说中的女神，俗称西王母。2 西华：道教仙宫名，相对东华而言。东华为男仙所居，以东王公为首领；西华为女仙所居，以西王母为首领。3 伊川：古地名，指伊水所流经的伊河流域。4 配位：配祭时的位置。5 陶钧：制作陶器所用的转轮，这里指大自然的造化。6 阆风：又名阆风巅，传说中神仙居住的地方，在昆仑之巅。7 瑶池：古代传说中昆仑山上的池名，西王母的居所。8 牖：窗户。9 琅之璈：古玉制乐器。10 簧：乐器里用作振动发声的薄片。

太真王夫人

太真王夫人，是西王母的小女儿玉卮，每次弹奏一弦琴，都有上百种鸟儿飞来。她有时驾着白龙周游四海。

原文 太真[1]王夫人，王母少女玉卮也，每弹一弦琴，即百禽飞集。时乘白龙，周游四海。

1 太真：仙女名，西王母的小女儿。

太真王夫人

东王公

　　东王公和玉女一起玩投壶游戏时，玉女获胜或者出现失误没有投进壶中时，东王公就会因此大笑，这时，光就会从他的口中射出，就是今天的闪电。

原文　　东王公，与玉女投壶[1]，枭[2]而脱误不接者，公为之笑。开口流光，今电是也。

[1] 投壶：古代宴会礼制。亦为娱乐活动。宾主依次用箭投向盛酒的壶口，以投中多少决胜负，负者饮酒。[2] 枭：古代博戏的胜彩名。枭就是幺，得幺者胜。

上元夫人

　　汉武帝元封元年七月七日，在紫色云气环绕下，西王母乘坐五彩麒麟车降临在武帝的宫殿。西王母朝东而坐，汉武帝跪下向她请安。结束后，西王母才令武帝坐下，并派遣侍女迎请上元夫人，说："刘彻喜好道术，我恰好来看看他，夫人愿意来一趟吗？"侍女阿环回来后禀告："我远远隔着绛河向上元夫人再三作揖，上元夫人才答应，于是变换容貌，前后竟相差五十多岁。"武帝问上元是哪位神仙，西王母说她是三天真皇之母，统领所有神仙的户籍，是上元之官。不久，上元夫人乘坐麒麟而来，身穿青色衣服，披着白色袍子，梳着三朵发髻，其余的头发散落下垂到腰间。武帝拜见上元夫人，上元夫人对武帝说："你喜好道术吗？但是你的本性暴烈、浮躁、奢靡、苛刻和残忍，这五种本性在你的荣卫和五藏之中流

东王公

转。你虽然屡次招揽方士,羡慕长生之术,也只是徒劳而已。"于是上元夫人把十二种灵飞术传授给武帝之后,便飞升离开。

原文　　汉武帝元封元年七月七日,王母乘紫云辇[1],驾五色斑麟,降帝宫。东向坐,帝跪问寒暄。毕,乃令帝坐,遣侍女迎上元夫人云:"刘彻好道,适来观之,夫人可暂来不?"侍女返云:"阿环再拜,远隔绛河,遂替颜色,近五十年。"帝问上元何真[2],曰,是三天真皇之母,总领真籍[3],上元之官也。俄夫人亦乘麟至,服青霜袍,头作三髻,余发散垂至腰。帝拜,夫人曰:"汝好道乎?汝胎性暴,胎性淫,胎性奢,胎性酷,胎性贼,五者常含于荣卫[4]之中、五藏[5]之内。虽数招方士而慕长生,亦自劳耳。"授帝以灵飞十二事,乃去。

1 辇:指帝王后妃所乘的车。2 真:仙人。3 真籍:仙人的名册。4 荣卫:中医学名词。荣指血的循环,卫指气的周流。荣气行于脉中,属阴;卫气行于脉外,属阳。荣卫二气散布全身,内外相贯,运行不已,对人体起着滋养和保卫作用。5 五藏:即五脏,指心、肝、脾、肺、肾。中医认为"五脏"有藏精气而不泻的功能,因此叫作"五藏"。

赤松子

赤松子是神农氏时期的雨师,服食冰玉,教授神农氏法术,让他能够进入火中却不被烧死。赤松子到昆仑山,常常住在西王母的石室中,随着风雨在空中上下飞行。炎帝的小女儿追随赤松子,也得道成仙一起飞升。高辛时,赤松子担任雨师,在人间闲游。

赤松子

原文 赤松子，神农时雨师[1]，服冰玉，教神农能入火不烧。至昆仑山，常止西王母石室中，随风雨上下。炎帝少女追之，亦得仙俱去。高辛时，为雨师，闲游人间。

1 雨师：古代传说中管理雨水的神。

容成公

容成公，自称黄帝的老师。他见周穆王时，谈到采补和导引之术，在玄牝中提炼万物的精华。他的要诀是谷神永恒存在。容成公养生保气，头发由白变黑，牙齿脱落后再次长出。他的道和老子相同。

原文 容成公者，自称为黄帝之师，见周穆王，言补导[1]之事，炼精于玄牝[2]。其要谷神[3]不死，守生养气，发白返黑，齿落更生，道与老子同。

1 补导：采补和导引。道家的养生术。 2 玄牝：道家指滋生万物的本源，比喻道。 3 谷神：古代道家用语。谷，山谷；神，一种渺茫恍惚无形之物。谷神即指空虚无形而变幻莫测、永恒不灭的"道"。

广成子

广成子，轩辕氏时期的人，隐居在崆峒山的石室中。黄帝前来拜访，询问他至道的精髓。广成子回答说："至道精髓，幽微精深，晦暗沉寂，

容成公

广成子

黄帝

看不见也听不见。以内心的宁静来持守精深,身体自己会顺应正道。一定要保持身体的安静和内心的清宁,不要形体劳累,不要精神恍惚,不要思虑过度,这样才能长生。谨慎地清除内心的思虑,封闭外在的感官,智慧越多越容易衰败,我持守混一的大道,处在阴阳和谐的境界中,因此一千二百年来未曾衰老。"

原文　　广成子,轩辕时人,隐居崆峒山[1]石室中。黄帝造[2]焉,问以至道之要。答曰:"至道之精,窈窈冥冥[3];至道之极,昏昏默默[4]。无视无听,抱神以静,形将自正,必静必清。毋劳尔形,毋摇尔精,毋俾尔思虑营营[5],乃可长生。慎内闭外,多智多败,我守其一而处其和,故千二百年未尝衰老。"

[1] 崆峒山:在今甘肃平凉市西,相传是黄帝问道于广成子的地方,也称空同、空桐。[2] 造:拜访。[3] 窈窈冥冥:昏暗的样子。[4] 昏昏默默:昏暗的样子。[5] 营营:劳而不知休息;忙碌。

黄帝

　　黄帝在被推立为天子十九年后,听说广成子在崆峒山上,于是前往拜见。黄帝对广成子说:"请问至道的精髓是什么?"广成子回答说:"自从你治理天下以后,天上的云气不等到聚集就开始下雨,草木还没有变黄就开始凋零,太阳和月亮的光芒越来越暗淡,哪里值得告诉你至道!"黄帝退下静思了三个月,又前往拜见广成子。广成子脸朝南躺着,黄帝双膝跪地匍匐向前,再次向广成子叩拜,问道:"如何调理身心,活得长久?"广成子迅速挺起身子说:"问得很好,我来告诉你至道的精髓,它幽微精深，晦暗沉寂，看不见也听不见。以内心的宁静来持守精深，身体自己会顺应正道。一定要保持身体的安静和内心的清宁，不要使形体劳累，不要使精神恍惚，不要思虑过度，这样才能长生。"黄帝听完再次作揖说："广成子的学说真是自然天成啊！"

黄帝退下之后护养身心，练习吐纳之术，白天灵魂在华胥氏国闲游。华胥氏国在弇州的西边、台州的北边，不知道离中原有几千万里远，不是坐船、坐车和步行能够到达的地方。黄帝只是灵魂在这里闲游，便看到这个国家没有长官，这里的百姓没有贪欲，不知道喜欢长生厌恶死亡，因此没有人去世。不知道亲近自己疏远他人，因此没有爱憎之情。不知道背叛和顺从，因此没有利益之争。百姓都没有喜欢和害怕的东西。他们在水中不会被淹死，进入火中不会感到热。在空中行走就像在平地上一样，在空中睡觉就像躺在床上一样。云雾不会妨碍他们的视线，雷鸣不能扰乱他们的听觉，美丑不能干扰他们的心情，山谷不能阻挡他们的脚步，一切都凭精神运行。

黄帝醒来后，觉得十分惬意，于是召集力牧等人，告诉他们："我安闲地在家中待了三个月，专心思考，发现保养身心有方法，而关于治理天下的大道则没有一定之规。今天做了这样一个梦，才知道至道不可以凭借感情强求，也不可以通过语言告诉你们。"后来，天下在黄帝的治理下像华胥氏国一样。黄帝后来开采首山的铜在荆山脚下铸造了一个大鼎。鼎铸成后，有一条龙垂下胡须迎接黄帝升天。于是黄帝乘着龙飞升，跟随黄帝的后宫和大臣有七十多人。剩下的大臣都抓住龙的胡须，龙须被拔掉，黄帝的弓也因此掉落下来。百姓抬头看见黄帝飞升，于是抱着他的弓与龙须号啕大哭。后来这个地方就叫作鼎湖，弓叫作乌号。

原文

黄帝，立为天子十九年，闻广成子在崆峒之上，乃往见之，曰："敢问至道之精。"广成子曰："自汝治天下，云气不待族[1]而雨，草木不待黄而落。日月之光，益以荒矣，奚足以语至道？"黄帝退居三月，复往见之。广成子南首[2]而卧，黄帝从下风膝行[3]而进，再拜稽首，问曰："敢问治身，奈何而可以长久？"广成子蹶然起曰："善哉问乎，吾语汝至道之精，窈窈冥冥；至道之极，昏昏默默。无视无听，抱神以静，形将自正，心静神清。毋劳汝形，毋摇汝精，毋使尔思虑营营，乃可长生。"帝再拜曰："广成子之谓天矣。"

[1] 族：聚集。[2] 南首：头朝南。[3] 膝行：跪着行走。多表示敬畏。

退而养心服形，昼而魂游于华胥氏[1]之国，国在弇州之西、台州之北，不知离中国几千万里，盖非舟车足力所及。神游而已，其国无师长，民无嗜欲，不知乐生恶死，故无夭殇。不知亲己疏物，故无爱憎。不知背逆向顺，故无利害；都无所爱惜，都无所畏忌。入水不溺，入火不热。乘空若履实，寝虚若枕床。云雾不碍其视，雷霆不乱其听，美恶不滑其心，山岳不踬其步，神行[2]而已。

[1] 华胥：人名，传说是伏羲氏的母亲。后用以指理想的安乐和平之境，或作为梦境的代称。[2] 神行：犹神游。精神超脱形体而自由游动。

黄帝既寤，怡然自得。召力牧[1]等语之曰："朕闲居三月，思有以养身矣，而于治物之道，弗获其术也。今所梦若此。方知至道不可以情求矣，不可以告若矣。"其后天下大治几若华胥氏之国。帝后采首山铜，铸鼎于荆山之下。鼎既成，有龙垂胡髯下迎黄帝。黄帝乃乘之，后宫及群臣从之者七十余人。余臣悉持龙髯，龙髯拔，因堕黄帝弓，百姓仰望帝既上，乃抱其弓与髯而号。故后因名其处曰鼎湖，弓曰乌号。

1 力牧：人名，黄帝的臣子。

宁封子

宁封子，是黄帝的陶正，掌管陶器之事。曾经有一个神人拜访他，替他烧火，能够烧出有五种颜色的烟气，时间久了这个神人就把这个方法传授给宁封子。宁封子堆积柴火来烤自己，身子能够随着烟气上下飞动。

原文 宁封子，为黄帝陶正[1]，有异人[2]过之，为其掌火，能出五色烟，久则以教封子，封子积火自烧，能随烟气上下。

1 陶正：官职名，掌管陶器。**2** 异人：神人。

赤将子舆

赤将子舆，黄帝时期的人。他不吃五谷，却食用百花百草。到尧时，他是木正，能够随风雨上下飘动。有时在市场中卖些生丝，因此也被称为缴父。

原文 赤将子舆者，黄帝时人，不食五谷[1]而啖百花草。至尧时，为木

赤将子舆

正²，能随风雨上下。时与市中货缴，亦谓之缴父。

1 五谷：五种谷物，一般认为是稻、黍、稷、麦、豆。**2** 木正：五行官之一，掌管天地万物的生老病死。

洪厓先生

洪厓先生，有人说是黄帝的臣子伶伦，得道成仙而去，姓张。有人说在尧时他就已经三千多岁了。汉代仙人卫叔卿在终南山顶和一些人玩博戏。他的儿子度世问叔卿："和你一起玩博戏的是谁？"叔卿说："是和洪厓先生同辈的人。"

原文 洪厓先生，或曰黄帝之臣伶伦¹也。得道仙去。姓张氏。或曰，尧时已三千岁矣。汉仙人卫叔卿，在终南绝顶与数人博²。其子度世问卿曰："同与博者为谁？"叔卿曰："洪厓先生辈也。"

1 伶伦：传说为黄帝时的乐官。古人认为是乐律的创始者。**2** 博：指博戏，又叫局戏，古代的一种游戏，六箸十二棋。

马师皇

马师皇，是黄帝时期的马医。他通晓马的精气和生死等脉象，他医治过的马很快就会痊愈。后来，有一条龙从天上向马师皇垂下耳朵，张开嘴巴。马师皇说："这条龙生病了，知道我能够治好它的病。"马师皇于是

洪厓先生

马师皇

在龙的嘴唇下方扎针,让它喝掉甘草汤。只一日,龙的病就被治愈,于是就驮着马师皇飞走了。

原文 　　马师皇者,黄帝时治马医也。知马形气死生之脉,理之辄愈。后有龙下,向之垂耳张口。师皇曰:"此龙有病,知我能理。"乃针其唇下,口中以甘草汤饮之。一旦龙负而去。

王倪

　　王倪是太上老君的弟子,在伏羲氏和神农氏之间得道。黄帝路过拜访他之时,他便传授黄帝道术。王倪经历过少昊、颛顼时期,常常在人间闲游。帝喾以前,是啮缺的老师,传授飞行和疾走的道术。尧舜时期,还有人见过王倪。后来,王倪羽化升仙。

原文 　　王倪,即老君弟子。得道于羲农[1]之间。黄帝过之,因传道要。历少昊颛顼之世,常游人间。帝喾以前,为啮缺[2]师。行飞走之道。尧舜之时,犹有见者。后升天。

[1] 羲农:伏羲氏和神农氏的并称。 [2] 啮缺:人名,当时的隐士。

何侯

　　何侯,尧时隐居在苍梧山。喜好长生之术。一家三百多口人都耕田种

王倪

地。舜南巡时，住在何侯的家中。天帝和五老来到何侯家中对舜说："你得道成仙的日期已经确定了。"第二天，五老下凡迎接舜，舜便在白天得道成仙。夏禹时，五老给了何侯一包药，让他放进酒中。何侯全家三百多口人都喝了放有仙药的酒，酒却没有喝尽，何侯便把剩下的酒洒在了房顶上，连房子都一起得道升仙。何侯的仙位是太极仙人。今九嶷山有何侯庙，就在舜庙旁边。

原文 何侯者，尧时隐苍梧山。慕长生，三百余口皆耕耘。舜南狩，止何侯家。天帝五老[1]来谓舜曰："升举有期。"翌日，五老[2]下迎，舜白日升天。夏禹时，五老以药一器与何侯，使投酒中。一家三百余口，饮不竭。以余酒洒屋宇，拔宅上升，位为太极仙人。今嶷山有何侯庙，在舜庙侧。

1 五老：神话传说中的五星之精。

偓佺

偓佺，是一个采草药的老者，喜欢吃松子。身上的毛发有几寸长，能够飞行，走起路来能够追上奔跑的马。偓佺送给尧一些松子，尧不要。当时吃了偓佺松子的人，都活了三百岁。

原文 偓佺，采药父[1]也。好食松子。体毛数寸。能飞。行逐走马。以松子遗尧。尧不受。时受食者。皆三百岁。

1 父：对老年男子的尊称。

何侯

偓佺

宛丘先生

宛丘先生，吃了制命丸后得道成仙。到了殷汤末年时已经一千多岁了。他把制命丸的配方传授给弟子姜若春。姜若春吃过之后，活了三百多岁，看起来却像一个十五岁的童子。彭祖拜宛丘为师，得到了宛丘制命丸的三种配方。

原文 宛丘先生，服制命丸得道。至殷汤之末世，已千余岁。以方传弟子姜若春。服之，三百年，视之如十五岁童子。彭祖师之，受其方三首。

铁拐先生

铁拐先生，姓李。他的身体本来魁梧健硕，早年就得道升仙。在岩穴中修炼时，太上老君和宛丘先生曾经降临他的山中居室，向他传授大道。有一天，铁拐先生要前往华山，赴太上老君之约。临行前，铁拐先生叮嘱他的弟子："我的魄在这个地方，如果我的魂七天还没有回来，你们就可以烧掉我的魄。"他的弟子因为母亲生病要赶快回家，于是在第六天就烧掉了铁拐先生的魄。铁拐先生在第七天果然回来了，却因为失去魄，他的魂没有了依托。于是铁拐先生只好把魂附在一个饿死的尸体上而活过来。因此，铁拐先生的腿有些瘸，但这并不是他原来的身体。

原文 铁拐先生，李其姓也。质本魁梧，早得道。修真岩穴时，李老君与宛丘先生，尝降山斋，诲以道教。一日先生将赴老君之约于华山。嘱其徒曰："吾魄在此，倘游魂七日而不返，若甫可化吾魄也。"徒以母疾

铁拐先生

迅归。六日而化之。先生至七日果归。失魄无依，乃附一饿莩[1]之尸而起。故形跛恶，非其质矣。

1 莩：同"殍"。饿莩，饿死的人。

务光

务光，是夏朝时的人，耳朵有七寸长，喜欢吃蒲荠根。汤讨伐桀后，把天下让给务光。务光推辞说："废除君主，不符合道义；杀人，不符合仁义；他人遭受困厄，我却乘人之危获取利益，不符合廉。"务光于是背着石头自沉蓼水。四百年后，务光在武丁时期再次出现。武丁想让务光担任丞相，务光于是闲游于尚父山中，再不出来。

原文　务光，夏时人。耳长七寸，好服蒲韭[1]根。汤伐桀，以天下让于光。光辞曰："废上，非义也；杀人，非仁也；人犯其难，我享其利，非廉也。"乃负石自沉蓼水。后四百余年，至武丁时复见。武丁欲以为相，遂游尚父山，不出。

1 蒲韭：蒲荠。

孟岐

孟岐，是清河郡的隐士。他诚心寻师求道，不管艰难险阻。汉武帝时，孟岐谈论起周朝初年的事情，就像发生在眼前一样。孟岐曾说："我

务光

曾经见过周公旦抱着周成王，在周庙进行朝拜。"孟岐当时侍奉周公登坛，周公上去之后，孟岐用手扶着周成王的脚。周公把成王的笏板给了孟岐。孟岐常常拿着笏板，每次都用衣带擦拭它。笏板的顶部都快被擦断了。孟岐经常食用桂树的叶子，在华阴山下采药。他听说汉武帝喜好得道成仙之术，于是就披着野草做的衣服去见他。

原文 　　孟岐，清河逸人也。寻师不避险阻。汉武帝时，谈及周初时事，了[1]如目前。尝云："曾见周公旦抱成王，朝于周庙。"岐时侍周公升坛。公上，岐以手摩成王足。周公以王笏[2]遗岐。岐常执之，每以衣袂拂拭，笏今锐折耳。尝饵桂叶，在华阴山下拾药。闻帝好仙，披草莱而出。

1 了：明白清楚。**2** 笏：古代臣朝见君时所执的狭长板子，用玉、象牙、竹木制成。

匡裕

　　匡裕，是周武王时期的人。他们兄弟七人，人人都会道术。他们在山中修建草庐，后来得道成仙而去。只有草庐还留在山中，因此这座山叫作庐山。汉武帝封匡裕为庐山君。

原文 　　匡裕，周武王时人。兄弟七人，皆有道术。结庐[1]山中，后得仙去。惟空庐在焉，故曰庐山。汉武帝封裕为庐山君。

1 结庐：构筑房舍。

孟岐

匡裕

彭祖钱铿

　　彭祖钱铿，是颛顼的玄孙。在商朝末年时，彭祖已经七百多岁了，而且还没有衰老。彭祖喜好恬静，一心一意修养身心。周穆王听说之后，让彭祖担任大夫。彭祖推辞说自己生病，不能参与政事。彭祖擅长采补和导引之术，并且服用水晶、云母粉和麋鹿角，常使自己保有年轻的容貌。宫女乘坐马车前往彭祖的住所问道。宫女学到各种要领后，再把它们传授给周穆王。周穆王尝试过这些要领后，都有效果。彭祖知道这件事情后就离开了原来的住所，没有人知道他去了什么地方。七十年后，彭祖的徒弟在沙漠的西边见到过彭祖。有人说，周朝衰落之后，彭祖开始在四方闲游。晚年，彭祖进入蜀地，在武阳成家，他这一生中死了四十九个妻子、五十四个儿子。

原文　　彭祖钱铿，帝颛顼玄孙。至殷之末世，年已七百余岁而不衰。好恬静，惟以养神治生为事。穆王闻之，以为大夫[1]。称疾，不与政事。善于补导之术，并服水晶、云母粉[2]、麋角，常有少容。采女[3]乘辎軿[4]，往问道于彭祖。采女具受诸要以教王。王试为之，有验。彭祖知之，乃去，不知所往。其后七十余年，门人于流沙西见之。一云，周衰，始浮游四方。晚入蜀，抵武阳留家。丧四十九妻，失五十四子。

[1] 大夫：古代职官名。[2] 云母：矿石名，俗称千层纸，白云母可入药。[3] 采女：宫女。[4] 辎軿：有屏障的车子。

彭祖钱铿

青乌公

青乌公，是彭祖的弟子，获得了彭祖的真传，精通得道成仙的精妙之理，于是进入华阴山中学习道术，历时四百七十一年。仙道十二门基础功课，他没通过的就有三门。后来，他服用金液而得道升仙。太极道君认为他三门基础功课都没有通过，只能算是普通神仙，不能成为真人。

【原文】 青乌公者，彭祖之弟子也。身受明师[1]之教，精审仙妙之理。乃入华阴山中学道，积四百七十一岁。十二试[2]之，有三不过，后服金液而升天。太极道君以为三试不过，仙人而已，不得为真人。

1 明师：贤明的老师。**2** 十二试：仙道十二试，修仙之人的十二门基础测试：诚意、正心、修身、立德、敬仰、虔信、简事、舍欲、断缘、收心、真观、泰定。

吕尚

吕尚，冀州人，一出生就具有智慧，能够预先知道存亡之事。吕尚为躲避纣时的动乱，隐居辽东三十年。他的钓鱼竿在溪中三年没有钓到一条鱼，有人对他说："你可以停止钓鱼了。"吕尚回答说："这不是你能够懂的事。"后来吕尚果然钓到了一条大鲤鱼，鱼肚子里有兵书。吕尚服用大泽中的地衣和石髓，活了两百多岁才去世。吕尚下葬的时候没有尸体，棺材中只有六篇《玉钤》兵书。

青乌公

呂尚

原文 　　吕尚，冀州人，生而内智，豫知存亡。避纣乱，隐辽东三十年。西适，隐于南山。钓于下溪，三年不获鱼。或曰："可以止矣。"尚曰："非尔所及也。"果得大鲤，有兵钤[1]在腹中。乃服泽芝地衣[2]、石髓[3]，二百年而告亡。葬之无尸，惟有《玉钤》六篇在棺中。

[1] 兵钤：兵书。[2] 地衣：低等植物的一类，植物体是菌和藻的共生体，种类很多，生长在地面、树皮或岩石上，特别耐干旱、耐寒。[3] 石髓：即石钟乳。古人用于服食，也可入药。

范蠡

　　范蠡，字少伯，徐州人。在周朝做官，拜太公吕望为师。范蠡喜欢服用桂树叶子，饮用露水。范蠡担任越国大夫，辅助勾践灭掉吴国。后来驾驶小船入海，改名换姓。到达齐国后，成为鸱夷子。又过了几百年，范蠡出现在陶，成为陶朱公，家财有上万亿之多。后来范蠡又放弃这些财产，到兰陵卖药。后世历代都有人见到过他。

原文 　　范蠡，字少伯，徐人也。事周师太公望，好服桂饮水。为越大夫，佐勾践破吴。后乘轻舟入海，变名姓，适齐，为鸱夷子。更后百余年，见于陶，为陶朱公，财有亿万。复弃之，往兰陵卖药。后人世世见之。

刘越

　　周朝时有一位匡先生，名续，在南嶂山修习道术。后来有个年轻人，

范蠡　47

范蠡

多次前来拜访匡续。这个年轻人言谈举止奇伟不凡，匡先生非常惊讶，问道："我观察你的言行举止很多天了，敢问你住在哪里？名字是什么？"年轻人回答说："我姓刘名越，住在山的左边，山下有一块高六米左右的石头，您敲打石头就会有人应答，然后出来引领先生。"匡续按照年轻人所说前去拜访，敲打石头，石头忽然自动打开两扇门。从洞中走出一位丫鬟来迎接匡先生。走了几十步，又出现两个手拿红色符节的婢女，继续引领匡先生。高低错落的楼阁亭台逐渐映入眼帘，金色的琉璃瓦与碧绿的植物相映成趣，其间散见珍奇的鸟兽，自然环境和洞外迥异。真人戴着玉帽，佩着红丝绦剑，出来迎接匡续。匡续打算留下来住在这里。真人察觉到后，对匡续说："你的阴功尚未修满，日后我们再次见面的时间可以期待，那时你再跟随我也不算晚。"喝了三杯玉酒之后又将延寿汤一口饮下，然后，匡续就走出洞外。匡续回头看看刚才所敲打的石头，和当初没有任何区别。后来匡续又敲打石头，却没有人应答。现在庐山太平兴国宫三门外有一座天然形成的石头亭子，叫作仙石，石上还留存着"刘仙"两个字。

原文　　周时有匡先生，名续，修道于南嶂山。后有一少年，数来相访，言论奇伟。先生异之，问曰："睹子风猷[1]有日矣。借问乡邦[2]姓字。"答曰："予姓刘，名越，居在山之左。山下有石，高二丈许，叩之即应，当相延。"先生如其语访之，叩石，石忽自开双户。洞启，一小鬟迎先生。行数十步，继有二青衣绛节前导。渐见台榭参差，金碧掩映，珍禽奇兽，草水殊异。真人冠玉冠，朱绂剑佩，来迎。先生意欲留居之。真人已觉，谓先生曰："子阴功[3]未满，后会可期。他日相从，不晚也。"饮玉酒三爵，延龄保命汤一啜而出。先生返顾所叩石，宛然如

刘越

初。他日复叩,无所应矣。今庐山太平兴国宫三门外,即石建亭,名曰仙石,石上尚有"刘仙"二字存焉。

1 风猷:人的风采品格。**2** 乡邦:家乡。**3** 阴功:指在人世间所做而在阴间可以记功的好事。

匡续

　　匡续,字君平,南楚人,号匡阜先生。天赋异禀,小时候就有超然物外的志向。周武王时,拜师老聃,学得长生之术。他在南嶂山虎溪上搭建了一个茅屋,在此隐居。屋中什么都没有,只放置了一个卧榻、几篇简牍。周武王数次征召他做官,他都拒绝了。有一天,一位少年前来拜访他,自己通报姓名说姓刘名越,住在前山的东面,邀请先生前去做客。刘越说:"到山下后,有一块高六米左右的石头,那就是我的家。"匡续后来按照约定来到山下,向四周看了一下,没有一户人家,只有一块大石头。他于是轻叩石头。石头在匡续面前打开,就像两扇门一样。有两个手拿红色符节的婢女出现,走在前面引领匡续进入洞中。琼楼玉宇,鳞次栉比。之前见到的少年,把得道成仙的口诀传授给匡续。匡续因此得道,便在住所炼丹。汉武帝元封元年时,到南方巡狩,祭祀天柱和名山大川,接着在浔阳江中射杀蛟龙,又封先生为南极大明公。武帝下令在虎溪隐居的旧址上建立祠堂,并记在祀典中。到东晋时,雁门僧人慧远,在罗浮游玩,晚上住在祠堂中。慧远喜欢虎溪山美丽的风景,于是拜访郡守桓伊说:"我昨晚梦到匡先生,他愿意舍弃祠堂来修建寺

匡续

庙。"桓伊听从了慧远的说法，把匡先生的祠堂迁移到山口处。唐开元年间，继续扩大修建祠堂，并尊奉为仙庙。凡是遇到洪水、干旱、瘟疫等，在祠堂中祈祷都会灵验。

原文 　匡续，字君平，南楚人，号匡阜先生。生而神灵，儿时便有物外[1]志。周武王时，师老聃，得长生之道。结茅南嶂山虎溪之上，隐焉。室中无所有，惟置一榻，简书数篇而已。武王屡征不起。一日，有少年诣之，自通曰姓刘名越，家在前山之左。邀先生过之，且曰："至山下有石高二丈许，即予家也。"续后如约而往，至山下，四顾无人家，惟有一石，乃叩之。石为之开，若双扉然。有二青衣执绛节前导，入其中，琼楼玉宇。见前少年，传以仙诀。由此得道，遂炼丹于其所。汉武帝元封元年，南巡狩，登祀[2]天柱，尝望秩[3]焉。继而射蛟[4]浔阳江中，复封先生为南极大明公。仍命立祠于虎溪旧隐，列于祀典。迨至东晋雁门僧慧远，游罗浮，夜宿祠下，爱其溪山之胜，谒郡守桓伊曰："昨梦匡先生，愿舍祠为寺。"伊从之，而迁先生祠于山口。唐开元间，再加兴建，尊为仙庙。凡水旱疠疫[5]，祷之皆应。

[1] 物外：世外，谓超脱于尘世之外。[2] 登祀：祭祀。[3] 望秩：谓按等级望祭山川。[4] 蛟：古代传说中的一种龙，常居深渊，能发洪水。[5] 疠疫：瘟疫。

葛由

　　葛由，羌人。周成王时，他喜欢雕刻木羊出售。有一天，他骑着羊进

葛由

入蜀地。蜀地的王侯和达官贵人追随他上了绥山。绥山在峨眉山的西南方，在群山中最高。跟随葛由入山的人没有再回来，他们都得道升仙了。因此当地流传的谚语说："若是能爬上绥山眺望一下，就算不成仙，也当是人中豪杰。"

> **原文**　葛由者，羌人也。周成王时，好刻木羊卖之。一日骑羊入蜀，蜀中王侯贵人追之，上绥山。绥山在峨眉山西南，最高无极[1]。随之者不复还，皆得仙道。故谚曰："若得绥山一眺，虽不得仙亦豪。"

1 无极：没有边际。

蔡琼

蔡琼，字伯瑶，拜师老子。老子传授给他太玄阳生符和还丹方。他服用了阳生符和丹药后，便在白天得道升仙了。蔡琼常常用阳生符救活已经死去的人。只要尸骨尚存，蔡琼把符扔到尸骨上面，那人立刻就活过来了。

> **原文**　蔡琼，字伯瑶，师老子，受太玄阳生符[1]、还丹方。合服得道，白日升天[2]。常用阳生符活已死人，但骸骨存者，以符投之即起。

1 符：符箓。**2** 升天：得道成仙，上升于天界。

蔡琼

彭宗

　　彭宗，字法先，彭城人。二十岁时，在杜冲那里学习道术。彭宗曾经跟随杜冲采药，不小心掉入深谷中，手脚受伤，险些丧命。过了很久彭宗才苏醒过来，对待杜冲恭敬如初。杜冲让彭宗上山砍柴，又被蛇咬伤，他也没有生气。杜冲怜惜彭宗，于是传授给他五千字的《丹经》和守一之道。彭宗视《丹经》和守一之道为珍宝，专心修炼，道术逐渐变得深幽微妙。晚上曾有数盏神灯飘浮空中，灯光照亮床席，又有五彩云霞缭绕在彭宗的座位周围。彭宗能够三天才呼吸一次，或者在水底躺上一整天才出来，或者闭上眼睛躺着不动长达一年，尘埃落在他的身体上，累积达到一指之厚。看到这种情形的人都怀疑彭宗已经死了，等到彭宗起来的时候，脸色却更加年轻了。彭宗能够一口气完整背诵五千字的《丹经》两遍。对于山林中的毒蛇、猛虎，彭宗能够运气定住它们。这些毒蛇、猛虎趴在地上一动不动，等彭宗解除封印之后它们才能离去。曾经有猎人隔空辱骂彭宗，而且来到彭宗门前的时候打算羞辱彭宗。彭宗又运气定住猎人。猎人的手和脚不自觉地被定住，像一具尸体一样立着不动。彭宗让鬼魂去打猎人，旁边的人只听到棍棒声，却不知道发生了什么。等到猎人认错道歉之后，彭宗才给他解除封印。彭宗一百五十多岁的时候，看着就像二十多岁。周厉王三十年正月时，太上老君派遣仙官下凡迎接彭宗，授予他太清真人的封号，管理赤城宫。

原文　　彭宗，字法先，彭城人，年二十，学于杜冲。尝从之采药，忽堕深谷，手足伤损，遂至危困。良久苏息[1]，肃恭如初。又使之采樵，被蛇中，亦无愠色[2]。冲悯之，乃授《丹经》五千文及守一[3]之道。宗宝而

彭宗

修之，日臻幽妙。尝宵中有神灯数枚，浮空映席，又五色云霞，霏霏绕座间。能三昼夜为一息；或自卧水底，竟日方出；或瞑目僵卧，辄一年许不动。尘委其上，积厚如指，见者皆疑已殒。及起，颜色愈鲜。能以一气诵五千文，通为两遍。山中毒蛇猛虎，能以气禁之，潜伏终不能动，宗解之方去。尝有猎者，遥相毁骂，且及门，欲相凌辱。宗用气禁之，猎者手足不觉自拘，蠢然尸立，使幽灵击之。傍人惟闻杖楚之声，莫测其所以，俟其悔过，乃释之。年一百五十余岁，常如二十许。厉王十三年正月，老君遣仙官下迎，授为太清真人，治赤城宫。

1 苏息：苏醒。 2 愠色：怨怒的神色。 3 守一：道家修养之术，谓专一精思以通神。

冯长

　　冯长，骊山人。周宣王时，他担任柱下史。看到天象有变，于是辞官归隐，修身养性。之后冯长遇到邓真人，邓真人授予他仙书。冯长修道将要成功的时候，又遇到彭真人，彭真人又授予他《太上隐书》，因此得道成仙。冯长运用道术救人。周平王二十年春，冯长得道升仙而去。

原文　　冯长，骊山人。周宣王时，为柱下史。睹天文之变，乃退隐摄生[1]。遇邓真人，授以灵书[2]。功行垂成，复遇彭真人，授以《太上隐书》，遂得仙。用术活人。平王二十年春，升化而去。

1 摄生：养生，保养身体。 2 灵书：仙书。

冯长

王子乔

王子乔，周灵王的太子晋，喜欢吹笙，发出凤凰的鸣叫之声，经常在伊水和洛水之间游玩。后来，道人浮丘公接太子晋到嵩山上居住。过了三十多年，太子晋见到柏良，对他说："你可以告诉我的家人，七月七日那天在缑山山顶等我。"到了那天，太子晋果然乘着白鹤在山顶之上，远远可以望见他，却无法到达那个地方。太子晋低下头感谢当时的人，几天之后才离开。后来，人们在缑氏山脚下修建了一座祠堂。

原文 王子乔，周灵王太子晋也。好吹笙作凤鸣。游伊洛[1]之间，道人浮丘公接晋上嵩山。三十余年，后见柏良，谓曰："可告我家。七月七日待我于缑山头。"至期，果乘白鹤驻山头，可望不可到。俯首谢时人，数日方去。后立祠缑氏山下。

[1] 伊洛：伊水和洛水，又指伊洛流域。

沈羲

沈羲，吴郡人，在蜀地学习道术，精通医术，一心救人。他所积累的功德感动上天。周赧王十年时，太上老君派遣仙使下凡，召唤沈羲升仙。沈羲和妻子贾氏一起乘坐仙使的车子升天。太上老君授予沈羲碧落侍郎一职，让他白天得道升仙。他在修道期间时常去田间耕作，人们都亲眼看到他了。不一会儿，沈羲周围出现大雾。雾散了之后，沈羲就消

王子乔

失了，只看到沈羲的牛还在田中啃食禾苗。有人认出这是沈羲的牛车，就把这件事告诉了沈羲的家人。沈羲的弟子们担心牛是妖怪，就在牛车进入山谷的时候，率领数百人到山谷里寻找，结果却没有找到。到了汉殇帝延平元年，也就是四百一十二年后，沈羲又回到乡里，通过推算寻到了一个叫作怀喜的十世孙。怀喜说："听先辈说起过您，看来我果然有一个远祖得道成仙。"沈羲回来后待了几天，说："刚升天的时候，没有见到天帝，只是拜访了太上老君。太上老君朝东而坐。天上宫殿众多，弥漫着五彩的云气。庭院中都种植着玉树。侍从达数百人，其中大多是女子，男子很少。宫殿的墙壁都闪闪发光，上面挂着符箓。太上老君有三米多高，身体发光，不能直视。"太上老君令玉女端着金案，上面放着玉杯，杯中盛满了药水。太上老君把它赐给沈羲说："这是神丹，喝了之后可以长生不死。"沈羲夫妻二人各获得一刀圭的药水，喝完之后，太上老君又赐给他们两枚大枣，像鸡蛋一样大，还赐给沈羲一道符、一道仙方，之后便令沈羲暂返人间，拯救世人疾苦。又告诉沈羲如果想升天，就把这张符挂在竹竿顶端，仙吏就会出来迎接你。话刚说完，沈羲忽然就像睡着了一样，醒来时却已经在陆地上了。窦太后生病之时，曾经派遣使者前来请教沈羲。汉安帝时，沈羲依然在人间，后来又升天了。

原文　　沈羲，吴郡人。学道蜀中，善医，一心救人，功德感天。周赧王十年，老君遣使召之，与妻贾氏共载，授羲碧落[1]侍郎，白日升天。时道间耕锄，人共见之。须臾，大雾。雾解，失其所在。但见羲所乘车牛在田中食禾。或有识为羲车牛，以语羲家。弟子数百人恐是邪魅[2]。车牛

沈
義

入山谷间。乃将数百人分布于百里之间求之，不得。至汉殇帝延平元年，凡四百一十二年，乃复还乡里。推求得十余世孙，名怀喜。怀喜曰："闻先世相传，果有远祖登仙。"羲归留数日，云："初上天时，不见天帝，惟谒老君。老君向东坐，宫殿郁郁，云气五色。庭中皆珠玉树，侍从数百，多女少男。四壁熠熠有符书。老君长可丈余，身体有光，不可正视。"老君令玉女持金案玉杯，盛药赐羲曰："此是神丹，饮者不死。"夫妻各得一刀圭[3]，饮毕，复赐大枣二枚，大如鸡子。复以符一道、仙方一道赐羲。令且还人间，救人疾苦，若欲上升，以此符悬之竿杪[4]，仙吏当迎汝也。语已，奄忽如睡，已在地上。窦太后疾，尝遣使请问。安帝时，犹在人间，后复升天。

1 碧落：道教术语，天空。**2** 邪魅：作祟害人的鬼怪。**3** 刀圭：中药的器量单位。**4** 杪：末尾，末端。

周亮

周亮，字泰贞，太原人。有一日他母亲晚上睡觉时看见五色烟霞笼罩着房子，因此感烟霞而怀孕，十五个月才生出周亮。周亮长大后，拜师姚坦。姚坦传授周亮《五千文》和《八素真经》，能够降伏鬼怪，使它们现出原形。周灵王的太子晋听说之后，召来周亮，与他见面。太子晋赐给周亮色彩绚丽的七明芝。周亮修行服用了七明芝，于是能够变化。有时像老翁，头发花白，牙齿疏落，长期待在家中不出门。有时又变回少年，美艳的容貌像花一样。周亮有一次被凶悍的人羞辱，那个人不知道为什么自己就被绑起来，遭到了严刑拷打，哀号震天，口中流满鲜血。那人苦苦哀求，周亮才放了他。周亮活到一百九十多岁的时候，即威烈王二十四年，天帝派遣天官下临人间迎接他，授予他秦陇真人的封号，准许出入太清宫。

原文　周亮，字泰贞，太原人。母宵寝，见五色流霞覆其宅，因感有孕，经十五月而生。长而师事姚坦，授《五千文》及《八素真经》能治鬼怪，各见真形。周灵王太子晋闻之，召与相见，赐以九光七明芝。亮修服之，遂能变化。或如老翁发白齿落，经宿不出。复为少年，姿容如花。或被凶人侮之，其人不觉自缚，至于拷击、叫号[1]，口中流血。求哀，乃释之。年一百九十余岁，威烈王二十四年，上帝遣天官下迎，授为秦陇真人，出入太清。

[1] 叫号：呼叫号哭。

涓子

涓子，齐国人。他喜欢服药养生，修仙学道，节制饮食，保养精神，过了三百年，仍然出现在齐国。他写有四十八篇《天地人经》。后来在河边钓鱼，钓到一条鲤鱼，鱼腹中有符。涓子在岩山隐居，能够调和风雨。他获得伯阳的九仙法。淮南王刘安年轻的时候得到涓子的文章，不能理解其中的意思，唯独三篇《琴心》有条理可寻。

原文　涓子，齐人，好饵术[1]，啬食[2]养精，至三百年，仍见于齐。著《天地人经》四十八篇。后钓鱼于河泽，得鲤，腹中有符。隐于岩山，能制

涓子

风雨。受伯阳九仙法。淮南王安少得其文,不能解其意也,独《琴心》三篇有条理焉。

1 饵术:服食苍术。传说久服可以成仙。**2** 啬食:很少进餐。

亢仓子

亢仓子,姓庚桑,名楚,陈人。他领会了老子的宗旨,在毗陵孟峰隐居修行。亢仓子曾说:"导引筋骨,就能使身体健康;节制情欲,就能使心神安泰;寡言少语,就能保全福德。"后来得道成仙而去。

原文 亢仓子,姓庚桑,名楚,陈人也。得老君之旨,隐毗陵孟峰。尝云:"导¹筋骨则形全。剪情欲则神全。静言语则福全。"后道成仙去。

1 导:导引术。

琴高

琴高,赵人,会弹琴。他担任宋康王的舍人,修行涓子和彭祖的法术,在冀州的涿郡漫游。二百多年后,琴高到涿河中去捉龙王的儿子。他和弟子们约定,在某一天返回。等到那一天弟子们沐浴斋戒,在水边等待琴高,并进行祭祀。琴高果然乘着鲤鱼而来,有上万人观看。琴高回来待了一个月后,又跳入水中而去。

琴高

原文　　琴高，赵人，能鼓琴，为宋康王舍人。行涓彭[1]之术，浮游[2]冀州涿郡间。二百余年，后入涿水取龙子，与诸弟子期[3]，某日当返。诸弟子日斋洁，待于水傍设祠。高果乘鲤而来，观者万余人。留一月，复入水去。

[1] 涓彭：涓子、彭祖的并称，传说中的古代仙人。[2] 浮游：漫游。[3] 期：约定。

寇先

寇先，宋国人。他以钓鱼为业，居住在睢水旁边一百多年。他钓到的鱼，有的放生，有的出售，有的自己吃掉。寇先喜欢种荔枝，吃荔枝的花和果实。宋景公向他问道，寇先不告诉宋景公。宋景公于是处死了寇先。几十年后，寇先在宋国的城门旁边弹了十日的琴之后离开。宋国人每家都供奉祭祀他。

原文　　寇先者，宋人也，钓鱼为业，居睢水傍百余年。得鱼或放卖或食，好种荔，食其葩实[1]焉。宋景公问其道，不告，即杀之。后数十年，踞宋城门鼓琴十日而去。宋人家家奉祀[2]焉。

[1] 葩实：花和果实。[2] 奉祀：供奉祭祀。

寇先

马丹

马丹，晋国的狄人。晋文侯时，担任大夫。晋献公时，担任幕正。晋献公灭掉狄国后，杀死了恭太子，因此马丹离开了狄国。到赵宣子时，马丹乘坐安车来到晋国国都问候拜访诸侯大夫。晋灵公想让他出来做官，但是灵公对他强逼，而不按礼法去请。突然刮起大风，马丹被卷入旋风中而去。北方人都尊奉并祭祀马丹。

【原文】

马丹，晋狄人。文侯时，为大夫。献公时，为幕正[1]。公灭狄，杀恭太子，丹去。至赵宣子时，乘安车入晋都候之。灵公欲仕之，逼不以礼。俄迅风发，丹入回风[2]中而去。北方人尊而祠之。

1 幕正：幕僚的长官。**2** 回风：旋风。

王玮玄

王玮玄，不知道是哪里的人。他修炼得道，居住在林屋山的洞中。吴国的韩崇喜好道法，漫游名山。韩崇在林屋山寻访方术，遇到玮玄，向他请教度化世人的道法。玮玄给他流珠丹，对韩崇说："你修行这个道法，并不妨碍你居住在人间。修行成功的那天，你当羽化升仙。"韩崇修行此法，果然非常灵验，后来他担任汝南太守，在郡中居住了十四年，大力施行治理之术，使汝南成为天下治理得最好的地方。韩崇七十四岁的时候，王玮玄又降临人间，传授给韩崇隐身、遁地和尸解之法，然后进入大霍山。王玮玄又传授给韩崇道化泥丸以及紫房之术。后来，韩崇和王玮玄一起得道升天。

原文　　王玮玄，不知何许人，得道，居林屋山洞中。吴国韩崇好道，游名山，访方术于林屋，遇玮玄，求度世[1]之道。玮玄以流珠丹授之，谓崇曰："子行此道，无妨居世。功成之日，自当仙举[2]也。"崇行之大验，仕为汝南太守，在郡十四年，治化大行，著为天下最。年七十四，玮玄又降人间，授崇隐遁解形[3]之法。入大霍山，又授崇道化泥丸，并紫房[4]之术。后俱升天。

[1] 度世：犹出世。谓超脱尘世为仙。[2] 仙举：得道成仙。[3] 解形：尸解，离开身体而仙去。[4] 紫房：道家的炼丹房。

负局先生

　　负局先生，口音有些像燕国、代国之地的人。因其以磨镜为业，在打磨镜子的时候，负局常问镜主是否有疾病痛苦。如果有，负局就拿出紫色和红色的药丸给镜主。镜主没有不痊愈的。瘟疫流行的时候，负局挨家挨户给他们送药，治好的有上万人之多，却不收取一分钱。后来，居住在吴山险要的悬崖上。负局世世代代都会挂着药壶，遇到病人就给他们药。他曾说："我打算回到蓬莱山，现在为你们在崖顶降下神水。"有天早上山崖顶上出现了白色的水，顺着石崖流下来，喝过神水的病人大多都痊愈了。乡民因此为他修建祠堂，祭祀负局先生。

负局先生　73

负局先生

原文 负局先生，语似燕代[1]间人。因磨镜，辄问主人得无有疾苦者否。若有，辄出紫丸赤药与之，莫不愈。时大疫，每列户与药，愈者万计，不取一钱。后止吴山绝崖，世世悬药与人，曰："吾欲还蓬莱山，为汝曹[2]下神水崖头。"一旦有水，白色，从石崖流下，服之者多所愈。乡人乃立祠祀之。

1 燕代：战国时燕国、代国所在地。泛指今河北西北部和山西东北部地区。 2 汝曹：你们。

列子

列子，郑国人，名御寇。他曾经向关尹子问道，后来又拜师壶丘子，九年之后便能御风而行。列子在郑国隐居了四十年，没有人知道。他写的书在世间流传。唐代天宝初年，列子被册封为冲虚真人，他的书被命名为《冲虚真经》。宋景德四年，又被下诏在封号前加上"至德"二字。

原文 列子，郑人，名御寇。问道于关尹子，复师壶丘子，九年，能御风[1]而行。隐居郑国四十年，无知者。著书行于世。唐天宝初，册[2]为冲虚真人，题其书曰《冲虚真经》。宋景德四年敕加"至德"二字。

1 御风：乘风飞行。 2 册：册立，册封。

庄子

　　庄子，蒙国人，名周。曾经担任过蒙国的漆园吏，和梁惠王、齐宣王处于同一个时代。他的学问博大精深，然而其核心宗旨来源于老子。庄子写有六万多字的书，大多是寓言。楚威王听说庄周贤良，便派遣使者携带丰厚的礼物去聘请庄周，承诺让他担任楚国的宰相。庄周笑着对使者说："我听说楚国有神龟，死了三千多年了。楚国用巾布把它包裹好，装在箱子里，然后把它藏在庙堂上。这只乌龟，是宁愿死后留下骨头而变得显贵，还是宁愿活着在滩涂中拖着尾巴爬行呢？"使者说："宁愿活着在滩涂中拖着尾巴爬行。"庄子说："你回去吧，我愿意在滩涂中拖着尾巴。"楚王又派遣使者聘请庄周，庄子答复使者说："你见过用于祭祀的牛吧。人们给它穿上绣有花纹的衣服，用鲜嫩的草料饲养它，等到它被人牵入太庙即将被宰杀的时候，即使它想做一只生下来就没有母亲的小牛，还可以吗？"庄周于是终生不出仕为官，后来竟然羽化升仙而去。天帝令庄周担任闱编郎，记录各位仙人持戒和行善之事。

原文　　庄子，蒙人，名周。尝为蒙漆园吏，与梁惠王、齐宣王同时。其学无所不窥，然其要本归于老子。著书六万余言，率寓言[1]也。楚威王闻周贤，使使厚币迎之，许以为相。周笑谓使曰："吾闻楚有神龟，死已三千岁矣，王巾笥[2]而藏之庙堂[3]之上。此龟者，宁其死为留骨而贵乎？宁其生而曳尾于涂中乎？"使者曰："宁生而曳尾于涂中。"庄子曰："往矣，吾将曳尾于涂中。"又聘于庄子，庄子应其使者曰："子见夫牺牛[4]乎？衣以文绣[5]，食以刍菽[6]。及其牵而入于太庙[7]，当是之时，虽欲为孤犊[8]，其可得乎？"遂终身不仕，后竟仙去。帝命为闱编

庄子

郎[9]，以纪诸仙戒善[10]。

1 寓言：有所寄托的话。**2** 巾笥：以巾包裹好，藏入箱子中。**3** 庙堂：太庙的殿堂。**4** 牺牛：用于祭祀的牛。**5** 文绣：刺绣华美的丝织品或衣服。**6** 刍菽：即刍豆、草料和豆子，指牛马的饲料。**7** 太庙：帝王的祖庙，用于祭祀皇室的先祖。**8** 孤犊：失去母亲的小牛。**9** 闱编郎：职官名，负责文件的编纂和记录。**10** 戒善：持戒和行善。

尹喜

尹喜，字公文，天水人。他的母亲有一次午睡时梦到天上降下红色的云气，笼罩在身体周围。尹喜出生的时候，他家的旱田居然长满了莲花。尹喜长大后，眼睛炯炯有神，光芒四射；身体修长，神采奕奕；双臂下垂，超过膝盖；体格魁梧，有神仙般的容貌。尹喜从小就喜欢看书，擅长内学和天象。他服食精华，隐匿德行，修炼仁心，心胸宽广，不拘于繁文缛节，委屈自己来拯救他人，不追求显达。

周康王时，尹喜担任大夫，抬头观察天象，看见东方有紫气向西涌来，由此得知将有圣人出关西行。尹喜于是上书请求担任函谷关令。尹喜提前对关吏孙景说："如果有容貌和常人不同、所乘之车和所穿之衣异于大众的人，不要让他过关。"尹喜曾经观察并追踪过圣人。周昭王二十三年七月十二日甲子，老子果然乘坐着白色的车，驾着黑色的牛，当时徐甲担任他的车夫，正打算过关。关吏进来禀告尹喜，尹喜高兴地说："今天我终于能见到圣人了。"尹喜于是穿上朝服出来迎接老子，跪在地上对老子说："希望您留下来住在这里。"老子谢绝尹喜道："我只是一个地位低下的老翁而已，居住在函谷关以东，我的田地在函关谷西边，今天只是暂时过去取一些柴火，你为什么要留我呢？希望你同意我过关。"尹喜再次叩首说："您岂是取柴之人？我知道您将去西方漫游，您已经风餐露宿有些时日了，希望您在我这里稍作休息，养足精神。"老子说："听说开化天竺的是位古先生，他擅长进入无为的境界，能够永久保存自己，因此我亲自踏上西行之路，经过函谷关，你为什么要留宿我呢？"尹喜又说："今观您神采奕奕，超尘脱俗，乃天下至尊，旁边的蛮夷之地哪里值得前往考察呢？希望您不要拒绝我的请求。"老子说："你是怎么知道我要过函谷关的呢？"尹喜说："去年冬天十月，天理星向西运行经过昴宿，到本月初一，东北风三次吹过函谷关，东方的真气形状像龙蛇，向西而去，这是圣人出现的征兆。因此我知道肯定会有圣人过关。"老子开心地笑道："善哉，看来你是了解我的。我也了解你，你有神仙般的洞察力，将会普度世人。"尹喜再次向老子作揖说道："敢问您的姓和字，是否可以让我知道？"老子说："我的姓和字深微悠远，时间跨越很多劫数，不是三言两语可以说清楚的。我今天姓李，字伯阳，号老聃。"

尹喜回到官舍，设宴好生款待，对老子行弟子礼。老子在尹喜的要求下留宿在函谷关百余日，把内外修炼之法全部传授给尹喜。老子的车夫徐甲年幼时就受雇于老子，约定每天拿一百钱，到函谷关时，老子应当给徐甲七百三十万钱。徐甲看到老子辞官远游后，马上跑来索要工钱。老子对徐甲说："我前往西海诸国，回来的时候定当用黄金抵偿你的费用。"徐甲同意了，等到达函谷关的时候，徐甲在荒野放牛吃草。老子想要试探一下他，于是用吉祥草变成一位美女，走到放牛的地方，用言语调戏徐甲。徐甲受到迷惑，打算留下美女同宿，因此违背了和老子之前约定的日期。徐甲就到函谷关令那里状告老子，索取佣金。老子对徐甲说："你跟随我两百多年，早就该死了。我把太玄生符给你，所以你才能够活到今天。你为何不念及这个，反而跑来找我打官司呢？"老子的话刚说完，符就从徐甲的口中飞出，只见那符上用红笔书写的文字还跟新的一样，徐甲马上变成了一堆白骨。尹喜于是叩头替徐甲请罪，请求老子赦免他的罪行，赐予徐甲一道符，使他再次活过来了。老子于是把太玄生符扔向白骨，徐甲马上又活过来。后来尹喜出钱偿还徐甲，又礼貌地送走了他。

　　一天，老子对尹喜说："我郑重地告诉你，古先生就是我的化身。我曾经在天竺开化众生，今天我的灵魂将要返回天竺，回到无名的状态。我今天就要走了。"尹喜叩请随侍老子。老子说："我在天地之间漫游，在玄冥之间嬉戏，四维八极，上天入地，无所不至，你想要跟随我，怎么做得到呢？"尹喜说："赴汤蹈火，上天入地，就是丢掉性命，化成灰烬，我也甘愿跟随您。"老子说："你的骨相虽然与道相合，修行道法将会成为真人。但你学习道术的时间尚短，还不能达到神通的地步，如何能够变幻莫测，跟随我呢？你还需专心修炼道法，体会自然的奥秘，这样我才能够和你一起开化诸国。"老子于是传给尹喜五千字的《道德》，约定说："一千日之后，你可以到蜀地，在青羊出现的店铺周围寻找我。"话音刚落，老子就飞升到空中，坐在云气之上，散发出五彩光芒，他的身体金光闪闪，照亮十方，慢慢升上了天空。光芒照亮了周围的房屋，色彩绚丽，过了很久才消失。尹喜望着天空中的云气慢慢消散，涕泗横流，极尽留恋不舍之态。那天，长江、黄河之水暴涨，山川震动，有五色光横穿太微，遍及四方。尹喜于是根据老子所传授的治国修身的要领，去奢灭欲的言论，作序然后编辑成书，共三十六章，取名《西升经》。之后尹喜断绝人事，三年之内，修炼完成。凡是老子传授的书，尹喜都能领悟到其中的精妙之处，于是尹喜写成了九篇书，叫作《关尹子》。

　　丁巳年，尹喜前往西蜀，到青羊出现的商铺周围寻找老子。老子在甲寅年升天，到乙卯年又从太微宫分身降临人间，诞生在蜀国大官李氏家中。降生之前，老子已领青龙下凡化作羊，毛色像青金一样，经常出现在婴儿周围。婴儿非常喜欢跟这只青羊玩耍，有一天青羊丢失了。李家令童子出去寻找，在集市中寻获了丢失的青羊。尹喜到达蜀地后，问遍所有居民，也没有人知道有青羊出现的铺子。这时，尹喜突然见到童子牵羊回家，因此心中自语："既然有青羊出现在集市中，按照约定，圣师应该就在这里。"尹喜因此询问童子："这是谁家的羊，打算把羊牵到哪里？"童子回答说："我家夫人最近生了一个小孩儿，非常喜欢跟这只青羊玩耍。青羊丢失已经两天了，小孩儿哭啼不止。今天恰好找到青羊，正打算牵回家。"尹喜马上嘱托童子，希望他告诉夫人的小孩儿，说尹喜到了蜀地。童子按照尹喜的话，回家之后告诉了小孩儿。小孩儿听完之后马上穿上衣服站起来说："让尹喜前来见我。"

尹喜进来之后，李家的屋舍忽然变大，从地面涌现出莲花座，小孩儿化作几米高的白金之身，散发出太阳般的光芒，颈项上出现圆轮金光。他头戴七曜冠，身穿晨精服，披着九彩丝质帔巾，端坐在莲花座上。李氏全家人都看到了这一幕，感到非常吃惊。婴儿说："我是太上老君，太微是我的住宅，真一是我的身体，太和降下精魂、耀魄，化而为人。主客相互承袭，有什么好奇怪的呢！"尹喜感到非常快慰，叩拜说："没有这次令人愉快的再会，我哪里能够再次侍奉您。"太上老君说："我之前留下你，是因为你进入社会已久，深染恩爱，但只刚刚学习经要，还未修行成功，因此约定三年之后在这个地方等你。如今，你已能够保存形体，练养精气，达到真人的妙境，心结紫络，面有神光，玄圃的神仙中有你的大名，紫房中也有你的玉制书札，精气充满太微，尸解达到真人的地步。"说完这番话，太上老君就下令召来三界诸位真人，上至各天的帝君，十方

尹喜

的神王，下及各个仙人，顷刻间都浮现在空中，手持香花，低头听命。太上老君命令五老上帝、四极监真，授予尹喜玉册金文，封为文始先生，尊位为无上真人，赐尹喜芙蓉冠，飞青羽裙，红色襟带、绿色长袖、交泰霓裳、黄色丝质绶带、九彩符节，位居二十四天王之上，统领八万仙士。从此，尹喜方才能够在空中飞腾，侍奉在太上老君身旁。他全家老小二百多口人也一起得道飞升。

尹喜，字公文，天水人。初母氏尝昼寝[1]，梦天下绛霄[2]，流绕其身。及喜生时，家陆地[3]自生莲花遍满。及长，眼有日精[4]，姿形长雅，垂臂下膝，堂堂有天人[5]之貌。少好学坟索[6]，善内学[7]星宿。服精华，隐德行仁，大度不修俗礼。损身济物，不求闻达。

[1] 昼寝：午睡。[2] 绛霄：红色云气。[3] 陆地：土地。[4] 日精：太阳的光芒。[5] 天人：仙人，神人。[6] 坟索：三坟八索的并称。亦泛指古代典籍。[7] 内学：道教所修行的神仙导养之学。

周康王时，为大夫。仰观乾象，见东方有紫气西迈，知有圣人当度关而西。乃求为函谷关令，预敕关吏孙景曰："若有形容[1]殊俗、车服[2]异常者，勿听过。"喜尝候物色[3]而迹之。时昭王二十三年七月十二日甲子，老君果乘白舆，驾青牛，徐甲为御[4]，欲度关。关吏入白，喜喜曰："今我得见圣人矣。"即具朝服出迎，跪伏叩头邀之曰："愿暂留神驾。"老君谢曰："吾贫贱老翁，居在关东，田在关西，今暂往取薪，何故见留？幸听度。"喜复稽首曰："太圣岂是取薪？久知大圣当来西游，暴露[5]有日，愿少憩神驾。"老君曰："闻开导竺乾[6]，有古先生，善入无为[7]，永存绵绵。是以身就道，经历关，子何过留耶？"喜又曰："今观大圣神姿超绝，乃天上之至尊，边夷何足往观？愿不托言[8]，少垂哀愍。"老君曰："子何所见而知？"喜曰："去冬十月，天理星西行过昴[9]。自今月朔[10]，融风三至，东方真气状如龙蛇而西度。此大圣人之征。故知必有圣人度关。"老君乃怡然笑曰："善哉！子之知吾。吾亦已知子矣，子有通神之见，当得度世也。"喜再拜曰："敢问大圣姓字可得闻乎？"老君曰："吾姓字渺渺，从劫至劫，非可尽说。吾今姓李，字伯阳，号曰老聃。"

1 形容：外貌，模样。2 车服：车舆礼服。3 物色：端详，辨认。4 御：驾驭车马的人。5 暴露：风餐露宿。6 竺乾：即天竺，古印度的别称。7 无为：道家主张清静虚无，顺应自然，称为"无为"。8 托言：借口。9 昴：西方天空的七星宿之一。10 月朔：每月的朔日，指旧历初一。

　　喜于是就官舍[1]，设座供养[2]，行弟子礼。老君乃为喜留关下百余日，尽传以内外修炼之法。时老君之御者徐甲，少赁于老君，约日顾百钱。至关时，当七百三十万钱。甲见老君去官远适，亟来索钱。老君谓曰："吾往西海诸国，还，当以黄金什直偿尔。"甲如约。及至关，饭[3]青牛于野。老君欲试之，乃以吉祥草[4]化为一美女，行至牧牛之所，能以言戏甲。甲惑之，欲留，遂负前约。乃诣关令讼老君，索佣钱。老君谓甲曰："汝随我二百余年，汝久应死。吾以太玄生符与汝，所以得至今日。汝何不念此，而乃讼吾？"言讫，符自口中飞出，丹篆[5]如新，甲即成一聚白骨。喜乃为甲叩头，请赦其罪，以赐更生。老君复以太玄生符投之，甲即立生。喜乃以钱偿甲，而礼遣之。

1 官舍：官署，衙门。2 供养：供奉安置，提供生活上所需要的物品、金钱。3 饭：放牧。4 吉祥草：草名，百合科，多年生常绿草本。5 丹篆：指仙道之书或符箓。

　　一日，老君谓喜曰："吾重告尔，古先生者，即吾之身。尝化乎竺乾，今将返神，还乎无名[1]。吾今逝矣。"喜叩首请侍行。老君曰："吾游乎天地之表，嬉乎玄冥[2]之间，四维八极[3]，上下无边。子欲随吾，乌[4]可得焉。"喜曰："入火赴渊，下地上天，灰身没命，愿随大仙。"老君曰："汝虽骨相[5]合道，法当成真[6]。然受道日浅，未能通神，安得变化？随吾圣身，汝尚精修此道，体入自然，斯可与汝行化诸国尔。"于是复以《道德》五千言授之，期曰："千日之外，可寻吾于蜀青羊之肆也。"言讫，耸身空中，坐云华[7]之上，面放五明，身见金光，洞然十方，冉冉升空。光烛馆舍，五色玄黄，良久乃没。喜目断[8]云霄，涕泣攀恋。其日江河泛涨，山川震动，有五色光贯太微[9]，遍及四方。喜遂以老君所说理国修身之要，去奢灭欲之言，叙而编之，为三十六章，名之曰《西升经》。喜乃屏绝人事，三年之内，修炼俱毕。凡所授书，悉臻其妙。乃自著书九篇，号《关尹子》。

[1] 无名：没有名声，声名不显于世。[2] 玄冥：深远幽寂，道家用以形容"道"，亦指"道"。[3] 四维八极：四维指东、南、西、北。八极指东南、西南、西北、东北、前、后、上、下。合指遥远之地。[4] 乌：疑问副词，何、哪里的意思。[5] 骨相：形体相貌。[6] 成真：成仙。[7] 云华：云朵。[8] 目断：望断，一直望到看不见。[9] 太微：古代星官名，三垣之一。位于北斗之南，轸、翼之北，大角之西，轩辕之东。

至丁巳岁，即往西蜀寻访青羊之肆。老君以甲寅年升天，至乙卯岁复从太微宫分身，降生于蜀国大官李氏之家。已先敕青龙化生为羊，色如青金，常在所生婴儿之侧，爱玩无斁[1]。忽一日失羊，童子寻觅，得于市肆。喜至蜀，遍问居人，无青羊肆者。忽见童子牵羊，因自解云："既有青羊，复在市肆，圣师所约，其在此耶？"因问此谁家羊，牵欲何往。童子答曰："我家夫人生一儿，爱玩此羊。失来两日，儿啼不止。今却寻得，欲还家。"喜即嘱曰："愿为告夫人之子，云尹喜至矣。"童子如其言，入告儿。儿即振衣[2]而起曰："令喜前来。"

1 无斁：不厌恶，不厌倦。**2** 振衣：抖衣去尘，整理衣服。

喜既入，其家庭宇，忽然高大，涌出莲花之座。儿化数丈白金之身，光明如日，项有圆光。建七曜[1]之冠，衣晨精[2]之服，披九色离罗[3]之帔[4]，坐于莲花座上。举家见之，皆惊怪。儿曰："吾老君也，太微是宅，真一[5]为身，太和[6]降精，耀魄[7]为人。主客相因，何乃怪耶？"喜将慰无量，稽首言曰："不谓庆会[8]，复奉天颜。"老君曰："吾向留子者，以子沿世来久，深染恩爱。初受经诀，未克成功，是以待子于此。今子保形炼气[9]，已造真妙。心结紫络，面有神光。金名表于玄圃[10]，玉札系于紫房[11]。气参太微，解形合真矣。"即命召三界众真，时诸天帝君，十方神王，洎诸仙众，顷刻浮空而至，各执香花，稽首听命。老君敕五老上帝，四极监真，授喜玉册金文，号文始先生，位为无上真人。赐紫芙蓉冠，飞青羽裙，丹褋[12]绿袖，交泰霓裳[13]，罗纹黄绶[14]，九色之节。居二十四天王之上，统领八万仙士。自此方得飞腾虚空，参侍龙驾。其家长幼二百余口，即时拔宅升天。

1 七曜：指日、月和金、木、水、火、土五星。**2** 晨精：早上的太阳。**3** 离罗：色彩交错，道书中常指太阳、洞阳宫、日月等。**4** 帔：古代妇女披在肩上的衣饰。**5** 真一：本指保持本性，自然无为。后多用以指养生的方法。**6** 太和：天地间冲和之气。**7** 耀魄：星名，即天帝星，北极五星的最尊者。**8** 庆会：庆幸再次相见。**9** 炼气：道家指通过吐纳导引等以求长生的一种方法。**10** 玄圃：传说中昆仑山顶的神仙居处，中有奇花异石。**11** 紫房：仙人居住的宫殿。**12** 丹褋：红色长衣。**13** 霓裳：神仙的衣裳，相传神仙以云为裳。**14** 绶：丝带。古代用以系佩玉、官印、帷幕等。绶带的颜色常用以标志不同的身份与等级。

尹轨

尹轨，字公度，太原人，是文始先生尹喜的堂弟。他从小学习天文，兼通谶纬。他像侍奉父亲一样侍奉文始先生，尹喜因此教尹轨服用黄精花，后来又传授尹轨百余篇道经，都是以口诀发蒙。文始先生得道成仙之后，尹轨就和隐士杜冲一起在文始先生的房子里修行。尹轨当时二十八岁，通过绝食来保养精气，专门修炼上等法术。天帝怜惜尹轨，赐他为太和真人，在杜阳宫统领仙僚。尹轨有时携带仙丹，周游天下，救济度化有缘之人；有时炼造金银，用来赈济贫苦之人。向尹轨祈求的人，都得到了他的福利。晋惠帝永兴二年，尹轨从东方来，降临在尹真人观，告诉道士梁谌得道的方法，以及天帝命令他所管理的事情。话刚说完，尹轨忽然跃身飞向空中，逐渐升入天府。

原文　尹轨，字公度，太原人，文始先生尹喜之从弟也。少学天文，兼通谶纬[1]。父事先生，因教服黄精花，及授诸道经凡百余篇，皆蒙口诀。先生登真[2]之后，即与隐士杜冲，同修炼于先生宅。时年二十八岁，绝粒[3]养气，专修上法。上帝怜之，赐为太和真人，仍下统仙僚于杜阳宫。轨时带神丹，周历天下，济度有缘。或炼金银，以赈贫苦。求哀之人，咸得其福利焉。晋惠帝永兴二年，从东来，降于尹真人之观。语道士梁谌以得道之素，及上帝命所司之事。语毕，忽耸身腾空，冉冉而登天府。

[1] 谶（chèn）纬：汉代流行的神学迷信。"谶"是巫师或方士创造的一种隐语或预言，作为吉凶的符验或征兆。"纬"指方士化的儒生编集起来附会儒家经典的各种著作。[2] 登真：成仙。[3] 绝粒：犹辟谷。道家以摒除火食、不进五谷求得延年益寿的修养术。

中国神仙故事

第二卷

丁令威

丁令威，本来是辽东人，在灵虚山学道，后来化作仙鹤归去。之后仙鹤又飞到华表上唱歌："有鸟有鸟丁令威，去家千岁今来归。城郭如故人民非，何不学仙冢累累。"

原文 丁令威，本辽东人，学道于灵虚山。后化鹤归，集华表[1]而吟曰："有鸟有鸟丁令威，去家千岁今来归。城郭[2]如故人民非，何不学仙冢[3]累累。"

[1] 华表：古代设在桥梁、宫殿、城垣或陵墓等前兼做装饰用的巨大柱子。[2] 城郭：城墙。城指内城的墙，郭指外城的墙。[3] 冢：坟墓。

李八百

李八百，蜀国人，名真，居住在筠阳的五龙冈。他经历了夏、商、周三朝，年龄达八百多岁，一次能够行走八百里，当时的人因此称他为"李

丁令威

李八百

八百"。他有时在山林隐居，有时居住在闹市。他又在华林山中的石室中修炼，内丹炼成之后，回到蜀地。周穆王时，李八百居住在金堂山。蜀地人世世代代都能见到李八百出现，称他为"紫阳真君"。

原文 　　李八百，蜀人，名真，居筠阳五龙冈。历夏、商、周，年八百岁，动行则八百里，时人因号为"李八百"。或隐山林，或居尘市[1]。又修炼于华林山石室。丹成，还蜀中。周穆王时，居金堂山。蜀人历代见之，号"紫阳真君"。

1 尘市：尘世，市井。

明香真人

　　明香真人，李八百的妹妹。起初在华林元秀峰修道，后来在元秀峰南边的五龙冈修建了一座道坛。修道成功之后，飞升成仙。唐天宝年间，在她修道的地方建起一座道观，名为元阳观。明香真人被封为"妙应真人"。

原文 　　明香真人，李八百之妹也。初修道于华林元秀峰，后于峰南五龙冈设坛。道成冲举[1]。唐天宝中，即其地为元阳观，封"妙应真人"。

1 冲举：飞升成仙。

折象

折象，广汉人。年少时就喜好黄老之术，拜师东平先生。折象家产丰裕。他认为家中藏有过多财产，必定会导致自己在某方面损失很多。于是，散尽千金去赈济贫困之人。有人劝阻折象，折象说："窦子文曾经说过：'我施舍财物，是为了躲避灾祸，而不是为了逃避时世。'"他去世的那天，尸解就像蛇蜕皮一样。

原文 折象，广汉人。少好黄老[1]术，师事东平先生。家世丰赡，以为多藏必厚亡，散千金以赈贫苦。或谏之。象曰："窦子文有言：'我之施物，乃逃祸，非避时也。'"自克亡日，尸解[2]如蛇蜕焉。

[1] 黄老：黄帝和老子的并称，后世道家奉其为始祖。[2] 尸解：道徒遗其形骸而仙去。

宋伦

宋伦，字玄德，洛阳人。一心好道，服用了二十多年的黄精。周厉王时，太上老君传授他《通真经》和丹药、道符。宋伦得到经书后进行修行，于是自然达到通感的境地。曾经有六位玉童轮流服侍他。宋伦能够预知未来的吉凶，没有不灵验的。宋伦能够飘飘然地飞天而行，也能在水上和险要之地如履平地。他和神仙一起出游，每天行走三千里。他有时化为鸟兽，来试探人心。如果有猎人追他，他会和猎人保持五十步左右的距离，猎人怎么追也追不上。擅长射箭的猎人用箭射他，却怎么也射不到。

宋伦

宋伦和病人一起睡觉，病人就自己痊愈了。周宣王三十二年，宋伦九十多岁时天帝派遣仙官下凡迎接他，授予他太清真人的封号，统领下界中土。

原文　　宋伦，字玄德，洛阳人。专心好道，服黄精[1]二十余年。周厉王时，老君授以《通真经》及丹符。伦得经修行，遂自然通感。尝有玉童六人更递侍之。凡未来事，预知其吉凶，言无不验。能飘然飞举，凌波涉险。与神仙游，日行三千里。或化为鸟兽，以试人心。有猎者逐之，常相去五十步百步，不能至。善射者射之，亦不至。与病者同寝，其病自瘥。年九十余，宣王三十二年，上帝遣仙官下迎，授为太清真人，下司[2]中岳。

[1] 黄精：药草名。多年生草本植物，中医以根茎入药。[2] 司：管理。

玉子

　　玉子，姓章，名震，南郡人。年少时学习了很多经书。周幽王征召他入朝为官，玉子不去，还感叹道："人都贪图荣华富贵，不知道修身养性，一旦命尽气绝，虽然贵为王侯，金玉堆砌如山，又有什么好处呢？只有修仙，才可以长生。"玉子于是拜师长桑子，学到了他的很多道术，著有几百篇道书。玉子的核心道术以研究魁术为主，尤其精通五行，推演五行的幽微精妙之处。他能够使天刮风、下雨、打雷、起雾，吹翻房屋，折断树木；又能够把杂草、瓦砾、石头变成六畜；能够让龙和老虎马上行走；还能够分身出成百上千的人。玉子还能在江海湖泊上行走，口中含

玉子

水，喷出即成玉珠。学会这些之后，玉子便不再运用法术进行变化了。他有时会闭气休息，人们举不起来他，也推不动他，也无法使他弯曲身体，或者使他伸直身体。保持闭气的身形几十天后，玉子才醒过来，和之前一样。每次和弟子们出行，他都会把泥丸变成马给弟子们，让弟子们都闭上眼睛，不久，弟子们就都乘坐在马上了，这些马可以日行千里。他还能吐出几米长的五色云气。看见飞鸟经过，玉子用手一指，这些鸟马上就掉下来了；他在深渊旁边投符召唤鱼鳖，鱼鳖就能自己爬到岸上来；玉子还能够使弟子睁开双眼看到千里之外的物体，但是不能长久。他在修炼魁术时，用器皿装满水，把筷子放在两魁之间，对筷子吹气，然后发出嘘声，水上马上出现红光，筷子就燃烧起来。然后用器皿中的水来治疗各种疾病，疾病在身体内部的人喝掉器皿中的水沐浴之后就会马上痊愈，疾病在身体外部的人用过器皿中的水沐浴之后也会立刻痊愈。后来玉子进入崆峒山研制仙丹，仙丹炼成之后，玉子白天得道升天。

原文　　玉子，姓章，名震，南郡人。少学众经，周幽王征之，不起，乃叹曰："人但贪富贵，不知养性。命尽气绝，虽为王侯，金玉如山，何益？独有学仙可以无穷。"乃师长桑子，受其众术。著道书百余篇，其要术以务魁[1]为主，尤精于五行，演其微妙。能起飘风云雷雨雾，发屋折木。又以草芥瓦石为六畜[2]，龙虎立使能行。分形为数百千人。又能涉行江海，含水喷之即成珠。遂不复变，或时闭气休息，举之不起，推之不动，屈之不曲，伸之不直。如此数十日，乃起，复如故。每与诸弟子行，各丸泥为马与之，皆令闭目。须臾，皆乘大马，一日千里。又能吐五色云气，起数丈。见飞鸟过，指之即堕。又临渊投符召鱼鳖，鱼鳖皆自投岸。又能使诸弟子举眼即见千里外物，但不能久也。其务魁时，以器盛水，箸两魁之间。吹而嘘之，水上立有赤光，烧之烨烨而起。即以此水治百病，病在内者饮之，在外者浴之，皆立愈。后入崆峒山合丹。丹成，白日升天。

1 魁：道教的一种法术。**2** 六畜：指马、牛、羊、鸡、狗、猪。

太阳子

太阳子，姓离，名明，是玉子的朋友。玉子学道成功之后，太阳子就开始服侍玉子，尽弟子之礼，不敢有丝毫松懈和怠慢，玉子特别爱护太阳子。不过他嗜好饮酒，常常喝酒，因此常被玉子责怪。但是，太阳子擅长五行之道，虽然两鬓斑白，但也肌肤丰腴，面部容光焕发。他三百多岁时，依然不改嗜酒的习惯。玉子对太阳子说："你应当调理身体，保养心性，担任诸位贤人的法师。你昏迷大醉，不修功业，不炼丹药，虽然能够活到千岁，但最终难免一死，何况你只有几百岁！平庸之辈尚且不这样做，何况贤达之人呢？"太阳子后来著有《七宝树之术》，深得道法的精要。他服食丹药之后得道成仙，常常在世间出现，虽五百多岁，但面容和孩童一样。只是喝酒过多，双鬓纯白，不能保全身体如婴儿。

(原文) 太阳子者，姓离，名明，玉子之友也。玉子学道已成，太阳子乃[1]事玉子，尽弟子之礼，不敢懈怠。玉子特亲爱之。而好酒恒醉，颇以此见责。然善为五行之道，虽鬓发斑白，而肌肤丰盛，面自光华。三百余岁，犹自不改。玉子谓之曰："汝当理身养性，为众贤法师。乃昏迷大醉，

太阳子

功业不修，大药不合。虽得千岁，竟难免死，况数百岁乎！此凡庸[2]所不为，况达者乎？"后著《七宝树之术》，深得道要，服丹得仙。常有世间，五百余岁，面如少童。只多酒，其须鬓皓白，不能全其婴儿也。

1 乃：开始。**2** 凡庸：凡夫俗子。

太阳女

太阳女，姓朱，名翼，推演五行之道，都能穷尽精微幽妙，而且不仅灵验，速度也很快。二百八十岁，面如桃花，口如含丹，肌肤光滑，眉毛如画，像十七八岁的少女。她侍奉绝洞子，绝洞子炼成丹药之后，分出丹药赐给太阳女，二人一起成仙升天。

原文 太阳女，姓朱，名翼，敷演[1]五行之道，咸尽微妙，甚验且速。年二百八十岁，色如桃花，口如含丹，肌肤充泽，眉鬓如画，绰如十七八处子[2]。奉事绝洞子，丹成，分赐之，俱得仙升天。

1 敷演：陈述而加以发挥。**2** 处子：尚未出嫁的女孩。

太阴女

太阴女，姓卢名全，禀性聪慧旷达，智慧过人，喜好玉子之道，颇得其法，但不能精通。太阴女苦于没有明师，于是在路边卖酒，想要求得贤师。积年累月，却没有找到胜过自己的。一日，恰逢太阳子经过酒铺，在此喝酒。太阴女待之以礼，极尽恭敬，言谈举止，从容雅致。太阳子感叹道："你修行白虎螣蛇之道，我修行青龙玄武之道。普天之下，有谁了解我们呢！"太阴女听到之后，十分高兴，让妹妹询问客人土数是多少。太阳子回答说："在南方是三，北方是五，东方是九，西方是七，中间是一。"妹妹回来告诉太阴女："客人非常聪明，是至德之人。我开始问一，他就已经知道五了。"太阴女于是把太阳子请入修道的房间，改换美食进呈给太阳子，让他享用。太阴女趁机陈述自己的请求，太阳子听过之后说："我们修道之人一起在天帝的朝廷为官，一起喝神光之水，修炼玉子的魁术，体内拥有五行之宝，只亲近贤人，岂能有所吝惜。"于是传授给太阴女道术的精要和炼丹的方法。丹药炼成之后，太阴女服下丹药得道成仙。当时太阴女已经两百岁了，面容依然和少女一样。

【原文】 太阴女，姓卢名全，赋性聪达，智慧过人。好玉子之道，颇得其法，未能精妙。苦无明师，乃当道沽酒[1]，密欲求贤。积年累久，未得胜己者。会太阳子过之饮酒，见女礼节恭修，言词闲雅。太阳子喟然叹曰："彼行白虎螣蛇[2]，我行青龙玄武。天下悠悠，知者为谁。"女闻之，大喜，使妹问客土数[3]为几。对曰："不知也。但南三北五，东九西七，中一耳。"妹还报，曰："客大贤者，至德人也。我始问一，已知五矣。"遂请入道室，改进妙馔[4]以享之。因自陈讫，太阳子曰："共事天帝之朝，俱饮神光之水。身登玉子之魁，体有五行之宝。唯贤是亲，岂有所吝。"遂授以道要，及炼丹之方。丹成，服之得仙。时年已二百岁，犹如少女颜色。

太阴女

1 沽酒：卖酒。**2** 螣蛇：腾蛇，传说中一种能飞的蛇。**3** 土数：和五行中土相关的数字。**4** 妙馔：精美的食物和饭菜。

太玄女

太玄女，姓颛，名和。年轻时丧夫，有一位道士为太玄女母女看相，之后说她们都不能长寿。太玄女于是学道，学成玉子的道术，因而能够入水不湿。严寒之时，仅穿单衣卧在冰上，容貌却没有任何变化，身体温暖，能够保持数天。太玄女能把宫殿、官府、城市和屋舍搬到其他地方，看上去没有任何差别。太玄女再次指向它们的时候，则全部回到之前的位置。门户箱柜有锁头的，用手一指就开。指山山崩，指树树死，再指一下，就又恢复如初。有一天她领着弟子在山里行走，日落的时候，用手杖敲一敲石头，石头就打开了，里面有门户。进到里面，有房间、床、几案、帷帐、厨具、酒水和食物等，就像平常家中一样。即使行走万里，所到之处也总是这样。她还能让小的东西忽然间变得像山一样大，让大的东西忽然间变得像细毛和芒刺那么小。野火势头冲天，太玄女吹一口气它就灭了。她还能坐在烈火之中，而衣服不燃。能瞬间变成老翁，或变成小孩，或变成车马，没有什么东西不能变。她擅长施行三十六样法术，起死回生，救人无数。但人们不知道她服食什么东西，也没有人学过她的法术。她的容颜越来越年轻，鬓发乌黑。有一天，她忽然白日升天而去。

原文　太玄女，姓颛，名和。少丧夫，有术人相其母子曰："皆不寿也。"乃学道，得玉子之术。遂能入水不濡¹。盛寒之时，单衣卧冰上，

太玄女

而颜色不变，身体温暖，可至积日。能徙官府宫殿城市屋舍于他处，视之无异。复指之，则还其所在。又门户、椟柜有关钥[2]者，指之即开。指山山崩。指树树死。更指之，皆复如故。一日与弟子行山间，日暮，以杖扣山石，石开，皆有门户。入其中，有屋室、床几、帷帐、厨廪[3]、酒食如常，虽行万里无异。能令小物忽大如山岳，大物忽小如毫芒[4]。野火张天，嘘之即灭。又能坐炎火之中，衣裳不燃。间化为老翁小儿车马，无所不为。行三十六术，甚有神效，起死无数。不见其修炼服食，颜色益少，鬓发如鸦。后白日升天而去。

[1] 濡：打湿。 [2] 关钥：锁。 [3] 厨廪：厨房和仓库。 [4] 毫芒：毫毛的细尖，比喻极细微。

墨子

　　墨子，名翟，宋国人。在宋国做官，担任大夫。在外研读经典，在内修行道术，著书十多篇，取名为《墨子》。公输子曾为楚王制造云梯来攻打宋国。墨子前往楚国，游说楚王罢兵，放弃进攻宋国。八十二岁时，墨子感叹道："世事我已经洞悉了，高官厚禄不可长久，我将委随求仙问道的潮流，跟随赤松子漫游。"于是遣散身边的仆役，专心思考至道，想像神仙那样。从此之后，附近的人们就经常听到山中有诵书声。他每次躺下休息之后，就有人拿衣服盖住他。墨子于是偷偷观察，看到一个人，坐起来问他："您岂不是山岳的神灵？希望您能够传授我道术。"神人说："你有仙骨，爱好道术，并以此为志向，因此来伺候你。你想要什么？"墨子说："希望能够长生，和天地一样长久。"神人因此传授给墨子素书、朱英丸的配方、道教的宗旨和戒律，以及五行变化之术，一共三十五卷。墨子跪拜接受了上述物品，按照要求修行，因此获得长生，撰写了五卷《五行记》。到汉武帝时，武帝派遣使者杨辽，带上绢帛和美玉去聘请墨子，但是墨子不出。当时他的容貌看起来和五六十岁的人一样。墨子在五岳之间周游，不固定住在一个地方。

原文

　　墨子者，名翟，宋人也。仕宋，为大夫。外陈经典，内修道术，著书十篇，号为《墨子》。公输子尝为楚王造云梯以攻宋，墨子说楚王而罢之。年八十有二，乃叹曰："世事已可知已，荣位[1]非可长保。将委流俗，以从赤松子游矣。"乃谢遣闲人，精思至道，想像神仙。于是夜常闻左右山间有诵书声，每卧后，每有人以衣覆之。墨子乃伺之，见有一人，乃起问之曰："君岂非山岳之灵乎？愿诲以道教。"神人曰："子有仙骨，志且好道，故来相候。子欲何求？"墨子曰："愿得长生，与天地相毕耳。"于是神人授以素书[2]、朱英丸方、道灵[3]教戒、五行变化，凡三十五卷。墨子拜受，合作遂得其效。乃撰集《五行记》五卷。至汉武帝时，遣使者杨辽束帛加璧以聘墨子。墨子不出。视其颜色，如五六十岁人。周游五岳[4]，不止一处也。

[1] 荣位：令名尊位。[2] 素书：泛指一般道书。[3] 道灵：道符。[4] 五岳：我国五大名山的总称，一般指东岳泰山、南岳衡山、西岳华山、北岳恒山、中岳嵩山。

墨子

浮丘伯

浮丘伯，姓李，住在嵩山修行道术，白天得道飞仙。曾经作《原道歌》，歌词云："虎伏龙亦藏，龙藏先伏虎。但毕河车功，不用提防拒。诸子学飞仙，狂迷不得住。左右得君臣，四物相念护。乾坤法象成，自有真人顾。"他又作《相鹤经》，王子乔将它留传于世。

原文 浮丘伯，姓李，居嵩山修道，白日飞升。尝作《原道歌》云："虎伏龙亦藏，龙藏先伏虎。但毕河车[1]功，不用提防拒。诸子学飞仙，狂迷不得住。左右得君臣，四物相念护。乾坤[2]法象成，自有真人顾。"又作《相鹤经》。王子乔传，存于世。

[1] 河车：铅，道士炼丹的原料。[2] 乾坤：天地。

祝鸡翁

祝鸡翁，洛阳人，住在尸乡北山脚下。他养了几百年的鸡，每只鸡都有名字，一共一千多只。那些鸡晚上在树上栖息，白天则散养。祝鸡翁每次喊名字，被点名的鸡就会应声前来。出售鸡和鸡蛋获得了很多钱。他就放下这些钱去吴国，修建养鱼池。后来有人见到吴国山上的白鹤、孔雀常常在他身边栖息。

原文 祝鸡翁，洛阳人，居尸乡北山下。养鸡百余年，皆有名字，千余

祝鸡翁

群。暮栖树上,昼散放之。翁每呼名,即种别[1]而至。卖鸡及子[2],得千万钱。辄置钱去,之[3]吴作养鱼池,后见吴山白鹤孔雀,尝止其傍。

[1] 种别：按类区别。[2] 子：鸡蛋。[3] 之：到。

皇太姥

皇太姥,闽人,相传是婺星精魂所变。皇太姥母子二人居住在武夷山,采摘黄精食用。她能够呼风唤雨,乘云而行。秦人称呼皇太姥为圣母。

原文　皇太姥,闽人,相传为婺星[1]之精。母子二人,居武夷,采黄精以饵。能呼风檄雨,乘云而行。秦人呼为圣母。

[1] 婺星：星名,即婺女,二十八宿之一,玄武七宿之第三宿,有星四颗。

古丈夫

汉代时佝大和尹子虚一起在嵩山和华山漫游,忽然在松树下见到古丈夫和一位女子。佝大和尹子虚两人问道："神仙怎么到这里来啦？"古丈夫说："我本来是秦国的役夫,这位女子是毛玉姜,也是秦国的宫女。我们都是殉葬之人,但是一起逃脱了骊山之祸,在此隐藏,不知道现在是何年。"佝、尹二人说："非常幸运能够遇见大仙,愿求金丹大药。"古丈

皇太姥

夫说："我本来就是凡人，起初服用柏树的果实，后来食用松脂。时间久了，便能够在空中行走，体毛和头发都变成绿色，不知道金丹大药是何物。"

原文　汉恂大与尹子虚同游嵩华[1]，松下见古丈夫，并一女子。二生曰："神仙何以至此？"古丈夫曰："予本秦之役夫，此为毛玉姜，亦秦宫人。合为殉者，同脱骊山之祸，匿此。不知今几甲子。"二生曰："幸遇大仙，愿求金丹大药。"古丈夫曰："我本凡人，初饵柏子[2]，后食松脂[3]。岁久凌虚[4]，毛发绀绿[5]。不知金丹大药为何物也。"

[1] 嵩华：嵩山和华山。[2] 柏子：柏树的果实。[3] 松脂：松树分泌出的树脂。[4] 凌虚：升于空中。[5] 绀绿：墨绿色。

毛女

　　毛女，生活在华阴山中。山上的居民和猎人，代代都看到过她。毛女身体长满毛发，自称是秦始皇的宫女，秦朝灭亡之后逃入山中，吃松叶，因此感觉不到饥饿和寒冷，身体轻灵飘逸如飞。

原文　毛女，在华阴山中。山客猎师[1]，世世见之。形体生毛，自言始皇宫人。秦亡入山，食松叶，遂不饥寒，身轻如飞。

[1] 山客猎师：山中居民和猎人。

毛女　古丈夫

徐福

　　徐福，字君房。秦始皇时，冤死者堆满了道路。有种乌鸦形状的鸟，口中衔草，盖在冤死者的脸上，他们马上就活过来了。秦始皇派人拿着草去请教鬼谷先生。鬼谷先生说："大海中有十洲，其中一个名为祖洲的有不死草，不死草生长在琼田中，叫作养神芝，叶子类似菰叶，丛生，一株养神芝可以救活一人。"秦始皇于是派遣道士徐福入海寻找祖洲，徐福等人没有返回，后来不知道他们去了哪里。

　　沈羲得道成仙时，太上老君派遣徐福作为使者，乘坐白虎车迎接沈羲。后人这才知道徐福已经得道成仙。唐朝开元年间，有士人患病，半身枯萎发黑，御医张上客等都不能救活，就对他说："传闻大海中有神仙。"患病士人于是从登州入海访仙，随风行走十多天，靠近一个孤岛，岛上有数百人。抵达岸边后见有妇女洗药。问她们是何人。妇女指着一人说："座中鬓发斑白者，是徐君。"又问："徐君是谁？"妇女说："你知道秦始皇时期的徐福吗？"回答说："知道。"妇女说："徐君就是徐福。"士人于是登岸拜访徐福，寻求治疗方案。徐福刚开始给他吃精美的米饭，盛饭的器皿奇特小巧。士人心中嫌弃徐福怠慢他，徐福察觉后说："只怕你吃不完碗中的米饭。"士人不停地吃了几大口，就像吃了几大碗一样，吃到肚饱才停。徐福又用小酒杯盛酒，让士人喝，一直喝到醉。第二天，让士人吃下几粒黑色药丸，士人吐出了几斗黑水，他的病才痊愈。士人请求住在岛上侍奉徐福。徐福说："你有官位，不宜在此久留，我当用东风送你回家，你的母亲正担心归路太远。"徐福又给他一袋黄药，能够治疗一切疾病，要他带回去救人。士人起身返回，几天后抵达登州，把携带的黄药进献给皇帝。玄宗令生病之人吃下黄药，病人马上痊愈。

原文 徐福，字君房。秦始皇时，枉死者满道路。有鸟如乌状，衔草覆死人面，皆登时而活。始皇使人持草以问鬼谷先生。先生云："海中有十洲，祖洲有不死之草，生琼田[1]中，名'养神芝'。其叶似菰，丛生，一株可活一人。"始皇乃遣道士徐福入海寻祖洲，不返，后不知所在。

1 琼田：传说中能生灵草的田地。

逮沈羲得道，老君遣徐福为使，乘白虎车迎羲。后人始知徐福为仙。又唐开元中，有士人患半身枯黑。御医张上客等，俱不能活，因谓曰："闻大海中有神仙。"盖求治之。士人用从登州下海，随风行十余日，近一孤岛，岛上有数百人。须臾至岸，岸边有妇人洗药。问彼皆何人。妇人指云："中坐须发白者，徐君也。"又问徐君是谁，妇人云："君知秦始皇时徐福否？"曰："知之。"曰："此即是也。"士人遂登岸，致谒[1]求治。徐君初以美饭哺[2]之，器物皆奇小。士人心嫌其薄，徐君觉之，曰："但恐食不能尽尔。"士人连啖[3]之，如数大瓯，至饱而竭。复以小器盛酒，饮之，至醉。翌日[4]，以黑药数丸，与食，利黑水数斗，其病辄愈。士人求住奉侍，徐君曰："尔有禄位，未宜即留。当以东风相送，母愁归路远也。"复与黄药一袋，治一切病，持归救人。士人还，数日至登州，以药奏闻。玄宗令有疾者服之，即愈。

1 致谒：前往拜访。2 哺：喂食。3 啖：吃。4 翌日：第二天。

孔丘明

孔丘明，秦人，与骆法通等十人躲避战乱，结为朋友，远访大道。他们在玉笥山修炼，过了很久，那十人都得道成仙，腾空而去。只有仙良一人在人间漫游，没有和他们一起飞升，成为地仙。

原文 孔丘明，秦时人。与骆法通等十人避乱，相与结友，远访大道。在玉笥山修炼，岁久道成，腾空而去。惟仙良一人漫游，不与，但成地仙云。

黄石公

汉代张良在下邳圯桥，遇到一位箕踞而坐的老人。他让张良帮他捡鞋子。张良每次都恭顺地帮他取回鞋子。老人非常高兴，对张良说："孺子可教也。"于是拿书传授给张良，而且对张良说："再过十三年，齐地北谷城山下的黄石就是我。"后来张良功成名就，被封为留侯，跟随高祖刘邦经过谷城山，果然得到一块黄石，张良请求在此设立祠堂进行祭祀。

原文 汉张良于下邳圯桥，遇老父蹎踞[1]，令良取履。良每曲事[2]之，老父喜曰："孺子可教。"遂授良书，且谓曰："后十三年，齐北谷城山下黄石，即我也。"后良功成，封留侯，从高祖于谷城山，果得黄石。良请立祠以祀焉。

1 蹎踞：坐时两脚张开，形似簸箕。 **2** 曲事：恭敬侍奉，刻意逢迎。

黄石公

控鹤仙人

控鹤仙人，名属仁，天台元虚老君的第七个儿子，时常驾着仙鹤四处飞翔。他到武夷山校定仙籍，当时魏王子骞等人，在龙潭上求雨。控鹤仙人正好经过龙潭，魏王与张湛等二十人得以拜访他。控鹤仙人见魏王等人的骨相不同寻常，于是派遣何凤儿前往天台取来仙籍查阅，果然写有子骞与张湛等人的名字。控鹤仙人因此赐给魏王等人胡麻饭和《九品丹书》。后来，控鹤仙人因为喝酒过度而被贬居住在武夷山，须八百年之后方能脱胎换骨，羽化飞仙。

原文 控鹤仙人，名属仁，天台元虚老君第七子也，常控鹤[1]。至武夷山，校定仙籍。时魏王子骞等，祷雨龙潭之上。仙人适过其处，魏王与张湛等十二人因得谒见。仙人见魏王等骨相异常，乃遣何凤儿，往天台取仙籍检视，果载子骞与张湛等名。于是赐魏王等胡麻饭[2]、《九品丹书[3]》。仙人以饮酒过度，故谪居武夷，须八百年后方得脱骨仙化。

1 控鹤：驾驭仙鹤。**2** 胡麻饭：胡麻烧成的饭。**3** 丹书：道教语，即丹书墨箓，指以墨书写符文的朱漆之简，泛指炼丹之书，道教经书。

鬼谷子

鬼谷子，春秋晋平公时期的人，姓王，名诩。曾经入云梦山采药，后得道成仙，容貌如童子一样，居住在青溪鬼谷。苏秦、张仪曾向鬼谷子问道，三年之后，二人辞别鬼谷子而去。鬼谷子送给二人的信中写道："你

控鶴仙人

们两位将来功名显赫，但是正如春花入秋之后不能久茂，你们喜欢追求朝露一般的荣耀，忽视长久之功，轻视乔松长生之术，却珍视昙花一现的爵位，俗话说'女爱不及席，男欢不毕轮'，可惜呀！"鬼谷子在人间生活几百年之后便不知所踪，只有《阴符》和《鬼谷子》二书流传于世。

原文 　　鬼谷子，春秋晋平公时人，姓王，名诩。尝入云梦山采药，得道。颜如少童，居青溪之鬼谷。苏秦、张仪尝问道，三年辞去。子遗之书曰："二足下功名赫赫，但春华[1]至秋，不得久茂。今二子好朝露之荣，忽长久之功。轻乔松之永延，贵一旦之浮爵。夫女爱不及席，男欢不毕轮[2]。痛哉！"鬼谷处人间数百岁，后不知所之。有《阴符》《鬼谷子》二书行于世。

[1] 春华：春天的花。[2] 女爱不及席，男欢不毕轮：男欢女爱等不到筵席收场和尽兴畅饮就结束了，比喻青春易逝，欢爱难以长久。

马成子

　　马成子，秦地扶风人，专心修道。马成子抛弃家人外出寻师访道，遇到黄盖童子，传授给他胎元炼气之法。马成子于是进入蜀地鹤鸣山的石洞中，再次遇到异人，异人传授给他神丹，并对他说："气是内丹，药是外丹，今天给你此丹，服用之后将位列高真。"异人说完后就离开了。马成子服用神丹之后，遂在大白天得道成仙。

原文 　　马成子，秦扶风人。志专修道，弃家访师，遇黄盖童子，授以胎元炼气之法。乃入蜀之鹤鸣山石洞中。复遇异人,授以神丹曰:"气为内丹,药为外丹。今授子此丹,服之当列为高真[1]矣。"言讫而去,成子遂白日升天。

[1] 高真:得道成仙的人。

茅濛

茅濛,字初成,咸阳人。他学问渊博,见识深远,知道周王室将要衰落,不想入仕为官,感叹道:"人生就像流光闪电,为什么在尘世间执迷不悟呢!"于是拜师鬼谷子,学习长生之术,遂进入华山修炼。秦始皇三十年九月庚子,茅濛乘龙白日得道升天。之前城中就有人唱道:"神仙得者茅初成,驾龙上升入太清。时下玄州戏赤城,继业而往在我盈,帝若学之腊嘉平。"秦始皇听说之后,改腊为嘉平。茅濛的玄孙茅盈、茅固、茅衷三人最后都得道成仙,居住在茅山。

原文 茅濛,字初成,咸阳人。博学深鉴,知周室将衰,不求仕进。叹曰:"人生若流电[1]尔,奈何久迷尘寰[2]中。"于是,师鬼谷先生,受长生之术,遂入华山修炼。秦始皇三十年九月庚子,乘龙白日升天。先是邑人[3]谣曰:"神仙得者茅初成,驾龙上升入太清。时下玄州戏赤城,继业而往在我盈,帝若学之腊嘉平。"秦始皇闻之,因改腊为嘉平。玄孙盈、固、衷三人皆得仙,居茅山。

[1] 流电:闪电。[2] 尘寰:人世间。[3] 邑人:同乡之人。

茅濛

魏真君

魏真君，名子骞，在武夷山求道，后来遇到控鹤仙人，传授他换骨口诀。秦始皇时，魏真君尸解，他的颅骨至今尚存，面色白里透红，坚固鲜润。

原文 魏真君，名子骞，求道于武夷山。后遇控鹤仙人，授以换骨之诀[1]。秦始皇时，尸解。真君颅骨，至今尚存，红白坚润。

1 诀：秘诀。

萧史

萧史，修炼得道，喜欢吹箫。秦穆公把自己的女儿弄玉嫁给了萧史，萧史教弄玉吹箫，模拟凤凰鸣叫的声音，就有凤凰飞到他的屋子上。秦穆公为他们建造凤凰台。后来弄玉乘凤，萧史乘龙一起升天而去。

原文 萧史，得道，好吹箫。秦穆公以女弄玉妻[1]之，遂教弄玉吹箫，作凤鸣。有凤来，止[2]其屋。公为作凤台。后弄玉乘凤，萧史乘龙，共升天去。

1 妻：嫁给。**2** 止：居住。

萧史

弄玉

刘海蟾

汲郡白鹤观知事崔重微，忽然见到一位道人，便在道观厅堂招待，作揖之后请他坐下。道人不发一言，只是微笑。重微起身拿黄金相赠，还未进入道人房间，便听到弄笔的声音。崔重微急忙转头看，却已经不见道人的影踪。厅堂墙壁上留有道人刚刚写下的题字，用仙书来佐证，知道题字出自秦人刘海蟾的手笔。

原文　汲郡白鹤观知事[1]崔重微，忽见道人谒于堂下，揖之坐。不语，但微哂[2]。重微起，取金相赠。未入房，已闻弄笔[3]声。急回视，已失道人。壁间有题字，以仙书证之，乃秦人刘海蟾之笔。

[1] 知事：僧职名，掌管僧院事务，后称为住持。[2] 哂：微笑。[3] 弄笔：谓执笔写字、为文、作画。

卢侯二仙

秦始皇派遣卢生入海求取神仙药，卢生没有找到神仙药。因此卢生和侯生商量去隐居，二人进入邵陵云山。现在山上还有侯、卢二仙的踪影。云山中的秦人古道、炼丹井、飞升台以及扫坛竹，都是当时的遗迹。

原文　秦始皇遣卢生入海求神仙药，不得。卢与侯生谋隐[1]，入邵陵云山。今山有侯仙迹、卢仙影，秦人古道、炼丹井、飞升台、扫坛竹，皆其遗迹。

[1] 隐：隐居。

蔡女仙

蔡女仙，襄阳人，从小擅长刺绣。忽然有位老者造访，请求蔡女仙绣一对凤凰，完成之日，当亲自指点。蔡女仙绣成之后，老者指点着为凤凰各绣上一对眼睛。绣成，双凤马上腾跃飞舞起来。老者和女仙一人骑一只凤凰飞升而去。

原文 蔡女仙，襄阳人，幼善刺绣。忽有父老诣门[1]，请绣凤一双。毕功[2]之日，自当指点。既而[3]绣成，老父指视安眼。功毕，俄[4]双凤腾跃飞舞，老父与女仙各乘一凤升去。

[1] 诣门：上门，登门。 [2] 毕功：完工。 [3] 既而：不久。 [4] 俄：短暂的时间，一会儿。

白石生

白石生，中黄丈人的弟子。传说彭祖时，他已经两千多岁了。白石生不修行飞升成仙之术，但以长生不老之术为贵，不失人世间的欢乐。在他的修行中，只以金液之药为上乘。白石生起初苦于家中贫困，无法获得金液之药，于是养猪放羊。十几年后，发家致富，赚了很多钱，白石生因而购买金液之药服用。他曾经把白石煮成粮食，因此就住在白石山附近，遂号"白石生"。有时也吃肉干喝酒，有时也修炼辟谷之术。白石生能够一天行走三四百里，容貌就像三十多岁的人。有人问他："为什么不喜欢飞升成仙呢？"白石生回答说："天上未必有人间快乐；况且天上有许多至尊，

蔡女仙

白石生

侍奉起来比人间更累。"

原文 　　白石生，中黄丈人[1]弟子。云彭祖时，已二千余岁。不修飞升，但以长生为贵，不失人间之乐而已。所行者，止以金液[2]之药为上。初患家贫，不能得药，乃养猪牧羊。十数年，致富万金，乃买药服之。尝煮白石为粮，因就白石山居，遂号"白石生"。亦时食脯饮酒，亦时辟谷[3]。日能行三四百里，颜色如三十许人。或问："何以不爱飞升？"答曰："天上未必乐于人间。且天上多至尊，奉侍更苦于人间也。"

[1] 丈人：古时对老人的尊称。[2] 金液：古代方士炼的一种丹液，据说服用后可以成仙。[3] 辟谷：不食五谷，道教的一种修炼术。辟谷时，仍食药物，并须兼做导引等。

涉正

　　涉正，字玄真，巴东人。汉末，谈起秦始皇时期的事情时，他了如指掌。后来，涉正带领着二十名弟子进入吴地，平时都闭上双眼，即使走路也不睁开。弟子跟随他二十年，没有一个见到他睁开过眼睛。有一个弟子强烈请求他睁开双眼，涉正就答应为他睁开一次。当他的眼睛睁开时，便有声音如雷鸣，有火光如闪电。弟子们不自觉地都伏在地上，很久才能起来，那时涉正又再次闭上双目。后来，涉正道法修炼成功，成仙而去。他把睡觉、吃食的修行方法全部传授给诸位弟子。他们全部用吐纳养生之术断绝房事，同时服用石脑、小丹。当时李八百称涉正为"四百岁儿"。

涉正

原文 涉正，字玄真，巴东人。汉末，说秦始皇时事了了。从二十弟子入吴，而正常闭目，虽行不开也。弟子随之二十年，莫有见其开目者。有一弟子固请之，正乃为开目。开时，有声如霹雳[1]，有光如火电。弟子皆不觉伏地，良久乃能起。正已，复还闭目。后道成仙去。其所眠食施行，并授诸弟子。皆以行气绝房室[2]，及服石脑[3]、小丹。时李八百呼正为"四百岁儿"。

1 霹雳：响雷，震雷。**2** 房室：指房事，性生活。**3** 石脑：一种中药。

杜宇

杜宇，古代蜀地的国主。蜀地曾经遭受水患，杜宇和百姓们在长平山躲避洪水。后来鳖灵挖开峡口，治理水患，人民才得以安居。于是杜宇将王位禅让给鳖灵，自己居住在西山，后来得道升天。

原文 杜宇，古蜀主也。蜀尝[1]大水，宇与民人避水于长平山。后鳖灵开峡治水，人得安居。宇禅位[2]与之，自居西山，得道升天。

1 尝：曾经。**2** 禅位：禅让帝位。

杜宇

安期生

安期生，琅琊阜乡人，在海边卖药，当时人称呼他为千岁公。秦始皇请来见面，和他谈了三晚，赐给他许多黄金和绢帛。安期生从阜乡亭离开时，将黄金和绢帛全部留下，还留下一封信和一双赤玉鞋。信中写道："千年之后，可在蓬莱山下寻找我。"秦始皇派遣几批使者入海寻找安期生，还未到达蓬莱山就遇到风浪而回。于是，在阜乡亭以及海边十个地方建造祠堂，祭祀安期生。

原文 安期生，琅琊阜乡人，卖药海边，时人皆呼千岁公。秦始皇请见，与语三夜，赐金帛数万。出于阜乡亭，皆置去。留书并赤玉舄一量，为报[1]曰："后千岁，求我于蓬莱山下。"始皇遣使者数辈，入海求之。未至蓬莱山，辄遇风波而还。乃立祠阜乡亭，并海边十处。

[1] 报：回信。

朱仲

朱仲，会稽人。汉高后时下诏天下，求三寸珠。朱仲带着三寸珠上书求见。高后赐给他五百金，鲁元公主又私下用七百金向仲会求取三寸珠。朱仲再次入宫进献四寸珠，献完后马上就离开了。皇帝下书到会稽聘请朱仲，却找不到他的踪影。景帝时期，朱仲又来进献十几枚三寸珠，献完之后马上就走了。最终也不知道他到底在哪里。

安期生

原文 朱仲，会稽人。汉高后时，下书募三寸珠。仲乃赍[1]三寸珠诣阙[2]上书。赐五百金。鲁元公主复私以七百金从仲求珠，仲复献四寸珠，至阙即去。帝下书会稽征聘，不知所在。景帝时，复来献三寸珠数十枚，辄去。竟不知所在。

[1] 赍：携带。[2] 诣阙：到京城，到皇宫。

清平吉

清平吉，汉代沛国人，即高帝时的卫平。到光武帝时，容颜不老，后来尸解而去。几百年后，清平吉又回到乡里，几天之后又尸解而去。

原文 清平吉，汉沛国人，即高帝时卫平也。至光武时，容色[1]不老。后尸解去。百余岁，复还乡里，数日间又尸解去。

[1] 容色：容貌神色。

刘京

刘京，汉文帝的侍郎。他跟随邯郸张君学道，张君传授给他饵术、云母、朱英配方。刘京服用了一百三十多年，看上去像一个三十多岁的人。他能够预先知道吉凶之期，又能为他人祭天延续性命，可以延长十年或五年。到魏武帝时，刘京在诸位弟子家游玩，皇甫隆听说之后，便跟随侍奉刘京。刘京把云母丸子的配方传授给皇甫隆。皇甫隆配成服用，获得了三百年的寿命。因为皇甫隆没有精通刘京的道法，所以不能普度世人。有个王老头在刘京那里获得了九子丸，当时王老头已经七十岁了，服用之后娶了八十个小妾，生了二十个儿子，骑马打猎日行二百里，喝酒一斛而不醉，最后活到了两百岁。

原文 刘京者，汉文帝侍郎。从邯郸张君学道，受饵、云母、朱英方，服之百三十年余，视之如三十许人。能先知吉凶之期，又能为人祭天益命，可延十年、五年。至魏武时，京游诸弟子家。皇甫隆闻而随事之，以云母丸子方教隆。隆合服之，得三百岁。不能尽其道法，故不得度世。又有王公于京，得九子丸，时王公已七十岁。服之能御八十妾，生二十儿。骑马猎，日行二百里。饮酒一斛[1]不醉，得寿二百岁。

[1] 斛：计量单位，古代一斛为十斗。

武夷君

过去曾有个神仙降临在武夷山，自称武夷君，说："我接受天帝的指令，统领地上的仙人，在武夷山中开馆授徒。"汉武帝曾经派遣使者在武夷山中修筑祭坛，祭祀武夷君。

原文 武夷君者，昔有神人降于武夷山，自称武夷君，云："受上帝[1]命，统地仙。授馆于此山中。"汉武帝尝遣使筑坛祀之。

1 上帝：天帝。

茅盈

  茅盈，字叔申，茅濛的玄孙。弟茅固，字季伟。次弟茅衷，字思和。茅盈生于汉景帝中元五年，从小具有异于常人的操行，偏好清虚之术。十八岁，就离开家人进入衡山修道，服药修仙。后来师从王君，因西行抵达龟山，得见王母，王母传授他太极玄真之经。后返回进入恒山北谷，时年四十九岁。茅盈的父母尚在人世，他的父亲对他久出远游非常生气，打算用木棍杖罚他。茅盈长跪说："我已经获得圣师的符箓，常有天兵保护我，您如果杖罚我，我担心天兵会出来阻止，伤了您，我的罪过就更加重了。"茅盈的父亲想检验他的话，故意杖罚茅盈。结果木棍断成数节，像弓箭一样射出，遇到墙壁则壁穿，遇到梁柱则柱子陷入地面。茅盈的父母这才知道他修道已成，于是停止了杖罚。

  后来他的两个弟弟均显贵。茅衷担任西河太守，茅固担任武威太守，他们一起走马上任，乡里送行者达数百人之多。当时茅盈也在送行之列，他笑着对宾客说："我虽然不做二千石的官，但来年四月三日，你们将送我登仙，风光程度不输今天。"众人都不以为然，当时是宣帝初元四年。到了茅盈说定的日期，门前广阔的地面忽然变得平整，没有一丝杂草。地面上尽是青色帷帐。房屋里铺着白色毛毯，可以容纳数百人。宾客聚集在屋中，大摆宴会。没有仆人和丫鬟，只见金盘玉杯自动来到宴席前，美酒、奇珍异果，不可名状。妓乐、丝竹、金石的奏乐声萦绕耳间,数里之外都洋溢着兰麝之香。过了一会儿,迎接茅盈的仙官都到齐了,身穿红色衣服,腰缠玉带的使者达数百人,旌旗甲杖分列两旁,光彩耀日。茅盈与家人、亲朋好友辞别之后登上仙车,乘着云气冉冉而去。当时两位弟弟都在官任上,听说茅盈飞升,都弃官回家,到东山恳求兄长。茅盈和他们相见,说道:"醒悟太晚了。现在你们都老了,难以弥补,即使得到真诀,也只能成为地仙。"于是教授两位弟弟延年不死之法,令他们斋戒三年,之后又传授他们上等道法,使他们保存明堂玄真之气。又分别给他们一剂九转还丹、一局神方。佩戴服用后,他们也得道成仙,居住在茅山,世称"三茅真君"。

原文

茅盈,字叔申,濛玄孙。弟固,字季伟。次弟衷,字思和。生于汉景帝中元五年,少秉异操[1],独味清虚[2]。年十八,遂弃家入恒山修道、饵术。后师王君,因西至龟山,得见王母,授以太极玄真之经。归,入恒山北谷,时年四十九也。盈父母尚存,父怒其久出远游,欲杖之。盈长跪曰:"盈已受圣师符箓,常有天兵侍卫。大人杖盈,恐天兵相阻,盈罪愈加重也。"父欲验其言,故杖之。杖辄折成数十段,如弓矢之发,中壁则壁穿,中柱则柱陷。父母始知其道成,乃止。

后二弟俱贵,衷为西河太守,固为武威太守,并之官。乡里送者数百人。时盈亦在座,笑谓宾曰:"吾虽不作二千石,来年四月三日,送仆登仙,当亦不减于今日也。"众皆不之许,时宣帝初元四年也。至期,门前数顷地,忽自平冶无寸草,皆施青缣[3]幄。屋下尽铺白毡,可容数百人。众宾并集,大作宴会。杳无使从,但见金盘玉杯自至筵前。美酒奇肴异果,不可名状[4]。复有妓乐、丝竹、金石之音满耳,兰麝之香达数里外。少顷,迎官毕至,朱衣玉带者数百人。旌旗甲仗,光采

茅盈

耀日。盈乃与家人亲友辞别登车，乘云冉冉而去。时二弟在官，闻盈飞升，皆弃还家，求兄于东山。盈乃与相见曰："悟何晚也。今年已俱老，难可补复。纵得真诀，但只可成地仙耳。"于是教二弟延年不死之法，令长斋三年，授以上道，使存明堂玄真之气。又各授九转还丹一剂、神方一局，各佩服之。后亦成仙，居茅山，世称"三茅真君"。

1 异操：独特的节操。**2** 清虚：清净虚无。**3** 青缣：青色的细绢。**4** 名状：形容，描述。

屈处静

屈处静，汉代祁阳县人，楚国白公之后。小时候就悟道，远离人世十二年，堪称学道的表率。有一天，他驾鹤而去。

原文　屈处静，汉祁阳人，楚白公之后。幼而悟道，绝迹人表[1]，凡十二年。一旦驾鹤而去。

1 人表：人的表率。

鲁妙典

鲁妙典，九疑山的女道士，遇到麓林道士，传授给她《大洞黄庭经》。她进入九疑山十年，后来白天得道升天。

> 原文

　　鲁妙典，九疑山女冠[1]也。遇麓林道士，授《大洞黄庭经》。入九疑山十年，白日升天。

1 女冠：女道士。

修羊公

　　修羊公，魏人。华阴山石室中有一块悬石榻，修羊公躺在上面，石头被他睡得陷下去了，他依然一动不动，有时取点黄精吃。汉景帝以礼相待，让他住在王府中。住了好几年，也没得到他的道法。景帝下诏问他什么时候张口说话，展示道法。修羊公听后忽然变成白石羊，洁白如玉，肋部题字曰："修羊公谢天子。"景帝后来把羊供奉在通灵台，不久石羊离台而去。

> 原文

　　修羊公，魏人。华阴山石室中，有悬石榻[1]，公卧其上，石尽穿陷，公略不动。时取黄精食。汉景帝礼至之，使止王邸[2]中，数岁，道不可得。有诏问公何日发语。忽化为白石羊，白如玉。题肋曰："修羊公谢天子。"后置羊于通灵台，寻[3]复去。

1 石榻：石床。**2** 王邸：王家的宅第。**3** 寻：不久，接着，随即。

修羊公

鲍叔阳

鲍叔阳，广宁人，赵王张耳的大夫。鲍叔阳从小喜欢养生，服用桂屑。鲍叔阳和司马季主一起前往委羽山，拜太玄仙女西灵子都为师，后来尸解成仙。

原文 鲍叔阳，广宁人，为赵王张耳之大夫。少好养生，服桂屑[1]。与司马季主俱往委羽山，师太玄仙女西灵子都，后尸解。

[1] 桂屑：桂树叶碾磨成的粉末。

司马季主

司马季主，楚人，在长安的集市以占卜为生。司马季主后来进入委羽山大有宫，拜西灵子都为师，服用霜散，获得了藏影化形的道法，容颜变得如同少女一样年轻，胡须长达三尺，黝黑如漆。司马季主当时携弟子范零子入住常山石室中。石室旁边有一个石头做的盒子。司马季主将要外出远游，让范零子守护这个石盒，告诫他不要打开。范零子思念家人，想要回去，于是偷偷打开了石盒，在盒中见到了他的一家老小，于是内心十分悲痛。范零子跟随了司马季主几年，司马季主又让他守护一个铜盒子，范零子又违背了告诫，打开盒子后又见到了之前的景象。范零子最终没能得道升仙。司马季主尸解之前，留下枕头和席子，就像他的身体一样。家人最后将他葬在蜀山之南。

司马季主

原文　　司马季主，楚人。初卖卜[1]长安市，后入委羽山大有宫，师西灵子都，得服霜散，藏景化形之道，颜转如少女，须三尺，黑如漆。时携弟子范零子，入常山石室。室傍有石匮[2]。将出游，令零子守之，戒勿开。零子思归，窃发，具见其家父母大小，乃悲。逐季主，经数载。复令守一铜匮，又违戒，所见如前，竟不得道。季主临解，留枕席如其身。家人果葬之蜀山南。

1 卖卜：以占卜谋生。2 石匮：石盒子、石柜子。

巫炎

　　巫炎，字子都，北海人。汉武帝出游渭桥，见巫炎头上有紫气萦绕，高几米。武帝诏问巫炎："你今年高寿？"巫炎回答说："臣今年已经一百三十八岁。"武帝问："你精通什么道术？"巫炎回答说："臣二十五岁时，苦于腰脊疼痛，双脚发冷，口中干苦，舌头燥热，鼻涕四流，全身的关节疼痛不已，双腿发麻，不能久立。学成此道之后，已经一百一十三岁了，有三十六个子女。现在身强体壮，力气比壮年时期更大。"武帝说："能够具体说说此道吗？"巫炎说："臣确实精通此道，但是男女之事，难以启齿。而且修炼此道，要违背人之常情，喜好此道的人很少，因此不敢将此道讲述给您。"武帝还是接受了巫炎的道法。巫炎两百多岁时白日得道升天。汉武帝后来按照巫炎的道法修行，虽然不能完全运用，然而寿命也远远长于其他帝王。

原文 巫炎，字子都，北海人。汉武帝出游渭桥，见子都头上有紫气，高丈余。帝召问曰："君年几何？"炎曰："臣今已一百三十八岁。"帝问："有何道术？"炎曰："臣年二十五时，苦腰脊疼痛，脚冷，口中干苦，舌燥涕出，百节[1]四肢皆痛，足痹[2]不能久立。得此道以来，已百十三年。有子三十六人，身体强健，气力转胜壮时。"帝曰："可得言乎？"炎曰："臣诚知此道为真。然男女之事，臣子之所难言，又行之皆逆人情。乐此者少，故不敢以闻。"帝遂受法。炎年二百余，白日升天。武帝后循行其法，虽未能尽用之，然得寿胜于他帝远矣。

1 百节：指人体各个关节。**2** 足痹：腿脚麻木疼痛，不能屈伸。

朱璜

朱璜，广陵人。小时候感染了毒瘕，到睢山道士阮丘处就医。阮丘可怜他，说："你如果能够去除肚子中的三尸，再得到真人的药，就可以下山普度世人。"朱璜说："疾病痊愈之后，我给你做二十年的仆人，不敢提回家的事。"阮丘给朱璜七种药材配制的药，每天服用九丸，服用了一百天，朱璜排下几斗像肝脏脾脏之类的块状物。又滋养了几十天，他就丰满健壮，心情一天天变得开朗。阮丘给他老子的《黄庭经》，让他每天读三遍，把书读通，就能领会其中的深意。于是阮丘和朱璜一起去了浮阳山中的玉女祠。八十年后，朱璜的白发全部变黑，胡须更是长到了三尺多，回家待了几年之后又离开了。直到武帝末年，他仍然健在。

朱璜

原文 　　朱璜，广陵人，少病毒瘕¹，就睢山道士阮丘医。丘怜之曰："卿若能除去腹中三尸²，再得真人之药，可度世也。"璜曰："病愈，当为作佣二十年，不敢日还。"丘与璜七物药，日服九丸百日，下如肝脾者数斗。养之数十日，肥健，心意日觉开朗。又与老君《黄庭经》，令读，目三过，能会其意。丘遂与璜入浮阳山玉女祠。八十年，白发尽黑，须髯更长三尺余。还家数年，复去至武帝末犹在焉。

1 毒瘕：腹中结块的病。**2** 三尸：道家称在人体内作祟的神有三，叫"三尸"或"三尸神"，每于庚申日向天帝呈奏人的过恶。

刘安

　　刘安，汉高帝的孙子，被封为淮南王。他喜好儒术方技，写有《内书》二十一篇和《鸿宝万年》两卷，讨论阴阳变化之道。曾经有八位老人前往拜访刘安，门吏自以为是，故意刁难他们，说："淮南王首先想要延年去病、长生不老之道，其次想要见识广博、精通义理的儒士，最后想要勇敢绝伦、力能扛鼎、视死如归的侠士。现在先生们年已老迈，应该没有注书之术、贲育之勇。就上述三者而言，我不敢向淮南王通报你们的来访。"八位老先生笑着说道："我们听说淮南王敬贤好士，吐握不倦，就算是一介普通白衣，淮南王都会亲自接见。古人以九九之学为贵，豢养鸡鸣狗盗之徒，还会千金买马骨以招揽人才，我们的才华虽然鄙陋，不符合淮南王的要求，但是让我们见到淮南王，就算淮南王没有得到好处，也不会对他造成损失。为何你要在此横加阻拦？如果淮南王见到少年才认为有道术，见到头发斑白的老者则认为无能，恐怕不是发石取玉、探渊索珠的高明见解吧！"话一说完，八位老人全部变成十五岁的童子，头扎青色发髻，面如桃花。门吏见状，惊恐万分，马上通报淮南王。

淮南王听到之后，来不及穿鞋，光着脚就跑出来迎接。淮南王带着八人登上思仙台，围上罗绫帐，摆上象牙床，点燃多种香料配制的百合熏香，进献镶金嵌玉的几案，脚穿弟子之鞋，向北拱手道："我刘安是个平凡之人，从小就喜欢道术。"八人又都变回老人说："听说淮南王喜欢道术，因此前来拜访。但是不知道您想要什么道术。我们之中有人能够坐着呼风唤雨，画地为湖，撮土为山；有人能够使高山崩塌，填塞深渊，驯养虎豹，召来龙蛇，役使神鬼；有人能够分身易容，隐身之术，使三军隐身，白昼变黑夜；有人能够在空中和海上行走，出入无间，呼吸千里；有人能够入火不焦，入水不湿，刀剑无法砍伤，弓箭无法射中，严冬不觉冷，酷暑不出汗；有人能够千变万化，恣意所为，禽兽草木马上变出，在山川大河之间随意转换；有人能够预防灾难，救济困厄，避开邪恶，除却危害，延年益寿，长生不老；有人能够把泥土煎成黄金，把铅锻造成银两，用水冶炼八石，使水珠飞腾，乘龙驾云，在太清中浮游。只是看您需要什么样的道术。"

刘安叩拜八位老翁，亲自为他们端上酒水和瓜果，然后请求他们依次试验上面的法术，全部都灵验。他们传授给刘安《丹经》和三十六水银等配方。丹药炼成，刘安尚未服用。刘安有个儿子叫刘迁，喜好剑术。郎中雷被与他比试剑法，不小心误伤了刘迁，害怕被诛杀，于是上书诬告刘安谋反。不久，伍被也上告刘安谋反。因此天子派遣宗正持节收治刘安。八公告诉刘安："你可以得道而去了，这是上天派遣您来这里的缘故，希望您不要疑虑。"于是八公和刘安登上高山，举行盛大的祭祀。他们把黄金埋在地下，白日得道升天。八公与刘安所踩踏过的石头都凹陷了，至今还有人和马的足迹留存在上面。他们遗弃的炼药鼎，鸡犬舐舐之后，都飘然升天。鸡在云中鸣叫，狗在天上吠叫。又有人说刘安得到《鸿宝万年》中的法术，因而兵解成仙而去，获得太极真人之位。

原文

刘安，汉高帝孙，封淮南王。好儒术方技[1]，作《内书》二十一篇，又著《鸿宝万年》二卷，论变化之道。有八公往诣之，门吏[2]乃自以意难之曰："王上欲得延年却疾不死之道，中欲得博物洽闻精义之儒，下欲得勇敢武力扛鼎暴死横行之士。今先生老矣，应无注书之术、贲育[3]之勇，三者并之，不敢相通[4]。"公笑曰："闻王敬贤好士，吐握[5]不倦，苟有一介，莫不毕至。古人贵九九之学[6]，养鸣吠之士，且市马骨致骐骥[7]。吾才虽鄙，不合所求。就令见王无益，亦不为损。奈何限之？若王必欲见少年，则谓之有道。见垂白，则谓之无能。恐非发石取玉、探渊索珠之谓也。"言毕，皆变为十五岁童子，露髻青鬓，色如桃花。于是门吏惊悚，驰报。

王闻之，不及履，即跣足[8]出迎。登思仙之台，列锦绮之帷，设象牙之床，燔[9]百和之香，进金玉之几，穿弟子之履，北面拱手而言曰："安以凡才，少好道德。"八公皆复成老人，曰："闻王好道，故来相从，但未知王何所欲耳。吾一人能坐致风雨，立起云雾，画地为江湖，撮土为山岳。一人能崩高塞渊，牧虎豹，至龙蛇，役神鬼。一人能分形易貌，坐在立亡[10]，隐蔽三军，白日尽瞑。一人能乘虚步空，赴海临渊，出入无间，呼吸千里。一人能入火不焦，入水不濡，刃之不伤，射之不中，冬冻不寒，暑热不汗。一人千变万化，恣意所为，禽兽草木立成，转徙山川陵岳。一人能防灾度厄，辟邪却害，延年益寿，长生久视[11]。一人能煎泥成金，煅铅为银，水炼八石，飞腾流珠，乘龙驾云，浮游大清。惟王所欲。"

安乃叩拜，躬进酒果，请历试之，皆验。遂授《丹经》及三十六水银等方。药成，未服。而安有子名迁，好剑。郎中雷被，与迁试剑戏，而误中迁，被惧诛，上书告安谋反。寻伍被谋事亦露。天子使宗正持节治安。八公告安曰："可以去矣。此乃天所以遣王，愿王勿疑。"于是与安登山，大祭，埋金于地，白日升天。八公与安所践之石皆陷，至今有人马之迹存焉。所弃置药鼎，鸡犬舐之，并得轻举。鸡鸣云中，犬吠天上。一云，安得《鸿宝万年》之术，故兵解[12]仙去，位太极真人。

1 方技：医药及养生之类的技术。**2** 门吏：守门之吏。**3** 贲育：战国时勇士孟贲和夏育的并称，比喻勇猛之人。**4** 相通：通告，通报。**5** 吐握：吐哺握发的简称，形容礼贤下士，求才心切。**6** 九九之学：算数之学。**7** 骐骥：骏马，比喻贤才。**8** 跣足：赤脚；光着脚。**9** 燔：焚烧。**10** 坐在立亡：古代传说的幻化术。据称能在一刹那隐去人形，令他人不能见。**11** 久视：长久存在；长寿；不老。**12** 兵解：旧称学道者死于兵刃为"兵解"，指借兵刃解脱得道。

尹澄

尹澄，字初默，后来改名为林，汾阳人。经过泰山，见到石上悬挂着一株青芝，晚上散发出光芒。尹澄采摘青芝服用，然后便能日行六七百里。后来又在峨眉山中遇到仙人宋君，宋君传授给他《三皇内文》和《九丹秘诀》。尹澄按方修炼，非常灵验，于是能够使山川与外面隔绝；把符投在水中，水能够逆流；又能够令洪水立刻停息；能够令死者马上复活，治理妖魔鬼怪，使他们自缚前来。尹澄活了三百四十多岁。汉昭帝元始元年，太微帝君派遣仙官下凡迎接尹澄，封他为太微真人。

原文 尹澄，字初默，后改名林，汾阳人。经行太山¹，见石上悬一青芝，夜望有光，采而服之，遂日行六七百里。又于峨眉山中遇仙人宋君，授以《三皇内文》《九丹秘诀》。澄修之，大验，遂能封山岳。投符水中，水为逆流。又令洪涛顿息。暴死者，能令即活。治鬼怪，能使自缚来。年三百四十余岁。汉昭帝元始元年，太微帝君遣仙官下迎，授为太微真人。

1 太山：即泰山。

缑仙姑

　　缑仙姑，长沙人，进入衡山修道。八十多岁，依然孤身一人，没有伴侣，居住在南岳魏夫人的仙坛旁边。忽然一只青鸟飞来，自言："我是南岳夫人的使者，因为您修道专心勤苦，命我来陪您做伴。"每当有人进山游玩，青鸟必定预测来者何人。有一天，青鸟说："今天傍晚会有坏人前来。"缑仙姑不以为意，没有恐惧。傍晚，果然有一群僧人手持火把，拿着利刃，打算加害缑仙姑。仙姑坐在床上，群僧却没有看见仙姑，离开后，他们全都被老虎杀死。仙姑于是迁居到湖南，青鸟也跟随她而去。后来隐居在九疑山，没有人知道她们去了哪里。

原文 缑仙姑，长沙人，入衡山修道。年八十余，孑然¹无侣，居傍南岳魏夫人仙坛。忽一青鸟飞来，自言："我南岳夫人使也，以²姑修道精苦，命我为伴。"每有人游山，青鸟必预言其姓名。一日曰："今夕有暴客至。"姑无怖，果有群僧持火挺刃，欲害姑。姑在床上，僧不得见

缑仙姑

而出，俱为虎所杀。姑徙居湖南，鸟亦随之。后隐九疑，莫知所终。

1 孑然：孤单，一个人。**2** 以：因为。

金申

　　金申，潞城人。小时聪慧过人，后来假装疯癫。金申曾遇到一位异人，传授给他太阴炼形之术。他曾经穿着单衣光着脚，躺在雪中洗浴。金申能够预知水旱以及吉凶、寿命。他死亡下葬一百多天之后，有天傍晚电闪雷鸣。等到第二天早晨再去看墓地，只见坟茔开口数寸，棺中仅留有一双鞋子、一把芭蕉扇、一件薄被而已。

原文　　金申，潞城人。幼聪慧，复佯狂[1]。遇异人，授以太阴炼形之术。尝单衣跣足，卧沐雪中。能预知水旱、灾祥、寿殀。既卒，葬百余日。一夕，雷霆大作。及旦视之，但见冢开数寸，惟留双履、樱扇[2]、薄衾[3]而已。

1 佯狂：装疯。**2** 樱扇：芭蕉扇。**3** 薄衾：单薄的被子。

王真

　　王真，上党人。孝武帝时，担任郡吏。一百多岁，面有光华。能够在水火中安然行走。进出房间，不用通过门户。王真学有道术，后来得道成仙而去。

金申　155

金申

[原文] 王真,上党人。孝武帝时,为郡吏。年百岁,面有光华。履水赴火,出入不由户。广有道术,后仙去。

李根

李根,许昌人。宋国赵买,听他祖父说曾经见到过李根。等见到赵买时,李根应当八十四岁。然而,李根容貌年轻如故。有人得到李根的书,读之,其自述说:"汉元封中,向某甲学道。"从那时计算,现在他已经七百多岁了。

[原文] 李根,许昌人。宋赵买者,闻其父祖言,已见根。及买时,根年当八十四,而根年少自若。有得根素书[1],读之,其自记云:"汉元封中学道于某甲。"计之,已七百余矣。

1 素书: 泛指一般道书。

苏耽

苏耽,郴州人,侍奉母亲非常孝顺。曾经遇到异人,传授给他神仙术。有天侍奉母亲吃饭,母亲想吃鲊鱼。苏耽外出买回鲊鱼献给母亲。母亲问他从哪里买到的鲊鱼。苏耽说:"便县。"母亲从此开始觉得苏耽行事怪异。一天,苏耽忽然打扫庭院。母亲问他其中缘故。苏耽说:"仙道修炼成功,天帝将来召我升仙。"母亲说:"如果你成仙而去,那么谁来

苏耽

养我？"苏耽给母亲留下一个柜子，对她说："你想要什么就有什么。"又说，"明年将有瘟疫流行，取庭院前面的井水和橘叶可以拯救感染瘟疫之人。"苏耽成仙而去，第二年果然瘟疫流行。苏耽的母亲用那药方每天救活一百多人。后来苏耽化作仙鹤，飞到郡城的东北楼上。当时有人用弹弓弹射他。苏耽于是用鹤爪镂刻木板，像漆书一样，写道："城郭是，人民非，三百甲子一来归，吾是苏耽弹我何？"

原文 苏耽，郴人，事母至孝。尝遇异人，授神仙术。日侍膳[1]，母思鲊，即出市鲊以献。问所从来，曰："便县。"母始异之。一日，忽洒扫庭除[2]。母问其故。曰："仙道已成，上帝来召。"母曰："汝仙去，吾谁养？"乃留一柜，云："所需即有。"又云："明年大疫，取庭前井水、橘叶救之。"耽仙去。已而果疫，母日活百余人。后耽化鹤来郡城东北楼。时有弹之者，乃以爪攫[3]楼板，似漆书。云："城郭是，人民非。三百甲子一来归，吾是苏耽弹我何？"

1 侍膳：陪侍尊长用膳。**2** 庭除：庭院。**3** 攫：鸟兽以爪抓取。

东方朔

东方朔，字曼倩，平原郡厌次县人。曾经外出数年，兄长对他说："你数年回家一次，如何宽慰我？"东方朔回答："我在紫泥海歇脚，被紫水弄脏了衣服，于是到虞渊洗衣，早上出发，中午就回来了，为什么说是几年？"汉武帝时，东方朔上书说："臣年少失去父母，兄长和嫂嫂抚

东方朔

养我长大,十二岁时学习读书,学习三年文史;十五岁学习击剑,十六岁学习《诗经》《尚书》,背诵二十二万字;十九岁学习孙吴兵法,征战装备,军队鼓乐,也能够背诵二十二万字。我常常佩服子路的言论。臣东方朔现在二十二岁,身高九尺三寸,口若悬珠,齿若编贝,勇若孟贲,捷若庆忌,廉若鲍叔,信若尾生。像我这样的人,可以担任天子的臣子。臣东方朔冒死再拜以闻。"东方朔文辞傲慢,自抬声誉。皇上认为他很伟大,下令让他在公车署等待召见。又转移到金马门等待召见。又任命常侍中,下诏赐东方朔在皇帝宴席前吃饭。饭后,东方朔把剩下的肉全部怀揣带走,衣服上全是汗渍。天子数次赏赐他绢帛,他都用肩挑着绢帛就走了。他曾经用天子赏赐的绢帛和钱财,在长安娶了一位少妇。他还喜欢随意迎娶少妇,满一年就抛弃,然后再娶。天子赏赐给他的财物,全部花在所娶的女人身上了。人们都嘲笑他,东方朔说:"像我东方朔这样的人,是隐居在朝廷的闲人。"东方朔有时喝酒尽兴之后,坐在地上放声高歌:"陆沉于俗,避世金马门。宫殿可以避世全身,何必隐居深山之中、嵩庐之下。"东方朔临死之前,对同住一起的人说:"天下没有人理解我东方朔,理解我的只有大伍公一人而已。"东方朔死后,汉武帝听到这句话,召见大伍公询问,大伍公回答说不知道。武帝问:"你会什么?"大伍公说:"擅长一点星历。"武帝问:"诸星是否都在自己该在的位置?"大伍公说:"都在,只是四十年不曾见到岁星了。今天岁星又再次出现了。"武帝仰天长叹说:"东方朔在朕身边十八年,竟不知道他就是岁星。"武帝脸色惨淡不快。

(原文)　　东方朔,字曼倩,平原厌次人。尝出经年,兄曰:"汝经年一归,何以慰我?"对曰:"朔暂之紫泥海,有紫水污衣,乃过虞渊湔洗[1],

朝发中还，何云经年？"汉武帝时，上书曰："臣朔少失父母，长养[2]兄嫂。年十二学书，三冬文史足用。十五学击剑，十六学诗书，诵二十二万言。十九学孙吴兵法，战阵之具，钲鼓[3]之教，亦诵二十二万言。又常服子路之言。臣朔年二十二，长九尺三寸，口若悬珠，齿若编贝。勇若孟贲，捷若庆忌，廉若鲍叔，信若尾生。若此，可以为天子臣矣。臣朔冒死再拜以闻。"朔文辞不逊，高自称誉。上伟之，令待诏公车，又迁待诏金马门。常侍中，诏赐之食于前。食已，尽怀其余肉，衣尽汗。数赐缣帛，担揭而去。尝用所赐钱帛，取少妇于长安中。好女率取，妇一岁所者，即弃去，更取。所赐物，尽填之女子，人皆笑之。朔曰："如朔所谓避世于朝廷间者也。"时酒酣[4]，据地歌曰："陆沉于俗，避世金马门。宫殿可以避世全身，何必深山之中，蒿庐之下。"朔将死，谓同舍郎曰："天下人无能知朔，知朔者惟大伍公耳。"朔亡，后武帝得此语，召大伍公问之，答以不知。帝曰："公何所能？"曰："颇善星历。"帝问："诸星具在度否？"曰："诸星皆在，独不见岁星四十年，今复见耳。"帝仰天叹曰："东方朔在朕傍十八年，而不知为岁星。"尝惨然不乐。

1 湔洗：洗涤，浣洗。**2** 长养：抚育培养。**3** 钲鼓：钲和鼓，古代行军或歌舞时用以指挥进退、动静的两种乐器。**4** 酒酣：酒喝得尽兴、畅快。

稷丘君

　　稷丘君，泰山的一位道士，头发由白变黑，牙齿掉落之后再次长出。汉武帝时，凭借道术获得赏赐，后来辞别皇帝而去。武帝往东巡视泰山之

稷丘君

时,稷丘君头戴章甫帽,身穿黄衣,携古琴前来迎接汉武帝,说:"陛下不要登山,担心会伤到您的脚趾。"汉武帝不以为意,走了几里之后,左脚趾骨折。武帝因此敬重稷丘君,没有登泰山,只在山脚举行祭祀就返回了。之后武帝下诏为稷丘君建祠堂,又安置一百户人家侍奉祠堂。

原文　　稷丘君者,泰山中道士,发白返黑,齿落更生。汉武帝时,以道术受赏赐,后辞去。上东巡泰山,君冠章甫[1],衣黄衣,携琴来迎武帝曰:"陛下勿登山,恐伤足指[2]。"及数里,左月梁折。上讳之,但祠而还,诏为君立祠。复置百户承奉之。

1 章甫:又名章父,儒士所戴的一种帽子。**2** 足指:脚指头。

李少君

　　李少君,字云翼,齐国临淄人。李少君好道,进入泰山采药,因病陷入困境,恰好遇到安期生。安期生给他一周剂量的神楼散,让他服用,疾病马上就痊愈了。汉武帝举行郊祀,少君携带祭祀用的神龟、辟谷之术和不老之方觐见汉武帝。他曾经陪武安侯喝酒,座位中有九十多岁的老人。少君依次叙说和他们祖辈游玩涉猎的地点。在座者都感到吃惊。武帝获得一尊古代的铜器,询问少君,他回答:"这尊铜器是齐桓公十年放置在柏寝台的器物。"不久根据铜器上的刻文,发现果然是齐桓公时的器物。宫人全部感到惊骇,认为少君是神仙,已经活了几百岁。李少君对皇上说:"祭祀神龟可以召来宝物,宝物召来之后,可以将丹砂变成黄金，黄金炼成，再用黄金制作的器皿喝酒、吃饭可以延长寿命，寿命得到延长，则可以见到海中蓬莱山上的仙人，见到之后举行封禅，皇上就可以长生不死，成为像黄帝一样的人。我曾经在海上周游，见到安期生，他给我吃了一种枣子，像瓜一样大。"于是皇上开始亲自祭祀神龟，派遣方士入海寻找安期生之类的仙人。又为李少君修建宅第让他居住。一天，武帝梦中与少君同登嵩山，遇到穿彩绣丝绸的使者，乘龙从天空中飞下来，对他们说："太乙请少君上天。"武帝醒来之后对身边的人说："根据我的梦，少君不久将离我而去。"几天后，少君病死。武帝下令打开少君的棺材，发现里面空无一人，只有衣服和帽子。

【原文】 李少君，字云翼，齐国临淄人。好道，入泰山采药。疾困，遇安期生，以神楼散一七与服[1]，即愈。汉武帝郊祀[2]，少君以祠灶、辟谷、却老方见上。尝从武安侯饮，坐中有九十余老人。少君历言与其大父[3]游射处，一坐尽惊。上有故铜器，问少君。对曰："此器齐桓公十年陈于柏寝[4]。"已而[5]按其刻，果齐桓公器。一宫尽骇，以为少君神，真数百岁人也。对上言："祠灶[6]则致物。致物，丹砂可化为黄金。黄金成，以为饮食器，则益寿。益寿，而海中蓬莱仙者乃可见。见之以封禅，则不死，黄帝是也。臣尝游海上，见安期生食臣枣，大如瓜。"于是帝始亲祠灶，遣方士入海，求安期生之属。为少君建第宅以居之。一日，武帝梦与少君登嵩山，逢绣衣使者，乘龙从空中下，云："太乙请少君。"帝觉，语左右曰："如我梦，少君将舍我去矣。"数日而少君病死。帝令发棺视之，唯衣冠在焉。

1 服：服用。**2** 郊祀：古代于郊外祭祀天地，南郊祭天，北郊祭地。郊谓大祀，祀为群祀。**3** 大父：祖父。**4** 柏寝：春秋齐台名，在今山东广饶县境。**5** 已而：旋即，不久。**6** 祀灶：祭灶、送灶。

卫叔卿

卫叔卿，中山人。服食云母而成仙。汉仪凤二年八月壬辰，武帝在宫殿闲居，忽然有一人乘坐云车，驾着白鹿从天而降。此人年龄大约三十多岁，面如童子，身穿羽衣，头戴星冠。武帝惊问："你是谁？"回答说："我是中山卫叔卿。"武帝说："你如果是中山人，那么就是我的臣子，可上前来与我共语。"叔卿本来打算拜访武帝，心想武帝好道，见到之后必定厚礼相待，而武帝却说他是自己的臣子，大失所望，因而默然不回应武帝的要求。忽然间消失，不知所踪。武帝悔恨不已，马上派遣使者柏梁，求见卫叔卿的儿子度世，一同前往华山寻找卫叔卿。他们来到华山之巅，峭壁之下，远远望见他的父亲和几个人在一块石头上玩博戏。周围紫云缭绕，他们坐在白玉床上，有几位仙童拿着符节站在身后。度世问他父亲："您和谁在玩博戏？"叔卿说："洪崖先生、许由、巢父、王子晋。我有成仙的配方，埋在房子的柱子下面。"叔卿让度世回家挖掘配方，度世挖到一个玉匣，用飞仙之印封存着。匣中装的乃五彩云母。度世服用之后也成仙而去。

原文 卫叔卿，中山人，服云母得仙。汉仪凤二年八月壬辰，武帝闲居殿上，忽有一人乘云车，驾白鹿，从天而下，年可三十许，色如童子，羽衣星冠[1]。帝乃惊问曰："为谁？"答曰："我中山卫叔卿也。"帝曰：

卫叔卿

"子若是中山人，是朕臣也。可前共语。"叔卿本意谒帝，谓帝好道，见之必加优礼。而帝乃云是朕臣，大失意望[2]，默然不应，忽不知所在。帝甚悔恨，即遣使柏梁，求见其子度世。往华山寻之，至其巅。绝岩之下，望见其父，与数人博戏于石上。紫云郁郁，白玉为床，有数仙童执节立其后。度世问其父曰："同博者谁？"叔卿曰："洪崖先生、许由、巢父、王子晋也。我有仙方，埋所居柱下。"叱度世归，掘之，得玉函，封以飞仙之印，乃五色云母也。度世服之，亦仙去。

1 羽衣星冠：羽衣，以羽毛织成的衣服，常称道士或神仙所着衣为羽衣。星冠，道士的帽子。
2 意望：愿望，希望。

王兴

　　王兴，阳城人，居住在壶谷中。他不识字，起初没有学道的念头。汉武帝登嵩山，登上大愚石，兴建道宫，派遣董仲舒、东方朔前来沐浴斋戒，祭祀神仙。一天半夜，忽然来了一个两丈多高的仙人，耳朵硕长，垂至肩上。武帝以礼相待并且询问仙人，仙人说："我是九疑之地的人，听说嵩山的石头上长有菖蒲，一寸九节长，服用之后能长生不死，因此前来采摘。"忽然间，仙人就消失不见了。武帝回头对侍臣说："刚才那人绝不是学道服用丹药之人，肯定是嵩山之神来让朕明白长生之法的。"因此命人采摘菖蒲服用，吃了三年，武帝感到胸闷，于是停止服用。当时跟随的官员有很多也服用菖蒲，然而都未能坚持长久。只有王兴服用菖蒲没有间断过，于是得以长生不死。周围老人孩童都说，世世代代都见到过王兴。

原文 　　王兴，阳城人，居壶谷中，不知书。初无学道意。汉武帝上嵩山，登大愚石，起道宫，使董仲舒、东方朔斋洁伺神[1]。至夜半，忽有仙人长二丈，耳出头巅，下至肩。汉武礼而问之，仙人曰："吾九疑之人，闻中岳石上菖蒲[2]，一寸九节，服之长生，故来采耳。"忽然失仙人所在。帝顾侍臣曰："彼非学道服食者，必中岳之神以喻朕耳。"因采菖蒲服之，经三年，帝觉闷而止。时从官多服，然亦莫能持久。惟王兴服之不息，遂得长生。邻里老小皆云世世见之。

[1] 伺神：祭祀神灵。[2] 菖蒲：植物名，多年生水生草本植物，有香气。

黄安

　　黄安，代郡人，一万多岁，貌若童子。他经常服用朱砂，浑身都是红色，不穿衣服，坐在神龟上。神龟有三尺多宽。当时有人问黄安坐在龟上多少年了。黄安说："神龟三千年伸一次头，从我得到神龟算起，它已经伸过五次头了。"黄安外出则由龟背着行走。世人都说黄安有一万岁了。汉武帝听说黄安的特异之处后，和他讨论虚无神仙之事。武帝每次屈尊以礼相待黄安。封禅泰山时，下诏让董谒、李充、孟岐、郭琼和黄安五人同车，他们被称为五仙臣。武帝驾崩之后，黄安就离开了，不知所踪。

原文 　　黄安，代郡人，年万岁余，貌若童子。常服朱砂，举身皆赤。不着衣[1]，坐一神龟，龟广三尺。时人问安坐龟几年，曰："三千岁乃一出头。我得龟以来，已五出头矣。"行则负龟而趋，世人谓安年万岁。汉武帝闻其异，乃与论虚无神仙之事。帝每屈礼焉。及封泰山，诏董谒、李充、孟岐、郭琼、

黄安

黄安五人同辇[2]，谓之五仙臣。帝崩后，即去，不知所之。

1 着衣：穿衣。**2** 同辇：同坐一车。

车子侯

车子侯，扶风人。汉武帝喜欢他的清静无为。连续升迁到侍中。一天早上车子侯对家人说："我如今候补获得仙官，今年春天会离你们而去。到夏天时，我将暂时回家小住。"果然像他说的那样。

原文　车子侯，扶风人。汉武帝爱其清静，累迁至侍中。一朝语家人云："我今补仙官，此春当去。至夏中，当暂还少时。"果如其言。

郭琼

郭琼，东方郡人，外貌丑陋，但是智慧过人。手持拐杖外出远游，每次寄宿他人家中，则乞求柴火用来照明，彻夜读书。主人书箱中有秘密的书卷被丝线缠绕着，绳索系得也很严密，而郭琼却知道书中的所有内容，就像通读过一样，没有人不叹服他的神异。只要有人听说郭琼要投宿，都闭门锁窗，生怕他知道家中的秘密。郭琼每到一人家中，就从袖子中拿出一把箅子，散放在膝盖前面，那么这家人的隐秘之事就全都知道了。他有时白天睡觉，却不闭上眼睛。在地上行走没有痕迹，而且经常像疯了一样袒露上身。汉武帝召见之后，感到非常惊异。

郭琼

原文　　郭琼，东方郡人，形貌丑劣，而意度¹过人。扶杖游行，每寄宿人家，辄乞薪自照，读书不眠。主人有笥中秘书谶纬，缄縢²甚密，而琼皆能知之，如悉览然，莫不服其神异。闻琼寄宿，则闭户塞门，盖恐知其家阴事³。琼每至人家，出袖中一把筭子⁴，散置膝前，则人家隐事皆知。或昼卧，不闭目。行地无踪，袒裼⁵如狂。汉武帝见而异之。

1 意度：见识与气度。**2** 缄縢：绳索。**3** 阴事：隐秘的事情，不可告人的事情。**4** 筭子：古代计数的筹码。**5** 袒裼：脱去上衣，裸露肢体。

太山老父

　　太山老父，没有人知道他的姓名。汉武帝东巡，见到一老者在田中锄草，看上去五十多岁的样子，然而面若童子，头上白光高数尺。武帝感到十分奇怪，于是询问老父。老父回答说："我八十五岁时，身体衰老，苟延残喘，头发花白，牙齿疏落。有一位道士教我绝谷、服术和饮水之术，并给我制作了一个神枕，枕中有三十二样东西，其中二十四样象征二十四节气，另外八样，呼应八风。我遵照他的道术修行，由老变年轻，白发变黑，牙齿再生，每天能够行走三百里。今年已经一百八十岁了。"武帝喜欢太山老父的配方，赏赐给他黄金和绢帛。老父后来进入岱山中，有时十年或者五年返回乡里一次。三百多年之后，就不再回乡了。

原文　　太山老父¹者，莫知其姓名。汉武帝东巡狩²，见老父锄于道间，状如五十许人。而面若童子，头上白光高数尺。怪³而问之，

太山老父

老父答曰:"臣年八十五时,衰老垂死,头白齿落。有道士教臣绝谷、服术、饮水,并作神枕,枕中有三十二物。其二十四物,以象二十四气。其八物,以应八风。臣导行之,转老为少,发白更黑,齿落复生,日行三百里。臣今年百八十矣。"武帝爱其方,赐之金帛。老父后入岱山中,或十年五年一还乡里。三百余年,乃不复还也。

1 老父:对老人的尊称。**2** 巡狩:谓天子出行,视察邦国州郡。

拳夫人

拳夫人,汉武帝的妃子。武帝巡视四方,过河时见到青紫色的云气,接天连地。望气者认为云气中有一位奇女子,这是天子的吉兆。武帝下令寻找,在空棺材中见到一位女子,姿色容貌超凡脱俗,两手却紧紧握成拳头。武帝下令打开她的手,几百人用力都不能打开。武帝亲自上前,手马上就伸开了。女子因此获得武帝的宠幸,被称为拳夫人,进位婕妤,居住在钩弋宫。她精通黄帝素女之术,不久怀有身孕,十四个月后生下昭帝。武帝说:"尧在母胎中十四个月才出生,钩弋也这样。"于是下令将钩弋宫的宫门名为"尧母门"。

原文 拳夫人,汉武帝妃。武帝巡狩,过河见青紫气,自地属天[1]。望气者以为其下有奇女,必天子之祥。求之,见一女子在空棺中,姿貌殊绝,两手俱拳。帝令开其手,数百人擘,莫能开。上自披,手即信[2],

由是得幸[3]，号为拳夫人，进为婕妤[4]，居钩弋宫。解黄帝素女之术，有宠。孕十四月，产昭帝。帝曰："尧十四月而生，钩弋亦然。"乃命其门曰"尧母门"。

[1] 属天：接天。[2] 信：通"伸"，张开，伸开。[3] 得幸：得到皇上或权贵的宠幸。[4] 婕妤：宫中女官名，汉武帝时始置，位视上卿，秩比列侯。

鲁生女

鲁生女，长乐人。起初食用胡麻，渐渐不食人间烟火，一共十多年。鲁生女年少强壮，面如桃花。有一天和朋友告别，进入华山。五十年后，有认识的人碰见鲁生女乘坐着白鹿，跟随王母游玩。鲁生女再次回到家中，向亲朋好友、街坊邻居告别之后离去。

原文 鲁生女，长乐人。初饵胡麻，渐绝火谷[1]，凡十余年。少壮，色如桃花。一日与知故[2]别，入华山。后五十年，有识者逢生女乘白鹿，从王母游焉。复还家，谢其亲里知故而去。

[1] 火谷：黍的别名。[2] 知故：旧交好友。

程伟妻

程伟妻，汉代黄门郎程伟的妻子。程伟喜好黄白之术。他迎娶了妻子方氏。程伟经常跟随皇帝出行却没有应时的衣服。妻子方氏想要两匹绢

程伟妻

布，绢布就出现在方氏面前。程伟根据《枕中鸿宝》提炼黄金，没有成功。妻子方氏拿出袋子中的一些药材，扔到程伟丹炉里的水银中，水银马上变成了黄金。程伟十分吃惊，说："原来道在你那里，为什么不早告诉我？"妻子方氏说："得须个人机缘。"程伟于是不分白天黑夜劝诱方氏，变卖良田房宅，给方氏华美的衣服和精致的器物。妻子方氏始终不肯告诉程伟道法。程伟于是和他的伙伴商量，打算杖罚妻子方氏，逼她交出道法。妻子方氏马上就知道了他的阴谋，说："传授道术，必当遇到合适之人。如果遇到合适的人，就算是萍水相逢，也当传授给他；如果不是合适的人，就算我粉身碎骨，我也始终不传授。"方氏因此假装发狂，四处裸奔，把泥浆涂在身上。黄氏死后尸解成仙。

原文　程伟妻者，汉黄门郎[1]程伟之妻也。伟好黄白术[2]，娶妻方氏。伟常从驾而无时衣[3]，妻请致两绢，绢无故至前。伟按《枕中鸿宝》作金，不成。妻即因伟炉中水银，出囊中药少许，投之即成金。伟大惊曰："道在汝处，而不早告我，何也？"妻曰："得之须由命。"伟乃日夜说诱之，卖田宅以供美食衣服，终不肯告。伟乃与其侣谋，欲杖逼之。妻辄知之，曰："传道必当得人。如其人，虽道路相遇，当传之。如非其人，虽寸断而支解，终不传也。"遂佯狂，裸而走，以泥自涂，乃卒，尸解去。

[1] 黄门郎：职官名，服侍皇帝，传达诏命。[2] 黄白术：术士所谓炼丹化成金银的法术。[3] 时衣：四时的衣服。

寿光侯

寿光侯，能够驱除百鬼和各种妖魅，使他们自缚现出原形。有一位乡人的妻子，被鬼魅迷惑。寿光侯替她驱鬼，之后有一条几丈长的大蛇，在乡人家门外自己死去。还有一棵神树，只要有人在树下停留，那个人就会马上死去；鸟飞到树上，必定会坠落。寿光侯前往驱魅，神树在盛夏枯萎，随即有一条七八丈长的大蛇，悬挂在树上死去。汉武帝听说寿光侯后召见他，故意试探他说："我的宫殿后半夜，经常有几个人，身穿红衣，披头散发，手持火把，相互呼喊，你能够处治吗？"寿光侯说："这是小怪，很容易。"汉武帝偷偷派了三个人冒充。寿光侯开坛设法，三人瞬间倒地，气绝身亡。武帝大惊说："他们不是鬼魅，朕只是试验一下你。"于是寿光侯再施法术，三人又苏醒过来。

原文　寿光侯者，能劾[1]百鬼众魅，令自缚见形。有乡人妇，为魅所迷。侯为治之，一大蛇长数丈，自死于门外。又有神树，人止其下，辄死。鸟度必坠。侯往治之。树盛夏枯落，有大蛇长七八丈，悬死树上。汉武帝闻而召见，假试问之曰："吾殿下夜半后，常有数人，绛衣被发，持火相呼。能治之乎？"曰："此小怪，易尔。"帝伪使三人为之。侯设法，三人登时[2]仆地，无气。帝大惊，曰："非魅也。朕相试耳。"解之即苏。

[1] 劾：以符咒等降伏鬼魅。 [2] 登时：立即，立刻。

史通平

史通平，西汉新莽时，从会稽来到蜀地，到峨眉山拜访天皇真人，得授三一之法以及五符诀，于是居住在青神县，建造茅屋和丹炉，炼造大丹，成龙虎之形后，神丹炼成，史通平服下，而后广施阴德，功德圆满，白日得道飞仙。

原文 史通平，汉新莽[1]时，自会稽来蜀，诣峨眉山，谒天皇真人，授以三一之法及五符诀。遂居青神县地，置茅庐，炼大丹。龙虎成形，饵之。复广行阴德[2]，功满，白日飞升。

1 新莽：指王莽或王莽建立的新朝。西汉末年，王莽篡权，改国号新，因此被称为"新莽"。
2 阴德：暗中做的有德于人的事。

马明生

马明生，临淄人，名和，字君实。小时候被盗贼打伤，快死的时候遇到太真王夫人，得一丸药，服用之后马上痊愈，此后自号马明生。之后跟随王夫人进入岱山石室，王夫人用妖魔鬼怪和豺狼虎豹试探马明生，马明生都不感到恐惧。又用美女挑逗马明生，他依然不为所动。王夫人说："现在可以教授给你道术了。"恰逢安期生到来，王夫人把马明生托付给他，作诗留别而去。马明生后来得到安期生的丹经和神方，进入华山修炼。汉灵帝时，太傅胡广向他咨询国事，全部应验。丹药炼成，马明生服用之后，白日得道升天。

原文 马明生，临淄人，名和，字君实。少为贼伤，殆死[1]。得遇太真王夫人，与药一丸，服讫即愈，乃自号为马明生。随夫人入岱山石室，试以鬼怪狼虎，不惧。挑以美女，不动。夫人曰："可教矣。"会安期生至，夫人以明生付之，作诗留别而去。后得安期生丹经神方，入华山修炼。汉灵帝时，太傅胡广访[2]以国事，皆验。丹成，饵之，白日升天。

[1] 殆死：快要去世。[2] 访：咨询。

丁义

丁义，瑞州人，把神方传授给吴真君，其女秀英也得道成仙。今天瑞州崇元观，还存有秀英炼丹的场所，炼丹井保存完好。

原文 丁义，瑞州人，以神方授吴真君，女秀英亦成仙。今瑞州崇元观，有秀英炼丹之所，丹井[1]具存焉。

[1] 丹井：炼丹取水的井。

庄君平

福州有一位道人，曾经和一位老叟同居一室。几年之后，老叟告诉道人："我是汉代庄君平。"然后取出一本书授予了道人。天亮之后，老叟外出，再也没有回来。道人翻看书中内容，都是修身度世之说，只记得书中写道："事业与功名，不值一杯水。"

原文 福州有道人尝与一老叟[1]同室。岁余，告之曰："吾乃汉庄君平也。"取一书授之。天明，叟出，不复归。视其书，皆修身度世之说。但记其书中有云："事业与功名，不值一杯水。"

1 老叟：称男性老人为老叟。

蓟子训

蓟子训，获得神异之道。到达京师之后，公卿以下等候拜访他的人，以及陪同他的座上宾始终都有数百人。众人都为蓟子训设宴，献上好酒好肉招待他，终日不绝。蓟子训后来离开京师，不知所终。他离开那天，十几个地方有白云腾地而起。后来有人在长安东霸城见到他和一位老翁共同摩挲铜人，对老翁说："我刚好看见铜人铸造完成，到现在已经快五百年了。"见到蓟子训的人都喊："蓟先生，稍等一下。"蓟子训一边走一边答应，看起来走得很慢，实际上骑马也追不上他。

原文 蓟子训，得神异之道。既到京师，公卿以下候之者，坐上恒数百人。皆为设酒脯，终日不匮。后遁去，遂不知所之。初去之日，唯见白云腾起数十处。后人于长安东霸城见之，与一老翁共摩挲[1]铜人，相谓曰："适见铸此，而已近五百岁矣。"见者呼之，曰："蓟先生少住。"并行相应，视若迟徐，而走马[2]不及。

1 摩挲：抚摸。**2 走马**：骑马疾走。

焦先

焦先，字孝然，河东太阳人。从小没有父母兄弟，一百七十岁，经常食用白石。他每天砍柴送人，从村头第一家起，挨家挨户轮流送柴，周而复始。有时人们给他准备饭食，那么他就吃掉，但是绝不和人说一句话。如果家中没有人，焦先则把柴放在门口就离去。等到魏国受禅，焦先居住在黄河边，用茅草搭建草庵，无论冬夏，都袒露上身，浑身沾满污垢。几天吃一次饭，外貌时而变老，时而年轻。太守董经前往拜访焦先，他也不和太守说话。曹魏讨伐吴国，有人问他战争胜败，他笑而不答，只是戏作一首歌谣："祝钿祝钿，非鱼非肉，更相追逐。本为杀牂羊，更杀殃羝。"魏军战败，人们从歌谣推测，"牂羊"指吴，"殃羝"指魏。后来野火烧毁了他的草庵，焦先端坐在草庵中一动不动，衣服都没有烧焦。焦先又建造了一间草庵。当时天下大雪，草庵被雪压垮。人们前往草庵寻找焦先，没有看见他，都说他已经被冻死了，于是拆解草庵，寻找他的尸体，只见他正躺在雪中熟睡，面容安详，好像喝醉了一样。两百多年后，焦先与人告别，不知所踪。《魏书》写道："自羲皇以来，一人而已。"陆云《焦生颂》写道："焦生卜居，在河之东。皓襟解带，嘉卉结容。颐神太素，淑思玄冲。在彼黄堂，明道固穷。"

原文　焦先，字孝然，河东太阳人。无父母兄弟，年一百七十，常食白石[1]。日伐薪施人，从村头一家起，周而复始。人或为具食[2]，则食之，绝不与人语。若其门无人，则置薪于门间便去。及魏受禅，居河之湄[3]，结草为庵。冬夏袒露，垢污如泥。数日一食，或忽老忽少。太守董经往视之，亦不与语。魏伐吴，或问其胜败。孝然不答，谬为歌曰："祝钿[4]祝

焦先

魶，非鱼非肉，更相追逐。本为杀牂羊[5]，更杀羖䍽[6]。"魏军败。人推其歌，牂羊指吴，羖䍽指魏也。后野火烧其庵，先危坐庵下不动，衣亦不焦。又更作庵。时天大雪，庵为压倒。人往视之，不见先所在，谓已冻死。乃拆庵索之，见先熟卧于雪下，颜色休休[7]然，如醉卧之状。后二百余年，乃与人别去，不知所适。《魏书》："自羲皇以来，一人而已。"陆云《焦生颂》："焦生卜居，在河之东。皓襟解带，嘉卉[8]结容。颐神太素[9]，淑思玄冲。在彼黄堂[10]，明道固穷。"

1 白石：传说中神仙的粮食。**2** 具食：准备饭菜。**3** 湄：岸边，水和草相接的地方。**4** 衄：失败。**5** 牂羊：母羊。**6** 羖䍽：山羊。**7** 休休：安闲，舒适。**8** 嘉卉：美好的花草树木。**9** 太素：古代谓最原始的物质，引申为天地。**10** 黄堂：墓地。

唐公昉

唐公昉，汉代城固人。王莽摄政第二年，唐公昉担任郡吏，忽然遇到一位真人，传授给他仙药。唐公昉全家得道成仙而去。有人说，李八百居住在寒泉山，唐公昉拜他为师。

原文 唐公昉，汉城固人。王莽居摄[1]二年，公昉为郡吏。忽遇真人，授以药，拔宅仙去。或云，李八百居寒泉山，公昉师事[2]之。

1 居摄：因皇帝年幼不能亲政，由大臣代居其位处理政务。**2** 师事：拜某人为师或以师礼相待。

灵寿光

　　灵寿光，扶风人，七十多岁，获得朱英丸的配方，炼成后服用，变回年少强壮，像二十多岁的样子。汉献帝建安元年，灵寿光已经二百二十岁，经常寄居在江陵胡田家，后来无疾而终。胡田为灵寿光举行葬礼。下葬后百余日，有人在小黄又遇到灵寿光，他写信托人给胡田。胡田收到信后，打开棺材查验，封闭棺材用的钉子一个不少，尸体却不见了，只有一双鞋子在棺内。

原文　　灵寿光，扶风人，年七十余。得朱英丸方，合而服之，转更少壮，年如二十时。汉献帝建安元年，光已二百二十岁。常寄寓江陵胡田家，无疾而卒。田为殡埋之。百余日，人复遇于小黄，附书[1]与田。田得书，发棺[2]视之，钉亦不脱，唯履[3]在棺内。

[1] 书：信。[2] 发棺：打开棺材。[3] 履：鞋子。

南阳公主

　　南阳公主，下嫁给王咸。绥和年间，王莽专政，她对王咸说："国家将要倾覆，社会动乱，咱们应当辞官归隐，修身养性。"王咸不听。于是公主前往华山，搭建草庐，专心炼丹和修道。几年之后，公主乘云冉冉飞升而去，王咸在她身后追赶。公主飞越层层叠嶂，最后消失在天际，无影无踪。王咸在山岭上见到公主留下的一双红鞋，伸手去拿的时候，鞋子已经化成了石头。后人称这座山峰为"公主峰"。

南阳公主

原文 南阳公主，下嫔[1]王咸。绥和间，王莽秉政，谓咸曰："国危世乱，但当退而修身。"咸不能从，公主遂如[2]华山，结庐[3]，精思丹道。岁余，乘云冉冉而去，咸追之。升层岭，漠然无迹。岭上见遗朱履一双，取之已化为石。后人名其峰曰"公主峰"。

1 下嫔：下嫁给。**2** 如：前往。**3** 结庐：构筑房舍。

阴长生

阴长生，新野人。他是汉和帝阴后的曾祖，不贪图高官显位，潜心好道。听说马明生修得度世之法后，他遍寻各个名山访求马明生。到了南阳太和山中，阴长生得以见到马明生，并拜他为师。马明生不教授阴长生度世之道，只是朝夕与他谈论当代的时事。十多年间，阴长生不曾有丝毫懈怠。当时和他一起侍奉马明生的一共有十二人，都心怀怨恨而去，只有阴长生越来越敬重马明生。待了二十年，马明生开始问阴长生想要学习什么道术。阴长生跪着说："乞求长生不老而已。"马明生听到后很动容，告诉他："你是真心求道之人。"马明生开始带着阴长生进入青城山，向他展示把黄土煮成黄金之法，当天授予阴长生太清金液和神丹，然后辞别而去。后来，阴长生进入武当山石室中炼丹。仙丹炼成之后阴长生先吃了一半，还没有马上升天。他又大规模炼金，获得数万斤黄金，把它们施舍给天下穷困之人。施舍完黄金后，阴长生再吃掉剩余的仙丹，白日得道升天。

原文 阴长生，新野人，汉和帝阴后之曾祖也。不慕荣位，潜心好道。闻马明生得度世法，遂入诸名山求之。至南阳太和山中，得见明生，师事之。明生不教以度世之道，但旦夕与谈当世事。十余年，长生不少怠。时共事明生者十二人，皆怨恚[1]而去，独长生礼敬弥笃[2]。积二十年，明生始问其所欲，长生跪曰："乞生尔。"明生哀其语而告之曰："子真求道者也。"始将[3]长生入青城山，煮黄土为金以示之。即日授以太清金液神丹，乃别去。于是长生入武当山石室中，合丹。先服半剂，未即升天，乃大作黄金数万斤，以施天下穷乏[4]。施尽，再服丹半剂，白日升天。

[1] 怨恚：怨恨。[2] 弥笃：更加诚实，更加专一。[3] 将：带领，携带。[4] 穷乏：穷困；匮乏。

中国神仙故事

第三卷

王褒

　　王褒，字子登，范阳人，汉安国侯的七世孙。王褒从小好道，进入华山待了九年。一天半夜，他忽然听见山林水泽中有人群、马匹以及箫、鼓的喧闹声。不一会儿，王褒逐渐靠近喧闹处，见到成千上万的车辆和马匹，从空中飘然而至。有一位神仙乘坐云车，手中拿着虎符，见到王褒后停下车说："我是太极真人西梁子文，听说你好学勤苦，特此来告诉你，你的名字已经名载上清，他日升天之后，担任小有司，掌管宝籍，是天王的职位。你目前只需专心四季变化之道，度化众生，届时道自然修成。"王褒后来隐居在洛阳山中，得以遇到南极夫人、西域真人，传授给他《太上宝文》《大洞真经》等书，还带着他参观玄洲，不一会儿就到了洲上。四周大海环绕，波涛高达千丈。洲上琼楼玉宇。南极真人对王褒说："这里就是仙都，太上丈人就住在此处。"他又带王褒进入了紫极宫，拜见太上丈人。太上丈人身穿流霞羽袍，头戴芙蓉冠，腰间佩戴神剑，手持大铃，身边环绕着几百个侍女。太上丈人对西域真人说："这就是你提到的王子登吗？既然他有幸遇到良师，将来定会得道升仙。"西域真人于是命王褒拜见太上丈人。拜完之后，太上丈人授予王褒《上清隐书龙文》和两卷《八灵真经》，以及两升云碧阳水、晨飞丹腴。王褒拜谢太上丈人，然后服用了云碧阳水和晨飞丹腴，因此道成。上帝赐给王褒飞飙羽车，游遍群仙的洞府，尽览天书秘要。上清玉晨帝君赐给王褒宝芝，他吃后全身马上变成金色，脖颈处映照出光环。后来王褒被封为太素清虚真人，统领小有天王，居住在王屋山的洞天中，还有玉童玉女各三百人随侍。王褒负责管理上清的礼仪，九天的诏令，六合的秘藏典籍。王褒出入上清，虎旅随行左右，乘坐玉轮龙车，身后打着金色华盖，参与太素事物，在天宫吃饭休息。

原文　　王褒，字子登，范阳人，汉安国侯七世孙。少好道，入华山九年。一日夜半，忽闻林泽中有人马箫鼓之声。须臾渐近，见千乘万骑，浮空而至。神人乘云车，手把虎符[1]，停车而呼褒曰："吾太极真人西梁子文也，闻子好学勤劳，故来语汝。汝名登上清，他日位当小有司，掌宝籍，为天王之任。但注心四景，动慕三乘。道自成也。"后隐洛阳山中，得遇南极夫人、西城真人，授以《太上宝文》《大洞真经》等书。携褒观玄洲，俄顷而至。四面太海，悬涛千丈。洲上宫阙[2]楼观，悉皆琼瑶。谓褒曰："此仙都也。太上丈人处之。"又携褒入紫极宫见丈人。丈人着流霞羽袍，冠芙蓉之冠，腰带神剑，手把大铃，侍女数百。太上丈人谓西城真人曰："彼所谓王子登者乎？既幸遇良师，将得之矣。"真人因命褒拜，拜毕，丈人乃授以《上清隐书龙文》《八灵真经》二卷，云碧阳水、晨飞丹腴二升。褒拜服之，由是道成。上帝赐以飞飙羽车[3]，遍历群仙洞府，尽传天书秘要。上清玉晨帝君赐以宝芝，食之即身成金色，项映圆光，授为太素清虚真人，领小有天王，居王屋山洞天[4]之中，给玉童、玉女各三百人。主领上清玉章，及九天玄文、六合秘籍。龙辇虎旗，玉轮金盖，出入上清，受事太素，宴寝[5]太极[6]也。

王褒

1 虎符：古代帝王授予臣下兵权和调发军队的信物，为虎形。**2** 宫阙：古时帝王所居宫门前有双阙，故称宫殿为宫阙。**3** 羽车：传说中神仙所乘之车。**4** 洞天：道教称神仙的居处，意谓洞中别有天地。**5** 宴寝：休息起居之室。**6** 太极：谓天宫，仙界。

王仲都

王仲都，汉代人。早年在梁山学道，遇到太白真人，真人授予他虹丹，他吃后能够抵御严寒酷暑。二百多年后，汉元帝召王仲都到京师，试验他的方术。冬天王仲都身穿单衣，在上林苑的昆明池乘坐驷马车绕水奔驰。元帝穿着狐狸毛制作的衣服尚且觉得寒冷，王仲都却脸不变色，背上热气蒸腾。盛夏用烈火围住王仲都，他口不喊热，身不流汗。后来，王仲都成仙而去。孙思邈在峨眉山养生学道，王仲都和三五个人假扮成猎人，经过孙思邈的房子去试探他。因为孙思邈大谈长生之道，于是王仲都传道给孙思邈。

原文 　王仲都，汉人也。初为道士，学道于梁山。遇太白真人，授以虹丹，能御寒暑。二百余年，汉元帝召至京师，试其方术。冬月令仲都单衣，乘驷马[1]车于上林昆明池，环水驰走。帝御狐裘[2]而犹觉寒，仲都貌无变色，背上气蒸蒸然。又当盛夏，围以烈火，口不称热，身不流汗。后仙去。孙思邈后于峨眉山栖真[3]习道，仲都与三五人假为猎夫，过其居试之。因论长生之旨，遂授思邈道焉。

1 驷马：指驾一辆车的四匹马。**2** 狐裘：用狐皮制的外衣。**3** 栖真：道家谓存养真性，返其本元。

乐巴

乐巴，成都人，修得仙道。在后汉担任尚书。正月初一朝见皇帝，皇帝赐酒，他却不喝，而是含在口中向西南方喷出。官员弹劾乐巴不敬。乐巴解释说："我家乡的县城东边有火灾，因此含酒向西南方喷洒。"几天后，成都果然上奏发生火灾，正好从东北方向飘来雨水，火灾因此被雨淋灭，雨水中尚含有酒气。

原文　　乐巴，成都人，得仙道。后汉朝为尚书。正月朔日[1]朝见，帝赐酒不饮，向西南噀[2]之。有司[3]弹奏[4]不敬，巴谢曰："臣本县城东有炎患[5]，故噀酒以救之。"数日，成都果奏火灾，得雨从东北来，遂息。雨中作酒气。

[1] 朔日：阴历每月初一日。[2] 噀：含在口中而喷出。[3] 有司：官员通称。古代设官分职，各有专司，因此称为"有司"。[4] 弹奏：弹劾奏闻。[5] 炎患：火灾。

徐登

徐登，汉代福州人，在永泰县高盖山得道成仙。《类要》记载："徐登与东阳赵丙斗仙术的地方，就是这座山。"

原文　　徐登，汉福州人，于永泰县高盖山得仙。《类要》云："徐登与东阳赵丙斗仙术处，即其山也。"

乐巴

陵阳子明

陵阳子明，姓窦，汉代铚乡人。一日，他在涎溪钓鱼，钓得一条白鱼，鱼腹中有书，陵阳子明从中学到服食之法。陵阳子明于是上黄山采五石脂服用。三年之后，有龙从天而降迎接陵阳子明飞升。唐诗有写道："白龙已谢陵阳去，黄鹤还来唤子安。"

原文 陵阳子明，姓窦，汉铚乡人。钓鱼于涎溪，得白鱼，腹中有书，即教子明服食[1]之法。子明遂上黄山采五石脂，服之三年，龙来迎去。唐诗："白龙已谢陵阳去，黄鹤还来唤子安。"

[1] 服食：服用丹药。道家养生术之一。

张惠明

张惠明，汉代赵郡人，在中条搭建草庐。遇到混元子，混元子传授给他快速奔跑的道法。张惠明修行之后，非凡超群。唐太宗召见他，对张惠明的祭祀深有感触，因此封他为妙济大师。没过多久，张惠明就到西岳华山尸解而去。

原文 张惠明，汉赵郡人，结庐中条。遇混元子，受高奔之道，行之超群。唐太宗召，致醮[1]有感，封妙济大师。寻至西岳尸解。

[1] 致醮：道士设坛祈祷。

鸡窠小儿

钱易《洞微志》记载："李员为奉旨出使，渡海抵达琼州道，遇到一位老翁，自称杨避举，八十一岁，他的叔父都一百二十多岁。李员还拜见了他的祖上宋卿，已有一百九十五岁。又见到一个小孩从鸡窝中探出脑袋往下看。宋卿告诉李员：'小孩是九代祖宋忌，不吃不说，也不知道他的年龄。'"

原文 钱易《洞微志》云："李员为承旨，奉使过海。至琼州道，逢一翁，自称杨避举，年八十一，其父叔皆年一百二十余。又见其祖宋卿，年一百九十五。复见鸡窠[1]一小儿出头下视。宋卿曰：'此九代祖忌，不食不语，不知其年。'"

1 鸡窠：鸡窝。

瞿武

瞿武，后汉人，七岁时绝食，开始服用黄精和紫芝。之后他进入峨眉山，天竺真人传授他成仙口诀。后来，瞿武乘坐白龙而去。现在，蜀地依然有祭祀瞿武的祠堂。

原文 瞿武，后汉人，七岁绝粒，服黄精紫芝，入峨眉山。天竺真人授以真诀[1]，后乘白龙而去。今蜀犹有瞿君祠。

1 真诀：妙法；秘诀。

上成公

上成公，宁县人。他抛弃家人外出访道，许多天后回家。对家人说："我已经得道成仙，因而回来告辞。"家人见上成公身影逐渐变高，在空中行走，不久后消失在天际。陈寔、韩韶都见到上成公飞升之事。

原文 上成公，宁县人。弃家访道，日久后归。语其家人曰："我已得仙，因辞诀[1]。"家人见其举步渐高，凌虚御空，良久乃没。陈寔、韩韶共见其事。

1 辞诀：诀别。

范幼冲

范幼冲，辽西人，曾担任汉朝的尚书郎，精通地理。他修得胎化易形之道，体内存有青色、白色、红色三种云气，修炼时，三种云气像帽子上的系绳一样，从东边太阳处奔流而下，直入范幼冲口中。范幼冲吸取九十条左右的三色云气后，感觉到饱了便停止吸食。他吸取了十年的三色云气，身体中也有了三色云气，于是得道升仙。这是高元君的太素内景法。真人口中所说的范监，就是范幼冲。

原文 范幼冲，辽西人，曾为汉尚书郎，善解地理。得胎化易形之道，且存青白赤三气，各如綖[1]，从东方日下，直入口中，挹[2]之九十过，觉饱便止。行之十年，身中自有三色之气，遂得升仙。此高元君太素内景法。真诰范监者，即其人也。

1 綖：线。**2** 挹：吸取。

毛伯道

　　毛伯道、刘道恭、谢稚坚和张兆期，都是后汉时期的人。他们一起进入王屋山，学道四十余年，一同炼成神丹。伯道首先吃下丹药，马上就死了。道恭吃后也死了。稚坚和兆期不敢服用，丢下丹药而回。还没有走出王屋山，他们就远远看到伯道和道恭各自乘坐着白鹿驰骋在山顶上，两人身后有仙人手持符节跟随。稚坚和兆期又悲愤又惊愕，心中深深忏悔自己的罪行。刘道恭授予他们茯苓方，他们服用之后也脱尘升仙。

原文　　毛伯道、刘道恭、谢稚坚、张兆期皆后汉时人。同入王屋山，学道四十余年，共合神丹。伯道先服即死，道恭服之亦死，稚坚、兆期不敢服，弃药而归。未出山，遥见伯道、道恭各乘白鹿在山上，仙人执节[1]从之。二人悲愕悔谢。道恭授以服茯苓方，二人后亦度世。

1 执节：拿着符节。

方回

　　方回，修道成功后被人劫持关在密室中，想让他传授道法。方回化身而去，还用一块泥丸封住门户，盖上自己的印章。

毛伯道

原文 方回,道成,为人劫,闭密室中,欲传其道。回化身而去,更以一丸泥封其户,以方回印印[1]之。

1 印:盖章。

陈永伯

陈永伯,南阳人。获得淮南王七星散的配方,服用二十一天后,忽然不知所踪。陈永伯兄长的儿子,名增族,十七岁,也服用了七星散。他的父亲绑上了他的双脚,把他关在密室中,昼夜派人把守。二十八天后,也不知道去了哪里。配方说:"服用三十天,可以得道成仙。"自从陈永伯和陈增族消失之后,后来人再也不敢服用七星散了。陈永伯和陈增族升仙时,都有仙官前来迎接,只是人们看不见而已。

原文 陈永伯,南阳人。得淮南王七星散方,服之二十一日,忽然不知所在。永伯兄子名增族。年十七,亦服之。其父系其足,闭于密户中,昼夜使人守视[1]。二十八日亦复不见,莫知所之。本方[2]云:"服之三十日得仙。"由是后人不敢服。二人仙去时,俱有仙官来迎,但人不之见耳。

1 守视:看守监视。**2** 本方:配方。

赵丙

赵丙,后汉东阳人,曾经在外游玩旅行,每次遇到朋友,便舀水为酒,用刀削下一块物体作为肉干,都吃得酒足饭饱。赵丙曾经到渡口寻找船只不得,就把席子展开放在水中而渡过河去。他对枯树施咒,枯树马上复活,长出叶子,开出花朵。

原文　赵丙,后汉东阳人,尝游行。每遇故人,便酌水为酒,削一物为脯,皆得醉饱。曾至渡头求船不得,乃布席于水而渡。呪[1]枯树,便生花叶。

1 呪:旧时道士、方士、神巫等施行法术时的一种口诀。同"咒"。

董仲

董仲,汉代董永的儿子,母亲是天上的织女。因此董仲生而灵异。他画了许多符箓,用来镇宅驱邪。董仲曾经游览京山潼泉,因为此地多有毒蛇,便画了两道符来压制毒蛇,从此潼泉再也没毒蛇出没为害。现在,篆石在京山的北面。董仲后来升仙而去。

原文　董仲,汉董永子也。母乃天之织女,故仲生而灵异[1]。数篆符镇驱邪怪。尝游京山潼泉,以地多蛇毒,书二符以镇之,其害遂绝。今篆石在京山之阴[2],后仙去。

1 灵异:聪慧,不同寻常。**2** 阴:水的南面或山的北面。

赵丙

陈安世

　　陈安世，京兆人，天性慈善仁厚。家中贫困，在权叔本家做仆役。叔本好道，有两位仙人假托为书生，跟随叔本游玩。叔本意志懈怠，两位仙人叹息："差一点就要成仙了，最终却功亏一篑。"两位仙人见陈安世忠厚诚笃，对他说："你喜好仙道吗？"陈安世回答："喜好。"两位仙人便和陈安世约定第二天早上在大树下见面。三次约定，陈安世都提早到来，于是两位仙人给陈安世两粒药丸服下，从此不再进食，只是喝水。叔本知道陈安世得道成仙，反而拜他为师。后来，陈安世升仙而去。

【原文】　　陈安世，京兆人，禀性慈仁。家贫，为权叔本家佣赁[1]。叔本好道，有二仙人托为书生，从叔本游。叔本意怠，二仙曰："几成[2]而败矣。"见安世笃实，曰："汝好仙乎？"曰："好。"二仙与约明日早会大树下。三期皆早至，乃以药二丸与之服，遂不复食，但饮水。叔本知其得仙，反师事之。后安世竟[3]仙去。

[1] 佣赁：受雇于人。 [2] 几成：快要成功。 [3] 竟：最终。

庄伯微

　　庄伯微，汉人，从小好道，但是不知道求道的方法，只是每天日落之时，面向西北方闭目静坐，专心凝想昆仑山。庄伯微这样一共修行了三十年，最终得以见到昆仑山仙人，传授给他金液方。他合成金液服用

庄伯微

后得道成仙。

[原文] 庄伯微，汉人。少好道，不知求道之方，惟以日入时，西北向闭目握固[1]，想昆仑山。积三十年，得见昆仑山仙人，传以金液方，合服得道。

1 握固：把手握成拳头。

东郭延

东郭延，山阳人，服用灵飞散，能够在晚上写字，坐在暗室中，身体散发光芒，照亮整个房间。他又能望见数十里外平地上的细小物体。凡是所见之人，他马上就能预知对方的生死日期，事实证明，结果都和他的预言吻合。东郭延四百多岁，丝毫没有衰老的痕迹。一天早上，有数十人前来迎接东郭延，周围邻居全都看到了。东郭延和亲朋好友、街坊邻居辞别而去，说是去拜访昆仑山。

[原文] 东郭延，山阳人。服灵飞散，能夜作书。坐冥室中，身上生光，照耀一室。又能望见平地数十里小物。凡见人，即能逆知[1]其死生，一如其言。年四百岁，绝无老状。一旦，有数十人来迎之，比邻[2]尽见。乃与亲故辞别而去，云诣[3]昆仑山。

1 逆知：预知。**2** 比邻：乡邻，邻居。**3** 诣：前往；到。

华子期

华子期，淮南人，师从禄里先生，得隐仙灵宝方，一是伊洛飞龟秩；二是伯禹正机；三是平衡方。按照配方合成服用，华子期每天逐渐变年轻，一天能够行走五百里，力举千斤，一年改变形体十二次，后来升仙而去。

原文 华子期，淮南人，师禄里先生，受隐仙灵宝方。一曰，伊洛飞龟秩；二曰，伯禹正机；三曰，平衡方。按合服之，日以还少，一日能行五百里，力举千斤。一岁[1]十二易其形。后乃仙去。

[1] 一岁：一年。

苏林

苏林，字子玄，濮阳人。从小天赋异禀，寻访真人的志向日益坚定，曾经背着行李来到赵地，拜琴高先生为师，当时二十一岁，学习炼气长命之道。琴高当初担任周康王门下舍人的时候，运用内行补精术和丹法，能够在水中游走。当时琴高已经九百岁，只是长生不死而已，并没有飞仙。有时乘坐红鲤鱼进入水中，或者在人间出入。然而苏林的志向是成仙飞天，而不是长生不死。

后来苏林改投师门，拜华山仙人仇先生为师。仇先生，即商汤时的木正。他根据胎食之法合成丹药服用，在还神守魂方面，大获其益。仇先生对苏林说："你是真人的材料，应当学习成为真人的道法，我的修炼领域不涉及这些方面。"于是把苏林推荐给涓子。涓子见到苏林后，传授给他真诀说："想成为地上真人，必先服食丹药，除去体内的三尸，杀灭谷虫。三尸，一名青姑，损害人的眼睛，令人眼睛昏花，面容起皱，口中散发臭气，牙齿掉落，这些症状都是由于青姑之气穿透人的脑神所致。二名白姑，损害人的五脏，令人身心衰老，呼吸短促，容易死亡，胸闷心慌，这是由于白姑穿透六腑的液体所致。三名血姑，破坏人的肠胃，让人心烦意乱，骨枯肉焦，意志薄弱，无法专心，一旦停止进食就感到饥饿，经常唉声叹气，精神疲倦不振。这些是由血姑吞噬魂胎的关系所致。如果不去除体内的三尸而服用丹药，虽然停止进食谷物，然而体内尸虫不死，断绝五味也是徒然，即使勤习吐纳也没有什么益处。如果尸虫一直活在人体内，还想长生不死是不可能的。因此凡是要追求成为真人，必须先服用制虫丸。制虫丸，又叫初神去本丸。想成为真人，应当先服用制仙丸。制仙丸，即太上八琼飞精丹。你应当赶紧服用。"

一天，涓子忽然对苏林说："我被天帝征召，上天庭担任中黄四司大夫，统领北海，现在将前往受命。"涓子离开后，苏林在涓子的寝室获得一卷书，这是涓子留给苏林的。书上写道："五斗三一是大帝所秘藏，我精心思考了二十年，见到你有三一，因此把这本书传授给你。一旦拥有三一，就可长生不死，何况又守住了三一呢？仅存有三一，已经名载玉札，何况见到三一呢！我修炼饵术保养精气三百年，服用真气五百年，专心思道六百年，守护三一三百年，守在山洞房间六百年，守护玄丹五百年，中间又周游名山，往返四岳。我在洞中休息，守护形体，思考修真之道二千八百余年。现在才被征召上天担任仙职，你要好好努力！"苏林看

苏林

完书后，感动得涕泗横流。于是遵守道法，精心修炼，道成之后周游天下。他能够分身，在丘陵休息，在街头巷尾卖鞋，借此来试探世人。没有人能够认出苏林。

汉宣帝神爵二年三月六日，苏林对弟子周季通说："我昨天被玄洲征召为真人，担任太极中侯大夫，现在将离你而去。"第二天早上果然有龙虎拉的云车，装饰着羽盖前来迎接苏林，侍从达数百人。苏林当日飞天，冉冉飘向西北方。

原文　　苏林，字子玄，濮阳人。少禀异操，访真之志弥笃。尝负担至赵，师琴高先生，时年二十一。受炼气益命之道。琴高初为周康王门下舍人，以内行补精术及丹法，能水游，时已九百岁。唯不死而已，非飞仙也。或乘赤鲤入水，或出入人间。而林托景丹霄[1]，志不终此。

后改师华山仙人仇先生。仇先生者，汤时木正也。服胎食之法，于还神守魄之事，大得其益。先生曰："子真人也。当学真道，我迹不足蹑也。"乃致林于涓子。涓子见之，遂授以真诀，曰："欲作地上真人，必先服药，除去三尸，杀灭谷虫。三尸者，一名青姑，伐人眼，令人目暗面皱，口臭齿落，盖由此青姑之气穿凿泥丸[2]也。二名白姑，伐人五脏，令人心氅气少，喜亡荒闷，盖由白姑贯穿六腑之液也。三名血姑，伐人胃管，令人肠轮烦懑，骨枯肉焦，志意不开，所思不固，失食则饥，悲愁感叹，精神昏怠，盖由血姑流噬魂胎之关也。若不去三尸而服药者，谷食虽断，虫犹不死。徒绝五味，虽勤吐纳，亦无益焉。若虫生而求人不死，不可得也。故凡欲求真，当先服制虫丸。制虫丸者，一名初神去本丸也。

欲作真人，当先服制仙丸。制仙丸者，太上八琼飞精之丹也。子当急修服之。"

一日忽语林曰："我被帝召，上补中黄四司大夫，领北海公。今当去矣。"去后，林乃于涓子寝室得书一幅，乃遗林者。其文曰："五斗三一[3]，大帝所秘。精思二十年，三一相见，授子书矣。但有三一，长生不灭，况复守之乎？能存三一，名刊玉札[4]，况三一相见乎？吾饵术养精三百年，服气五百年，精思六百年，守三一三百年，守洞房六百年，守玄丹五百年。中间复周游名山，回翔四岳。休息洞室，守形思真，二千八百余年。今始被召，上补天位。子其勖之。"林省书[5]流涕，乃奉法精修。道成，周游天下，分形散影，寝息丘陵，卖履市巷，以试世人，人莫能识也。

汉宣帝神爵二年三月六日，语弟子周季通曰："我昨被玄洲召为真人，上领太极中侯大夫，今别汝矣。"明旦，果有云车羽盖，骖龙[6]驾虎，侍从数百人迎林。林即日登天，冉冉从西北而去。

1 丹霄：绚丽的天空，比喻天庭。2 泥丸：道教语，脑神的别名。道教以人体为小天地，各部分皆赋以神名，称脑神为精根，字泥丸。3 三一：道家语。指由精、神、气三者混而为一之道。4 玉札：玉版刻的道书。5 省书：读书。6 骖龙：三条龙同驾一车。

江妃二女

江妃二女，不知道是哪里人。当时郑交甫在江边游玩，遇到两位女子，解下随身佩戴的一双明珠送给她们。郑交甫走了几十步后，二女忽然消失不见，明珠也随之消失。

江妃二女

> 原文

江妃二女,不知何许人。时郑交甫出游江湄[1],逢二女,解所佩双明珠与之。交甫行数十步,女忽不见,珠亦随失。

[1] 江湄:江边。

刘根

　　刘根,京兆长安人。汉成帝时,刘根进入嵩山学道,遇到神人,传授给他秘诀,于是得道成仙。刘根运用仙术救济世人。颍川太守史祈以为刘根是妖怪,想要杀死他。史祈派遣官吏召刘根到官府,对他说:"如果你召鬼,鬼能够立马到,就可免罪;如果不能,我就马上下令处死你。"刘根说:"很容易,只需借笔画符。"不一会儿,只见身穿铠甲的士兵用绳子捆着两个囚徒来到大厅。史祈仔细观看,发现是自己的父母。当即感到震惊,伏在地上,痛哭流涕。鬼责怪史祈说:"你为什么要得罪神仙,以致连累亲人?"太守向刘根认罪,恳求赦免其父母,两鬼才解开绳索。刘根于是消失不见了。传说,刘根刚开始学道时来到华山,见到一人乘坐白鹿,十几位玉女跟随左右。刘根叩头乞求仙人说一句话。仙人说:"你听过韩众吗?"刘根说:"听过。"仙人说:"我就是韩众。"

> 原文

刘根,京兆长安人。汉成帝时,入嵩山学道,遇神人,授以秘诀,遂得仙。用术济[1]人。颍川太守史祈以为妖,欲戮之。遣吏召根至府,曰:"能召鬼即至,不尔[2]当戮。"根曰:"甚易。但借笔书符。"须

刘根　215

吏，见兵甲缚二囚厅前。祈熟视，乃父母也。即惊伏流涕，鬼责祈曰："汝何得罪神仙，乃累³亲至此。"太守伏罪求赦，方解。根遂不见。

一云，根初学道，到华山，见一人乘白鹿，从十余玉女。根稽首乞一言。仙人曰："汝闻有韩众否？"曰："闻之。"仙人曰："我是也。"

1 济：救济。**2** 不尔：不如此；不然。**3** 累：连累。

谷春

谷春，栎阳人。汉成帝时担任郎官，感染瘟疫而死，尸体却不变冷。家人为他入殓，却不敢钉上钉子封棺。三年后，谷春竟然戴着帽子坐在县城的大门上，城中人大为吃惊，纷纷告诉他的家人前去迎接谷春。谷春却不肯回家。家人打开他的棺材，发现只有衣服，没有尸体。谷春在县城门上停留三天后离去，来到长安，他长时间坐在长安的横门上，家人知道后马上前去追赶。谷春又离开，去了太白山。后来，人们在山上为他修建了祠堂。春天时，谷春偶尔到祠堂中过夜。

原文 谷春，栎阳人。汉成帝时为郎，疫死，而尸不冷。家为棺殡，犹不敢下钉。三年，更着冠帻¹坐县门上。邑中人大惊，报家人迎之，不肯归。发棺，有衣无尸。留门上三日，去之长安，坐横门上，家人知而追之。复去之太白山。后立祠于山上，春时间来祠中宿焉。

1 冠帻：包裹头发的巾布。

梅福

梅福，字子真，寿春人。在汉朝出仕为官，担任南昌尉。梅福见王莽专政，叹息道："生为我酷，形为我辱。知为我毒，身为我桎梏。"因此，梅福抛弃家人外出求仙问道，游遍雁荡山、福建南部诸山。到仙霞山时，梅福遇到空同仙君，仙君传授给他内外丹法。梅福进入鸡笼山修炼，没有成功，于是前往剑江西边山岭，再次遇到空同仙君从云中降临，对梅福说："你成仙的地点在飞鸿山。"梅福于是前往飞鸿山，搭建草庵，修道炼丹。丹药炼成之后，梅福快速整理行装，再次回到寿春。一天，空中弥漫着紫色云气，云中乐官演奏着音乐，金童玉女奉诏乘坐鸾车从天而降。梅福下跪接下诏书后，辞别家人，乘坐青鸾飞升而去。史书上说，梅福知道王莽必定篡取汉祚，因此抛弃妻子儿女而去，不知所踪。后人在会稽见到梅福，他已改名换姓，在他隐居的地方担任吴门看守市门的小吏。宋元丰年间他被封为寿春真人。

原文　梅福，字子真，寿春人。仕[1]汉，为南昌尉。见王莽专政[2]，乃叹曰："生为我酷，形为我辱。知为我毒，身为我桎梏[3]。"遂弃家求仙，遍游雁荡南闽诸山。至仙霞山，遇空同仙君，授以内外丹法。入鸡笼山修炼，不成，乃至剑江西岭。再遇空同仙君自云中而降，谓福曰："汝缘在飞鸿山也。"福遂往飞鸿山，结庵修炼。丹成，趣装[4]，复还寿春。一日紫雾浮空，云中乐奏，金童玉女，奉诏控鸾从空而下。福拜诏辞家，乘青鸾飞升而去。史云："梅福知王莽必篡汉祚[5]，一朝弃妻子去，不知所之。"后人见福于会稽，变姓名为吴门市卒。今城中有吴

梅福

市门，即其隐处。宋元丰间，封寿春真人。

1 仕：为官，任职。**2** 专政：独揽政权。**3** 桎梏：刑具，脚镣手铐。**4** 趣装：急忙整理行装。**5** 祚：君位，国统。

龙述

　　龙述，字伯高，京兆人。汉建武年间，担任零陵太守。后来在金山获得了灵芝的果实，像梧桐子那么大。伯高把它处理了一下后就开始服用。龙述每天吃一刀圭，吃了两年，然后成仙尸解而去。

（原文）　　龙述，字伯高，京兆人。汉建武中，为零陵太守。后于金山得神芝实，大如梧桐子。伯高治而服之，日饵一刀圭。服二年，得仙[1]，尸解去。

1 得仙：得道成仙。

姚光

　　姚光，不知道他是哪里人，获得神丹服用后，能够分身或者瞬间隐身。姚光火烧不焦，刀刃不伤。吴主亲自试验他，堆积数千把柴火，让姚光坐在中间，然后四面点火，火光冲天，前来观看的人挤满了整个都城，都说姚光会被烧成灰烬。火熄灭后，姚光从灰中抖了抖身上的衣服站起来,神情自然。姚光曾经献给吴主一卷书,吴主读不明白。后来,姚光又在唐武德年间出现过。

原文 姚光,不知何许人。得神丹,能分形散影,坐在立亡。火之不焦,刃之不伤。吴主亲试之,积柴数千束,令光坐其中。四面发火,烟焰蔽天。观者盈[1]都下,咸谓光必煨烬[2]矣。火息[3],光从灰中振衣而起,神容晏如[4]也。手尝把[5]一卷书,吴主读不能解。后复见于唐武德中。

1 盈:充满。 2 煨烬:烧成灰烬。 3 息:同"熄"。 4 晏如:安定,祥和。 5 把:握,拿。

魏伯阳

魏伯阳,吴人,天性好道术,不喜欢出仕为官,于是进入山中修炼神丹。当时魏伯阳有三位弟子,他知道其中两位弟子心意不是很虔诚。神丹炼成之后,他故意试探说道:"金丹虽然已经炼成,然而先得用狗试验,如果狗吃后没有事,人才可以服用。如果狗死了,那么就不可以服用。"魏伯阳入山时曾经携带了一条白狗跟随自己。凡是丹药,若炼丹次数不足,调和未成,稍微有一点毒性,服用之后就会暂时身亡。魏伯阳让狗吃下丹药,狗马上就死掉了。魏伯阳说:"丹药没有合成成功,现在狗死了,难道是没有得到神明的旨意吗?若我服用之后像白狗一样死去,这该如何是好哇!"弟子说:"先生您还服用丹药吗?"伯阳说:"我违反世俗人情,在此安家修道,现在没有办法成仙,我又耻于回家。

姚光

活着和死了对我来说没有什么区别，我当服用丹药。"伯阳吃下丹药，入口即死。其中一位弟子说："师父不是凡人，服用丹药之后死去，难道是没有天意吗？"这位弟子也服用了丹药，入口之后也死了。另外两位弟子说："炼丹是为了求得长生，现在服用丹药之后马上死去，还不如不服用丹药，尚且可以活几十年。"于是他们没有服用丹药，一起出山，想为魏伯阳和死去的弟子入殓下葬。等他们二人走后，魏伯阳马上站起来，将炼成的神丹放入死去的弟子和白狗的口中，不一会儿，两个都活过来了。就这样，魏伯阳率领虞姓弟子和白狗一起仙去。途中，魏伯阳遇到入山砍柴的人，便写了一封信让他转交给另外两位弟子，表示辞谢。弟子见到信后，才开始懊恼。魏伯阳曾经写有《参同契》《五相类》，一共两卷，其中说法类似《周易》，核心内容是借爻象来比喻炼丹的要旨。

【原文】　　魏伯阳，吴人。性好道术，不乐仕宦，乃入山作神丹。时三弟子，知两弟子心不尽诚。丹成，试之曰："金丹虽成，当先试之犬。犬无患，方可服。若犬死，不可服也。"伯阳入山时，曾携一白犬自随。凡丹数转未足，和合[1]未至者，稍有毒，服之则暂死。伯阳即以丹与犬食之，犬即死。伯阳曰："作丹未成。今犬死，无乃未得神明之意耶。服之恐复如犬，奈何？"弟子曰："先生服之不？"伯阳曰："吾背违世路[2]，委家于此不得仙。吾亦耻归，死与生同。吾当服之。"伯阳服丹，入口即死。一弟子曰："师非凡人也。服丹而死，得无有意乎。"亦服之，入口亦死。二弟子乃相谓曰："作丹求长生尔。今服丹即死，不如不服，尚得数十年活。"遂不服，乃共出山，欲为伯阳及死弟子求殡具[3]。二人去后，伯阳即起。将炼成妙丹纳死弟

魏伯阳

子及犬口中，须臾皆活。于是将服丹弟子姓虞者，同犬仙去。逢入山伐薪人，作手书[4]，寄谢二弟子。弟子见书，始大懊恼。伯阳尝作《参同契》《五相类》凡二卷，其说似解《周易》，其实假借爻象以寓作丹之旨。

1 和合：调和，混合。 2 世路：世情，世事。 3 殡具：丧葬物品。 4 手书：亲笔写的书信。

王老

王老，居住在村子里，心慕道法。有一位老道士拜访他，王老留宿道士住了几个月。一天，老道士忽然全身长满了疮，他对王老说："帮我弄几斛酒过来浸泡一下，我的疮才能痊愈。"于是王老弄来了满瓮的酒，道士坐在瓮中，三天后才出来。道士头发都变黑了，容貌像儿童一样。他对王老说："喝下这瓮酒就可成仙而去。"当时正值打麦时节，王老全家都喝了这瓮酒，不一会儿就都醉了。忽然风起云涌，一时间全家全部升天而去。那时人们好像听见空中传来打麦子的声音。

原文 王老，村居慕道，有老道士造[1]之。留月余，忽遍身疮疡，谓王老曰："得酒数斛浸之，方愈。"王老遂置酒满瓮，道士坐瓮中，三日方出。须发皆黑，颜如少童。谓王老曰："能饮此酒，可仙去。"时正打麦，王老全家饮之，须臾皆醉。忽风动云蒸，一时举舍皆升天而去。时人犹闻空中打麦声。

1 造：拜访。

张道陵

　　张道陵，字辅汉，子房的八世孙，身长九尺二寸，眉毛浓宽，额头宽广，头顶发红，眼射绿光，鼻梁高耸，脸形方正，眼有棱角，前额凸起，后脑外挺，垂手过膝，虬髯修长。张道陵龙蹲虎步，上身宽大，下身坚实，看上去神情严肃。汉光武帝建武十年，张道陵出生于天目山。张道陵的母亲起初梦到仙人从北魁星中降落到地上，长一丈多，身穿绣衣，给她蘅薇香。等到醒来之后，张道陵母亲的衣服和居室充满异香，数月不散，由此而怀有身孕。张道陵出生那天，黄色云气笼罩居室，紫色云气充满庭院，房中光芒如日月，众人又闻到此前的香气，十天才散。张道陵七岁精通《道德经》，天文地理、河洛图、谶纬之书等，无不知晓其中奥义。众人推举张道陵为贤良方正之士，他虽然出仕为官，但是志在修炼。不久，张道陵就在北邙山隐居，有白虎口衔符文放在他的座位旁边。和帝征他入朝担任太傅，封冀县侯，下诏三次他都不赴任。

　　张道陵来到蜀地，喜欢那里岭深溪秀，风景优美，于是在鹤鸣山隐居。山上有石鹤，每次鸣叫，都预示着有人得道。张道陵居住在鹤鸣山，苦心修道，保气养神，石鹤发出鸣叫。有位叫王长的弟子，研习天文，精通黄老之术，和张道陵一起炼龙虎大丹。一年之后，有红光照室。两年之后，有青龙白虎围绕保护丹鼎。三年之后，龙虎大丹炼成。六十多岁的真人吃下神丹后，像三十多岁的人，走起路来能追上奔驰的马。张道陵与王长进入北嵩山，遇到身穿绣衣的使者，使者告诉他们："嵩山中峰石室中藏有《上三皇内文》、黄帝九鼎和《太清丹经》，取得它们之后进行修炼，可以升天。"于是张道陵斋戒七天，进入石室，脚步所踩之处发出声音，就地挖掘取物，果然得到丹书。他精心思考修炼，能够飞行和听到远处的声响，掌握了分身术的精妙。每次在湖中泛舟，或者在大堂诵经，或者靠着几案招待来客，或者挂着拐杖一边吟唱一边行走，张道陵能够分身同时参与，人们都觉得他的灵异之术高深莫测。

西城和房陵之间有一位白虎神，喜欢喝人血，每年村子都会杀人来祭祀它。真人张道陵召来它的元神进行了一番训诫，白虎神就此消失。梓州有一条大蛇，鸣叫时山上的石头都会震动，经常喷吐毒雾，行人中毒后马上就会死去。真人张道陵用仙法封禁了这条大蛇，于是大蛇不再为害。顺帝壬午岁正月十五夜，真人张道陵在鹤鸣山梦醒之后，听到鸾佩齐鸣，天乐隐隐，鲜花铺满地面，紫云满空，他睁大眼睛向东望去，看见紫云中有一辆五条龙拉的素车，车旁的旌旗和仪仗、侍卫整齐盛大。车上坐着一位神人，容貌冰清，玉手拿着五明宝扇，脖子围绕着八色圆光，身高一丈六左右，身上发出的神光令人眼花缭乱，不能正视。站在车前的一人对真人张道陵说："你不要害怕，车中坐着的人就是太上老君。"真人张道陵对老君行礼之后，老君对张道陵说："最近蜀中有六大鬼神，残害百姓，令人深感痛心，你前去为我降服他们，使昼夜有别，人鬼殊途，使生灵万物享受福泽，那么你的功德就不可计量了，名字会被丹台的仙籍所记载。"说完太上老君便授予张道陵《正一盟威秘箓》、九百三十卷《三清众经》、七十二卷《符箓丹灶秘诀》、两把雌雄剑、一枚都功印、帽子上衣方裙红鞋各一套，还与张道陵约定以一千日为期限，而后在阆苑相见。张道陵叩头领取太上老君赠予的物品，每天咀嚼道文，按照道法修行一千日后，向内能够看到自己的五脏六腑，向外能够召集三万六千位神仙，又受到玉女感化，传授给他吐纳清和之气与降服精怪邪祟的方法，以及符箓法术中的三步九迹、魁罡七元、交乾履斗之道。随着张道陵手指之处，妖神鬼怪隐

王老

藏或者出没都能各安其所。

当时有八个鬼帅，分别统领鬼兵，动辄数万，在人间出没。刘元达率领鬼兵在人间传播疑难杂病，张元伯传播瘟疫，赵公明传播下痢，钟子季传播疮肿，史文业传播风寒，范巨卿传播腰酸头痛，姚公伯传播五毒，李公仲传播发狂与红眼。八个鬼帅散布毒害与灾祸，虐杀百姓，受害致死者不可胜数。真人张道陵尊奉太上老君的诰命，携带《盟威秘箓》前往青城山，设置琉璃高座，左边供奉大道元始天尊，右边放置三十六部真经，又树立十绝灵幡，周围摆好法席，敲击钟和磬，布置龙虎神兵。众鬼携带兵器、弓箭和碎石前来谋害张道陵，张道陵举手一指，变出一朵巨大的莲花来抵抗众鬼。众鬼又手持几千火炬来烧张道陵。张道陵举手一指，众鬼反而被自己放的火烧了起来。众鬼远远地对真人张道陵说："你本来住在峨眉山，为什么要来侵夺我们的住所？"张道陵说："你们残害众生，因此前来讨伐你们，把你们流放到西方的不毛之地，这是奉太上老君的命令。"刘元达等人听到之后，十分愤怒。于是各率十万鬼兵，全部身穿精制的铠甲，手持锋利的兵器，上山包围张道陵。张道陵用红笔在空中画了一个道阵，众鬼马上都趴在了地上。八大鬼王叩头请求张道陵放他们一条生路。张道陵用红笔把道阵反过来画了一下，众鬼马上又都苏醒过来。张道陵对鬼王说："你们上前来接受我的处置安排，从今日起，你们要远离百姓，不准再在人间传播疾病，如果有谁胆敢违背，我就马上诛杀他，不留后患。"鬼王说："降灾于百姓，本来就是我的职责，为什么你要全部剥夺？我愿意分一半给你。"张道陵不同意，斥退众鬼。鬼王不服，第二天会同六大魔王，率领几百万鬼兵前来围攻。王长问张道陵："鬼兵众多，怎么办？"张道陵说："你不要害怕，我马上就打退鬼兵。"张道陵又用红笔在空中一画，众鬼又死了。只有六位魔王趴在地上不能站起来，于是叩头谢罪，请求张道陵放他们一条生路。张道陵这次头也不回，又用红笔在空中一画，青城山一分为二。六位魔王想从青城山的一边到另一边，却再也无法穿越。这时候六位魔王才开始放声哀求张道陵，说："从今往后，我们再也不敢来蜀地，甘愿到西方娑罗国居住。"听到魔王的这番话后，张道陵才许可魔王的请求，于是把红笔倒着在空中再画一下，六位魔王和众鬼又都起来了。张道陵命令王长肩扛一块大石头当桥，放在两山之间，让众鬼和魔王经过。

众鬼虽然暂时被降服，但是张道陵仍想彻底收服他们的心，就对他们说："我与你们诸位使出全部的法力来比试一番。"刘元达等说："唯真人之命是听。"张道陵投身大火中，不一会儿脚踏青莲而出。鬼帅投身入火，结果被火所烧。张道陵进入木头，身体一旦离开，木头马上合住。鬼帅进入木头中，木头马上掉到地上。张道陵进入水中乘坐黄龙，鬼帅进入水中则被水呛。张道陵进入石头，穿石而出。鬼帅进入石头，只能达一寸。张道陵进入铁山，穿山而出，鬼帅只能进入半寸。张道陵对一道神符念咒语，左手指鬼，鬼马上死去；右手指鬼，鬼马上活过来。鬼帅右指左指，鬼既不死也不生，一点事都没有。刘元达等人变成八只大老虎向张道陵奔来，张道陵则变成一只狮子追赶，八只老虎落荒而逃。鬼帅又变成八条大龙打算前来擒住张道陵，张道陵则变成金翅鸟来啄龙的眼睛，八条龙争相逃跑。鬼帅又变成大力神，双手持大挝，打算敲击张道陵。张道陵变成金刚，身高七十二万丈，宽五十三万围，头戴大帽，背后散发光圈，具备十二种无量相，攻击大力神，大力神败走。鬼帅等身高十二丈，即将坠地压住张道陵。张道陵腾空而起，身高百余丈，直到上面没有可以攀缘的东西、下面没有可以乘坐的东西。鬼帅变出五色云，笼罩四方，导致昏天黑地。张道陵变成五彩太阳，光芒四射，五色云立马消散。鬼帅变化穷尽，张道陵变成一个大石头，重几万斤，用藕丝悬挂在鬼帅的兵营上方，又让两只老鼠争着啃咬藕丝，大石头眼看摇摇欲坠。鬼帅齐声哀号，乞求张道陵放他们一条生路，让他们远去，发誓不再虐害百姓。于是张道陵命令五方八部的六大鬼神在青城山举行会盟，让活人生活在光芒的阳间，鬼怪生活在幽暗的阴间，六大鬼王回到北酆，八部鬼帅跑到西域。众鬼犹豫不肯离去，张道陵就口授一道神符，飞上云霄，不一会儿，风雨雷电和各种兵器都到了，众鬼马上消失得无影无踪。

张道陵到苍溪县云台山对王长说，这座山是我成仙飞升之地。于是他们在云台山占卜选择住所，修炼九还七返之功。有一天，张道陵又听见往日的鸾珮敲击天乐的声音，马上整理服饰仪容，叩头伏在地上，只见太上老君率领着成千上万的车骑随从在云端聚集，徘徊不下。张道陵再拜，哭着说："臣日夜享受您的荫蔽和您亲自传授的秘文，奉行天威，战胜众鬼，推行教化，成功之后隐居在云台山。今天您的尊驾再次光临，却不为我降临到地面之上，我猜测大道远离我而去，臣难道修炼尸解术失败了吗？"太上老君命令使者告诉张道陵："你的功业合起来已经可以成为九真上仙了。我之前让你入蜀夺回众鬼统治的领域，区别人鬼，向他们布施清净教化，但你杀鬼过多，又擅自呼风唤雨，奴役鬼神，驱使星斗，使山川震动，日月无光，杀气腾腾，这不是大道好生的宗旨。上帝现在正责备你的过错，因此我不能靠近你。你暂且退居，专心修道，向日月、二十八宿、二十四气、阴阳本命主者谢罪，谢过之后，再修行三千六百日，我在无何有之乡的上清八景宫中等你。"说完，太上老君就飞升而去。

于是张道陵依照太上老君的指示，和王长迁居鹤鸣山，对弟子赵升说："那个地方有妖怪作乱，我将前往灭除妖怪。"到了之后，有十二位神女在山前笑迎他们，姿态妖艳。张道陵趁机问神女："这个地方的咸泉在哪里？"神女说前面的深潭就是咸泉，有条毒龙居住在里面。张道陵用法术召毒龙出来，毒龙不出。张道陵就画了一张符，变成金翅鸟在深潭上面盘旋，毒龙受到惊吓，舍弃深潭而去。深潭马上就干涸了，此地重新获得咸泉。后来居民在咸泉煮水，能够煮出盐。十二位神女每人拿出一个玉环献给张道陵，说："我们愿服侍你。"张道陵接受了她们的玉环，然后用手搓玉环，把十二个玉环合成了一个，对神女说："我把这个玉环丢在井中，能够从井中得到这个玉环的人，就是我命中注定的妻子。"神女争着脱下衣服跳进井中抢夺玉环。借此机会张道陵盖住了水井，和神女盟誓说："我让你们做井神，再也不能从井中出来。"那个地方的民众，到今天为止再也没有受到神女的祸害，还获得了盐井的好处。后来当地民众用张道陵的名讳来纪念他们的州，即今天的陵州。

　　张道陵经过宋江的时候，江中有许多异物为害，于是画大山篆符来镇压这些异物，从此江中再无危害。每次江水枯竭的时候，人们依然能够见到张道陵画的大山篆符，然后描摹带回来屏除妖怪恶鬼。张道陵重新修行了二十年，又带着赵升、王长前往鹤鸣山。一天中午，忽有一人身穿红衣，着绿色襟带，拖着鞋子，手持笏板，另一人头戴黑巾布，身穿丝绸衣服，腰间佩剑，手捧一玉函，一起走上前来对张道陵说："奉上上清真符一张，召真人您游览阆苑。"不久，前人带路，后人随从，成千上万的车骑纷然而至。其中有一条黑龙拉着一辆紫车，又有两位玉女，引导张道陵登上紫车，很快就到了阆苑的宫殿。宫殿的题榜写着："拟太玄都正一真人阙。"张道陵到了之后，群仙向他敬礼。过了很久，忽然有两位青童引导群仙，都身穿红衣手持红色符节，对张道陵说道："太上老君到了。"群仙后面跟随的两人，大概二十多岁，有人说是子房和子渊。他们一起腾空而上，到了一座宫殿，用金玉堆砌而成。有人对张道陵说："准备去朝拜太上元始天尊。"张道陵整理了一下衣服，小步快跑进去，只望见宫殿正前方圆光照人，不能正眼直视。过了一段时间，宫殿前方的尊者命令青童晓谕张道陵"正一盟威之法"，让他世代宣传，担任人间的天师，拜张道陵为太玄都正一平炁三天扶教辅元大法师，令他返回人间，劝善度化那些尚未醒悟的百姓。尊者还秘密告诉张道陵得道飞升的日期。

张道陵接受了太上元始天尊的命令，又回到渠亭赤石的崖舍，出示"三天正一秘法"，交给王长和赵升，在离沅山演练秘法，然后回到阳平山，把飞仙轻举之法传给张衡，随后回到鹤鸣山。桓帝永寿元年正月初七刚到五更的时候，王长、赵升见到空中有一人驾着云车，大声说道："张道陵的功德已经修行完成，能够传授秘箓。"话音刚落，太上老君驾着龙车，命令张道陵乘坐白鹤一同前往成都，重新演示正一盟威的宗旨，又为张道陵讲解《北斗经》和《南斗经》。完成之后，太上老君又离张道陵而去。张道陵想留下他的神迹，于是在云台山西北处的半崖之间纵身跳入石壁中，从崖顶而出，云台山因此有了两个山洞。今天山崖中间的洞叫峻仙洞，山崖顶端的叫平仙洞。九月九日，在巴西赤城渠亭的山中，上帝派遣使者拿着玉册，授予张道陵正一真人的称号，根据张道陵的修行应当飞升成仙。于是张道陵把《盟威都功》等秘箓、两把斩邪剑、玉册、玉印传授给他的长子张衡，告诫他说："此文总领三五步罡和正一的宗旨，能够驱邪诛妖，辅助国家，安定百姓，世世代代让一位男子继承我的位子，不是我家的子孙不得传授。"他又对王长和赵升说："还剩一些丹药，你们可以分别服用，今天随我一起飞升。"中午，群仙和仪仗队都到了，两位玉女引导张道陵和夫人雍氏一起登上黑龙拉的紫车，奏着天乐在前面开路。张道陵在云台山峰白日得道升仙，当时张道陵一百二十三岁。今天他的子孙世袭真人的位置，居住在江西广信府贵溪县的龙虎山。

> **原文**　　张道陵，字辅汉，子房八世孙。身长九尺二寸，庞眉广颡，朱顶绿睛，隆准[1]方颐，目有三角，伏犀[2]贯顶，玉枕[3]峰起，垂手过膝，美髭髯。龙蹲虎步，丰下锐上，望之俨然[4]。汉光武建武十年，生于天目山。母初梦大人，自北魁星中降至地，长丈余，衣绣衣，以蘅薇香授之。既觉，衣服居室，皆有异香，经月不散，感而有孕。及生日，黄云笼室，紫气盈庭，室中光气如日月。复闻昔日之香，浃日[5]方散。七岁通《道德经》，天文地理、河洛图纬之书，皆极其奥。举贤良方正，身虽仕，而志在修炼。无何[6]，隐北邙山，有白虎衔符文置座傍。和帝征为太傅，封冀县侯，三诏不就。

入蜀，爱蜀中溪岭深秀，遂隐于鹤鸣山。山有石鹤，每鸣则有得道者。道陵居此，苦节学道，啬气[7]养神。鹤乃鸣。弟子有王长者，习天文，通黄老，相与炼龙虎大丹。一年，有红光照室。二年，有青龙白虎绕护丹鼎。三年，丹成。真人年六十余，饵之若三十许人，行及奔马。与王长入北嵩山，遇绣衣使者告曰："中峰石室，藏《上三皇内文》、黄帝九鼎、《太清丹经》。得而修之，乃升天也。"于是真人斋戒七日，入石室，足所履处跫然[8]有声。即掘其地，取之，果得丹书。精思修炼，能飞行遥听，得分形散影之妙。每泛舟池中，诵经堂上，隐几[9]对客，杖藜[10]行吟，一时并赴。人皆莫测其灵异。

西城房陵间，有白虎神，好饮人血。每岁，其乡杀人祭之。真人召其神戒之，遂灭。又梓州有大蛇，鸣则山石振动。时吐毒雾。行人中毒辄死。真人以法禁之，不复为害。顺帝壬午岁正月十五夜，真人在鹤鸣山梦觉，惟闻銮佩珊珊[11]，天乐隐隐[12]。香花覆地，紫云满空。瞪目[13]东瞻，见紫云中素车一乘，驾五白龙，车傍旌旗仪卫甚盛。车中一神人，容仪若冰，玉手执五明宝扇，项负八景圆光，身丈六余。神光照人，不可正视。车前一人勅真人曰："子勿惊怖，即太上老君也。"真人礼拜，老君曰："近蜀中有六大鬼神，枉暴生民，深可痛惜。子其为吾治之，使昼夜各分，人鬼有别，以福生灵。则子功无量，而名录丹台矣。"乃授以《正一盟威秘箓》，《三清众经》九百三十卷，《符箓丹灶秘诀》七十二卷，雌、雄剑二把，都功印一枚，冠、衣、方裙、朱履各一副。且曰："与子千日为期，后会阆苑。"真人乃叩头领讫，日味秘文，按法遵修。千日内顾五脏，外集三万六千神。又感玉女教以吐纳清和之气，摄伏精邪，符箓中三步九迹、魁罡七元、交乾履斗[14]之道。随其所指，隐遁出没，皆得自然。

时有八部鬼帅，各领鬼兵，动亿万数，周行人间。刘元达领鬼行杂病，张元伯行瘟病，赵公明行下痢[15]，钟子季行疮肿，史文业行寒虐，范巨卿行酸瘠[16]，姚公伯行五毒，李公仲行狂魅赤眼[17]。嘘毒啸祸，暴杀万民，枉夭无数。真人奉老君诰命[18]，佩《盟威秘箓》，往青城山，置琉璃高座，左供大道元始天尊，右置三十六部真经，立十绝灵幡[19]，周匝法席，鸣钟扣磬，布龙虎神兵。众鬼即挟兵刃矢石来害真人，真人举手一指，化为一大莲花拒之。鬼众复持火千余炬来，真人举手一指，鬼反自烧。遥谓真人曰："师自住峨眉山，何为来侵夺我居处。"真人曰："汝等残害众生，所以来伐汝，摈[20]之西方不毛之地。奉老君命也。"元达等闻，怒。乃会鬼帅兵马各千万众，精甲犀刃，上山围绕。真人以丹笔遥画一阵，鬼众皆仆。八大王叩头

张道陵

求生，真人以丹笔倒书之，鬼众复苏。真人呼鬼王曰："汝等进前听吾处分。自今速当远避，勿复行病人间。如违，即当诛戮，无留种。"鬼王曰："降灾下民，本自隶我。奈何尽夺？愿分一半。"真人不许，叱退之。鬼王不服，次日复会六大魔王，率鬼兵百万环攻。王长曰："鬼甚众，奈何？"真人曰："子无恐。吾即却之。"复以丹笔一画，众鬼复死。惟六魔王仆地，不能起。仍叩头求生，真人不顾。复以丹笔一裁，此山遂分为二。六魔王欲度不能，始大声哀求云："自今而去，不敢复来。乞往西方娑罗之国而居止焉。"真人乃许可之，倒笔再画，八师六魔群鬼悉起。真人命王长肩一大石为桥，度之。

然群鬼虽摄伏[21]，真人犹欲服其心。谓之曰："试与尔各尽法力。"元达等曰："惟命是听。"真人投身入大火中，即足履青莲而出。鬼帅投火，为火所烧。真人入木，身度木外，木即随合。鬼帅投木，即坠地。真人入水乘黄龙而出，鬼帅入水为水所溺。真人以身入石，透石而出。鬼帅投石，才入一寸。真人以身入铁山，透山而出。鬼帅才入半寸。真人咒神符一道，左手指之，鬼毙，右手指之，复生。鬼帅左右指，无生无死。元达等化八大虎奔攫而来，真人化一狮子逐之，虎奔走。鬼帅又化八大龙，欲来擒师。真人化金翅鸟啄龙目睛，八龙争遁。鬼帅又化大神，双持大挺[22]，欲击真人。真人化作金刚，身长七十二万丈，广五十三万围，戴大冠，负圆光，具十二种无量相[23]。击大神，大神退走。鬼帅等身高十二丈，即坠。真人腾空，高百余丈，上无所攀，下无所乘。鬼帅作五色云，昏暗天地。真人化五色日，炎光辉灼，云即流散。鬼帅变化技穷，真人乃化一大石，可重万余斤，以藕丝悬之鬼帅营上。令二鼠争啮其丝，欲堕。鬼帅同声哀告，乞余生远去，再不虐害生民。真人遂命五方八部六大鬼神会盟[24]于青城山。使人处阳明，鬼行幽暗。六大鬼王归于北酆，八部鬼帅窜于西域。鬼众犹踌躇[25]不去，真人乃口勒神符一道，飞上层霄。须臾，风雨雷电，刀兵毕至。群鬼灭影而遁。

真人至苍溪县云台山，谓王长曰："此山乃吾成功飞腾之地也。"遂卜居，修九还七返之功。一日复聆昔日銮珮天乐之音，真人整衣叩伏，见老君千乘万骑，来集云际[26]，徘徊不下。真人再拜，泣曰："臣夙昔承宝荫，亲授秘文。乃奉天威，战鬼行化。功成退居于此。今飙驾[27]再临，不我下降。意者大道离臣，臣其为尸败乎？"老君乃命使者告曰："子之功业，合得九真上仙。吾昔使子入蜀，但夺鬼幽狱，区别人鬼，以布清净之化。而子杀鬼过多，又擅兴风雨，役使鬼神，驱驰星斗，震荡山川，阴景翳昼，杀气秽空，殊非大道好生之意。上帝正责子之过，所以吾不得近子也。子且退居，勤行修，谢日月、二十八宿、二十四气、阴阳本命主者。谢过之后，更修三千六百日。吾待子于无何有乡，上清八景宫中。"言讫，圣驾升去。

真人遂依告文，与王长迁鹤鸣山，谓弟子赵升曰："彼处有妖怪，当往除之。"及至，值十二神女于山前笑迎，姿态妖艳。因问曰："此地有咸泉，何在？"神女曰："前大湫[28]是。毒龙处之。"真人乃以法召之。毒龙不出。遂书一符，化为金翅鸟，向湫上盘旋。毒龙惊，舍湫而去。其湫即竭，遂得咸泉，后居民煮之有盐。十二神女各出一玉环来献，曰："妾等愿事箕帚[29]。"真人受其环，以手缉之，十二环合而为一。谓曰："吾投此环于井中，能得之者，应吾夙命也。"神女竞解衣而入井，争取玉环。真人遂掩之，盟曰："令作井神，无得复出。"彼方之民，至今不罹神女之害，而获咸井之利。后以真人讳旌[30]其州，今陵州是也。

过宋江，其中多异物为害。乃书大山篆符以镇之，其害遂绝。每水涸，人犹见其符，摹归以屏[31]妖恶。真人重修二十年，乃复领赵升、王长往鹤鸣山。一日午时，忽见一人朱衣青襟，曳履执板。一人黑帻绢衣，佩剑，捧一玉函，进曰："奉上清真符，召真人游阆苑。"须臾，前后从引千乘万骑，纷然而来。中有黑龙驾一紫辇[32]，玉女二人引真人登车。旋踵至阙，阙榜云"拟太玄都正一真人阙。"真人既至，群仙礼谒。良久，忽二青童引群仙，皆朱衣绛节前导，曰："老君至矣。"从者二人，可二十许。或曰："此子房、子渊也。"乃相与腾空而上。至一殿，金阶玉砌[33]。或谓真人曰："将朝太上元始天尊也。"真人整衣趋进，望见殿上圆光照人，不可正视。移时，殿上勅青童谕真人以正一盟威之法，使世世宣布，为人间天师。拜真人为太玄都正一平炁三天扶教辅元大法师，勅还人间。劝度未悟，仍密谕飞升之期。

真人受命，乃复返渠亭赤石崖舍，出三天正一秘法，付王长、赵升。于离沅山中敷演其法。次还阳平山，以飞仙轻举之法付嗣师[34]。仍还鹤鸣山。桓帝永寿元年正月七日五更初，长、升见空中一人，驾云车，大声言曰："张道陵功已行就，将授以秘箓。"言讫，老君驾龙舆，命真人乘白鹤同往成都，重演正一盟威之旨，说北斗南斗经。毕，老君复去。真人欲留其神迹，乃于云台西北半崖间，举身跃入石壁中，自崖顶而出。其山因成二洞，今崖半曰"峻仙洞"，崖上曰"平仙洞"。九月九日，在巴西赤城渠亭山中，上帝遣使者持玉册，授真人正一真人之号，谕以行当飞升。真人乃以《盟威都功》等诸品秘箓、斩邪二剑、玉册、玉印以授其长子衡，戒之曰："此文总统三五步罡正一之枢要[35]。驱邪诛妖，佐国安民，世世一子绍[36]吾之位。非吾家子孙不传。"谓长、升曰："尚有余丹，二子可分饵之。今日当随吾上升矣。"亭午[37]，群仙仪从毕至，玉女二人引真人、夫人雍氏并登黑龙紫舆，天乐拥导，于云台峰白日升天。时真人年一百二十三岁也。今其子孙世袭真人，居于江西广信府贵溪县之龙虎山。

1 隆准：高鼻子。**2** 伏犀：人前额至发际骨骼隆起，过去认为是显贵之相。**3** 玉枕：玉枕骨，位于后头部。**4** 俨然：严肃庄重的样子。**5** 浃日：十天。**6** 无何：不久。**7** 啬气：爱惜保养元气。**8** 跫然：形容脚步声。**9** 隐几：靠着几案，伏在几案上。**10** 杖藜：谓拄着手杖行走。**11** 珊珊：玉佩声。**12** 隐隐：拟声词，模拟声音。**13** 瞠目：睁大眼睛。**14** 三步九迹、魁罡七元、交干履斗：道教的一种法术。**15** 下痢：腹泻。**16** 酸痛：腰酸背痛。**17** 赤眼：患急性结膜炎时，眼白发红，俗称红眼。**18** 诰命：命令。**19** 灵幡：用以招请神灵的旌旗。**20** 摈：流放。**21** 摄伏：威慑使之屈服，畏惧屈服。**22** 大挝：一种兵器。**23** 无量相：无数个相貌。**24** 会盟：会面结盟。**25** 踌躅：迟疑不决，徘徊不进。**26** 云际：云中。**27** 飙驾：传说中御风而行的神车。**28** 湫：深潭。**29** 箕帚：簸箕和扫帚，借指妻妾。**30** 旌：表彰。**31** 屏：退却。**32** 紫辇：紫色的车。**33** 玉砌：用玉石砌的台阶。**34** 嗣师：张天师的继承人，此处指张衡。**35** 枢要：关键，纲领。**36** 绍：继承。**37** 亭午：正午。

刘晨

　　刘晨，剡县人。东汉永平年间，刘晨和阮肇入天台山采药，迷路不能返回，在山上过了十三天，又饥又渴，偶然望见山上有桃树，桃子已经成熟，他们便一起摘下桃子吃掉，止住饥饿，体力充沛。下山后打来山涧溪水饮用，二人看见一个杯子流出来，里面有胡麻饭，高兴地说："这附近有人家。"翻过山，两人看见一条大溪，溪边有两位女子，容貌很美，她们看见刘晨和阮肇拿着杯子，回头笑着说："刘郎和阮郎捉住杯子回来了。"刘晨和阮肇感到很惊异，两位女子高兴得如同与他们是旧相识一样，还说："为什么来得这么晚？"随后女子便带二人回家，南边的房间和东边的房间各有红色的罗帐，帐子的四角悬挂着铃铛，上面金银交错。又分别让侍女准备食物，有胡麻饭、山羊肉干、牛肉，味道鲜美。吃完之后，众人开始喝酒。不一会儿，一群女子拿着桃子笑着对二女说："恭贺你们迎回夫婿。"酒酣兴尽，刘晨与阮肇各入一帐睡觉。帐中女子姿色绝伦。刘晨和阮肇待了十天，要求回家。两位女子苦苦劝他们留下来。于是二人又待了半年，这里的气候和草木一直像春天一样，百鸟鸣叫，刘晨和阮肇的思归之情更加深切。两位女子对他们说："你们的罪根尚未灭绝，所以才思归心切。"于是送他们回去，并为他们指示回家的路。刘晨和阮肇回到家中，发现家乡破败，已经是第七代人了。刘晨和阮肇再寻二位女子，却没有找到。晋太康八年，二人销声匿迹。

原文　　刘晨，剡县人。汉永平中，与阮肇入天台山采药。路迷不得返，经十三日，饥渴。偶望山上有桃树，子实，共取食之，饥止体充。下山，取涧水饮。见一杯流出，中有胡麻饭焉。二人喜曰："此近人家矣。"遂度山，出一大溪。溪边有二女子，色甚美。见二人持杯，顾笑曰："刘、阮二郎捉杯来耶。"刘、阮异之。二女遂欢然如旧相识，曰："来何晚？"即邀还家。南壁、东壁，各有罗帷、绛帐，帐角悬铃，上有金银交错。各有侍婢，便令具馔[1]，有胡麻饭、山羊脯、牛肉，甚甘美。食毕，行酒。俄有群女持桃子，笑曰："贺汝婿来。"酒酣作乐，夜半各就一帐宿，婉态殊绝。至十日，求还，苦留半年。气候草木，常似春。百鸟啼鸣[2]，归思更切。二女曰："罪根未灭，使君等至此。"

刘晨

遂相送，指示还路。及归，乡邑零落[3]，已七世矣。再往女家，寻觅不获。晋太康八年，失二人所在。

1 具馔：准备饭菜。**2** 啼呴：鸣叫。**3** 零落：衰颓败落。

沈文泰

　　沈文泰，九嶷人，获得红泉丹砂和去土符，以及延年益命的药方，服用之后很有效果。沈文泰想去昆仑，在安息待了二十多年。他曾经对李文渊说："只是服用土符却不修道，终究无益。"李文渊因为得到秘要，后来也升仙而去。后世用竹根汁炼煮丹药，还有用黄白取出体内三尸的方法，都源于这两位仙人。

原文　　沈文泰，九嶷人。得红泉丹砂去土符，延年益命之方，服之有效。欲之[1]昆仑，留安息二十余年。尝语李文渊曰："但服土符，而不服药行道，无益也。"文渊因得秘要，后亦升仙。后世以竹根汁煮丹，及黄白去三尸法，出此二仙矣。

1 之：前往。

王乔

　　王乔，河东人。汉明帝时担任尚书郎，后去地方担任叶县令。汉代法律规定，国都附近的长史在节日和朔日要返回朝廷。王乔每月朔日经常从叶县来朝廷。皇帝对他到来的日期感到很奇怪，来了多次却没见到任何车骑，便密令太史偷偷观察王乔。太史说王乔每次到来的时候，都有两只鸟从东南飞来，于是再次见到鸟时，太史张开鸟网抓住了那两只鸟，而后发现这两只鸟原来是赐给尚书官属的鞋子。每次到王乔回朝廷的日期，叶县门外的鼓没人击打却自己发出声音，在京城都能听到鼓声。后来上天降下一个玉棺在县衙堂前，官吏推棺，始终不能推动。王乔说："恐怕是天帝召我。"于是沐浴更衣，躺在棺材中，棺材盖马上就自动盖住了。王乔被葬在城东，坟茔自成。当天傍晚，县中的牛都流汗喘气，但人却没有任何感觉。此后百姓为王乔建庙，号为叶君祠，凡是祈祷都会应验。

原文　　王乔，河东人。汉明帝时为尚书郎，出为叶令。汉法，畿内长史，节朔[1]还朝。乔每月朔且常自县来朝，帝怪其来，数而不见车骑。密令太史伺望[2]之，言其临至，辄有双凫[3]从东南飞来。于是候凫至，举罗[4]张之，得二鸟焉，乃所赐尚书官属[5]履也。每当朝时，叶县门外鼓不击自鸣，闻于京师。后天下玉棺于堂前，吏人推排，终不移动。乔曰："毋乃天帝召我耶！"乃沐浴服饰，寝其中，盖便立覆。勿于城东，自成坟。其夕，县中牛皆流汗喘乏，而人无知者。百姓为之立庙，号叶君祠，祈祷辄应。

[1] 节朔：节日和朔日，亦泛指节日。[2] 伺望：守望，察看。[3] 凫：野鸭。[4] 罗：网。[5] 官属：主要官员的属吏。

王乔

萧綦

萧綦，汉末彰德人，在天平山延寿宫修道。他擅长吹箫，能招来凤凰，号为碧霄真人，道成之后白日飞升。

原文 萧綦，汉末彰德人，修道天平山延寿宫。善吹箫，能致凤鸾翔集。号碧霄真人。道成，白日冲举[1]。

1 冲举：飞天成仙。

王远

王远，字方平，东海人，在汉朝出仕，官至中散大夫。王远学识渊博，同时通晓天文图谶以及河洛的精要，能够预测吉凶。桓帝数次征召他入朝为官，王远都没前往，后来桓帝下诏让郡国的长官逼迫他入京。王远到了之后低头闭目，不肯说话，在宫门上题了四百多字，都是预测未来的事情。桓帝感到厌恶，命人用刀削去。外面的字刚刚削掉，里面的字又出现了。墨迹渗透了木板。王远寄宿在太尉陈耽家中四十多年，陈耽家中没有任何人生病或者去世。一天，王远对陈耽说："我的日子到了，不能再在你家停留了，明天中午当飞升。"到了第二天中午，王远果然去世。陈耽知道王远是飞仙而去，不敢装殓下葬，只是悲伤流泪，焚香祭祀。三天三夜之后，王远的尸体不知所踪，只留下衣物，衣带都未解开，就像蛇蜕皮一样。王远离开后百余天，陈耽也死了。有人说陈耽获得了王远的道

萧綦

法，也羽化而去。

原文　　王远，字方平，东海人。仕汉，至中散大夫。博学，兼明天文图谶、河洛之要，能逆知吉凶。桓帝连征[1]不出，后诏郡国逼至京。低头闭目，不肯答语，乃题宫门扇四百余字，皆言方来[2]事。帝恶之，使人削去。外字适去，内字复见，墨深透木。寄寓太尉陈耽家四十余年。耽家绝无疾病死丧。一日，语耽云："吾期运当去，不得复停。明日日中当发。"至时，方平死。耽知其化去，未敢殡殓[3]，但悲涕焚香三日三夜。失其所在。衣带不解，如蛇蜕。方平去后百余日，耽亦薨。或谓耽得方平之道，亦化去。

1 征：聘请。**2** 方来：将来。**3** 殡殓：入殓和出殡。

蔡经

　　蔡经，姑苏人。汉桓帝时，仙人王方平降临蔡经家中，对他说："你将会羽化升仙，所以我前来度化你。但是你体内气少肉多，不能马上登天，应当先尸解。就一会儿工夫，尸解就像从狗洞中经过一样。"王方平把尸解成仙的核心告诉蔡经之后就离开了。蔡经后来忽然身体发热，就像火烧一样，持续了三天，身体上的赘肉都消失了，只剩下骨头。而后，蔡经进入卧室，盖上被子，忽然间不知所踪，被子里只有一副形囊，就像蛇蜕的皮。十多年后，蔡经突然回家。尸解的时候，蔡经已经年老，现在又变成壮年，头发双鬓都变黑了。蔡经对家人说："七月七日，王方平将会又来家中，你们应当准备几百斛酒招待他。"那天王方平果然来了，蔡经全家都听到敲锣打鼓吹箫的声音。王方平头戴远游冠，悬挂五色绶带剑，脸色发黄，留着少量的胡须，乘坐五龙车，每辆车颜色各异，前后都是旌旗和符节护卫导引开道，就像大将军出行一样。王方平到了蔡经家后，随从就全都消失了。蔡经的父母兄弟参拜结束后，王方平派人迎接麻姑。麻姑就是他的妹妹。不一会儿，麻姑就到了蔡经的家中。蔡经全家人都看到了麻姑，她是一位相貌美丽的女子，年龄十八岁左右，头顶正中扎着发髻，其余的头发都散披着一直下垂到腰间，只见她身穿锦衣绣裳，光彩夺目，都是世间所无的衣服。大家坐定之后，麻姑自己进入厨房，切开麒麟肉干，厨具都是金玉做成的。麻姑想要见蔡经的母亲和妻子。当时蔡经的妻子刚刚生下小孩儿没有几天。麻姑远远看到蔡经的妻子就知道她刚刚生完小孩儿，于是让她不用前来，只索要少许米，扔在地上全部变成了丹砂。王方平笑着说："麻姑还在玩少年时代的游戏。"麻姑说："自从我修行以来，东海三次变为桑田，蓬莱的水又变浅了。"王方平也说："圣人都说海中又开始扬起灰尘了。"麻姑的手像鸟爪一样，蔡经心里暗想，背痒时能够得到这个爪子挠背应该很好。王方平马上就知道了蔡经的想法，就用鞭子抽打蔡经说："人们都说麻姑是神仙，你却说她的手可以用来抓痒挠背。"王方平离开了。蔡经家所准备的几百斛酒都被喝完了，但众人却没有看到有谁饮酒。蔡经的父母私下问蔡经："王方平经常住在哪里？"蔡经说："王方平经常住在昆仑、罗浮和括苍三座山上。"这三座山都有宫殿屋舍，王方平经常管理天上官曹的事情，一天之中，和天仙在三座山之间往返数十次。王方平出入经常乘坐着一只麒麟，所到之处，山神海神都出来迎接他。后来蔡经成仙而去，有时仍然短暂归家看望家人，就像苏耽所说的那样。

蔡经

麻姑

原文 蔡经，姑苏人。汉桓帝时，仙人王方平降其家，曰："汝当得度世，故来教汝。但汝气少肉多，未能即上天。当作尸解。须臾，经如从狗窦[1]中过。"方平告以要言，乃去。经后忽身发热如火，三日肉消骨立。乃入室，以被自覆，忽然失其所在。视其被中，但有形如蛇蜕。后十余年，忽还家尸解。时已老，今复少壮，须发尽黑。语家人曰："七月七日，王君复来。当作酒数百斛以待。"其日方平果来，举家[2]闻金鼓箫管之声。方平著远游冠[3]，五色绶带剑，面黄色，少须，乘五龙车，车各异色。前后麾节旌旗导卫，如大将军侍从。既至，从官皆隐。经父兄参[4]毕，方平乃遣人迎麻姑。麻姑，即方平之妹也。少顷，麻姑至。经举家见之，是好女子，年可十八许，顶中作髻，余发散垂至腰，锦衣绣裳，光彩耀目，皆世所无有。坐定，自进行厨，擗麟脯，器皆金玉。麻姑欲见经母及经妇。时经妇新产方数日，麻姑望见，乃知之，曰："噫！且止勿前。"索少许米来，掷地皆成丹砂。方平笑曰："麻姑犹作少年戏也。"姑云："接行[5]以来，东海三为桑田，蓬莱水又浅矣。"方平亦曰："圣人皆言，海中行复扬尘也。"麻姑手似鸟爪，蔡经私念，背痒时得此爪搔之，佳。方平即知，乃鞭经背曰："麻姑神人也，汝谓其爪可搔背痒耶。"方平去，经家所作数百斛酒皆尽，亦不见人饮之也。父母私问经，王君常在何处。经曰："常在昆仑、罗浮、括苍三山。"三山皆有宫室，王君常平天曹事。一日之中，与天仙往还者数十过也。王君出入，常乘一黄麟。所至，山海之神皆来奉迎。后经仙去，仍暂归省家[6]，如苏耽云。

1 狗窦：狗洞。2 举家：全家。3 远游冠：古代帽子名称。4 参：参拜。5 接行：修行。6 省家：探望家人。

子英

子英，舒乡人，善于跳入水中捕鱼。他抓到一条红鲤鱼，喜欢它的颜色，把它养在水池中。一年后，红鲤鱼长了一丈多长，还生出鳞角和翅膀。子英觉得很奇怪，向红鲤鱼谢罪。红鲤鱼对子英说："我前来迎接你，今天和你一起升天。"说完，天马上下起大雨来，子英骑到红鲤鱼背上，一起飞升而去。子英每年都回家，仍然和妻子儿女一起吃饭。几天之后，红鲤鱼又来迎接子英，这样过了七十年。因此吴中有子英祠。

原文　子英者，舒乡人，善入水捕鱼，得赤鲤。爱其色好，养之池中。一年，长丈余，遂生角与翼。子英怪异，拜谢之。鱼言："我来迎汝。今日与汝升天。"即大雨，子英上鱼背飞升而去。岁岁[1]来归，仍与妻子同饮食。数日，鱼复来迎之。如此七十年。故吴中有子英祠云。

[1] 岁岁：年年。

于吉

于吉，琅琊人。他专心修道，忽然得了顽疾，早晚向天祷告，诚意感动了太上老君。太上老君令仙翁传授于吉道经，还说："这不但可以治愈你的疾病，还可以使你长生，度化世人。"于吉得到道经之后病马上就好了。凡是于吉为人消灾治病，没有不马上灵验的。后来太上老君数次降临，亲自传授他道经的宗旨。孙策平定江东时，将士多病，去请于吉，于吉喷水驱病，将士马上就好了。孙策却因此厌恶于吉。当时天已久旱，孙策命人捆住于吉，在太阳下暴晒，但天马上下起大雨来。孙策忌恨于吉，因此将他处死，最后尸体竟然消失了。于吉在人间周游，几百年后成仙而去。

原文 　　于吉，琅琊人。精修苦道，忽得痼疾[1]，晨夕告天，诚感老君。令仙翁授吉经曰："非但愈疾，当得长生，化行天下。"吉得之，疾遂除。凡消灾治病，无不立验。后老君数降，亲授其旨。孙策平江东，将士多病，请吉，噀水即差[2]。策恶之。天久旱，乃缚吉暴日中，即大雨。策忌而杀之，俄失其尸。周旋人间，复百余年仙去。

1 痼疾：积久难治的病。**2** 差：痊愈。

宫嵩

　　宫嵩，琅琊人，拜仙人于吉为师，服食云母，几百岁了，面色像童子一样。后来，宫嵩进入纻屿山成仙飞升而去。

原文 　　宫嵩，琅琊人。师事仙人于吉，服云母数百岁。面色如童，后入纻屿山，仙去。

子英

董奉

　　董奉,字君异,侯官县人。蜀先主时,有一位姓余的侯官县长,刚刚步入少年,当时董奉三十多岁,余县长不知道董奉已经修得仙道。余氏罢官五十年后又出来担任其他官职,途经侯官县时,县吏们都去拜访这位前县长,董奉也和他们一起去了。余氏早就认识董奉,见到董奉后问他:"你莫非得道了吗?过去在侯官县时,我年龄比你小,今天我已经衰老,头发花白,而你依然年轻,为什么?"董奉说:"巧合而已。"

　　后来董奉去交州游玩,州刺史杜燮得了毒病,死了三天。董奉把三个药丸放入杜燮的口中,让人抬起杜燮的头摇晃,帮助他消化药丸。不一会儿,杜燮睁开眼睛,活动手脚,脸上逐渐恢复血色。半天后,杜燮便能够坐起来,四天后能够说话。杜燮说:"死的时候,就像做梦一样,见到数十个黑衣人前来收押我,把我装在露车上,进入大赤门,直接关进监狱,每个监狱各一间房,每间房只能容纳一个人。我进入其中一间房,他们似乎用土封住了房子。然后就没有再见到黑衣人。恍惚间,有一人说太一使者前来召唤我。听到命令的人用钟挖开已经被土封住的房间,领我出来。只见房间外面有一辆马车,盖着红色的车盖。车上坐着三个人,其中一个人持符节喊我上车。启程返回,刚走到门口,我就活过来了。"杜燮活过来后,为董奉在中庭修建高楼。董奉日常饮食,仅仅只吃枣干,但他喜欢喝酒。杜燮一天为他准备三次食物。董奉每次来到杜燮的家中吃饭,下楼时就像飞鸟一样,瞬间就来到座位上,无人察觉到他下楼的动作,上楼也是如此。后来董奉要离开杜燮,杜燮流泪挽留董奉,董奉没有答应。杜燮问董奉:"你要去哪里?我当为你准备一艘大船。"董奉说:"不用船,只需要一口棺材而已。"杜燮马上为董奉准备好。到第二天中午,董奉去世。杜燮让人下葬董奉。七天后有人从岩昌来，说见到董奉，董奉让他传话给杜燮以表示感谢，希望杜燮爱惜身体。杜燮打开董奉的棺材，发现里面只有一帛丹书和一张符。

董奉后来回到庐山居住，有人得了皮肤病，快要死了。病人坐车前来拜访董奉，磕头乞求董奉为他治病。董奉让病人坐在一间空房子中，用五层布蒙住他的眼睛，并且让他的家人不要靠近。此外，董奉再也没有做什么了。病人说："似乎有一只动物前来舔我，痛不可言。这只动物的舌头将近一尺多长，喘气声像牛一样，舔完之后就离开了，不知道这是什么动物。"董奉到房子里解开病人眼睛上的布条，让他喝下水后就打发走了。董奉对病人说："过不了多久，你的病就会痊愈，但是千万不要被风吹。"十多天内病人身体通红，没有皮肤，非常痛苦，想要用水洗澡，洗后就不痛了。二十多天后，病人长出新皮肤，像凝固的油脂一样。

后来曾发生大旱，百谷枯萎。县令丁士彦对纲纪说："董奉有道，必能求来降雨。"于是斋戒沐浴，带着酒肉亲自拜见董奉。董奉说："雨水易得。"他抬头看了看自己的屋子说："只是家中贫困，房屋漏雨，怎么办呢？"县令领会了董奉的言下之意，立马派人为董奉修建房屋。修房需要泥浆，县令派人取水来和泥。董奉说："不劳烦你们来运水了。今天傍晚的时候，天自当下雨。"晚上，天果然下起了大雨。无论是高田还是低田，都获得了充足的雨水。

董奉住在山里，用水施咒给人治病，不收取钱财。重病痊愈的人只需要种五棵杏树，小病痊愈者种一棵杏树。这样过了几年，一共种了七万多棵杏树，森然成林。山中各种禽鸟野兽来到林中游戏，杏树下竟然不长野草，就像锄过草一样。杏子每次成熟时，董奉就在树下做一个竹筐。要买杏子的人，不用前来跟董奉打招呼，直接去拿杏子就可以了，只需将一盒

董奉

谷子放在竹筐中。若有人少交谷子多拿杏子，就会有老虎在身后追他，多拿的杏子就会掉在地上，然后老虎马上就会返回。有人偷杏子，回到家后马上就会死去。他的家人马上把杏子送还，向董奉叩头谢罪，他马上就会活过来。从此以后，买杏子的人再没有欺骗董奉的了。董奉用卖杏子所获得的粮食去赈济穷人和旅人，每年消耗三千斛。这样，谷物还有剩余。县令的亲戚家，有个女儿被妖邪所迷惑，各种法术都不能治好她。县令对董奉说："如果你能治好她，我就让她服侍你。"于是董奉用法术召唤各种妖魅。有一条白色的扬子鳄，长达一丈六尺，从地上爬到病人家门口。董奉下令让使者斩杀了这只扬子鳄。女子的病很快就痊愈了。县令就把女子嫁给了董奉，但很久都没有生小孩儿。董奉每次外出，妻子都不能独自住在家里，董奉就买了一个养女来陪伴她。一天，董奉接到天帝的命令，授予他为碧虚太一真人，白日得道飞升。董奉的妻子和养女依然守在家中，卖杏子获得谷子。如果有人欺骗她们，就会像之前一样有老虎在后面追逐。后人在董奉种杏树的地方建立祠堂，祭祀董奉。

原文

　　董奉，字君异，侯官县人。蜀先主时，有本县长余姓者，方少年，见奉年已三十余矣，不知其有道也。罢去五十年，复为他职。经侯官，诸吏人皆往谒故长，奉亦同往。余宿识奉，问曰："君莫得道耶？昔在县时，年幼于君，今已衰白而君犹少。何也？"奉曰："偶尔。"

　　后奉游交州，州刺史杜燮得毒病，死已三日。奉以三丸药内燮口中，令人举头摇而消之。食顷，燮开目，动手足，颜色渐还。半日中，能起坐。后四日，始能语，云："死时奄然如梦，见数十乌衣人来收之，将载露车[1]上去。入大赤门，径以付狱。狱各一户。户才容一人。以燮内一户中，似以土外封之。不复见。恍惚间，有一人言太一使者来召杜燮。闻人以钟掘所闭户，引出之。见外有车马赤盖，三人共坐车上。一人持节呼杜燮上车。将还，至门而觉。"燮既活，乃为奉起高楼于中庭。奉所饮食，唯啖脯枣，多喜饮酒。一日三为设之。奉每来燮处饮食，下楼时如飞鸟，便来到座，不觉其下。其上楼亦然。后求去，燮涕泣留之，不许。因问曰："君欲何之？当为具大船也。"奉曰："不用船，但用一棺器耳。"燮即为具之，至明日日中时，奉死。燮使人殡埋之。七日有人从岩昌来者，云见奉寄言为谢杜侯，好自爱重。燮开棺视之，但见一帛丹书、一符。

奉后还庐山下居，有一人病癞垂死，自载诣奉，扣头乞哀。奉使病者坐一空室中，以五重布掩其目。勒家人莫近。无何，病人云："似有一物来舐之，痛不可堪。度此物舌当一尺许，其气息大小如牛，舐竟乃去，竟不知何物。"奉乃往解病人之布，以水与饮，遣去。云："不久当愈，且勿当风[2]。"十数日间，病者身体通赤，无皮，甚痛。欲水浴，即不复痛。二十余日，即皮生，如凝脂。

后尝大旱，百谷焦枯。县令丁士彦谓纲纪曰："董君有道，必能致雨。"乃自赍[3]酒脯见奉，奉曰："雨易得尔。"因仰视其屋曰："但家贫屋漏，奈何？"县令解其意，即遣人为奉造屋。当泥涂，使人取水作泥。奉曰："不烦运水，日暮自当雨也。"夜果大雨，高下皆足。

奉居山间，咒水[4]治病，不取钱物。重病愈者，但使栽杏五株。轻者一株。如此数年，计得杏七万余根，森然成林。山中群兽游戏树下，竟不生草，有如耘治[5]也。杏每熟时，奉于树下作一簟仓[6]，语人曰："欲买杏者，不须来报，径自取之。但将谷一器置仓中，即自取杏一器。"每有纳谷少而取杏多者，即有虎随后逐之，其多取杏即倾覆地上，虎即还去。有偷其杏者，至家即死。其家速送杏还，叩头谢过，即活。自是买杏更无欺者。奉以其所得粮谷，赈救贫穷，供给行旅。岁消三千斛，谷尚有余。县令亲故家，有女为精邪所魅，诸术不能治，乃语奉曰："君若能愈之，即当以此女传巾栉[7]。"奉乃召勒诸魅，有大白鼍长丈六尺，陆行诣病者门。奉勒使者斩之，女病辄愈，遂以女妻之。久无儿息，奉每出行，妻不能独住，乃买一女伴之。奉一旦受上帝命，授碧虚太一真人，白日飞升。妇及养女犹守其宅，卖杏取给。有欺之者，虎逐之如故。后人即于其种杏处建祠祀之。

1 露车：无帷盖的车子。 2 当风：正对着风。 3 赍：携带。 4 咒水：古代巫术之一。对水行咒作法，据说饮之能治病祛邪。 5 耘治：锄草治田。 6 簦仓：竹筐。 7 巾栉：巾和梳篦，泛指盥洗用具，比喻妻子或者仆人。

封衡

封衡，陇西人，从小学道，获得真诀，服用黄连五十年。他入山采药，一百多年后回到乡里，听说乡里有位病人，就把腰间竹筒里的药给这位病人，病人服用之后马上就痊愈了。后来封衡游历天下，骑着一头青牛。鬼怪遇到他们，都逃窜躲避得远远的。魏武帝召见封衡，询问修身养性的大略。封衡说："减少思虑，节制欲望而已。"封衡写有《养气术》《隐形法》和《卫生经》数十卷。

原文　封衡，陇西人。幼学道，得真诀。服黄连五十年，入山采药。百余年还乡里，闻有病者，辄以腰间竹筒药与之，立应。复周游天下，驾一青牛。鬼物遇之，莫不窜避。魏武帝召问养性大略。衡曰："减思虑，节[1]嗜欲而已。"所著有《养气术》《隐形法》《卫生经》数十卷。

[1] 节：节制。

介象

介象，字元则，会稽人，贯通五经以及百家之言，擅长写文章，精心修行道法。他前往东岳泰山学习禁制之术，能在茅屋上烧火煮鸡，鸡熟而茅草不焦，能让一里之内的人不生火做饭，鸡犬三天不鸣不吠；能让一市之人都坐着不起来；能够隐身或者变化成草木鸟兽。介象曾经远游千里求仙，没有遇到，于是入山精心思道，希望能够遇到神仙。介象感到十分疲惫，躺在石头上休息，有一只老虎想要吃掉介象。介象醒来看到老虎之后对它说："如果是上天派你来侍奉护卫我，你暂且停下。如果是山神派你来试探我，那么请你速速离去。"后来介象进入谷山，见到一块石子发出紫光，像鸡蛋一样大，因此拿了两颗。谷水变深，不能渡水，于是他又返回。这时介象见到一位美女，年龄十五六岁左右，容貌非常美丽，身穿五彩衣服。介象知道她是仙人，磕头乞求长生之方。女子说："你赶紧把手中的石头送还原处，我在这个地方等你。"介象把石头放回原处，回来之后，见女子果然还在原处。介象向女子磕头，女子说："你血食之气尚未完全尽除，先断绝谷物三年再来，我就住在这个地方。"介象回去之后三年不吃谷物，再次前往拜见仙女。仙女仍然在之前的那个地方。她把一服丹药的配方传授给介象，对介象说："你得到它就可以成仙，不要用在其他方面。"介象尚未合成丹药,就有人偷偷把介象获得丹药配方之事上奏给吴主。吴主征召介象到武昌,非常尊重介象,称呼他为介君。吴主为介象修建宅第,把皇帝使用的帷帐送给介象。前后一共赏赐介象达千金。吴主跟随介象学习隐形之术,回到后宫试验法术,没有人能看见吴主。吴主又令介象施法变化,种植瓜果蔬菜,种子种下后都马上结果。当时有人在山中种黍,苦于猕猴偷吃,就告诫猕猴,如果再偷吃就告诉介象。猕猴听到后马上散去。一天,吴主和介象谈论哪种鲙鱼最为上等。介象说:"鲻鱼最为上等。"吴主说:"这种鱼生在海中,可以获得吗?"介象说:"可以获得,只需下令在殿前挖坑,然后放满水。"介象在坑中垂钓,不一会儿就钓到一条鲻鱼。吴主又惊又喜,问介象:"可以吃吗?"介象说:"为陛下钓鱼,取作鱼鲙,为什么不能吃呢?"介象屡次请求离去,吴主都不允许。一天,吴主赐给介象一筐梨子。介象吃后马上就死了。吴主装殓下葬介象。第二天,介象到建业,把赏赐的梨子送给了苑吏。后来苑吏把这件事上书吴主,吴主打开介象的棺材,才发现里面只有一个奏版和一张符。吴主思念介象,把介象居住的屋子建成祠堂,按时亲自前往祭祀。每次祭祀的时候,都有白鹤飞到座位上,很久才离去。后来弟子又在盖竹山中见到介象,只见他手持一枝白桃花,容颜更加年轻。

原文　　介象,字元则,会稽人。通五经百家之言,能属文[1],精修道法。入东岳受禁制之术,能茅上焚火煮鸡,鸡熟而茅不焦。能令一里内不炊不蒸,鸡犬三日不鸣不吠。能令一市人皆坐不起。能隐形变化为草木鸟兽。尝远游数千里求仙,不值,乃入山精思,冀遇仙。疲极,卧石上。有一虎欲噬象,象寤见虎,谓之曰:"若天使汝来侍卫我,汝且停。若山神使汝来试我,汝速去。"后入谷山,见石子有紫光,大如鸡子[2],因取两

介象

枚。谷水深，不得度，还。见一美女，年十五六许，颜色[3]非常，衣服五彩。象知其仙人也。即叩首，乞长生之方。女子曰："汝急送手中物还故处，吾于此待汝。"象以石子置原所，还，见女子果在旧处。象复叩首，女曰："汝血食之气未尽，断谷三年，更来，吾止此。"象归，断谷三年，乃复往见。女仍在前处，出丹方一首授象，曰："得此便仙，勿他为也。"象尚未合药，有人密奏象于吴主。吴主征象至武昌，甚敬重之，称为介君。为起第宅，以御帐给之，赐遗前后累千金。从象学隐形之术，试还后宫，莫有见者。又令象变化，种瓜菜百果，皆立生。时有种黍于山中，苦猕猴食之。戒曰："吾告介君。"猴即去。一日，吴主与象论鲙何者最上。象曰："鲻鱼为上。"吴主曰："此鱼生海中，可得乎？"象曰："可得。"但令于殿前掘坎[4]，著水满之。象垂钓坎中，须臾得鲻。吴主惊喜，问象曰："可食否？"象曰："故为陛下取作鲙，何不可食？"象屡求去，不许。一日，吴主赐梨一奁，象食之随死。吴主殡埋之。次日已至建业，以所赐梨付苑吏种之。吏后以表闻，吴主视其棺，中惟一奏版符耳。吴主思象，即以象所住屋为祠，时躬祭之。每有白鹤来集座上，良久乃去。后弟子又见象在盖竹山中，持白桃花一枝，颜更少焉。

1 属文：写文章。**2** 鸡子：鸡蛋。**3** 颜色：容貌。**4** 坎：坑，地面凹陷处。

钟离简

钟离简，后汉人，出仕担任郎中。与弟弟钟离权入华山三峰得道，白日飞升。

原文 钟离简，后汉人，仕为郎中。与弟权入华山三峰[1]，得道，白日升天。

[1] 三峰：即朝阳峰、落雁峰、莲花峰。

钟离权

　　钟离权，燕台人，后来改名为觉，字寂道，号和谷子，又号正阳子，又号云房先生。父亲是列侯，在云中为官。钟离权诞生时，出现数丈的奇异光芒，形状如烈火，侍卫都感到十分惊恐。钟离权圆头顶，凸额头，耳朵肥厚，眉毛颀长，眼窝凹陷，鼻梁高耸，方口宽颊，嘴唇和脸色如朱砂一样红；两胸相距较远，手臂修长；像三岁小孩儿一样，不哭不闹也不吃饭。到了第七天，则蹦蹦跳跳地说："我的身体曾在紫府游玩，名字被记载在都城的名籍上。"壮年，钟离权在汉朝出仕为官，担任大将，远征吐蕃失利，独自骑马逃入山谷。迷路后夜入一片树林，遇到一位胡僧，头发披散，身穿草衣。胡僧引导钟离权行走了几里路，见一村庄，对他说："这是东华先生成道的地方，将军可以在此处休息。"说完向钟离权作揖之后就离开了。钟离权不敢惊动庄中人，过了很久，他听到有人说："这肯定是碧眼胡人在饶舌。"一位老人，身穿白鹿皮，手持青藜杖，大声前来说道："来者莫非汉朝大将军钟离权？你为什么不寄宿山中遇到的胡僧家中？"钟离权听到之后大惊，知道他是异人。钟离权这时刚刚脱离险境，马上有了修道之心，一心向道，哀求得道成仙的方法。老人于是传授给他长真诀以及金丹火候、青龙剑法。钟离权告辞出门后，回头再看看村庄，却看不到村庄在哪里。后来钟离权又遇到华阳真人，得到太乙刀圭和火符内丹，以及洞晓玄玄之道。之后又遇到上仙王玄甫，获得长生诀。钟离权在云水游玩，到达鲁地，居住在邹城，后入崆峒山，在紫金四皓峰居住，又在玉匣中获得秘诀，最后仙去。

原文　　钟离权，燕台人，后改名觉，字寂道，号和谷子，又号正阳子，又号云房先生。父为列侯，宦云中。诞生真人之时，异光数丈，狀若烈火，侍卫皆惊。真人顶圆额广，耳厚眉长，目深鼻耸，口方颊大，唇脸如丹，乳远臂长，如三岁儿。昼夜不声不哭不食，第七日跃然而言曰："身游紫府[1]，名书玉京。"及壮，仕汉，为大将，征吐蕃失利，独骑奔逃山谷。迷路，夜入深林。遇一胡僧，蓬头拂额，体挂草结之衣，引行数里，见一村庄，曰："此东华先生成道处，将军可以歇息矣。"揖别[2]而去。真人未敢惊动庄中，良久闻人语云："此必碧眼胡人饶舌[3]也。"一老人披白鹿裘，扶青藜杖，抗声前曰："来者非汉大将军钟离权耶？汝何不寄宿山僧之所？"真人闻而大惊，知其为异人也。是时方脱虎狼之穴，遽有鸾鹤之思。乃回心向道，哀求度世之方。于是老人授以长真诀及金丹火候、青龙剑法。真人告辞出门，回顾庄居，不见其处。后再遇华阳真人，传以太乙刀圭、火符内丹，洞晓玄玄之道。又遇上仙王玄甫，得长生诀。游云水至鲁，居邹城，入崆峒，于紫金四皓峰居之，再得玉匣秘诀，遂仙去。

1 紫府：道教称仙人所居。**2** 揖别：拜别。**3** 饶舌：唠叨，多嘴。

钟离权

刘讽

刘讽，颍川人，汉景帝时，担任公车司马。师从司马季主，学得日月精华之道。晚年回到乡里，借助藜杖和鞋子尸解而去。

原文 刘讽，颍川人。汉景帝时，为公车司马，师司马季主，得服日月精华之道。晚归乡里，托形杖履[1]而去。

1 杖履：藜杖和鞋子。

介琰

介琰，不知道他是哪里人。住在建安方山，拜师白羊公杜泌，学习玄一无为之道，能够变化和隐身。介琰曾经前往东海，经过南京。吴主孙权以礼接待介琰，为他修建静室，每天数次派人前来问候他的起居情况。介琰有时变成童子，有时变成老翁，什么也不吃，也不接受吴主的馈赠。吴主想学习他的道术，介琰认为吴主宫女过多，因此不传授给他。吴主一怒之下，将介琰捆绑起来，命令甲士用弓弩射介琰。箭射过去之后，只见捆绑的绳子，却不知介琰去了哪里。

原文 介琰，不知何许人，住建安方山。师白羊公杜泌，受玄一无为之道。能变化隐形，尝往东海，过秣陵。吴主孙权礼之，为琰起静室[1]。每日数遣人问起居。琰或为童子，或为老翁，无所食啖，不受饷遗[2]。吴主欲学其术，琰以吴主多内御[3]，不传。吴主怒，缚琰，著甲士引弩射之。

弩发，唯绳索存，不知琰之所之。

1 静室：指寺院住房或隐士、居士修行之室。**2 饷遗**：馈赠。**3 内御**：宫女。

李阿

李阿，三国时期的蜀国人。容貌不曾衰老，每次在成都乞食，所得无论多少，全都施舍给了穷人，每天夜里离开，早上又回来，城中人都不知道他的行踪。有一位叫古强的人，怀疑李阿是异人，试图跟踪李阿找到他的住所。李阿的住所在青城山中，古强每次都亲自尾随李阿，担心山中有虎狼，并且还私自拿着父亲的大刀。李阿看到之后怒斥古强："你尾随我，哪里还需要害怕老虎！"李阿拿过来刀，扔在地上，刀折成两截。古强失刀之后感到十分忧虑。到第二天早上，李阿问古强："你担心刀折断啦？"古强说："是在害怕父亲责怪我。"李阿拿起刀块扔在地上，刀又完好如初。古强一天跟随李阿返回成都，路上遇到狂奔的牛车，李阿用腿挡车，腿骨折断，马上就死掉了。古强守护在尸体旁边，不一会儿，李阿又站了起来。折断的腿骨完好如初。古强当时十八岁，李阿那时像五十多岁。等到古强八十多岁时，而李阿的容貌依旧。一天李阿忽然对人说："我被昆仑山的神仙召唤，应当离开成都。"此后再也没有人见到李阿。

原文 李阿者，三国时蜀人。容颜尝不老，每乞食成都市，所得随多少，尽施与贫乏者。夜去朝还，市人莫知其踪迹。有古强者，疑阿是异人，试尾¹阿还所宿，乃在青城山中。强每亲随之，恐山中有虎狼，私持其

李阿

父大刀。阿见而怒曰:"汝随我行,那畏虎也。"取刀击地,刀折。强忧之。至旦,阿问强曰:"汝忧刀折耶?"曰:"实恐父责。"阿复取刀击地,刀完如故。强一日随阿还成都,道逢人奔车。阿以足当车下,足骨折,辄死。强守视之,须臾,阿复起。折足平好如故。强时十八,见阿如五十许人。至强年八十余,而阿容色如旧。一日,忽语人曰:"吾被昆仑召,当去。"遂不复见。

1 尾:尾随,跟踪。

朱孺子

朱孺子,三国时期永嘉安固人。从小拜道士王玄真为师,居住在大若岩。朱孺子深慕仙道,有时采黄精服用,达十多年。他曾经在溪边见到两只花狗,花狗跑入枸杞树丛。朱孺子和王玄真一起在枸杞树处挖掘,挖到两个枸杞根,形状和刚才的花狗一样,质地如同岩石一般坚硬。二人把枸杞根煮了三天三夜。朱孺子尝试取了一点枸杞根汤,喝了之后马上感觉身体变轻,能够飞行。朱孺子在大若岩的前峰飞升,和王玄真告别之后,就乘云而去。到今天,这座山峰还被称为童子峰。王玄真后来喝了剩余的枸杞根汤,也获得不死。王玄真后来在大若岩西边的陶山隐居,入山砍柴的人有时还能见到王玄真。

原文 朱孺子,三国时永嘉安固人。幼师道士王玄真,居大若岩,深慕仙道。时采黄精服饵,历十余年。尝于溪畔¹见二花犬,逐之,入枸杞丛下。与玄真共掘其处,得二枸杞根,形状即如花犬。坚若石,乃煮之三

朱孺子

昼夜。孺子试取汁饮之，即觉身轻能飞。升于前峰之上，与玄真谢别，乘云而去。至今号其峰为童子峰。玄真后食其余，亦得不死，乃隐于岩西陶山。采樵者时或见之。

1 溪畔：溪水边。

左慈

左慈，字元放，庐江人，在天柱山中精心学道。在石室内获得丹经。他尤其精通六甲之术，能够驱使鬼神，使酒食饭菜凭空而来，还能千变万化。曹操召见左慈，把他关在房间内，断绝粮食，一年之后放他出来，左慈脸色如故。曹操曾经宴请宾客说："今天举行盛大宴会，只是缺少松江鲈鱼。"左慈让人拿来一个铜盆，里面装满水，然后用竹竿在铜盆里钓鱼，马上钓到鲈鱼。曹操又说："只恨没有蜀地出产的生姜。"左慈说："这个容易获得。"曹操担心左慈就近获取，马上说："之前派遣使者前往蜀地购买锦缎，可以告诉使者增加二十匹。"左慈说："好的。"不一会儿，左慈从袖子中拿出生姜。后来买锦缎的使者回来报告说，那天果然得到消息，增购了锦缎。

曹操外出到郊外，跟随的士大夫有上百人。左慈为他们准备了一升酒、一斤肉干，亲自倒酒，百官没有不吃饱喝足的。曹操觉得怪异，派人探究其中的缘故，官员巡视附近的酒家，发现他们都丢失了酒和肉干。曹操厌恶左慈的奇异，趁机在宴会上收押左慈，打算杀死他。左慈于是躲入墙壁的缝隙中，瞬间不知去向。有人报告在市集上见到左慈，曹操下令到市集去搜捕左慈。而市集的人都变成和左慈一个样子，不能辨认出究竟谁是左慈。有人在阳城山头看见左慈，曹操又派人去抓捕，左慈逃入羊群。曹操知道不可能抓到左慈，于是派遣使者告诉左慈，不再追杀，只是想试探一下他的法术而已。忽然有一只年老的公羊弯下前腿，像人一样站立，对使者说，何必像这样慌乱。使者打算趁机抓住左慈，而数百只羊都变成了老公羊，像人一样站起来，说："为什么慌乱成这样？"使者也不知道抓取哪一只羊了。

原文

左慈，字元放，庐江人。于天柱山中精思学道，得石室中丹经。尤明六甲[1]，能使鬼神，坐致行厨[2]，变化万象。曹操召见，闭一室。断谷期年[3]，出之，颜色如故。操尝宴宾曰："今日高会[4]，所少松江鲈耳。"慈因求铜盆贮水，以竿钓之，即得鲈。操曰："恨无蜀姜。"慈曰："易得。"操恐近取，即曰："前使买锦，可报增二十段。"慈曰："诺。"须臾，袖中出姜。后买锦者回，果云是日得报增锦。

操出郊，士大夫从者百许。慈为赍酒一升，脯一斤，手自斟酌[5]，百官莫不醉饱。操怪之，使求其故。行视诸垆[6]，悉亡[7]其酒脯矣。操恶其怪，因坐上收慈，欲杀之。慈乃邻[8]入壁中，霍然不知所在。或见于市者，捕之，而市人皆变形，与慈同，莫辨谁是。或逢慈于阳城山头，因复逐之，遂走入羊群。操知不可得，乃令使告之曰："不复相杀，本试君术耳。"忽有一老羝屈前两膝，人立而言曰："遽[9]如许。"使欲取之，而群羊数百皆变为羝，并人立云："遽如许。"亦莫所取焉。

1 六甲：五行方术之一，即所谓遁甲之术。**2** 行厨：传送酒食。**3** 期年：一年。**4** 高会：

盛大宴会。**5** 斟酎：倒酒。**6** 垆：古时酒店里安放酒瓮的炉形土台子，借指酒店。**7** 亡：丢失。**8** 郤：同"隙"，孔隙，裂缝。**9** 遽：表示反问，难道。

张鲁

张鲁，字公期，张衡的长子，在汉代出仕为官，担任汉中太守。张鲁后来隐居，学习道法，用道符和法术为百姓治病。病人送来一斗米作为报酬，病马上就痊愈了。久而久之，张鲁积累了上万斗的粮食。曹操派遣将领攻打汉中，张鲁用笏板画地成河，波涛汹涌，曹操的士兵不能渡河。将领又率领水军前来，快到岸边的时候，张鲁又用笏板在河中一画，立刻耸起一座山峰，高几千丈，士兵不能继续前行。后来张鲁更加专心修炼，白日飞升。

原文 张鲁，字公期，嗣师长子也。仕汉，为汉中太守。后隐身学道，以符法治病，致米一斗，病立愈。久之，积米钜万。曹操遣将攻汉中，鲁以手版[1]画地成河。怒涛汹涌，兵不得渡。其将复率水兵，将至岸。鲁又以手版画河中，辄耸一峰，高千余丈。兵不能进。后加修炼，白日升天。

1 手版：笏板。古时大臣朝见时，用以指画或记事的狭长板子。

王梵志

王梵志，黎阳人。王德祖有一棵林檎树，长了一个如斗大的树瘤。树瘤腐烂后，王德祖扒掉外面的树皮，看到有个小孩儿在树瘤中。王德祖把小孩儿抱出来抚养。小孩儿七岁能够说话，问王德祖是谁生育他的，王德祖如实告诉了小孩儿的来历，因此为他取名梵天。后来又改天为志，然后仙去。当时的人都说他是神仙转世。

原文　　王梵志，黎阳人。王德祖有林檎树，生瘿[1]，大如斗。瘿烂，德祖去其皮，见一孩儿，抱胎而出。七岁能语，问："谁育我？"德祖以实告，因名梵天，复改为志，后仙去。时人咸谓神仙转劫[2]也。

1 瘿：虫瘿，树木外部隆起如瘤者。 2 转劫：转世。

中国神仙故事

第四卷

吕恭

吕恭，字文敬，从小喜欢服药和炼丹。一日吕恭带着一奴一婢在太行山中采药。忽然有三人在山谷中齐声问吕恭："你喜欢长生之术吗？"吕恭说："是的。"其中一人说："我姓吕，字文起。"一人说："我姓孙，字文阳。"另一个人说："我姓李，字文上。"他们都是太清仙人。文起说："你和我同姓，字号又得我们三个人中的一半，似乎和我们有缘，你和我们一起去采药吧。"三人向吕恭展示了长生不老的药方。吕恭大喜，跟随他们采了两天的药。三人还把秘方传授给吕恭，让吕恭回去，对他说："你来跟我们虽然只采了两天的药，但是人间已经过了两百年。"吕恭回到家中，只见空旷的荒野，也没有子孙后代，只有乡里有几代后人。有一位叫赵光辅的人，他听乡里老人传言，吕恭带着一奴一婢入山采药，再也没有回来。至今已经两百年了。赵光辅还知道，吕恭有一个曾孙叫吕习，在城东北十里的地方当道士。他又替吕恭前去寻找吕习。吕习惊喜地说道："我家的仙人回来了。"吕恭在吕习家住了很久，又把神方传授给他之后而去。当时吕习已经八十岁了，服用神方之后，瞬间变年轻了。吕习到了两百岁也入山而去。他的子孙后代也服用神方，之后就再也没有老死的人，都得以成为地仙。

吕恭

> **原文** 吕恭，字文敬，少好服炼。将¹一奴一婢于太行山中采药，忽有三人在谷中，齐问恭曰："子好长生乎？"恭曰："然。"一人曰："我姓吕，字文起。"一人曰："我姓孙，字文阳。"一人曰："我姓李，字文上。"皆太清仙人也。文起曰："汝与吾同姓，又字得吾三人之半，似有缘。当随我采药。"示以长生之方。恭大喜，随之二日，乃授恭秘方。因遣恭还曰："汝来虽二日，人间已二百年矣。"恭还家，但见空野，无复子孙，惟里中数世后人。有赵光辅者，传闻先世有吕恭将一奴一婢入山采药不复归，今已二百余年。兼知恭有曾孙吕习者，在城东北十里作道士，乃为恭往寻之。习惊喜曰："吾家仙人归矣。"居久之，乃以神方授习而去。时习年已八十，服之顿少，至二百岁乃入山去。其子孙数世服此药，无复老死，皆得地仙也。

1 将：率领。

罗真人

　　罗真人，晋朝黄梅人，名致福，在县北凤台观修道。丹药炼成之后，有一个人前来告诉罗真人："我是一条病龙，想获得你的丹药治伤。"罗致福把丹药给了病龙。后来罗致福在凤台观北边的水塘洗脚，龙驮着他飞升而去。现在保留着飞升台和洗足池。今天的名号是宋代赐予的。

> **原文** 罗真人，晋黄梅人，名致福。修道于县北凤台观。丹成，有老人来告云："某病龙也，愿得丹疗之。"致福赐之丹。后于观北水塘¹洗

罗真人

足,龙负飞升而去。今遗飞升台、洗足池。宋赐今号。

1 水塘：池塘。

黄初平

　　黄初平,晋朝丹溪人。十五岁,以放羊为生。一天他遇到一位道士,引他到金华山的石室中。黄初平在石室待了四十多年。他的兄长黄初起,到处寻找他,始终没有找到。后来黄初起遇到一位善于卜卦的道士,于是问道士他的弟弟在哪里。道士说:"金华山中有一位放羊的小孩儿。"黄初起马上前往金华山,见到黄初平,问他羊群在哪里。黄初平说:"在山的东边。"黄初起前往山的东边,只见白石,不见羊群。黄初平大喊一声,石头就都站了起来,变成数万只羊。看到如此,黄初起也抛妻弃子学习道法,后来也得道成仙。黄初平,号赤松子。黄初起,号鲁班。宋元时期,他们兄弟二人都有封号。

原文　　黄初平,晋丹溪人。年十五,牧羊,遇道士引至金华山石室中,四十余年。其兄初起,寻之不获。后遇道士善卜,起问之。曰:"金华山中有一牧羊儿。"初起即往,见初平,问羊安在。曰:"在山东。"往视之,但见白石。初平叱之,石皆起,成羊数万头。初起亦弃妻子学道,后亦成仙。初平号赤松子,初起号鲁班。宋元时皆有封号。

黄初平

贺元

贺元，琅琊人。得道能够不死。宋真宗前往东边封禅遇见贺元。贺元拜见宋真宗说："晋水部员外郎贺元拜见皇帝。"话音刚落，贺元就不见了。苏轼的诗中写道："旧闻父老晋郎官，已作飞腾变化看。闻道东蒙有居处，愿供菽水看烧丹。"

原文 贺元，琅琊人。得道不死。宋真宗东封，谒[1]于道左曰："晋水部员外郎贺元再拜。"言讫不见。苏轼诗曰："旧闻父老晋郎官，已作飞腾变化看。闻道东蒙有居处，愿供菽水[2]看烧丹。"

1 谒：拜访。**2** 菽水：豆与水。

兰公

兰公，曲阜人，专心修道，有孝行。斗中真人降临他家，自称孝悌王，名弘康。他告诉兰公说："晋代当有仙人，传播我的孝道，这个人是众仙的长官。"因此给了兰公金丹、《宝经》、铜符、铁券，让兰公转交给丹阳黄堂的女仙谌姆，并且告诫谌姆："将来有一位学仙的人，名许逊，你把我今天给你的东西转交给他。"之后，弘康与兰公一同在郊外游玩。道路旁边有三座古墓，弘康指着墓对兰公说："这是你前三生尸解的遗迹。第一个古墓，是你过去尸解时留下的旧衣服。第二个古墓，是你在死后炼形已经成功，将要飞升。第三个古墓，埋藏着你尸解后留下的尸骨。你应该把这个古墓移到路边更远的地方,不要让放牧人随意践踏。"话刚说完,弘康就升天而去。兰公于是把金丹等物品转交给谌姆,又把古墓移到旧路旁边。有人说兰公妖言惑众,行事怪异,于是把兰公告到县令那里。县令下令拘捕兰公,兰公把之前弘康告诉他的事情告诉了县令。县令于是打开棺材检查,第一个古墓里面果然有一件黄衣;第二个古墓里面有一个人,童颜,身体弱小,像做梦刚醒来的样子;第三个古墓里面有一具尸连环骨。众人都惊叹,县令把古墓中的衣服还给兰公。兰公穿上衣服后,和古墓中的人合二为一,纵身跳入云中而去。

原文　　兰公,曲阜人,精修孝行。斗中真人下降其家,自称孝悌王,讳弘康。语兰公曰:"后晋代当有真仙传吾孝道,是为众仙之长。"因付以金丹、《宝经》、铜符、铁券,令转授丹阳黄堂靖女真[1]谌姆,且戒之曰:"将来有学仙者,名许逊,汝当以此授之。"语讫,与兰公游于郊野。道傍有三古冢,指示兰曰:"此是汝三生解化之迹。其第一冢,乃汝昔尸解所,遗故衣。第二冢,乃太阴炼形,其形已就,今当起矣。第三冢,盖所藏蜕骨耳。宜移冢傍之路,勿令牧人践履[2]也。"言讫,升天而去。兰公乃以金丹等物付谌姆,并移冢傍旧路。人谓其妖妄,乃讼之县令。令拘公,公以前事对。令乃发而视之,其第一冢果有黄衣一领,第二冢见一人童颜弱质,如梦初觉之状;第三冢,有连环骨一具。众咸惊叹,县令以衣还公。公服之,即同冢中之人合而为一体,竦身入云而去。

1 女真:女仙人。**2** 践履:践踏。

谌姆

谌姆，居住在丹阳郡黄堂，潜心修道。道成后，把铜符、铁券、金丹和宝章送给许君。等到谌姆升天的时候，拿出一根香茅向南张望把它扔出。许君认出香茅落地的地方，就在那里建了一座祠堂。今天豫章还有黄堂观。

原文 谌姆，居丹阳郡黄堂，潜修至道。后以铜符、铁券、金丹、宝章付[1]许君。及姆升天，取香茅一根，南望掷之。许君认茅落，立祠。今豫章有黄堂观。

1 付：交给。

费长房

费长房，汝南人，曾经担任市掾。有一位老翁在市集上卖药，在药铺的房檐悬挂了一个壶。等到罢市的时候，老翁就跳到壶中。市集上没人看见。只有费长房在楼上看到这惊奇的一幕，因此前往拜访老翁，给他带去一些酒肉。老翁说："你明天再来。"费长房第二天一早果然来了。老翁于是和费长房一起进入壶中。只见玉堂宽敞华丽，美酒佳肴，摆满杯盘。老翁和费长房一起吃完后就出来了。老翁叮嘱费长房，不可和其他人说起此事。后来，老翁到费长房的楼上对他说："我是仙人，因为犯错被责罚。现在我在人间的事情已经完成，将要离去。你愿意追随我同去吗？楼下有少量的酒，和你饯别。"费长房派人下楼去取酒，却抬不动。费长

谌姆

房又令十个人去搬酒,依然搬不动。老翁笑着走下楼,用一根手指提起酒壶,看那酒壶,好像装有一升左右的酒。然而,费长房和老翁两人却终日都喝不完。费长房心里想求道,却又放不下家人。老翁马上就知道了费长房内心的想法,于是折断一枝青竹,估量和费长房一样高。让费长房把竹子挂在房子后面。家人看到竹子,以为是费长房上吊死了。家中老小感到十分震惊,哀号不已。于是把费长房装殓下葬。费长房就在旁边,没有人看得见他。费长房于是跟随老翁进入深山,在荆棘中行走。老翁把费长房独自留在群虎之中,费长房也不感到恐惧,又让费长房独自在空房中休息,用腐烂的绳子在费长房的头上悬挂一万斤的石头。石头上面聚集了很多蛇,它们竞相啃咬着绳子,绳子看上去马上就要断了。费长房也不移动一下身体。老翁回来,拍拍费长房的身子说:"孺子可教也。"老翁又让费长房吃屎,屎里面有三条虫子,特别污秽,臭气熏天。费长房心生厌恶。老翁对费长房说:"你就快要得道了,却在这个地方没有成功,实在令人遗憾。"费长房辞别老翁请求回家,老翁送给他一根竹杖,说骑着它可以到任意想去的地方,瞬间即到。到了之后,把竹杖扔到葛陂中就行。老翁又为费长房做了一张符,说用它可以驱使地上的鬼神。费长房骑着竹杖,瞬间就回来了。他自以为离家才十天,实际上已经是十多年了。费长房马上把竹杖扔到葛陂中,回头一看,发现竹杖是一条龙。家人说他死了很久了,十分惊讶,不相信他。费长房说:"之前你们下葬的只是一根竹杖而已。"于是挖开坟墓,打开棺材,竹杖依然在棺材里面。费长房从此能够治疗百病,鞭笞众鬼,驱使社公。有时独自静坐,却十分愤怒。人们问他生气的缘故,他说我刚才在责备犯法的鬼魅。他还曾经宴请客人,派人到宛地买鲊鱼,一会儿就买回来和客人一起吃饭了。有时一天之间,人们在千里之外的数个地方见到他。桓景曾经跟随费长房学习。一天费长房

费长房

对桓景说:"九月九日,你家有大灾。你做一个红色香囊,装上茱萸,系在手臂上,然后登上高山饮用菊花酒,灾祸就可以消除了。桓景按照费长房的话,全家都登上高山,晚上回到家中,只见牛羊鸡犬全都暴死。有人说,桓景后来弄丢了符,被众鬼所杀。

原文

费长房,汝南人。曾为市掾[1]。有老翁卖药于市,悬一壶于肆头。及市罢,辄跳入壶中。市人莫之见,惟长房于楼上睹之异焉。因往再拜,奉酒脯。翁曰:"子明日更来。"长房旦日果往。翁乃与俱入壶中,但见玉堂严丽,旨酒[2]甘肴,盈衍[3]其中。共饮毕而出。翁嘱不可与人言。后乃就长房楼上曰:"我仙人也。以过见责,今事毕当去,子宁能相随乎?楼下有少酒,与卿为别。"长房使人取之,不能胜[4]。又令十人扛之,犹不能举。翁笑而下楼,以一指提而上。视器如有一升许,而二人饮之终日不尽。长房心欲求道,而顾家人为忧。翁即知,乃断一青竹,度如长房,使悬之舍后。家人见之,长房也,以为缢死[5]。大小惊号,遂殡殓之。长房立其傍,而众莫之见。于是遂随翁入深山,践荆棘,于群虎之中留使独处,长房亦不恐。又卧长房于空室,以朽索悬万斤石于其上,众蛇竞来啮索,欲断,长房亦不移。翁还抚之曰:"子可教也。"复使食粪,粪中有三虫,臭秽特甚。长房意恶之,翁曰:"子几得道。恨于此不成,奈何?"长房辞归,翁与[6]一竹杖,曰:"骑此,任所之,顷刻至矣。至,当以杖投葛陂中。"又为作一符,曰:"以此主[7]地上鬼神。"长房乘杖,须臾来归。自谓去家适经旬日[8],而已十余年矣。即以杖投陂,顾视,则龙也。家人谓其死久,惊讶不信。长房曰:"往日所葬,竹杖耳。"乃发冢剖棺,杖犹存焉。遂能医疗众病,鞭笞百鬼,驱使社公。或独坐恚怒。人问其故,曰:

"吾责鬼魅之犯法者耳。"又尝食客[9]，而使使[10]至宛市鲊。须臾还，乃饭。或一日之间，人见其在千里之外者数处。桓景尝学于长房。一日谓景曰："九月九日，汝家有大灾。可作绛囊，盛茱萸系臂上。登高山，饮菊花酒。祸可消。"景如其言，举家登山。夕还，见牛羊鸡犬皆暴死焉。一云，后失其符，为众鬼所杀。

1 市掾：管理市场的官员。2 旨酒：美酒。3 盈衍：充满。4 胜：胜任。5 缢死：吊死。 6 与：给。7 主：统领。8 旬日：十天。9 食客：请客人吃饭。10 使使：派遣使者。

严青

严青，会稽人，生活贫穷。他经常在山中烧炭，忽然遇到一个神仙，给他一卷书，对严青说："你骨相奇特，可以长生。"说完又传授严青服用石髓的方法。严青从此见到身边常有数十人侍奉他。严青曾经夜行，遭到都巡的呵斥。严青也呵斥都巡。都巡怒叱跟从他的士兵去收押严青。严青也怒叱跟随的神人去缉拿都巡。严青当着都巡等人的面直接就走了，而都巡等人马却一动不动。第二天早上，乡人说："肯定是严青所为。"都巡的家人到严青家请罪，于是放了都巡等人。后来严青不吃谷物三年，然后仙去。

(原文) 严青，会稽人。居贫，常于山中作炭。忽遇神人，授书一卷，曰："汝骨可长生。"并教服石髓法，青受之，即见左右常有数十人侍之。尝夜行，都巡[1]呵青，青亦呵之。都巡怒，叱从兵收[2]青。青亦叱，从神录之。青径去，而都巡等人马皆不能动。明旦，乡人曰："必严公也。"报其家往谢青，乃放去。后断谷三年，仙去。

1 都巡：巡视员。**2** 收：收押。

蓝采和

　　蓝采和，不知道是哪里人。他经常穿着破破烂烂的衣服，腰间系着六铐黑木腰带，带宽三寸有余。他一只脚穿鞋，另一只脚光脚。夏天，他反在衣衫里多加棉絮，冬天，卧在雪地里也不觉冷，嘴里出气总是热的。蓝采和常常在城中街市上乞讨，手里拿着一对三尺多长的大拍板，醉酒后边走边唱，常惹来男女老少跟着他，看他的怪样子，像个疯子，可又不疯。他唱的歌词都是随口编出来的，都是仙家的思想，人们都不明白其中的意思。蓝采和得到了钱，就用绳子穿起来，在地上拖着走。有时钱散落了他也不去理睬，有时也把钱送给穷人或是酒铺，他就这样周游天下。有的人在儿时就见过蓝采和，到了年老头发斑白时再见他，他还是和先前一样。后来蓝采和在濠梁酒楼上饮酒，听到笙箫吹奏之声，忽然乘白鹤飞升，在空中他把鞋子、腰带、衣裳和拍板都扔了下来，悠然而去。后来他的靴子、衣裳、拍板都不知道去了哪里。

原文　　蓝采和，不知何许人。常衣破褴衫，六铐[1]黑木腰带，阔三寸余。一脚着靴，一脚跣足。夏则衫内加絮，冬尝卧雪中，气出如蒸。每于城市乞索，持大拍板长三尺余。醉而踏歌[2]，老少皆随看之，似狂非狂。

蓝采和

歌词率尔而作，皆神仙意，人莫之测。得钱则用绳穿拖之而行，或散失，亦不顾。或赠贫者，或与酒家，周游天下。人有自儿童时见之者，及班白[3]，见之颜状如故。后于濠梁酒楼上饮酒，闻有笙箫声，忽然乘云鹤而上。掷下靴、衫、腰带、拍板冉冉而去。其靴、衫、拍板旋亦失亡。

1 铐：古代附于腰带上的扣板，作方、椭圆等形。**2** 踏歌：指行吟，边走边歌。**3** 班白：同"斑白"，须发花白。

沈建

沈建，丹阳人。好道，能够医治病人。他曾经远行，把奴婢、骡子和羊寄存在主人家中。各给了他们十粒药，对主人说，不用给他们食物和水。主人用这十粒药去喂他们，他们吃的时候不是很情愿。三年之后沈建回来了，然后又分别给了一些药。主人还是像之前一样用药喂养他们。后来不知道沈建去了哪里。

原文 沈建，丹阳人。好道，能医。尝远行，寄奴婢、骡、羊于主人[1]。各与药十粒，语主人曰："不烦饮食也。"去后，主人虽饮食之，皆不愿。三年还，又各与药，则饮食如故。后不知所止。

1 主人：特指留宿客人的房东。

耆域

耆域，天竺人，行为神奇，没人能够理解他。在汉人和少数民族之间周游。晋武帝时，耆域来到襄阳，打算坐船渡江。船夫见他衣服粗糙简陋，内心瞧不起耆域而不肯让他坐船。船抵达北岸的时候，耆域已经渡过了河。耆域行走时见到前面有两只老虎，他用手抚摸老虎的头，老虎马上就消失了。一天，耆域和众人告别，众人都为他送行。耆域慢慢行走，追他的人却怎么都追不上。那天，有人从长安来，说在长安见到过耆域。商人胡湿那天又在沙漠遇到耆域，总计九千多里路。

原文 　耆域，天竺人。神奇，人莫能测。周流[1]华戎。晋武帝时，至襄阳。欲寄载过江，舟人见其衣服粗陋，轻而不载。船达北岸，而域已度。前行见两虎，以手摩其头，虎弭耳[2]而逝。一日与众决，众送至在外。域徐行，追者不能及。是日，有从长安来者见域在彼。贾人胡湿是日又逢域于流沙，计九千余里云。

[1] 周流：漫游。 [2] 弭耳：帖耳，形容动物搏杀前敛抑之貌，亦指驯服、安顺貌。

王质

王质，晋衢州人，入山伐木，到石室山，见石室中有几位童子在下围棋，于是放下斧子看童子下棋。童子给了王质一个像枣核一样的东西，让王质在口中咀嚼它的汁液，这样就不会觉得饥渴。童子说："你到这边看

耆域

王质

我们下棋已经很久了，可以回去了。"王质于是拿起斧子，这时斧柄已经腐烂透了。王质马上回到家中，这才知道家里已经过了几百年，亲戚朋友没有一个活在人世的。王质又进入山中得道，人们常常见到他。

【原文】 王质，晋衢州人。入山伐木，至石室山，见石室中有数童子围棋。质置斧观之，童子以物如枣核与质，令含咽其汁，便不觉饥渴。童子云："汝[1]来已久，可还。"质取斧，柯[2]烂已尽。质亟[3]归家，已数百年，亲旧无复存者。复入山得道，人往往见之。

1 汝：你。**2** 柯：斧柄。**3** 亟：急忙。

蓬球

蓬球，字伯坚，北海人。晋武帝泰始年间，进入贝丘西边的玉女山中伐木，闻到一股奇异的香味。蓬球迎着风寻找香味的来源。山门突然自己打开了，里面宫殿整齐众多，亭台楼榭宽敞高大。蓬球进入山门偷偷往里看，见到五棵玉树。蓬球又往里面稍微走了一会儿，见到四位仙女在大堂下棋。仙女见到蓬球之后都惊讶得站了起来，对蓬球说："你有什么事来到这个地方？"蓬球说："我追寻香气到了这个地方。"仙女问完之后继续下棋，就像刚才没有发现蓬球一样。仙女中最年轻的一位独自登上高楼，弹起琴，同时戏唱道："元晖何为独升楼？"蓬球在树下站了很久，感到有点饥饿，于是用舌头舔了舔树叶上落下的露水。不一会儿，一位女子乘鹤而来，说："玉华玉华，你们为什么带来这个俗世之人？"蓬球听后十分害怕,马上跑出门外。回头再看时,竟然看不到山门。等他回家之后,已经是建兴年间了。后来蓬球再次寻访进入山门的道路,再也没有回来。

原文　　蓬球,字伯坚,北海人。晋武帝泰始中,入贝丘西玉女山中伐木。觉有异香,球迎风寻之。忽山廓然自开,宫殿盘郁,栖台博敞。球入门窥之,见玉树五株。稍前,见四仙女弹棋堂上。见球,俱惊起,曰:"蓬生何事得来?"球曰:"因寻香至此。"问讫,复弹棋如故,内一最少者独登楼弹琴,且戏吟曰:"元晖何为独升楼?"球在树下立久,饥,以舌舐叶上垂露。俄一女乘鹤而来,曰:"玉华、玉华,汝等何故来此俗人?"球惶惧,疾趣[1]出门,回头竟无所见。及还家,已是建兴中矣。因复访道不返。

1 疾趣:急忙快跑。

葛玄

葛玄,字孝先,丹阳句容人,号为葛仙公。他跟随左慈学习《丹液仙经》。曾经和客人一起吃饭,谈到变化之事。客人说:"希望你变出一个东西来助兴。"葛玄说:"你们想见到无中生有的事情吗?"葛玄于是喷出口中的饭粒,全都变成了几百只大蜜蜂,飞到客人的身上,也不蜇人。过了一会儿,葛玄张开嘴巴,蜜蜂又全部飞进去了。葛玄嚼着吃,还是之前口中的米饭。他又指挥蛤蟆及各种爬虫、燕雀之类跳舞,它们都像人一样和着节拍跳起舞来。葛玄有时宴请客人，冬天为客人准备鲜瓜鲜枣，夏天又为客人送去冰块雪花。又把几十个卜卦用的铜钱，叫人分散投进井中，葛玄拿着一个盘子在井上，口中念念有词，铜钱一一从井里飞出来。他和客人喝酒，没有人端杯子，杯子会自动来到客人面前。如果客人没有喝干酒杯里的酒，酒杯不会自己离开。

晋武帝召见葛玄询问他："百姓想要雨水，你可以求来降雨吗？"葛玄说："这个容易。"于是葛玄画一道符放在社庙里。一会儿，天昏地暗，大雨倾盆。葛玄在外行走偶然遇到一座神庙，凡是经过这座神庙的人，在离神庙还有百步的时候就要下车行走，否则就会遇到警告。神庙旁边有数十株大树，树上有鸟。人们都感到敬畏，不敢冒犯神庙。葛玄却下令让车直接驶过去。马上大风骤起，尘土飞扬，遮天蔽日。随从感到十分害怕。葛玄怒叱道："小小妖邪竟敢在此作祟。"葛玄举手指风，风马上就停了。随后又画了一张符，让随行的人把符扔到庙里面。庙旁树上的鸟都坠地而死了。神庙自己着起火来。葛玄经过武康，见到一家人生病请巫师祭祀妖邪。妖邪附在巫师身上，和葛玄喝酒。葛玄故意不喝，妖邪恼羞成怒，对葛玄出言不逊。葛玄大声怒叱道："奸邪小鬼竟敢如此放肆！"于是召来五伯抓住妖邪，把他的头摁在柱子上，用鞭子抽打他的背。但其他人只听见鞭子抽打的声音，看到血流到地上，却看不到情景。妖邪认罪求饶，葛玄才停止鞭打。

葛玄经过华阴县，见到一个人沉迷于蛇精家中，还执迷不悟，不听人劝。葛玄变成一个农民，驱使着黄牛在田间耕地，趁机对这个当地人说："你现在身陷危险之中，你的妻子是一条蛇精，前后所吃的人不计其数。"这个人不信，葛玄于是带他看一处古井，井中积满了白骨。这时他才感到十分惶恐。葛玄于是让他偷偷观察妻子的行踪。这个人看后，发现妻子果然是一条蛇精，在床帐中张牙舞爪，怒目圆睁，身边还有一条小蛇。葛玄定住大蛇，然后把它斩杀了。马上有无数条小蛇前来救援大蛇。葛玄把它们全都诛杀了。葛玄给了这个人一张符，他服下之后马上吐出无数条蚯蚓、蛤蟆之类的东西，因此保下命来。

葛玄还曾经在荆门紫盖山修仙炼丹。正值天寒地冻，葛玄赤脚，衣服破烂。当时姓屈的一户人家有两个女儿偶然见到葛玄，心生怜悯，于是连夜赶制出一双鞋子。第二天，二女把鞋子送到葛玄炼丹的地方。葛玄却已经走了，只剩下丹炉，炉灰还是热的。二女在炉灰中扒出一粒丹药，姊妹两个把丹药一分为二，然后各自服用了。从此以后，二女精力充沛，不饥不渴，只喜欢清净的地方，后来隐居去了。当时大家都说二女得道成仙。

葛玄曾经跟随吴主分别坐船到三江口，遇到了大风，船只多被大风吹翻沉入江中。葛玄乘坐的船也不知道被风吹到哪里去了。吴主感叹道："葛玄已经得道，为什么不能免于此难？"第二天，忽然见到葛玄从江面上步行而来。到了之后，葛玄还是醉酒的样子。葛玄对吴主解释说："昨天伍子胥强行留我和他喝酒，因此让陛下屈尊等待。"

一天葛玄在会稽游玩，有一位商人从海上回来，经过一处神庙，神庙中的小吏邀请商人说："麻烦你帮我带一封信给葛玄。"说完，小吏就把信扔到商人的船上。商人回来之后，就把信交给了葛玄。葛玄打开信封，写信人原来是东华山童君。信的抬头写着"太极左宫仙书"。从此世人更加知道葛玄的名字已经在天宫传开了。

葛玄曾经在西峰石壁上的一个石臼中捣药，遗落了一粟药物在石臼中。有一只飞鸟恰好遇到而吃掉了这些药物，于是能够不死。直到今天，每到夜静月圆，清风吹拂之时，这只飞鸟依然能发出药杵在石臼中捣药的声音。人们称这只鸟为捣药鸟。仙人琴高听说葛玄得道，骑着两条鲤鱼从东海前来拜访。葛玄和他酣饮,喝醉之后,琴高就躺在白云上。酒醒之后,两条鲤鱼变成了石头。葛玄送给琴高一对仙鹤,让他骑着仙鹤而归。两条鲤鱼变成的石头至今还在。曾经有客人和葛玄一起坐船,看到葛玄的布袋中有十几张符。客人说,是否可以让我看看这些符灵不灵验。葛玄马上拿出一张符扔到水中,船马上顺水而行。葛玄问客人:"符的效果怎么样?"客人说:"一般人把符扔进水中也会这样?"葛玄又拿出一张符扔在水中,船马上逆流而上。葛玄问客人:"怎么样?"客人说:"很是奇怪。"葛玄又拿出一张符扔到水中,船马上在水中静止不动。不一会儿,第一张符和第二张符在河流中游相聚,三张符聚在一处。过了很久,葛玄才把符收回来。葛玄又在水边见到一位卖大鱼的人,对卖鱼人说,我想暂时借用你的鱼到河伯那里去。卖鱼人说:"这条鱼已经死了。"葛玄说:"死鱼也可以。"葛玄用红笔在纸上画了一下,然后把纸塞进鱼的口中。接着,葛玄把鱼扔到水里,死鱼在水中跃然而去。

曾经有客人前来拜访葛玄,刚坐下就有其他人前来找葛玄。葛玄出门迎接并和他一同进房。座上葛玄与客人不停地笑谈各种事情。当时天寒地冻,葛玄对客人说:"由于我生活贫困,不能准备炉子烧火取暖,现在我尝试烧火来让你们取暖。"葛玄于是张口吐气,火焰就从他的口中大量喷出。不一会儿,屋子中充满了热气。又有一次在酷暑时节,葛玄醉卧床上,让人在他肚子上涂粉,对客人说:"由于天气炎热,不能做其他把戏让大家取乐。"于是让肚子鼓起徐徐上升,直到和屋梁相互摩擦,而涂在肚子上的粉蹭在了屋梁上。像这样神异的事情还有很多,在这里不能全都写出来。后来葛玄成仙而去。

(原文) 葛玄,字孝先,丹阳句容人,号曰葛仙公。从左慈受《丹液仙

葛玄

经》。尝与客对食,言及变化之事。客曰:"愿先生作一事为戏。"玄曰:"君得无促促,欲有所见乎?"乃嗽口中饭,尽成大蜂数百,集客身,亦不螫人。有间[1],玄张口,蜂皆飞入,嚼之是旧饭也。能指石人使行,指虾蟆[2]及诸昆虫燕雀之属,歌舞弦节皆如人状。或宴客,冬设生瓜枣,夏致冰雪。又以数十钱使人散投井中,持一器于井上。呼钱,向钱一一飞出。与客饮,无人传杯,杯自至前。如酒不尽,杯不去也。

晋武帝召问,曰:"百姓思雨,可致乎?"玄曰:"易耳。"乃书符著社中,俄顷大雨。偶行遇一神庙,凡过者,离百步下车,否则有警[3]。庙傍有大树数十株,上有禽鸟,人畏莫犯、仙公乃命车直驱,辄大风骤起,尘埃蔽天,从者惊怖。仙公怒曰:"小邪敢尔!"举手指风,风即止。书一符,令从者投庙中,禽鸟皆坠死。庙屋自焚。仙公过武康,见一人家病作,请巫祀妖邪。邪附巫者,与仙公饮。仙公故不饮,而妖邪出语不逊。仙公厉声叱曰:"奸鬼敢尔。"敕五伯,拽妖邪头,附柱鞭背,但闻鞭声,出血流地。妖邪伏罪[4]乃止。

仙公过华阴,见一士人溺于蛇精之家,迷而不悟。仙公化作一田夫,驱黄犊而耕。因说士人曰:"汝陷身于非地。汝妇蛇精也。前后啖[5]人,不计其数。"士人不之信,乃引士人看古井,井中白骨盈积。士人恐。遂教士人密窥其迹。士人乃窥之,果蛇也。张牙弩目,在帷帐中。身傍附一小蛇,仙公禁而斩之,即有无数小蛇来救援。仙公尽为诛戮。毕,以一符与士人服,即泻下蚯蚓、虾蟆之类无数,遂得全生。

仙公又尝在荆门军紫盖山修炼。值天寒大冻,仙公跣足,衣衫褴褛。时有屈家二女,偶见怜之。黉夜[6]促成双履,次日献之炼丹之所。仙公已去,但存炉,灰尚温。二女拨灰,得丹一粒。姊妹分而服之,自后神气冲冲,不饥不渴,惟慕清静,后隐去。时人咸谓得仙矣。

仙公尝从吴主各船行，至三江口。遇风，船多漂没[7]。仙公船亦不知所在。吴主叹曰："葛仙公有道，何不能免此。"逾宿，忽见仙公水上步来。既至，尚有酒态，谢曰："昨伍子胥强邀留饮，是以淹屈陛下。"

一日游会稽，有贾人自海中还，过一神庙。庙吏邀贾人曰："烦寄笺[8]葛仙公。"言讫，即以书掷舟中。及还，达仙公。仙公开函，乃东华山童君。书题曰："太极左宫仙书。"世人愈知仙公名，在天阙旧矣。

仙公尝于西峰石壁上石臼[9]之中捣药，遗坠一粟许。有飞禽遇而食之，遂得不死。至今夜静月白风清之时，其禽犹作丁当杵臼之声，名曰捣药鸟。仙人琴高，闻仙公得道，自东海跨双鲤来访。仙公与之酣饮，既醉，高卧白云间。酒醒，双鲤化为石矣。仙公赠以双鹤，跨之而还。石至今存。尝有客从仙公泛舟，见囊中有十数符。客曰："此符验可见不？"仙公即取一符投水中，逐水而下。仙公曰："何如？"客曰："常人投之亦然。"仙公复取一符投之，逆水而上。仙公曰："何如？"客曰："异矣。"仙公复取一符投之，符即不上不下。须臾，上符、下符会于中流，三符聚为一处。良久收之。又于水滨见鬻[10]大鱼者，谓鱼主曰："欲假此鱼到河伯。"鱼者曰："已死矣。"曰："亦可。"以丹书纸纳鱼口中，投于水，跃然而去。

尝有客来谒。既坐，有继至者。复见仙公迎，与俱入，而座上仙公自与客谈笑不辍[11]。时苦寒，谓客曰："居贫，不能设炉致暖，试作火以供诸君。"于是张口吐气，火赫然而出。须臾，屋中火满。又盛暑中醉卧，使人傅粉腹上。谓客曰："苦热不能作他戏。"乃以腹徐徐上摩屋梁而粉著梁上。如此神异，不能尽述。后仙去。

1 有间：过了一会儿。 2 虾蟆：即蛤蟆。 3 警：警告。 4 伏罪：认罪。 5 啖：吃。
6 夤夜：深夜。 7 漂没：冲没。 8 寄笺：寄信。 9 石臼：用石头凿成的舂米谷等物的器具。
10 鬻：卖。 11 辍：停止。

梁谌

梁谌，字考成，扶风人。起初跟随郑法师在楼观修行。晋惠帝永兴二年，太上老君命令真人尹轨降临楼观，传授炼气和隐形之法，以及水石还丹术。梁谌后来隐居终南山，食用精气，吞食符水。他广泛收集丹砂来食用。丹药炼成，梁谌服用之后便能飞行变化。眼睛能够看埋在地下的东西，耳朵能够听到几里之外的声音。一天，梁谌对门人说："有朋友在南峰召我见面，现在我去赴会。"他戴上礼帽，穿上礼服离开，身后云气缭绕，不能看到他的身影，只听见敲鼓吹奏之声，隐隐约约从空中飘来。

原文 　梁谌，字考成，扶风人。初事郑法师于楼观。晋惠帝永兴二年，老君命真人尹轨降于楼观，授以炼气隐形之法，及水石还丹术。谌乃隐于终南山，食炁吞符，广索丹砂为饵。丹成，能飞行变化，目能视地中物，耳能听数里声。一日，谓门人曰："有友召吾于南峰，今往矣。"辄冠服[1]而出，则云气缭绕，不见其形，惟闻鼓吹之音，隐隐从空而去。

1 冠服：帽子和衣服，这里指戴帽穿衣。

曹仙媪

　　曹仙媪，不知道她是哪里人。她经常带着一个小女孩儿，牵着一只狗，在马斗关的一棵柳树下休息。一天，曹仙媪到河边想要渡河，船夫拒绝载曹仙媪过河。曹仙媪于是带着小女孩儿和狗迎着风，直接在水面上行走。不一会儿，就到了对岸。她又登上东岸的石龛，与幼女、狗一起在龛中仙化。当地人为她建立祠堂进行祭祀。

原文　　曹仙媪，不知何许人。常携幼女，引一犬，息[1]马斗关柳下。一日，至河问渡，舟师[2]拒之。媪携女与犬，凌波[3]御风。须臾，登岸。俄又登东岸石龛[4]，与女及犬化龛中。土人[5]立庙祀焉。

[1] 息：休息。[2] 舟师：船夫。[3] 凌波：在水上行走。[4] 龛：供奉神佛或神主的石室或小阁子。[5] 土人：世代居住本地的人。

鲍靓

　　鲍靓，字太玄，陈留人。他拜师左元放，学习中部法，以及三皇五岳的劾召秘诀，能够驱使鬼神，封锁山林，制伏妖魔。晋元帝大兴元年，鲍靓前往江东，在蒋山北边的路上见到一个十六七岁的人，容貌俊俏。鲍靓和他一起走了几里路，这个人脚步缓慢，而鲍靓骑马快奔都追不上。鲍靓因此遥问他："看你走路的样子，肯定是有道法的人。"那个人说："我是仙人阴长生，你有心学道，因此能够遇到我。"鲍靓立刻下马叩拜。阴长生说："你

曹仙媼

慕道很久了，我当传授你仙法，凡不是仙胎而成仙的人，都要通过尸解。上乘尸解用刀来完成，下乘尸解用竹子和木头。"真人用神丹染湿笔锋，在刀上写下"太上太玄阴生符"几个字。不一会儿，这把刀就变成了将要仙去的人的样子，安静地躺在床上。真人就离开了。鲍靓的家人只看到死人，而看不到那把刀。阴长生于是把尸解之术传授给鲍靓，又和鲍靓讨论晋朝灭亡的时间。阴长生又对鲍靓说："此地十年之后将血流遍地。"后来遇到苏峻之乱，阴长生的预言果然都被应验。《罗浮图志》云："鲍靓担任南海太守，以道术闻名。曾经率领部下入海，遇到风暴，缺乏补给，众人非常饥饿。鲍靓拿出白石，把白石煮了给大家食用。鲍靓和葛稚川关系很好。当时葛稚川居住在罗浮，经常往来山中，有时和鲍靓玄谈到天明。鲍靓的夫人在门外并没有看到车马，只见有两只燕子往来，便感到十分奇怪，于是暗中观察，发现两只燕子是一双鞋。"《墉城集仙录》记载："鲍靓把女儿嫁给葛洪。他回到丹阳之后就去世了，葬于石子冈。后来遇到苏峻之乱，人们打开鲍靓的棺材，发现里面没有尸体，只有一把大刀。贼人打算把刀拿走，忽然听到坟墓附近有兵马之声，棺材中的刀訇然作响，像打雷一样。贼人受到惊吓，四散奔走。苏峻之乱平定后，把刀收拾好在别处重新下葬。"《晋书》记载："鲍靓，字太玄，东海人。五岁时对父母说，他本来是曲阳县李家的儿子，在九岁的时候落到井里淹死了。鲍靓的父母寻找到李氏后，发现鲍靓所说的话都得到验证。鲍靓学兼内典和外典，精通天文和《河洛书》。后来遇到仙人阴长生传授他道诀，一百多岁才去世。"

原文　　鲍靓，字太玄，陈留人。师左元放，受中部法，及三皇五岳劾召[1]之要，能役使鬼神，封山制魔。晋元帝大兴元年，靓往江东。于蒋山北道见一人，年可十六七许，好颜色。俱行数里，其人徐徐动足，靓奔马不及。因遥问曰："相君行步，必有道者。"其人曰："吾仙人阴长生也。君有心于道，故得见我。"靓即下马叩拜，阴君曰："子慕道久矣。吾当度尔[2]仙法。凡非仙胎得仙者，必由尸解。上尸解用刀，下尸解用竹木。"以神丹染笔，书"太上太玄阴生符"于刀。其刀须臾即如所度者面目，奄然于床上矣。其真人遁去，其家人但见死人，不见刀也。阴君乃传靓此道。又与靓论晋室修短之期，又云此地十年后当大流血。后值苏峻之乱，果皆验。《罗浮图志》云："靓为南海太守，以道术见称。尝行部[3]入海，遇风饥甚，取白石煮食之。与葛稚川善。时稚川居罗浮，常往来山中，或语论达旦。乃夫人见其来门无车马，独双燕往来。怪而窥之，则双履也。"《墉城集仙录》云："靓以女妻葛洪。靓还丹阳卒，葬于石子冈。后苏峻乱，发棺无尸，但有一大刀。贼欲取刀，闻冢近有兵马之声，棺中刀訇然[4]有声若雷震。众贼惊走。贼平后，收刀别葬之。"《晋书》云："鲍靓，字太玄，东海人。年五岁，语父母云本是曲阳李家儿，九岁堕井死。其父母寻访李氏，皆符验。靓学兼内外，明天文河洛书。后见仙人阴君授道诀，百余岁卒。"

1 劾召：用法术降服、召唤鬼神。2 尔：你。3 行部：巡行所属部域，考核政绩。4 訇然：形容大声。

孙登

孙登，字公和，不知道是哪里人。他住在汲郡北山上的石窟中，没有家人。夏天编织野草作为衣服，冬天则披散头发盖住身体。他善于撮口发出清越悠长的声音，喜欢读《易经》，经常弹一弦琴，性格随和，不喜不

孫登

怒。他有时潜到水下,然后冒出水面东张西望,马上大笑起来。嵇康和他一起游玩了三年,询问孙登的打算。孙登始终没有告诉嵇康。然而心中多有妙计。嵇康每每落寞叹息,将要和孙登分别的时候,对他说:"您始终一言不发吗?"孙登回答:"你了解火吗?火燃烧起来就有了光,然而火燃烧不需要光,在火与光的因果关系中,光是结果。人活着并且拥有才华,然而拥有才华不是活着的前提条件,但是在活着和拥有才华这对因果关系中,拥有才华是结果。因此,运用光在于获得柴火来保存光芒;运用才华在于明白事理来保全性命。"嵇康又请求向他学习弹琴。孙登不教嵇康,对嵇康说:"你才华横溢,但是见识短浅,难以在当今之世免于灾祸。"后来嵇康果然遭遇吕安事件。嵇康在狱中写诗自责,诗云:"昔惭下惠,今愧孙登。"孙登后来白日升天而去。

【原文】 孙登,字公和,不知何许人。于汲郡北山上窟中住,无家。夏则编草为裳,冬则披发自覆。善长啸,好读《易》。鼓一弦琴,性无喜怒。或没诸水,出而观之,登复大笑。嵇康从之游三年,问其所图,终不答。然神谋所存良妙。康每苶然[1]叹息。将别,谓曰:"先生竟无言乎?"登曰:"子识火乎?火生而有光,而不用其光,果然在于用光。人生而有才,而不用其才,果然在于用才。故用光在乎得薪,所以保其耀。用才在乎识物,所以全其年。"康又请学琴,登不教之,曰:"子才多识寡,难乎免于今之世矣。"后康果遭吕安事,在狱为诗自责云:"昔惭下惠,今愧孙登。"登竟白日升天。

[1] 苶然:疲惫貌,虚弱貌。

王烈

　　王烈，字长休，邯郸人，进入海东抱犊山中修行。他曾和嵇康游玩，获得甘甜可口的石髓，自己吃下一半，另一半留给嵇康。嵇康到了之后，石髓已经凝固成石头了。王烈又进入一个石室，在石室中得到两卷道书。王烈不认识书上的字，因此不敢拿走。对其中十几个字的形状印象深刻，回来之后写给嵇康看。嵇康全都认识。王烈非常高兴，于是和嵇康一起前往石室，竟然不知道石室在哪里。王烈因此对弟子说："嵇康还不能和我一同得道成仙。"

原文　　王烈，字长休，邯郸人。入海东抱犊山中，尝与嵇叔夜游。烈得石髓[1]如饴，即自服半。半留与叔夜。叔夜既至，皆凝为石。又入一石室，室中有两卷素书。烈不知其字，未敢取。颇记十数字形体，归示叔夜。叔夜尽知之。烈喜，乃与叔夜同至其处，失石所在。烈因语弟子曰："叔夜未应共得仙也。"

[1] 石髓：即石钟乳，古人用于服食，也可入药。

嵇康

　　嵇康，字叔夜，谯国铚县人。铚县有一座嵇山，嵇康就住在山边，因此以嵇为姓。嵇康身长七尺八寸，他的身体如同土木一样自然，不修边幅，风采出众，天资喜好自然。当时王伯通建造了一座馆舍，凡是在馆舍中过夜的人必死无疑。王伯通屡次见到馆舍中的凶神，因此经常关闭馆舍的大门。这时，嵇康请求寄宿在馆舍中，于是取琴来弹奏。二更时有八个鬼从馆舍中走出来。嵇康这时候才感到害怕，口中小声诵读了几遍"乾元亨利贞"。嵇康语气缓慢地问鬼："王伯通建造这间馆舍，凡是有人过夜，则必死无疑，难道是被你们所杀？"鬼说："我们不是杀人的人，我们是舜时掌管音乐的乐官，兄弟八人，号为伶伦。舜听了奸臣的邪言，错杀了我们兄弟，把我们埋在这个地方。王伯通在我们的坟上修墙，我们苦于墙的压迫，见到有人来馆舍留宿，就跑出来打算把这件事告诉留宿的人。谁知他们一见到我们，就自己把自己吓死了，不是我们杀的。现在希望您和王伯通说一说这件事情，挖出我们的尸骨，迁葬到其他地方，半年之后，王伯通将会担任本郡的太守。现在把一曲广陵散传授给你，聊以酬谢。"嵇康十分高兴，便把琴递给鬼。鬼弹了一遍，嵇康就会弹了，于是弹琴到半夜。王伯通去馆舍中探看嵇康，听到琴声非常美妙动听。王伯通因此问嵇康其中的缘由，嵇康从头到尾把事情详细地告诉了王伯通。第二天，王伯通令人挖地，果然发现了尸骨，就分别做了几口棺材，在地势又高又清洁的地方重新埋葬了尸骨。后来晋文帝时，王伯通果然担任了太守，嵇康为中散大夫。嵇康听说汲郡山中孙登擅于撮口发出清越悠长的声音，于是和他一起游玩。孙登始终保持沉默，不发一言。嵇康将要离开的时候，孙登对嵇康说："你很有才华，但是保身之道却不足。"嵇康曾与王烈进入山中，王烈得到甘甜可口的石髓，自己吃下一半，另一半留给嵇康。不一会儿，石髓凝固成石头。王烈又进入石室，在石室中见到两卷道书，于是喊嵇康一同前往取书。他和嵇康来了之后，兵书就不见了。王烈叹息说："嵇康屡次遇到将要成仙机会的时候都会错过，真是命啊。"起初，嵇康生活贫困，曾和向秀一起在大树下打铁，用于满足日常生活开

嵇康

支。颍川钟会，是个贵公子，精明干练，善于辩论。钟会前来拜访嵇康，嵇康不以礼接待钟会，依然不停地打铁。钟会打算辞别而去，嵇康说："你是听到什么而来，又是见到什么才走的？"钟会说："听到所听到的事情才来，见到所见的事情才走的。"钟会因此忌恨嵇康，对晋文帝说："嵇康是卧龙，您不要担忧天下之事，但是应当担心一下嵇康。"钟会又在晋文帝面前说嵇康和毌丘俭的坏话，于是晋文帝处死了嵇康。嵇康被斩于东市。《记纂渊海》云："南海太守鲍靓，东海徐宁拜他为师。一天晚上，徐宁在静室中听到弹琴声，对奇妙的琴声感到很奇怪，于是问鲍靓其中的缘故。鲍靓说：'嵇康晚上在弹琴而已。'徐宁说：'嵇康被斩于东市，为什么又在这个地方？'鲍靓说：'嵇康虽然死在东市，实际上是兵解。'"

原文 　　嵇康，字叔夜，谯国铚人。铚有嵇山，家于其侧，因氏[1]焉。身长七尺八寸，土木形骸，不加饰厉[2]，龙章凤姿，天质自然。时王伯通造一馆，但有人宿，必死。伯通累见其凶，常闭之。至是，康请寄宿馆中，乃取琴弹。二更时，有八鬼从馆出。康始惧，微诵乾元亨利贞数遍。徐问鬼曰："王伯通造此馆，凡有人宿辄死。无乃若辈杀之耶？"鬼曰："我辈非杀人者，乃是舜时掌乐官。兄弟八人，号曰伶伦。舜受佞臣之言，枉杀我兄弟，葬埋于此。王伯通于吾家上筑墙，吾等苦其厌[3]。见人来宿者，出拟告之。彼见吾等，自惧而死，非杀之也。今愿先生与伯通言，取吾等骸骨，迁葬他处。期半年，伯通当为本郡太守。今授先生以广陵一曲，聊相酬耳。"康大悦。遂以琴与鬼，鬼弹一遍，康即能弹。遂弹至夜深。伯通往馆中视康，闻琴声殊佳。因问康，康具言其事。明日，伯通使人掘地，果见骸骨，遂别造棺，就高洁处葬之。

后晋文帝时，伯通果如期为太守，康为中散大夫。闻汲郡山中孙登善啸，康遂从之游。登沉默自守，无所言说。康临去，登曰："君才则高矣，保身之道不足。"康尝与王烈入山，烈得石髓如饴。自服半，半留与康。俄凝而为石。又入石室中见两卷素书，遽呼康往取之，辄不复见。烈乃叹曰："叔夜屡遇而不遇，命也。"初康居贫，尝共向秀锻于大树之下，以自赡给。颍川钟会，贵公子也，精练才辨，往造焉。康不为之礼，而锻不辍。会欲别去，康曰："何所闻而来？何所见而去？"会曰："闻所闻而来，见所见而去。"会由此憾[4]之，因言于文帝曰："嵇康卧龙也，公无忧天下，但当以康为虑耳。"复谮康党毌丘俭。帝遂害之，斩于东市。《记纂渊海》云："南海太守鲍靓，东海徐宁师之。宁夜闻静室有琴声，怪其妙而问靓，曰：'嵇叔夜尔。'宁曰：'叔夜斩于东市，何得复在此？'靓曰：'叔夜虽市终，实兵解也。'"

1 氏：动词，把……作为姓氏。 **2** 饰厉：修饰整理。 **3** 厌：压迫。 **4** 憾：怨恨。

吴猛

　　吴猛，字世云，濮阳人，年少时有孝行。吴猛在吴国做官时，担任西安令，获得圣人丁义的神方，因此凭借道术闻名于当时。吴猛的道法被许逊传承。他曾经见到狂风突然大作，于是便画了一张符扔到屋上，出现一只青鸟把符衔去，大风就马上停止了。有人问吴猛其中的缘故，他说南湖有船遇到这个大风，两位道士前来求救。人们前去验证，发现果真如吴猛所说。西安令于庆死了已经三天，吴猛说于庆的寿命还未尽，当去天庭为

吴猛

他进行辩解，于是躺在于庆的尸体旁边。过了几天，吴猛和于庆都坐起来了。吴猛曾经渡江，恰逢狂风大浪，他却用白羽扇划水而渡。许真君升天，吴猛在那年乘坐白鹿车和四位弟子白日飞升。宋政和年间，吴猛被封为神烈真人。

> **原文**
>
> 吴猛，字世云，濮阳人。少有孝行，仕吴，为西安令。得至人丁义神方，遂以道术大显于时。传法于许逊。尝见暴风大作，书符[1]掷屋上。有青鸟衔去，风即止。或问其故，曰："南湖有舟遇此风，二道士求救耳。"验之果然。西安令于庆死已三日，猛曰："令数未尽，当诉之于天。"遂卧尸傍数日，与令俱起。常渡江，值风涛大作。猛以白羽扇划水而渡。许真君上升。猛亦于是岁乘白鹿车，与弟子四人丽日升天。宋政和中，封神烈真人。

[1] 书符：画符。

衍客

衍客，晋朝人，为躲避战乱隐居在延平郡的北山。他在北山搭建草庐炼丹。丹药炼成，全家服用后，都白日飞升。

> **原文**
>
> 衍客，晋人。避乱，隐延平郡之北山。结庐炼丹。丹成，白日举家上升。

吴彩鸾

　　吴彩鸾，吴猛的女儿。瑞州有一座崇元观，即丁义的女儿丁秀英炼丹的地点。吴彩鸾也在崇元观向丁秀英学到了她的道法。唐太和末年，有一位叫文箫的书生，住在钟陵的紫极宫。秋天的时候，他到西山的道观游玩，见到一位女子边走边唱道："若能相伴陟仙坛，应得文箫驾彩鸾。自有绣襦浑甲帐，琼台不怕雪霜寒。"文箫猜测她是仙人，停下脚步不肯离去。吴彩鸾也喜欢文箫，用眼睛向他示意。吴彩鸾唱完歌后，穿过松林中的小路，攀缘石头而向上爬去。文箫冒险跟在吴彩鸾的后面。吴彩鸾回头对文箫说："你莫非是文箫？"于是带着文箫爬到山顶，设宴招待文箫。席间的物品都是人间所有。两人你侬我侬之时，忽然有狂风大雨吹开帷帐，打翻茶几。只见一位仙童大声呵斥道："吴彩鸾以私欲泄露天机，当贬谪到人间十二年。"因此，吴彩鸾和文箫一起回到钟陵。文箫贫苦不能养活自己。吴彩鸾为他抄写孙愐的《唐韵》，运笔如飞，每天抄完一部，卖掉后赚得五缗钱。钱花完之后又开始抄书。像这样，过了十年，吴彩鸾才稍微被人知晓。吴彩鸾于是和文箫一起前往新兴越王山，二人各骑一只老虎，登上山峦乘云而去。

原文　　吴彩鸾，猛女也。瑞州有崇元观，即丁义女秀英炼丹之所。彩鸾亦就学得其道焉。唐太和末，有书生文箫者，寓[1]钟陵紫极宫。秋日，到西山游观，见一姝[2]踏歌曰："若能相伴陟[3]仙坛，应得文箫驾彩鸾。自有绣襦浑甲帐，琼台不怕雪霜寒。"箫意度是仙人，植足[4]不去，鸾亦相盼恋[5]。歌罢，穿松径，陟山扪石而升。箫冒险蹑其后。鸾回顾曰："郎君莫是文箫耶？"遂引至绝顶，供设殆非人间所有。正尔绸

吴彩鸾

缪[6]，忽风雨裂帷覆几，有仙童厉声曰："吴彩鸾以私欲泄天机，当谪人间一纪[7]。"于是彩鸾与箫归钟陵，箫贫不自给。彩鸾为写孙愐《唐韵》，运笔如飞，日得一部，售金五缗，尽则复写。如是仅十载，稍为人知。遂偕往新兴越王山，二人各跨一虎，陟峰峦而去。

1 寓：寄宿。**2** 姝：美女。**3** 陟：由低处向高处走，与"降"相反。**4** 植足：驻足。**5** 盼恋：顾盼留恋。**6** 绸缪：缠绵。**7** 一纪：十二年。

许逊

　　许逊，字敬之，号真君，南昌人。吴国赤乌二年，许逊的母亲梦到一只金凤口中含着的一颗玉珠落在她的手掌上。她在手上玩弄了之后就把玉珠吞了下去。等到醒来之后，许逊的母亲觉得肚子痛，因此怀孕生下许逊。许逊生来就聪颖过人，面容俊俏，身材伟岸。从小生性豁达，与人无所抵触。他曾经和大家一起外出打猎射一只小鹿，小鹿被射中后就死掉了。母鹿彷徨舔舐小鹿，许逊因此受到感悟，折断了弓箭后把它扔掉，专心向学，博通经史，明晓天文地理、音律、五行、谶纬之书，尤其喜欢神仙修炼之术。许逊听说西安吴猛获得丁义的神方，于是前往西安拜吴猛为师。吴猛把秘术全部传给了许逊。许逊又从郭璞那里寻求到的修行的好地方，就是西山南边逍遥山中的金氏宅子，从此就在那里居住。许逊每天只专心修炼，心无旁骛。当时他买了一个铁制灯台，在晚上点灯的时候，看到灯台油漆剥落的地方有光发出，仔细一看，原来是黄金。第二天，许逊就找到卖家把灯台还给了他。

晋武帝太康元年，许逊被推举为孝廉，征辟为旌阳县令。当时他四十二岁，用忠孝仁慈和勤俭忍慎来教化民众。他断案时，阐发案情原委就像神仙一样，小吏和民众对他的判决心悦诚服。遇上荒年，老百姓没有粮食交租，许逊就用灵丹点瓦成金，让人把黄金偷偷埋在县衙的苗圃中。一天，有个百姓没有交租，就让他在县衙的苗圃中服劳役。这个人锄地挖出黄金，用来交租，因此全县百姓都安居乐业。后来又遇到瘟疫年，病死的人达到十分之七八。许逊用获得的神方来治疗百姓，符箓和咒语所治之人，马上痊愈。其他郡县的百姓相继而来，每天达到上千人。于是许逊就把竹子插在城外十里的江中，把符水洒到竹子里，然后让人到竹子下面喝水，结果全都治愈了。久而久之，许逊预料到晋朝皇室会发生动乱，于是弃官东归。蜀地的百姓感谢他的仁德教化，在许逊所经过的地方都设立生祠，家中供奉他的画像。许逊出发之日，送行的人站满了荒野。有人送许逊一千里才返回，有人则跟随许逊一直到了他的宅子，有人愿意服侍许逊而不返回蜀地。

许逊曾经在柏树林子里休息，有五个女孩儿各拿一把宝剑献给许逊。许逊感到很奇怪，但也接受了女孩儿的宝剑。许逊把女孩儿带回家之后，他们每天击剑自娱。许逊知道这些女孩儿是剑仙，最终炼成了神剑之术。不久，许逊和吴猛在丹阳黄堂游玩，听说谌姆会很多道术，于是一同前往拜见谌姆，询问她道术的精妙之处。谌姆说："你们都是天生道骨，仙名已经记载在天。"以前，孝悌王降临曲阜兰公家中时，对兰公说："将来晋朝当有神仙许逊传播我的道法，将会成为众仙的首领，同时还留下金丹、《宝经》、铜符和铁券，让我暂时保管等你到来，已经有很多年了。现在我将把它们转交给你。"谌姆于是选好日子，登上仙坛，把这些物品全都交给了许逊。谌姆又回头对吴猛说："您之前凭借神方担任许逊的老师，现在许逊独自获得孝悌王的道法，您应当反过来拜许逊为师。况且《玉皇玄谱》记载，您担任玄都御史，许逊担任高明大使，统领仙籍，你的品位官秩和许逊相差甚远。而且许逊掌管玄枵对应的分野，配十二时辰为子时。您统领星纪对应的分野，配十二时辰为丑时。所以你从今往后应该以许逊为长。"听了这一番话，吴猛和许逊谢过谌姆后请求辞别。许逊心里想着每年必须前来拜访谌姆，谌姆察觉后对许逊说："你不要来拜访我了，我马上就要返回帝乡了。"谌姆因此拿出一个香茅，向南掷出，对许逊说："你回去吧，在香茅落地之处建立一座祭祀我的祠堂，你每年秋天去一次就够了。吴猛和许逊回去之后，寻找香茅降落的地方。在住宅南边四十多里的地方找到了，当时茅草已经长了好几丛了。于是就在这里建起了一座祠堂，每年仲秋期间的三天，许逊必来祠堂拜见谌姆。

当初，许逊前往寻找香茅，偶然在一处道观休息，看到村民大肆宰杀烹饪，来祭祀神明，并且相互告诫道："如果祭祀之物没有荤腥或者不够丰厚，会触怒神明，便会降下祸端。"许逊听见后说："妖怪竟敢如此放肆！"于是他便半夜露宿在祭祀之处，并召唤风雷讨伐，把林木连根拔起。第二天对村民说："妖怪已经被赶走了，你们不用再祭祀了。"后来许逊又见人们跑到很远的地方去打水，非常辛苦，便把手杖插入土地庙前已经干涸的湖泊，使它冒出清泉来救济百姓。即使遇到旱季，泉水也喷涌不止。有一次，许逊渡过小蜀江，感化江干的一位主人朱氏。朱氏殷勤地款待了许逊。许逊于是在朱氏家中的墙壁上随便画了一棵松树。朱氏因此生意愈加兴隆，盈利越来越多。后来江水猛涨，河堤崩溃，集市里的房屋都被洪水冲走了，只有画着松树的墙壁没有损坏。还有一次，许逊在艾城的黄龙山炼丹，山中的水潭中有蛟精。蛟精发起洪水冲毁了丹房。许逊便派遣神兵捉拿蛟精，钉在石壁上。许逊途经西安县时，县里的城隍爷前来拜谒，许逊询问城隍爷当地是否有妖怪祸害百姓。城隍爷藏着不说。许逊又经过一座小庙，庙神出来迎接并告诉他："这里本来有蛟精危害百姓，知道仙君您要来，便逃往鄂水那边了。"许逊根据庙神所说一直追到鄂水，在路上碰到三位老人，许逊上前询问蛟精在哪里。三人都用手指着一座桥说："蛟精就藏在桥下。"许逊来到桥旁，手拿神剑，大声怒吼。蛟精害怕得跳入大江之中，在深水处躲藏了起来。许逊便命令官兵驱赶蛟精，蛟精从上游逃出来，于是被许逊诛杀。许逊听说新吴也有蛟精作孽，便用巨石画符，写镇蛟文，以此来禁锢蛟精。

当时海昏县的上缭城有一条巨蛇，把整座山霸占为巢，吐出的气能化成云雾，方圆四十里的人畜只要身处云气之中，都能被大蛇吸吞，无一幸免。江湖上的船只多被巨蛇打翻，沉入水底。这条大蛇成了当地百姓的一大祸害。许逊听说之后，就召集弟子，前去诛杀大蛇。刚进入大蛇的地盘，附近的居民知道许逊道法高深，竞相前来申诉，恳请许逊为民除害。许逊说："我这次前来就因为这条恶蛇，现在就为你们除去这个祸害。"许逊来到蛇的巢穴洞口，手持道剑，发功运气。蛇感到害怕，躲在洞穴里不敢出来。许逊便用神符召来海昏的土地神前来驱赶大蛇，大蛇还是不肯出来。于是许逊又召来南昌土地神一并相助。大蛇终于被赶了出来，抻长脖子，高达十几丈，目光炯炯，嘴里吐出的毒气冲向天空。周围的百姓都击鼓助威。这时许逊高声命令风雷，呼唤神兵俘获大蛇，使它动弹不得。之后许逊飞过去，脚踩住大蛇的头，用神剑劈砍大蛇的额头。许逊的弟子施岑、甘戬等连忙率神兵拿剑砍刺大蛇。蛇的肚子裂开了，一条身长数丈的小蛇从大蛇肚中跑出来。甘戬想要斩杀小蛇，许逊说："它从来没有害过人，不可滥杀。"小蛇害怕地跑了六七里，听到击鼓的声音，又返回来看它的母亲。众弟子又请求追杀小蛇。许逊说："此蛇如果在

许逊　325

一千二百五十多年后为害民间，我当再次复出诛杀它。在我的法坛前面种植柏树为证，柏树枝低垂至法坛上，便证明它已经危害百姓，正是诛杀它的时机。"然后又预言说："我飞升之后的一千二百四十年间，豫章地区，五陵之内，会出现八百个地仙。他们都在豫章拜师修道，会将我的道法发扬光大。江心忽然出现沙洲，盖过沙井口。此时如果小蛇为害，那八百地仙自会诛杀它。"说完，小蛇立刻钻入江水之中。许逊说："大蛇虽然已经被杀死，但是蛟精还没有被诛灭。蛟精具有灵性，肯定知道我的来意，恐怕它伺机决断堤坝淹毁郡城。我现在就回到郡城，施岑、甘戟你们二人跟我一起前往。"当时是晋怀帝永嘉六年。

许逊道术高明精妙，闻名遐迩，请求成为他弟子的多达数百人。许逊拒绝他们后，都不肯离去。许逊便把木炭变成美女，夜里分散到弟子的住处来试探他们。等到第二天来检查，弟子当中没有被木炭染污的只有十个人，其他人都感到羞愧自行离开了。许逊和施岑、甘戟二人回到城里，在城中搜寻。正好有一位美少年，衣冠楚楚，风度翩翩，自称姓慎，前来拜见许逊。此人待人接物都很有礼貌，应对自如，见许逊没有发现什么破绽，便离开了。少年走后，许逊对弟子说："刚刚来的那个少年不是人，是老蛟精，他是故意前来试探我的。虽然有人的外表，但是妖气袭人。我故意愚弄他，让他觉得我没有看出他的破绽，其实是让他故意出丑的。"于是追寻蛟精的踪迹，来到蛟精的住所。看到蛟精在江边变成一头黄牛，卧在郡城外的沙滩上休息。许逊剪纸变成一头黑牛，同蛟精搏斗，命施岑拿着神剑，偷偷前往它们身边，待二牛斗得正尽兴，就拿剑刺杀蛟精。施岑一挥剑，刺中蛟精左腿，蛟精所化的黄牛奔逃进城南的井里。许逊派遣符吏追寻蛟精踪迹，便知它逃到了长沙，在贾谊井里变化为人。蛟精逃入潭州刺史贾玉家里。在此之前蛟精便爱慕贾玉女儿的美貌，变成一个聪明俊秀的少年，前去拜访贾玉。贾玉非常喜欢少年的才俊，于是把女儿嫁给了少年。婚后几年间，夫妻二人生了两个孩子。每年一到春夏之交，少年就独自外出，周游江湖。如果变成商人，等到秋天回来，就乘坐大船，满载而归，都是宝贝、珠玉等物品。这些物品都是他在春夏之际兴起大水，打翻商船所获。然而这一年秋天，蛟精被许真君追赶逃回潭州贾玉家后，什么珍贵的东西也没有带回来，两手空空，便对贾玉说自己遇上了强盗，财物都被抢劫一空，而且还被刺伤了左腿。贾玉全家寻找大夫为蛟精疗伤。许逊便假扮成大夫拜见贾玉。听说有大夫来了，贾玉很是高兴，连忙召唤他的女婿前来诊治。蛟精察觉到大夫就是许逊，害怕得不敢出来。贾玉便亲自去请他出来看病，许逊跟随贾玉来到蛟精住处，厉声呵斥说："你这个江湖里的蛟精，害人不浅，我跟踪你的行迹到了这里，岂容你再次躲藏，赶紧出来现出原形吧！"蛟精黔驴技穷，立刻现出了原形，在堂前蠕动，被刺史的士卫当场杀死。许逊口含法水喷向他的两个儿子，他们立刻都变成了小蛟精，也被一并诛杀了。贾玉的女儿贾氏也几乎要变成了蛟精。贾玉替女儿哀求许逊相救。许逊给了她一道神符才使她没有变成蛟精。许逊对贾玉说："蛟精所居住的地方，下面一般都是水。如今你的宅邸下面不到一尺深的地方，全是水。你们全家要赶快搬走。"贾玉全家人连忙迁居到高地上。过了没几日，贾府地陷，果然出现一个深不可测的水潭。

  许逊再次回到豫章时，城里还有很多蛟精的余党，他们担心会被许逊诛杀，惶恐不安，便化成人形，分散在各个城市。有余党拜访许逊徒弟，说："我的家乡在长安，累世行善积德，听说您的师傅许逊有神剑，能否详细讲述一下神剑的威力？"徒弟说道："我家师父的神剑，指天天崩，指地地裂，指星辰则星辰失去光辉，指江河则河水倒流。所有的邪气都不敢阻挡它，那可是神圣的宝贝呀！"余党又问："有没有什么东西是神剑无法伤害的？"徒弟戏言："唯独不能伤害冬瓜和葫芦。"余党信以为真，便让所有的小蛟精都化为葫芦、冬瓜，枝蔓漂浮在整个江面上，想要借助江水偷偷漂浮出城。许逊早晨醒来，感觉妖气加重，于是向江面望去，看到小蛟精所化的葫芦、冬瓜，便把神剑给了施岑，让他踩着江面前去斩杀小蛟精。结果小蛟精全都被杀死，没有一个活下来，血染红了江水。许逊说："此地是蛟精螭魅的巢穴，如果没有法器来镇压，以后妖怪会再次出来祸害百姓，那时就没人能够制服他们了。"便驱使鬼神在牙城南井旁打造了一根铁柱，在井外数尺之处，深埋八根铁链，钩锁地脉，对铁柱施咒："铁柱如果倾斜，妖怪便会再次危害民间，我将要复出诛杀妖孽；铁柱如果直立，就证明妖孽被彻底清除了。"之后水妖便没有再出现过，郡城百姓都平安无事。又考虑到后世奸雄可能毁坏铁柱，便在铁柱上写下谶言："此地人心向善，永远都不会出现奸恶之徒，纵使有奸恶之人，也活不长久。"然后又建造了七十多座道观，都是用来镇守郡邑，躲避牢狱之灾的。

晋明帝太宁二年，大将军王敦起兵谋反，军队驻扎在慈湖边。许逊和吴猛一同前往拜谒王敦，想要劝说他停止谋反。当时郭璞也在幕府，二人便通过郭璞一同拜见王敦。王敦很高兴，设酒宴款待他们，并且问他们："我梦见自己持着一根木杆捅破了天，你们认为这个梦如何？"许逊说："我看这梦不是吉兆。"吴猛说："'木'字的上面刺破了'天'，这是个'未'字，我看你不能轻举妄动。"王敦脸色大变，又叫郭璞卜卦。郭璞卜完卦后对王敦说："造反不成。"王敦又说："我的寿命有多长？"郭璞说："如果你要起兵篡位，不久将大祸临头；如果回到武昌，你的寿命不可估量。"王敦怒叱道："你的寿命有多久？"郭璞说："我的寿命在今天中午就会结束。"王敦听后大怒，当即就让武士抓住郭璞把他斩杀了。许逊突然举起酒杯扔到地上，变成白鹄绕着房梁飞来飞去。王敦抬头看白鹄时，许逊和吴猛就消失了。

后来王敦果然兵败，许逊和王猛回到金陵，打算雇船返回豫章。船夫告诉许逊没有划船的人。许逊对船工说："你只需闭目安坐在船上，关上舱门不要出来，千万不要向外偷看。我亲自为你划船。"许逊默念咒语，召来两条龙夹住船，腾空而起，在空中飞行。片刻之间，船已飞过庐山顶，到达紫霄峰金阙洞。许逊和吴猛打算去洞中游玩，因此船艄和树梢相互摩擦，戛然有声，惊动了船舱中的船工，船工忍不住偷偷向外面看了一眼，这时那两条龙马上把船搁置在山顶后飞走了，桅杆折断掉在了山谷的河流中。许逊对船夫说："你不听我的话，这下怎么回去呢？"船夫跪求许逊度化他得道成仙。许逊教船夫服用仙草，于是学得辟谷不死之术，在庐山隐居。许逊和吴猛各自骑着一条龙来到之前隐居的地方。几十年间，不再关心时事，只是专心修道。当时许逊和吴猛为官和隐居都和常人一样，而且居住的地方，有鹤飞来鸣叫，云雾缭绕。自从东晋发生动荡以来，江左屡次遭受祸乱。许逊居住的地方周围百里，没有盗贼侵入，乡里之间生活安定。每年庄稼丰收，百姓没有灾害。许逊的福德恩泽生灵，人们都不知道为什么这里会这样祥和。

孝武宁康二年，许逊一百三十六岁，八月初一早上，有两位神仙从天而降，对许逊说："我们奉玉皇大帝之命，授予你九州都仙太史和高明大使的职位，再赐给你紫袍、宝节和玉膏金丹各一件。"并且还告诉许逊飞升的日期。神仙说完之后便乘坐云车而去，许逊于是告诉乡里三老自己飞升的日期，每天设宴款待众人，喝酒叙别。又给一同升仙的十一位弟子作了十首劝诫诗，又把大功如意丹的配方传授给不和他一同飞升的众位弟子。当月的十五号，远远就听到天乐的声音，祥云冉冉升起，羽盖龙车，随从的官兵、仪仗和仙童玉女前后导引。许逊见到车前的两位使者后，马上走下台阶下跪迎接。两位使者宣诏封赏许逊子孙三代，赏赐给他们的宅第叫作"仙曹左府"。宣诏完毕之后，使者向许逊作揖行礼。许逊登上龙车，命令弟子陈勋、时荷手持仙册，在前面引路，周广、曾亨驾驶龙车，黄仁览与其父族侍从，盱烈与母部从仙眷一共四十二口，全家一同白日飞升，鸡犬也一起升天。许逊有一个仆人名叫许大，当时和他的夫人去西岭的集市上买米，听说许逊将要飞升，便急忙跑回来。慌乱之中，车翻了，把米撒了一地。奇特的是，撒在地上的米都生根发芽了。许大和夫人赶到许逊府邸，哭泣着请求跟随同行。许逊因他们的天分没达到成仙的要求，便传授他们地仙之术。仙仗出发之后，不一会儿，有药臼、车毂各一对从天上掉落下来，还有一个鸡笼和几只老鼠，落在许逊府邸东南方向十几里处。百里之内，弥漫着奇特的香味，几个月都没有消散。

【原文】　　许逊，字敬之，号真君，南昌人。吴赤乌二年，母梦金凤衔珠，坠于掌上，玩而吞之。及寤[1]，觉腹痛，因是有娠而生真君。生而颖悟，姿容俊伟。少小疏通，与物无忤。尝从猎，射一麇鹿，中之而毙。鹿母皇顾舐之，因感悟，折弃弓矢，克意为学。博通经史，明天文地理、音律、五行、谶纬之书，尤嗜神仙修炼之术。闻西安吴猛得丁义神方，乃往师之，悉受其秘。又从郭璞求善地，为栖真之所，得西山之阳逍遥山金氏宅而居之，日以修炼为事。时买一铁灯檠[2]，因夜燃灯，见漆剥处有光，视之金也。明日访售主，还之。

　　晋武帝太康元年，举孝廉，辟为旌阳县令，时年四十二也。教民以忠孝慈仁，勤俭忍慎。听讼发摘[3]如神，吏民悦服。岁饥，民无以输

许逊

租。真君乃以灵丹点瓦砾成金，令人潜瘗[4]于县圃。一日藉民之未输纳者，使服力[5]于圃。民锄地得金，用以输纳。遂悉安堵。又岁大疫，死者十七八。真君以所得神方拯治之，符咒所及，登时而愈。他郡病民相继而至者，日千计。于是标竹于郭外十里之江，置符水于其中，使就竹下饮之，皆瘥[6]。久之，知晋室将乱，乃弃官东归。蜀民感其德化，所至尽立生祠[7]，家供其像。启行之日，送者蔽野，有送至千里始还者。有随至其宅，愿服役而不返者。

真君尝憩于柏林，有女童五人，各持宝剑来献。真君异而受之。既而偕至真君之家，惟日击剑自娱。真君知其剑仙也，卒获神剑之用。既而与吴君游于丹阳黄堂，闻谌姆多道术。遂同往，叩以道妙。姆曰："君等皆凤禀道骨，仙名在天。昔孝悌王下降曲阜兰公家，谓兰公曰：'后晋代当有神仙许逊传吾此道，当为众真之长。'留下金丹、《宝经》、铜符、铁券授吾掌之，以俟[8]子，积有年矣。今当授子。"乃择日登坛，出孝悌王诸秘，悉以传之真君。复顾吴君曰："君昔以神方为许之师，今孝悌王之道，独许君得传，君当返师之也。况《玉皇玄谱》，君位玄都御史，许君位高明大使，总领仙籍，品秩相辽。且许君司玄枵之野[9]，于辰为子，统摄十二分野。君领星纪之邦，于辰为丑。汝自今宜以许君为长也。"二君谢讫辞行。真君方心期每岁必来谒姆，姆即觉之，曰："子勿来，吾即还帝乡矣。"因取香茅一根，南望掷之曰："子归，茅落处立吾祠。岁秋一至足矣。"二君还，觅访飞茅之迹，于所居之南四十余里得之。时茅已丛生矣。遂建祠宇，每岁仲秋之三日必朝谒焉。

初真君往访飞茅，偶息憩真靖，见乡民盛烹宰以祀神。且相戒曰："祭不腆[10]，则神怒降祸。"真君曰："怪祟敢尔。"乃宿于逆旅[11]，召风雷伐之，拔其林木。明日告其里人曰："妖社已驱，毋用祭也。"又见人苦远汲[12]，乃以杖刺社前涸泽[13]，出泉以济之，虽旱不竭。渡小蜀江，感江干主人朱氏，迎接甚勤。乃戏画一松于其壁，其家因之得利加倍。后江涨溃堤，市舍俱漂，惟松壁不坏。真君尝炼丹艾城黄龙山。山湫有蛟魅，辄作洪水漂没舟室。真君遣神兵擒之，钉于石壁。过西安县，县社伯出谒。真君问其地有妖物为民害者不。其神匿之。真君行过一小庙，庙神迎告曰："此有蛟害民。知仙君来，逃往鄂渚矣。"真君追至鄂渚，路逢三老人，指曰："蛟伏前桥下。"真君至桥，仗剑叱之。蛟惊，奔入大江，匿于深渊。乃勒吏兵驱之，蛟从上流奔出，遂诛之。又闻新吴有蛟。真君乃以巨石书符，作镇蛟文以禁之。

时海昏之上缭有巨蛇，据山为穴，吐气成云。亘四十里人畜在其气中者，俱被吞吸，无得免者。江湖舟船，多遭覆溺，大为民害。真君闻之，乃集弟子往诛之。初入其界，远近居民三百余人，知真君道法，竞来告愬[14]，哀求恳切。真君曰："吾来正为是恶。常为汝曹除之。"遂前至蛇所，仗剑布炁[15]，蛇惧入穴。乃飞符召海昏社伯驱之，不出。复召南昌社公助之，蛇始出穴。举首高十余丈，目若火炬，吐毒冲天。乡民咸鼓噪相助。是时真君啸命风雷，呼指神兵以摄伏之，使不得动。真君乃飞步踏其首，以剑劈其颡。弟子施岑、甘戟等，引兵挥之。蛇腹裂，有小蛇自腹中出，长数丈。甘君欲斩之。真君曰："彼未为害，不可妄诛。"小蛇惧，奔行六七里。闻鼓噪声，犹返听而顾其母。群弟子复请追戮之，真君曰："此蛇一千二百五十余年后，为民害，吾当复出诛之。以吾坛前植柏为验，其枝拂坛扫地，是其时也。"又预谶云："吾仙去后一千二百四十年间，豫章之境，五陵之内，当出地仙八百人。其师出于豫章，大扬吾教。江心忽生沙洲，掩过沙井口者，是其时也。此时小蛇若为害，彼八百人自当诛之。"蛇子遂得入江。真君曰："大蛇虽灭，蛟精未诛。彼物通灵，必知吾意，恐其俟隙溃郡城，吾归郡乎。戟、岑二子从我以往。"时怀帝永嘉六年也。

真君道术高妙，声闻远迩[16]。求为弟子数百人，却之不可。乃化炭为美妇人，夜散群弟子处以试之，明且阅之。其不为所染污者，惟十人尔，余皆自愧而去。真君乃与甘、施二君归郡，周览城邑。遇一少年，美风度，衣冠甚伟。通谒自称姓慎，礼貌勤恪，应对敏给，遽告去。真君谓弟子曰："适来者非人，即老蛟，故来见试也。体貌虽是，而腥风袭人。吾故愚之，庶尽得其丑类尔。"迹其所之，乃在郡城江浒[17]。化黄牛卧沙碛[18]之上。真君剪纸化黑牛往斗之，令施岑潜持剑往。俟其斗酣，即挥之。施君一挥，中其左股[19]。牛奔入城南井中。真君遣符吏[20]寻其踪，乃知直至长沙，于贾谊井中化为人。入贾玉使君之家。先是蛟精尝慕玉之女美，化为一美少年谒之。玉爱其才，乃妻以女。居数载，生二子。常以春夏之交，孑然而出，周游江湖。若为商者，至秋则乘巨舰重载而归，皆宝贝珠玉。盖乘春夏大水，覆舟所获也。是秋空还，绐玉云："财货为盗所劫，且伤左股。"玉求医疗之，真君即为医士谒玉。玉喜，召婿出。蛟精觉，惧不敢出。玉自起召之，真君随至其堂，厉声叱曰："江湖蛟精，害物不浅。吾寻踪至此，岂容复藏，速出。"蛟精计穷，遂见本形，蜿蜒堂下，为吏兵所诛。真君以法水噀其二子，亦皆为小蛟，并诛之。贾女亦几变形。玉为哀求，真君给以神符，故得不变。真君谓玉曰："蛟精所居，其下即水。今君舍下深不逾尺，皆洪波也。可速徙居。"玉乃迁居高原，其地果陷为渊潭，深不可测。

真君复还豫章，而蛟之余党甚盛。虑真君诛之，皆化为人，散游城市，访真君弟子，诡言曰："仆家长安，积世崇善，远闻贤师许君，有神剑，愿闻其功。"弟子语之曰："吾师神剑，指天天裂，指地地折，指星辰则失度[21]，指江河则逆流。万邪不敢当，神圣之宝也。"蛟党曰："亦有不能伤者乎？"弟子戏之曰："惟不能伤冬瓜、葫芦尔。"蛟党以为诚然，继而尽化为葫芦、冬瓜，连枝带蔓，浮泛满江，潜流出境。真君晨起觉妖气转盛，乃顾江中，知为蛟党所化，以剑授施岑，履水斩之。悉无噍类[22]，江流为之变色。真君曰："此地蛟螭所穴。不有以镇之，后且复出为患，人不能制也。"乃役鬼神于牙城南井，铸铁为柱，出井外数尺，下施八索，钩锁地脉。祝之曰："铁柱若歪，其蛟再兴，吾当复出。铁柱若正，其妖永除。"由是水妖屏迹，城邑无虞[23]。复虑后世奸雄妄作，又为谶记[24]云："铁柱镇洪州，永不出奸雠。纵有兴谋者，终须不到头。"其后更立府靖[25]七十余所，皆以镇郡邑，辟囚灾也。

　　明帝太宁二年，大将军王敦举兵内向，次[26]慈湖。真君与吴君同往谒敦，冀说止之。时郭璞在幕府，因璞与俱见。敦喜，延之饮而问曰："予梦一木破天。君等以为何如？"真君曰："非佳兆也。"吴君曰："木上破天，未字也。公宜未可妄动。"敦色变，令璞筮[27]之。璞曰："无成。"敦不悦，曰："予寿几何？"璞曰："公若举事，祸将不久。若还武昌，则寿未可量也。"敦怒曰："君寿几何？"璞曰："予寿尽今日日中。"敦大怒，令武士擒璞斩之。真君乃举杯掷地，化为白鹄，飞绕梁栋。敦一举目，已失二君所在。

　　后敦败，二君还至金陵，欲买舟至豫章。而舟人告以乏刺舟[28]者，真君曰："尔但瞑目安坐，切勿觇视[29]。吾自为汝驾之。"默召二龙，挟舟而行。舟渐凌空。俄过庐山顶，至紫霄峰金阙洞。二君欲游洞中，故其舟艄抹林梢，戛戛有声。舟人不能忍，窃视之。龙即舍舟于层岫[30]之上，桅折于深涧之下。真君谓舟人曰："汝不听吾言，将何所归乎？"舟人拜，求济度。真君教以服饵灵草，遂得辟谷，不死，隐于此山。二君各乘一龙以归旧隐。数十年间，不复以时事关意，惟精修至道。于时出处，不异常人。但所居之处，鸣鹤翔飞，景云缭绕。自东晋乱离，江左频扰。真君所居，环百余里，盗贼不入，闾里[31]晏然，年谷丰登，人无灾害。其福被生灵，人莫知其所以然也。

孝武宁康二年，真君一百三十六岁。八月朔旦，有二仙自天而下，云："奉玉皇命，授真人以九州都仙太史高明大使之职、紫袍宝节、玉膏金丹各一合。"并告以冲举之日，遂乘云车而去。真君乃与乡里耆老[32]谕以行期，日设宴饮叙别。又与同升十一弟子，作劝诫诗十首以遗世。又以大功如意丹方，授群弟子之不与上升者。是月望日[33]，遥闻天乐之音，祥云冉冉，羽盖龙车，从官兵卫，仙童玉女前后导从。见前二使，真君降阶拜迎。二使宣诏，封真君三代，赐所居宅曰"仙曹左府"，乃揖真君升龙车。真君命弟子陈勋、时荷持册前导，周广、曾亨骖御[34]，黄仁览与其父族侍从，盱烈与其母部侍从，仙眷四十二口，同时白日拔宅升天，鸡犬亦随。有仆许大者，与其妻市米于西岭，闻真君飞升，即奔驰而归，仓忙车覆，遗米于地，米皆复生。比至，哀泣求从行。真君以其分未应仙，授以地仙之术。仙仗既举，有顷，坠下药臼、车毂[35]各一，又坠一鸡笼、鼠数枚于宅之东南十里余。百里之内，异香芬馥，经月不散。

1 寤：醒来。2 檠：烛台，灯台。3 发摘：揭发。4 瘗：埋在地下。5 力：服劳役。6 瘥：痊愈。7 生祠：为活人建立的祠庙。8 俟：等候。9 野：分野，古以十二星次的位置划分地面上州、国的位置与之相对应。10 腴：丰厚。11 逆旅：客舍，旅馆。12 汲：打水。13 涸泽：干枯的湖泊。14 愬：诉说。15 炁：同"气"。16 远迩：远近。17 江浒：江边。

18 沙碛：沙滩，沙洲。19 左股：左大腿。20 符吏：道教指守护符箓的神官。21 失度：失去原来的位置。22 噍类：活着的人或动物。23 无虞：没有忧患，太平无事。24 谶记：谶语。25 府靖：道观。26 次：驻扎。27 筮：占卜。28 刺舟：划船。29 觇视：窥视，探看。30 岫：峰峦。31 闾里：平民聚居之处。32 耆老：指年老而有地位的士绅。33 望日：月亮圆的那一天，通常指旧历每月十五日。34 骖御：陪乘或陪乘的人。35 毂：车轮。

甘戬

甘戬，晋丰城人，有孝行，喜欢神仙之术，前往跟随许逊学道。许逊认为甘戬的才华和气宇很奇特，所有奥文和秘诀都让他掌管。从此许逊外出周游江湖，诛杀蛟龙和大蛇，都让甘戬随行。许逊飞升时，甘戬在丰城娶妻安家，布施德行，恩惠百姓。乡人都被甘戬所感化。陈大建初年，甘戬于是坐着麒麟车，乘云而去。宋朝，甘戬被封为精行真人。

原文　甘戬，晋丰城人。有孝行，喜神仙术。往从许逊。逊异其材器，凡奥文秘诀，悉命掌之。自是周游江湖，诛蛟斩蛇，无不从[1]焉。及逊上升，戬归丰城，布德行惠，乡人感化。陈大建初，乃驾麟车[2]，乘云而去。宋封精行真人。

1 从：参与。**2** 麟车：麒麟车。

盱烈

盱烈，南昌人，从小丧父，独自侍奉母亲。母亲许氏，是许逊的大姐。许逊曾经在自己宅第以西十步远的地方建造房子，让盱烈母子居住。盱烈因此每天都能听到许逊讲授的至道。许逊飞升的时候，盱烈母子都跟随许逊腾云而去。宋朝时，盱烈被封为和靖真人。

原文 盱烈，南昌人。少孤，事母孝。母许氏，逊之长姊[1]。逊尝筑室宅西数十步间，俾[2]烈母子居之。故日闻至道。及逊飞升，母子俱从，云腾而去。宋封烈和靖真人。

1 长姊：大姐。**2** 俾：使。

黄仁览

黄仁览，字紫庭，南城人。父亲黄万石，担任晋朝御史。黄仁览拜许逊为师，尽得许逊的道法。许逊把女儿嫁给他做妻子。黄仁览曾经担任青州从事，一个人骑马上任，把妻子留在家中侍奉父母。然而每晚偷偷回来与妻子同眠。人们都不知道这件事。一天晚上，有家人听到许氏房中有欢声笑语，就把这件事禀报给了黄仁览的父母。许氏婆婆询问她其中缘由，许氏说是黄仁览在房中。婆婆说："我儿在千里之外做官，怎么能够到你房中去。"许氏说："他已经修炼获得仙道，千里的路程，瞬间就能到达。黄仁览告诫我不要泄露他得道的事情，因此不敢让婆婆知道。"婆婆

黄仁览

说："如果是这样，应当让我见到黄仁览。"当天晚上，黄仁览回来，许氏把刚才的事情告诉了黄仁览。等到第二天天明，黄仁览迫不得已出来拜见父母说："我虽然在远方做官，然而每天晚上都回家睡觉。况且仙道属于机密，不可轻易泄露，恐怕召来谴责和拖累，因此不敢拜见父母。"话刚说完，黄仁览就拿出竹杖变成一条青龙，骑着青龙而去了。黄万石因此拜许逊为师。只有二弟生性爱好打猎，黄仁览曾经折草变成鹿，以此来制止他的妄心。黄仁览又多次教导二弟，他都不听从。后来黄仁览和父母一家三十二口人白日得道升天，只有二弟还在猎场。

【原文】 黄仁览，字紫庭，南城人。父万石，为晋御史。紫庭师许君，尽得许君之道。许君以女妻之。尝为青州从事，单骑[1]之官，留妻侍父母。然每夜暗归，与妻同宿，人莫而知。一夕，家人闻许氏房有笑语声，以报父母。姑[2]讯之，许氏曰："黄郎耳。"姑曰："吾子从宦数千里，安得至此？"许氏曰："彼已得仙道，千里顷刻能来，戒勿漏语，故不敢令姑知。"姑曰："若然，当使我见之。"是夕紫庭归，许氏以告。比明，紫庭不得已出谒父母，曰："仁览虽宦远，然夜每还家。但仙道秘密，不可轻泄，恐招谴累，故不敢见大人[3]耳。"言讫，取竹杖化为青龙，复乘之而去。万石因是反师许君，惟二弟性好田猎[4]。紫庭曾折草化鹿以止其妄心[5]，复屡导之不从。后紫庭与父母家人三十二口，白日升天，二弟尚在猎所。

---

[1] 单骑：独自骑马。[2] 姑：丈夫的母亲，婆婆。[3] 大人：对父母叔伯等长辈的敬称。[4] 田猎：打猎。[5] 妄心：执迷不悟之心。

潘茂名

潘茂名,潘州人。西晋永嘉年间,潘茂名入山遇到两位道士下棋,他站在一旁观看。过了很久,道士回头对潘茂名说:"你懂下棋吗?"潘茂名回答说:"像从蛇洞进去,像大雁一样外出。"道士听后大笑,心中认可潘茂名的回答,因此对潘茂名说:"你的顶骨通贯生门,命轮与日月等高,脑汁尚未减少,心境还未偏移。如果加以修炼,那么可以飞升。"两位道士传授潘茂名服用黄精不死的方法。潘茂名在东山采药,在西山炼丹,后来白日飞升。

原文 潘茂名,潘州人。晋永嘉中,入山逢二道士奕棋。立观久之,道士顾谓子识此不。答曰:"入犹蛇窦[1],出似雁行。"道士笑可其说,因语之曰:"子顶骨[2]贯于生门[3],命轮[4]齐于日月[5]。脑血[6]未减,心景[7]不偏。若修炼,则可轻举。"授以服黄精不死之法。于东山采药,炼丹于西山。白日上升。

1 蛇窦:蛇穴。2 顶骨:头顶部的骨头。3 生门:相术术语,八门之一,属于吉门。4 命轮:主宰寿命的纹路。5 日月:日角和月角。6 脑血:脑汁。7 心景:心境。

彭抗

彭抗,字武阳,兰陵人。在晋朝为官,担任尚书左丞。他偷偷修炼仙业,拜许逊为师。彭抗把女儿嫁给许逊的儿子做媳妇。后来辞官,携家带口居住在豫章。他再次在许逊门下学习，尽数传习许逊的道法。宋高祖永初二年八月二十四日，全家二十六口白日飞升。

原文 　　彭抗，字武阳，兰陵人。仕晋，为尚书左丞。密修仙业，师事许真君。纳女为真君子妇。后致政[1]，挈家居豫章。再诣真君门下，尽传其道。宋高祖永初二年八月二十四日，举家二十六口白日升天。

[1] 致政：致仕，辞官归家。

郭璞

　　郭璞，字景纯，河东闻喜人，生性爱好经术，学识渊博，才高八斗，但是不擅长言谈对答。他的辞赋在中兴年间被推为第一。郭璞喜欢古文和奇字，精通阴阳算历。有一位郭公，客居河东，精通卜筮。郭璞跟随他学习，郭公把青囊中的九卷书给了郭璞。郭璞因此洞晓了五行、天文、卜筮之术，能够驱灾转祸，到达任何地方，即使京房、管辂也不能超越他。郭璞的门人赵载偷了郭璞青囊中的书，还没来得及阅读，就被火烧毁了。

　　晋惠帝、怀帝之际，河东地区社会动荡，郭璞知道将要发生变乱，于是暗中联络了亲戚朋友数十家，准备迁移到东南去避难，投靠将军赵固。正好遇上他所乘的一匹好马死了，赵固非常痛惜，不愿接待宾客。郭璞前来拜访，守门人不肯为他通报。郭璞对守门人说："我能使马死而复生。"守门人很吃惊，连忙进去告诉赵固。赵固快步出来见郭璞，对他说："你能使我的马复活吗？"郭璞说："需要健壮的汉子二三十人，每人手持一根长竿，往东走三十里，在山丘树林里有一个土地庙，用长竿拍打土地庙，就会出来一物，要迅速捉住带回来。得到了这个东西，马就可以复活了。"赵固照着他说的去办，果然捉住了一个像猴子一样的东西，便带了回来。这个像猴子一样的东西一见死马，便对着死马的鼻子吸气，一会儿马就站了起来，昂头嘶鸣和平常一样，可那个像猴子一样的东西却不见了。赵固对郭璞大加称赏，送了许多钱财作为报答。郭璞后来到了庐江，劝太守胡孟康尽快南渡过江，胡孟康不听。郭璞喜欢胡孟康的一位婢女，于是拿出一些红豆绕着胡孟康的房子边走边撒。胡孟康每每都能见到数千红衣人包围他的房子，可是近看，红衣人就消失了。胡孟康内心感到十分厌恶，请郭璞为他算卦。郭璞说："您家不宜畜养这位婢女，可在东南二十里的地方把她卖掉，千万不要和买家讨价还价，那么这些妖怪就可以驱除了。"胡孟康马上听从了郭璞的建议，郭璞则趁机派人低价买回了这个婢女。然后又把道符扔到井中，于是数千红衣人都反捆住自己跳进井里去了。胡孟康非常高兴，郭璞则携带婢女而去，几十天后江北陷落。

　　郭璞渡江后，王导非常器重他，引荐他参与自己的军务。王导曾经让郭璞算卦，郭璞说："您有雷劈的灾厄，应当下令驾车西出数十里，会见到一棵柏树，把柏树砍成和您身体一样长，然后放在您经常睡觉的地方，雷灾便可以消除。"王导听从了郭璞的建议，几天后果然打雷，把柏树劈得粉碎。郭璞母亲去世之后，他占卜的埋葬地在暨阳，坟墓离水边不超过一百步。有人认为墓地离水太近。郭璞说："这个地方将会变成陆地。"后来水里面的沙子不断增加，离坟墓数十里的地方都变成了桑田。郭璞曾写诗道："北阜烈烈，巨海混混。垒垒三坟，唯母与昆。"郭璞曾经替人选择墓地方位，明帝微服前往观看，趁机询问墓主人："为什么要葬在龙角，按这种方法下葬将会被灭族。"墓主人说："郭璞告诉我，这个地方葬了一条龙，不出三年，将会召来天子。"明帝问墓主人："是为了家中出现天子吗？"墓主人回答说："不是出现天子，是能够召来天子的询问。"明帝既感叹，又对此事感到非常惊奇。

　　郭璞凭借自己的才华和学识，在当时很有名。然而性格轻佻浮躁，不注重服饰仪表，嗜酒好色，有时纵欲过度。著作郎于宝经常告诫郭璞说："你这种行为不符合修身养性之道。"郭璞说："我所拥有的福报有限，使用的时候经常担心不能在临死之前用完，你难道担心酒色的危害吗？"郭璞素来和桓彝关系很好，桓彝拜访郭璞，有时遇到郭璞在女子的房间，便直接进去。郭璞对桓彝说："你过来，其他任何地方你都可以直接进去找我，但是不可到厕所中找我。如果你去厕所找我，那么客人和主人都会遇到危险。"桓彝后来在喝醉的时候前去拜访郭璞，恰逢郭璞在厕所中。桓彝直接推开厕所门走了进来，见郭璞全身裸露，披头散发，口中含着刀，摆好法坛准备作法。郭璞见到桓彝，抚胸长叹说："我经常叮嘱你，你还是这样，不但祸害了我，你也不免要遭遇祸患，上天确实要降灾，将让谁来承担后果呢？"郭璞最终命丧王敦之祸，桓彝也死于苏峻之乱。

　　王敦谋划造反，温峤、庾亮命令郭璞占卜吉凶。郭璞占卜后回答说："不能判断吉凶。"温峤、庾亮命令郭璞再次占卜他们的吉凶。郭璞说："大吉。"有一姓崇的人，在王敦面前构陷郭璞。王敦将要举兵造反，于是让郭璞占卜吉凶。郭璞说："不能成功。"王敦本来就怀疑郭璞暗中帮助温峤和庾亮，又听到占出凶卦，于是问郭璞："你再占卜一下我的寿命有多长。"郭璞回答说："根据刚才的卦象来看，你如果举兵造反，灾祸必定很快就会来临；如果住在武昌，您的寿命长不可测。"王敦怒说："你的寿命有多长？"郭璞说："我的寿命今天中午就尽了。"王敦下令收押郭璞，把他带到南冈处斩。郭璞在临行前问行刑人要往哪里去，行刑人回答说："南冈头。"郭璞说："必定在两个柏树下面，那棵树上

郭璞

应当有一个喜鹊巢。"到了南冈头，果然如郭璞所言。当初，郭璞在中兴之初经过越城，途中遇一人，郭璞叫他的名字，将衣服送给他，那人不接受，郭璞说："只管拿去，以后你自会明白。"那人接受后就离开了。到这时，果然是那个人行刑。郭璞当时四十九岁。到王敦之乱平定后，郭璞被追赠为弘农太守。郭璞在还没有遇害之前，已经预先让家人在行刑的地方准备好了送终的物品，让家人把自己埋在长江边上的两棵松树之间。郭璞问斩后的第三天，南州集市中的人又见到郭璞穿着平日的服饰，和人一同说话。王敦听说之后，打开棺材，发现里面没有尸体，这就是所谓的兵解。郭璞后来担任水府仙伯。

郭璞前后撰写了六十多件占卜灵验的事情，取名为《洞林文抄》。又写有《京费诸家要最》，《新林》十篇，《卜韵》一篇。注释《尔雅》《音义图谱注》《三苍》《方言》《葬书》《穆天子传》《山海经》《楚辞》《子虚》《上赋林》几十万字。郭璞所作诗赋诔颂也有上万言，都流传于世。他的儿子郭骜官至临贺太守。

【原文】

郭璞，字景纯，河东闻喜人。性好经术，博学有高才，而讷[1]于言论。词赋为中兴之冠[2]。好古文奇字，妙于阴阳算历[3]。有郭公者客河东，精卜筮。璞从之受业，公以青囊书九卷与之。由是遂洞五行、天文、卜筮之术，禳灾转祸，通致无方，虽京房、管辂不能过也。璞门人赵载窃其青囊书，未及读，为火所焚。

惠怀之际，河东骚扰[4]。璞知其将乱，乃潜结姻昵，及交游数十家，避地东南，投将军赵固。会[5]固所乘良马死，固惜之，不接宾客。璞至，门吏不为通。璞曰："吾能活马。"吏惊入白，固趣出曰："君能活吾马乎？"璞曰："得健夫[6]二三十人，皆持长竿。东行三十里，有丘林庙社者，便以竿打拍，当得一物。急持归，马活矣。"固如其言，果得一物似猴，持归。此物见马死，便嘘吸[7]其鼻，顷之马起，奋迅嘶鸣如常。不复见向物。固大称赏，厚加资给。后至庐江，劝太守胡孟康急南渡。康不从，璞爱其婢，乃取赤豆绕主人宅散之。主人每见赤衣人数千围其家，就视则灭，甚恶之。请璞为卦，璞曰："君家不宜畜此婢，可于东南二十里卖之，慎勿争价。则此妖可除也。"主人即从之。璞因令人贱买此婢。复投符于井中，数千赤衣人皆反缚，一一自投于井。主人大悦，璞携婢去。后数旬而江陷。

既渡江，王导深重之。引参己军事。尝令作卦，璞言："公有震厄，当命驾西出数十里，得一柏树，截断如身长，置常寝处，灾可消。"导从其言。数日，果雷震柏树粉碎。母丧，卜葬地于暨阳。墓去水不盈百步。时人以为近水。璞曰："将当为陆。其后沙涨，去墓数十里皆为桑田。"曾为诗曰："北阜烈烈，巨海混混。垒垒三坟，唯母与昆。"又尝为人葬。明帝微服[8]往观。因问主人："何以葬龙角，此法当灭族。"主人曰："郭璞云，此葬龙耳，不出三年，当致天子。"帝问："为是出天子耶？"答曰："非出天子。能致天子问耳。"帝叹异之。

璞以才学见重一时，然性轻易，不修威仪，嗜酒好色，时或过度。著作郎于宝常诫之曰："此非适性之道也。"璞曰："吾所受有限，用之常恐不得尽。卿乃忧酒色为患乎？"璞素与桓彝友善。彝每造之，或值璞在妇所，便入。璞曰："卿来，他处自可径前。但不可厕上相寻耳。必客主有殃。"彝后因醉诣璞，正逢在厕，掩而观之，见璞裸身披发，衔刀设醊[9]。璞见彝，抚心太息[10]曰："吾每嘱卿，复更如是。非但祸吾，卿亦不免矣。天实为之，将以谁咎。"璞终婴[11]王敦之祸，彝亦死苏峻之难。

王敦之谋逆也，温峤、庾亮使璞筮之。璞对不决，峤、亮复令占己之吉凶。璞曰："大吉。"有姓崇者，构[12]璞于敦。敦将举兵，乃使璞筮。璞曰："无成。"敦固疑璞之助峤、亮，又闻卦凶，乃问璞曰："卿更筮吾寿几何。"答曰："思向卦，明公起事，祸必不久。若住武昌，寿不可测。"敦怒曰："卿寿几何？"曰："命尽今日日中。"敦令收璞，诣南冈斩之。璞临出，谓行刑者何之，曰："南冈头。"璞曰："必在双柏树下，其树应有大鹊巢。"及至，果然。初璞中兴初，行经越城间，遇一人呼其姓名，因以袴褶[13]遗之。其人辞不受。璞曰："但取。后自知当。"其人遂受。至是，即此人行刑。时年四十九。王敦平，追赠弘农太守。璞未害之先，已预令家人备送终之具于行刑之所。命即窆[14]于江侧两松之间。斩后三日，南州市人复见璞著其平日服饰，与人共话。敦闻之，开棺无尸。谓兵解[15]也。后为水府仙伯。

璞撰前后筮验六十余事，名为《洞林文抄》。《京费诸家要最》、《新林》十篇，《卜韵》一篇。注释《尔雅》《音义图谱注》《三苍》《方言》《葬书》《穆天子传》《山海经》《楚辞》《子虚》《上赋林》数十万言。所作诗、赋、诔、颂[16]亦数万言，皆传于世。子骜，官至临贺太守。

1 讷：出言迟钝，口齿笨拙。2 冠：第一。3 算历：算法与历象。4 骚扰：动乱，社会不安定。5 会：恰逢。6 健夫：强壮的男子。7 噓吸：吐纳呼吸。8 微服：为隐藏身份，避人注目而改换常服。古代多用于帝王将相或其他有身份的人。9 设醮：祭祀。10 太息：长叹。11 婴：遭受。12 构：陷害。13 袴褶：上穿褶，下着裤，外不加裘裳，故称。名起于汉末，始为骑服。盛行于南北朝，亦用作常服、朝服。14 窆：下葬。15 兵解：旧称学道者死于兵刃为"兵解"，意谓借兵刃解脱得道。16 诗、赋、诔、颂：当时的各种文体。

许毛

许毛，电白县人，从小到老，两颊都如同朱丹一样红润。何时刮风下雨，年成丰歉，许毛预测之后告诉他人，没有一个不得到验证。一天早上，许毛忽然消失踪迹，没人知道他去了哪里。

原文 许毛，电白县人。自幼至老，两颊如丹。风雨水旱，岁时丰歉[1]，预以语人，无一不验。一旦绝迹，莫知所之。

[1] 丰歉：收成好与坏。

王道真

王道真，居住在鬼谷的柏台。经常有白云从柏台飘出，远远望去，就像百尺高楼。王道真经常隐居在云中，在山顶游戏。

原文 王道真，居鬼谷栢台。常有白云出台中，远望如百尺好楼。道真常隐此云中，游戏山顶。

郑思远

郑思远，年轻时是一位书生，擅长乐律和历法。晚年拜葛玄为师，学习各种道经和丹法。郑思远住在庐江马迹山中。山里有老虎生了两只小老虎，

王道真

郑思远

老虎妈妈被人所杀,老虎爸爸受到惊吓逃跑了,两只小老虎非常饥饿。郑思远把两只小老虎带回去饲养,后来老虎爸爸寻找小老虎来到了郑思远的住所。老虎爸爸跪谢郑思远,然后在郑思远身边不肯离去。之后郑思远每次出行都骑着老虎爸爸,两只小老虎则背着经书、衣服和医药在后面跟着。当时郑思远在永康横江桥碰到朋友许隐。许隐牙痛,想从郑思远那儿求得老虎须毛,烧热后插在牙齿缝间,牙痛就会痊愈。郑思远于是去拔老虎爸爸的须毛,老虎爸爸一动不动,任由郑思远拔下。郑思远后来仙去,成为丹阳真人。

【原文】 　　郑思远,少为书生,善律历,晚师葛孝先,受诸经并丹法,居庐江马迹山中。山有虎生二子,虎母为人杀,虎父惊逸[1]。虎子饥,思远持还饲之。后虎父寻至思远家跪谢之,即依思远不去。后思远每出行,骑虎父,二虎子负其经书、衣药以从。时于永康横江桥逢友人许隐。隐患齿痛,因从思远求虎须。云及热,插齿间,则愈。思远为拔之,虎伏不动。后仙去,为丹阳真人。

[1] 惊逸:受惊而逃逸,奔驰。

许迈

　　许迈,字叔玄,许逊的从弟。刚成年时,曾经拜访郭璞。郭璞为他卜了一卦,遇到"泰之上六爻"的卦象,于是对许迈说:"你的福分来自上天,适宜学习飞升之道。"当时南海太守鲍靓辞官归隐,人们都不知道鲍靓已经得道。许迈前往拜访鲍靓,学得道法的精要。这时许迈因父母尚在，不忍心离开他们，于是在余杭悬溜山修建屋舍，在茅岭之间往来，寻找仙人的踪迹。每月初一和十五，许迈回家看望父母，父母去世后，许迈遣送妻子回家，自己则遍游名山，采药服用以养气。许迈因此改名许玄，字远游。后来进入临安的西山，和王羲之父子结为世外之交。当时和王羲之一起修炼和服用丹药，遍采名药。王羲之每次感叹说："我最终当快乐而死。"许迈后来写信与妻子告别，于是没人知道他到哪里去了。

原文　　许迈，字叔玄，真君之从弟也。弱冠时，尝造郭璞。璞为之筮，遇泰之上六爻，乃谓曰："君元吉[1]自天，宜学升遐[2]之道。"时南海太守鲍靓隐迹潜遁，人莫知之。迈乃往候之，探其至要。父母尚存，未忍违背[3]，乃筑舍余杭悬溜山。往来茅岭，以寻仙迹。朔望时节，还家觐省[4]。父母既终，遣妇还家，遍游名山，采药服气。因改名玄，字远游。后入临安西山，与王右军父子为世外之交。时共右军修炼服食，遍采名药。右军每叹曰："我卒当以乐死。"迈后作书与妇告别，遂莫知所往。

[1] 元吉：大吉，洪福。[2] 升遐：离世隐居，学道修仙。[3] 违背：离开，背离。[4] 觐省：探望双亲。

许穆

　　许穆，许逊的从弟，进入华阳洞得道。后来，王母的女儿华林夫人降临人间亲自传授他道法，许穆因此得以成为佐卿仙侯。许穆的小儿子许羽，小字玉斧，是侍宸仙翁。后来华林夫人给许穆写信说："玉醴、金浆、交梨、火枣，是给山中许道士食用，而不是给人间许长史。"

原文 　许穆，许真君之从弟也。入华阳洞得道，后王母之女华林夫人降教之，得为佐卿仙侯。幼子羽，小字玉斧，为侍宸仙翁。后华林夫人与穆书云："玉醴金浆[1]，交梨火枣[2]，当与山中许道士，不与人间许长史。"

[1] 玉醴金浆：传说中的仙药。[2] 交梨火枣：传说中的仙果，食之能羽化飞行。

葛洪

　　葛洪，字稚川，句容人。从小好学，家里贫困，白天亲自砍柴换来纸墨，晚上就抄书和背诵温习，遂以精通儒学而闻名于当时。葛洪清心寡欲，没有喜欢玩的东西。葛洪独自居住，不擅长交流，不贪慕荣利。他闭门自扫，不曾和人交游。有时寻访书籍，请教义理，有时为了解答书中的疑惑，不远千里，跋山涉水，一定要寻找到答案。葛洪尤其喜欢神仙道术。他的从祖父葛玄学道成仙，把修炼秘术传给了弟子郑隐。葛洪又跟随郑隐学道，尽得他的道法。后来，葛洪又拜南海太守上党鲍玄为师。鲍玄精通内学，能够预测未来，见到葛洪后非常器重他，把自己的女儿嫁给他做妻子。葛洪继承了鲍玄的道法，又兼通医术。他的著作精妙通透，而且文辞华美。

　　晋成帝咸和初年，司徒王导召见葛洪，让他担任主簿，后来又被遴选为散骑常侍，任职大著作。葛洪都没有前往上任，以年老体衰拒绝了邀请。葛洪想炼丹来获得长寿，听说交趾出产丹砂，请求担任勾漏令。晋成帝因为葛洪资历太高，不同意他的请求。葛洪说，我前往勾漏不是为了贪图荣华，是因为勾漏有丹砂。晋成帝这才同意。葛洪于是带着儿子、侄儿一起上路。到了广州，刺史邓岳苦苦挽留不放他走，他只好留在罗浮山炼丹。葛洪在罗浮山居住了七年，生活悠闲，不断地撰写书籍。书上说："儒家门徒世世代代只知道服膺周公和孔子，不相信神仙之事；他们不但自高自大讥笑神仙之事，而且还诽谤道家真言。我因此撰写《内外篇》，一共一百一十六篇，取名'抱朴子'，来开示执迷不悟之人。"一天，他忽然写信对邓岳说："我要远游去寻找仙师，即刻就要启程。"邓岳收到来信，慌慌张张地赶去道别。而葛洪端坐到中午，竟像熟睡了一样去世了，时年八十一岁。邓岳赶来，已来不及见他一面。葛洪的面色和生前一样，身体柔软而不僵硬。人们将葛洪的尸体装殓入棺，发现只有一件空衣，尸体不知道哪里去了。后来唐代崔炜，在南海开元寺游玩。有一位乞讨的老妇人对崔炜说："我擅长医治赘疣，手头有少许艾草，现在把它送给你。"崔炜接受了老妇人的艾草，但不知道她是谁。后来才知道，老妇人是葛洪的妻子，鲍玄的女儿。

【原文】　　葛洪，字稚川，句容人。少好学，家贫，躬自伐薪，以贸纸墨。夜辄写书诵习，遂以儒学知名。性寡欲，无所爱玩。自居木讷，不睹荣利。闭门却扫[1]，未尝交游。时或寻书问义，不远千里，期于必得。尤好神仙道术。从祖玄学道得仙，以其修炼秘术授弟子郑隐。洪复就隐学，悉得其法。后师事南海太守上党鲍玄。玄善内学、逆占[2]将来。见洪深重之，以女妻洪。洪传玄业，兼综医术。著撰精核，而才章[3]富赡。

　　晋成帝咸和初，司徒王导召补主簿，后选为散骑常侍，领大著作。

俱不就，辞以年老。欲炼丹以期遐寿[4]。闻交趾出丹砂，求为勾漏令。帝以洪资高，不许。洪曰："非欲为荣，以彼有丹尔。"帝乃从之。洪遂携子侄俱行。至广州，刺史邓岳留，不听去。洪遂止罗浮山炼丹。在山七年，优游[5]闲养，著述不辍。云："世儒徒知服膺[6]周孔，莫信神仙之事。不但笑之，而且谤毁真言[7]。乃著《内外篇》，凡一百一十六篇，名'抱朴子'，以示迷者。"一日，忽与邓岳疏[8]云："当远游寻师，刻期便发。"岳得疏，狼狈[9]往别。而洪坐至日中，兀然若睡而卒。年八十一。岳至，遂不及见。视其颜色如生，肢体柔软。举尸入棺，惟空衣。后唐有崔炜者，游南海开元寺，有丐妪[10]谓炜曰："吾善灸赘疣[11]。今有艾少许奉子。"炜受之，莫知为谁。后始知为洪妻鲍女云。

1 却扫：不再扫径迎客，谓闭门谢客。2 逆占：占卜。3 才章：文才，才华。4 遐寿：长寿。5 优游：悠闲自得。6 服膺：铭记在心，衷心信奉。7 真言：指道家祖师的经典著作。8 疏：写信。9 狼狈：急速，急忙。10 丐妪：乞讨的老妇人。11 赘疣：附生于体外的肉瘤。

张元化

张元化，葛玄的弟子。他曾经客居汝州，能够预知将来的事情。一天，他召来道士周元亨，告诫他说："我羽化之后，不要损伤我的躯体。"张元化羽化后，周元亨遵照他的命令，把他葬在城北。五年后，一位汝州士兵前往蜀地驻扎，在山间峡谷遇到一位道士。道士对士兵说："我刚刚去了汝州，你能否为我把信带给胡司马和周尊师？"士兵答应了道士的请求，返回汝州把信送给胡司马和周尊师。打开信后，竟是张元化的亲笔信，感谢他们二人的厚葬。胡司马和周尊师于是率领郡人打开棺材检查，棺内只有一双以前的鞋子。宋政和年间，张元化被封为冲妙先生。

原文　　张元化，葛玄弟子也。尝寓汝州，有前知[1]之明。一日召道士周元享戒之曰："吾化之后，毋损吾躯壳。"既化，元享遵其命，葬于城北。后五年，汝州宰戍蜀，逢一道士于山峡间，谓曰："我新去汝。若能为我持书与胡司马、周尊师不？"卒诺之。返，投书二人。开缄[2]，乃元化亲札[3]，谢二人葬意之厚也。遂率郡人发棺视之，惟有故履存耳。宋政和中，封冲妙先生。

[1] 前知：预知，事先知道。[2] 缄：书信封口。[3] 亲札：亲笔信。

黄野人

　　黄野人，葛洪的弟子。葛洪住在山中炼丹，黄野人跟随在葛洪身边。葛洪仙去之后，把丹药留在罗浮山的柱石之间。黄野人获得一粒丹药，吃下之后成为地行仙。黄野人的肉身至今尚存，有缘人有时还能遇到。后来有人在罗浮山游玩，在岩石中间过夜。半夜的时候，见到一个人，没有穿衣服，全身覆盖着毛发。心想，肯定是仙人，于是跪下问道。这个人却头也不回，只是长笑数声，整个山林都被震动。然后又唱道："云来万岭动，云去天一色。长笑两三声，空山秋月白。"在罗浮山游玩的人回去之后，向人描述晚上所见之人的容貌，其实那就是黄野人。

原文 黄野人，葛洪弟子。洪栖山炼丹，野人常随之。洪既仙去，留丹于罗浮山柱石之间。野人得一粒，服之为地行仙。今肉身尚在，有缘者或遇之。后有人游罗浮，宿石岩间。中夜[1]见一人无衣而绀毛覆体，意必仙也。乃再拜问道，其人了不顾，但长笑数声，声振林木。复歌曰："云来万岭动，云去天一色。长笑两三声，空山秋月白。"其人归，道其形容[2]，即野人也。

1 中夜：半夜。**2** 形容：容貌。

麻姑

麻姑，石勒时期麻秋的女儿。麻秋勇猛彪悍，强迫民众修建城墙，昼夜不息，非常严酷，只有在鸡鸣的时候才稍作休息。麻姑一直以来就抱有同情民众的念头，经常假装学鸡叫，一群鸡听到后也跟着叫，百姓得以提早收工休息。后来麻秋察觉，想鞭答麻姑。麻姑害怕，就往外面跑，进入仙姑洞修道。麻姑后来在城北石桥飞升，这座桥因此被称为望仙桥。宋政和年间，也有一位麻姑，是建昌人，在牟州东南的姑余山修道，被册封为真人。元朝时，刘氏鲤堂前有一棵大槐树。刘氏忽然梦到一位女道士，自称是麻姑，想要用这棵槐树去修庙。刘氏假装答应了麻姑的请求。醒来之后，刘氏觉得很奇怪。几天后，狂风大作，电闪雷鸣，槐树不知道去了哪里。刘氏拜访麻姑庙，那棵槐树已经躺在庙前。北宋重和年间，朝廷赐给麻姑庙一块写着"显异"的匾额。

原文

麻姑，石勒时人，麻秋之女。秋猛悍，筑城严酷，昼夜不止，惟至鸡鸣少息。麻姑雅勤恤民之念，常假作鸡鸣，群鸡亦鸣，工得早止。后父觉疑，欲挞[1]之。姑惧而逃，入仙姑洞修道。后于城北石桥飞升，因名其桥曰望仙。宋政和中，亦有麻姑，是建昌人。修道于牟州东南姑余山，册封为真人。至元时，刘氏鲤堂前有大槐。忽梦一女冠，自称麻姑，乞此树修庙。刘谩许[2]之。既寤，异其事。后数日风雷大作，失槐所在。即诣麻姑庙，槐已卧其前矣。重和初，赐额曰"显异"。

[1] 挞：用鞭子或棍子打。[2] 谩许：假装答应。

中国鸟谱 〈下册〉

[清] 王耀宸 辑
邢湘臣 编校

中国书店出版社 现代出版社

第九卷

362 刘词   378 文广   397 王和尚   407 王经

363 石隆吉母   378 佛灭于   398 张四   409 李师儿

365 张即墓   379 编手卷   400 万僧   410 扣窗鬼

366 姜孜   383 韩瑗   400 邓艳   415 乘士昌

368 秋彩   385 扣棒   402 弥仁   415 敦真人

369 次廊高士   385 扣媒卷   402 书昕   417 蘇辞

371 王老蛇   386 陶凫举   403 易文进   417 翁贵爱

371 柳中和   393 椒圆   403 徐训   418 莫之闻

373 白伦   393 宓溪之   406 兼子三   418 霉昆人

374 王華   395 韦朴   406 杨义   420 张章

375 魏陈   397 唐氏姿   407 白檀道人   425 甘泽番

第六卷 / 449

450 許真君　　453 鲍叔陽　　455 傅先生　　456 王仲都　　457 李餐　　459 李白　　463 李长春　　464 南极寿星　　464 刘海蟾

465 衡山李人　　465 邢和璞　　469 张复元　　471 王敬伯　　472 彭公弼　　473 金壬弇　　475 申泰芝　　476 凌昌　　477 韓志昌

478 徐佐卿　　480 武攸绪　　480 葛玄辅　　481 田和　　482 张夏　　483 沉隐家　　483 權軍芸　　484 鲍真卿　　486 阳翔

487 甫升　　488 王冒暉　　488 向山源　　490 吕异　　499 张志和　　501 李珣　　503 韓湘子　　506 崔自中　　506 江華

430 郭休　　432 罗通微　　432 王野　　434 明崇儼
436 王会　　436 泠虚峰　　437 朱衰僊　　439 僕大竞　　439 仆大生　　440 王遥　　442 司马承禎　　445 修真君　　446 班孟

447 崔希真　　447 墨齐给
426 楊子玉

507 许栖岩	514 王四郎	521 权同休	527 唐居士
511 俞灵瑰	515 李珏	522 卢山人	
512 伊祁玄解	516 柳实、元彻	526 威逍遥	

第七卷 / 529

530 裴航	549 瞿柏廷	560 陈抟	579 贺兰
536 轩辕集	550 闾丘方远	567 刘玄英	580 曹国舅
540 刘元靖	551 谭峭	570 谭紫霄	582 侯先生
540 钱朗	552 何令通	570 景知常	584 曾志静
542 郑全福	552 马大仙	571 苏澄隐	584 陈易
543 羊愔	553 何九仙	572 刘女	585 陈太初
543 侯道华	553 甘大将	574 刘希岳	586 张伯端
545 廖师	554 赤肚子	574 马湘	589 刘斗子
546 刘德本	554 汪台符	576 张九哥	589 石泰
547 刘暨	556 麻衣仙姑	578 甘始	591 赵吉
549 黄洞源	557 尔朱洞	578 王鼎	591 徐问真

593 黄希旦	598 雷隐翁	614 王文卿	620 罗升
594 徐熙春	599 林灵素	615 陶道人	620 刘益
594 申屠有涯	609 李鼻涕	616 李思广	621 武元照
595 朱有	611 吹角老兵	616 罗晏	622 孙卖鱼
597 陈仁娇	612 张俞	617 张虚白	622 梅志仙
598 邵琥	612 莎衣道人	618 魏二翁	623 范子珉

第八卷 / 625

626 武志士	640 孙仙姑	657 陈楠	666 王处一
626 萨守坚	642 上官道人	658 訾亘	669 李灵阳
631 冯观国	642 吕道章	659 葛长庚	670 颜笔仙
633 王嚞	644 谭处端	660 彭耜	671 郭志空
634 宋耕	647 刘处玄	661 朱橘	671 宋有道
635 孔元	649 徐弯	663 郝大通	673 李双玉
637 石坦	651 丘处机	665 卖姜翁	674 卢六
637 马钰	654 唐广真	665 李志方	675 赵友钦

675 周史卿	680 岳真人	686 张中	696 裴仙
676 张拱	681 景素阳	689 周颠仙	697 沈野云
677 洪志	681 莫月鼎	694 冷谦	697 海上老人
677 李筌	684 张三丰	695 周玄初	
679 洞真子	686 刘道秀	696 任风子	

第九卷 / 699

700 姮娥	706 翟天师	712 宋玄白	720 殷七七
700 吴刚	707 灰袋	713 陆法和	721 李升
701 长桑公子	708 敖仙	714 神和子	722 费文祎
701 张天翁	709 王綦	715 钱妙真	724 杜光庭
702 冯延寿	709 魏华存	716 刘珍	724 刘无名
703 王中伦	710 单道开	716 潘师正	725 叶千韶
704 王次仲	711 祁嘉	717 谢自然	726 山图
705 张丽英	711 黄道真	719 胡惠起	727 晏仙人
706 王晖	712 萧防	720 邓紫阳	727 杨昭庆

728 柴通玄	736 蓝乔	744 牟罗汉	755 吴守一
728 丁少微	737 赵棠	745 刘遁	756 程守善
729 赵自然	738 刘混康	746 李常在	756 吉志通
729 张无梦	738 侯谷神	747 张远霄	757 王当阳
730 徐道士	739 杨父	747 费孝先	757 张得一
731 抱一道士	739 崔自然	748 张道清	759 梁野人
731 石仲元	740 陈葆光	749 二张仙翁	761 邓牧
732 林遇贤	740 韦恕女	749 张先生	761 张金箔
732 郭上灶	742 刘野夫	750 杨权	763 董伯华
733 甄栖真	742 许碏	751 裴老人	764 周思得
734 管归真	743 苏舜卿	754 张秉	
735 鱼肉道人	744 沈鳞	754 田志亨	

中国神仙故事

第五卷

刘纲

刘纲，字伯鸾，晋上虞县令。他和妻子樊夫人都有道术，能撰写檄文召来鬼神，控制变化之道。然而刘纲私下修行，偷偷证道，众人都不知道他有道法。他处理政事，崇尚清静无为，简单易行。他颁布政令，民众都能从其中受惠。他治理的郡县风调雨顺，没有洪涝灾害，也没有瘟疫的流行。每年粮食丰收，远近的民众都敬仰他。闲暇的时候，刘纲经常与夫人切磋法术。刘纲用火烧客人的磨房，火从东边而来。夫人马上施法下雨，从西边而来，把火浇灭。院子中有两株桃树，夫人对其中一棵树施咒，使桃子自己落在箱子中。刘纲对另一棵树施咒，桃子却数次落在篱笆外面。刘纲往盘子里吐唾沫，马上变成鲫鱼。夫人往盘中吐口水则变成水獭，把鲫鱼吃掉。刘纲与夫人进入四明山，路上遇到老虎。刘纲定住老虎，老虎趴在地上起不来，向刘纲号叫。夫人直接走到老虎面前，老虎的头朝向地面，不敢抬头看夫人。夫人用绳子牵着老虎回去，系在床边。刘纲每次与夫人比试法术，都不能取胜。刘纲和夫人将要飞升的时候，县衙大厅旁边有棵大皂荚树，刘纲爬到树上几丈高的地方才能飞升，而夫人平坐在床上，像云朵一样冉冉升起。最后他们一起飞升成仙。

原文 刘纲，字伯鸾，晋上虞令。与妻樊夫人俱有道术，能檄召鬼神，禁制变化之道。然潜修密证，人不能知。为理尚清静简易，而政令宣行，民受其惠。盖邑无旱叹漂垫[1]之害，无疫毒鸷暴[2]之伤。年岁大丰，远近忻仰。暇日常与夫人较其术用。纲作火烧客碓舍[3]，火从东而起。夫人即作雨，从西来禁之。庭中两枝桃，夫人咒一株，使之自落箱箧中。纲所咒者，数落篱外。纲唾盘中，即成鲫鱼。夫人唾盘中成獭，食其鱼。纲与夫人入四明山，路值虎。纲禁之，虎伏不起，向纲号之。夫人径往虎前，虎以面向地，不敢仰视。夫人以绳牵虎归，系于床侧。纲每共试，俱不能胜。将升天，县厅侧有大皂荚树，纲升树数丈，始能飞举。夫人即平坐床上，冉冉如云之举，遂同升天。

1 旱叹漂垫：干旱和洪涝。2 疫毒鸷暴：瘟疫疾病。3 碓舍：存放工具的房子。

东陵圣母

东陵圣母，海陵人，拜刘纲为师。她修炼得道，能够变形和隐身。东陵圣母嫁给杜氏，杜氏不相信道术，常常迁怒东陵圣母。东陵圣母有时治病救人，前往病人住所。杜氏更加愤怒，于是把东陵圣母告到官府，要休掉东陵圣母。杜氏说："东陵圣母是一个奸邪的女妖，不治理家务。"于是官府收押了东陵圣母，把她关在监狱。一会儿，东陵圣母就从监狱的窗子中飞出去了。众人都望见东陵圣母飞入云中。只有她的一双鞋子留在了监狱的窗子下面。附近的人建立祠堂祭祀东陵圣母，如有祈祷马上生效。经常有一只青鸟在祭祀场所的附近，凡是有人丢了东西，就问青鸟东西在

樊夫人

刘纲

哪里，青鸟马上飞到小偷的屋顶。因此，海陵路不拾遗。就算过了很久，偷盗之事也没有发生过。至今海陵人不敢做偷盗之事。如果做了偷盗之事，罪过大的，就会被风浪淹没，被老虎和狼吃掉；罪过小的，就会马上生病。

原文　东陵圣母，海陵人。师事刘纲，得道，能易形变化，隐显无方。适[1]杜氏，杜不信道，常患怒之。圣母时或理疾救人，而有所诣。杜患愈甚，遂讼官出之[2]。云："圣母奸妖，不理家务。"官收圣母付狱。顷之，从狱窗中飞去。众望之，见转入云中，留所着履一緉在窗下。远近立庙祠之，祷祈立效。常有一青鸟在祭所，人有失物者，乞问所在，青鸟即集盗人之屋。因是路不拾遗[3]。岁月弥久，亦不复尔。至今海陵人不敢为偷盗之事。大者，即风波没溺，虎狼吞噬。小者，即病伤也。

1 适：嫁给。**2** 出之：休妻。**3** 拾遗：拾取他人的失物。

张昭成

张昭成，字道融。他学习道法，坚持不懈。张昭成每次在室内端坐，元神便能达到数百里之外。他能够驯服老虎和豹。晋咸康年间，活到一百一十九岁去世。张昭成死后，尸体温热，就像活着的时候一样。下葬之后，周围的居民见到一只白鹤从坟墓中飞出来，有一团彩云围绕在墓周围。后来打开张昭成的墓，里面却只有帽子和鞋子。

原文　张昭成，字道融，学道不懈。每端坐室中，出神[1]数百里外。能驯虎豹。晋咸康中，年一百十九岁卒，而尸温温如生。既葬，居人见白鹤穿墓而出，有彩云盛之。后启其墓，惟冠履[2]在耳。

1 出神：元神离开躯体。2 冠履：帽子和鞋子。

孟钦

孟钦，洛阳人，学得左慈、刘根的法术。百姓仰慕孟钦，都搬到他附近居住。苻坚召他到长安来，又厌恶他能迷惑众人，命令苻融诛杀孟钦。苻融设宴招待孟钦。酒喝得尽兴后，苻融向身边的人使眼色，收押孟钦。可是孟钦却化成一阵旋风飞走了。不一会儿，有人报告说孟钦在城东。苻融派兵追捕孟钦。刚要追上，孟钦忽然就变远了。有时会出现士兵阻挡追捕，有时前面出现溪流山涧，骑兵不能过去，最终也不知道孟钦去了哪里。苻坚去世后，孟钦在青州再次出现。苻朗派人寻找孟钦。孟钦又跑到海上，后来成仙而去。

原文　孟钦，洛阳人，得左慈、刘根之术。百姓慕而趋之。苻坚召诣长安，复恶其惑众，命苻融诛之。融乃设宴，酒酣，目[1]左右[2]收钦。钦化为旋风而去。顷之，有告在城东。融遣骑追之，垂及，忽又远。或有兵拒之，或前有溪涧，骑不得过。逐不知所在。坚没，复见青州。苻朗寻之，复入海，后仙去。

1 目：使眼色。2 左右：侍从，身边的人。

孟钦

范豹

范豹，巴西郡阆中人，长期在支江百里洲修炼。呼吸和咳嗽之时，嘴里会发出五种颜色。冬天，范豹只穿单衣。桓温时期，范豹的头发已经斑白。到宋文帝时，容貌没有任何变化。他占卜吉凶，非常灵验。有人问范豹："您大概是被贬下凡的仙人吧？"范豹回答说："我曾经目睹周武王讨伐纣王，刚开战时，军队士气旺盛，前面的人唱歌，后面的人跳舞。"宋文帝召见他，范豹回答有时用我，有时用吾。范豹经过太子宫殿时，指着宫门说："这里面有博劳鸟，为什么要养贼人？"宋文帝听说之后，非常厌恶范豹，下令让范豹自杀，然后把尸体扔到江中。后来，又让人把范豹的尸体埋在新亭的赤岸冈。第二年，范豹的弟子陈志晚上起床，忽然看到光亮像白天一样。只见范豹走入房门坐在榻上，又有一位老翁稍后也走了进来。范豹起身迎接老翁，陈志问范豹老翁是谁。范豹笑而不答。不一会儿，范豹和老翁又都出门而去。宋文帝听说后，下令打开范豹的棺材，里面竟没有尸体。这时才开始后悔，认为范豹不是普通人。

【原文】 范豹，巴西阆中人。久于支江百里洲修炼，嘘嗽有五色光。冬月惟着单衣。桓温时，头已斑白。至宋文帝时，状貌不变。占吉凶，验如指掌[1]。或问曰："先生殆谪仙[2]耶？"答云："我曾见周武伐纣。初战时，前歌后舞。"文帝召见，豹答称我或称吾。过太子宫，指宫门曰："此中有博劳鸟[3]，奈何养贼？"文帝恶之，敕豹自尽，下尸江中。仍使埋于新亭赤岸冈。明年，豹弟子陈志夜起，忽睹光明如昼，而见豹入门就榻坐。又一老翁后至。豹起迎之，志问是谁。豹笑而不答。须臾俱出。文帝闻之，令发其棺，无尸。始悔异之。

1 指掌：对事情非常熟悉了解。2 谪仙：谪居世间的仙人。3 博劳鸟：一种不祥之鸟。

交趾道士

万州城南有一位道士，自称已九十九岁了，交趾人。在渡海的时候，船坏了，于是在这里搭建草屋。他养了一只鸡，像倒挂子一样大，每天放在枕头里面。鸡一叫，他就从梦中醒来。他又养了一只猢狲，像虾蟆一样大，用线系在几案上。道士吃完之后，它就爬到几案吃剩下的食物。又有一只乌龟，像铜钱一样大，放在荷包里面，经常拿出来放在衣褶上玩耍。僧人惠洪见到后，打趣地说道："您就是那小人国中引神道之人。"

原文 万州城南有道士，自言年九十九，交趾人。因渡海，船坏，结庵于此。养一鸡，大如倒挂子[1]，日置枕中，啼即梦觉。又畜一猢狲[2]，大如虾蟆，以线系几案间。道士食已，即登几食其余。又有龟大如钱，置合中。时使出戏衣褶间。僧惠洪见之，戏曰："公小人国中引神道也。"

1 倒挂子：鸟名。2 猢狲：猕猴的一种。

交趾道士

王玄甫

王玄甫，沛县人，和才华出众的邓伯元在霍山赤城学道。他们学习服用青精石饭和日精丹景的道法，一共花了三十四年，才能向内看见自己的五脏六腑，并且在夜色中写字。晋穆帝永和元年正月十五，天帝派遣羽车下凡迎接王玄甫。他和邓伯元一起乘云驾龙，白日得道飞升而去。据说后来下诏，封王玄甫为中岳真人。

原文 　王玄甫，沛人，同异人邓伯元学道于霍山赤城。受服青精石饭，日精丹景之法，积三十四年，乃内见五脏[1]，夜中能书。晋穆帝永和元年正月十五日，天帝遣羽车迎之，玄甫与邓伯元乘云驾龙，白日升天去。云诏玄甫为中岳真人。

[1] 五脏：指心、肝、脾、肺、肾。

谢仲初

谢仲初，袁州万载人，在合皂山修炼。他得道之后回家，经过县城西边，见当地没水，于是拔出宝剑刺向地面，结果马上涌出甘甜清洁的泉水。过江的时候没有船，谢仲初就用竹叶渡江。后来登上谢山，冉冉飘升而仙去。

原文 　谢仲初，袁州万载人。修炼于合皂山，得道而归。过县西，见其无

谢仲初

水，拔剑刺地，涌泉甘洁[1]。过江无舟，以竹叶渡之。后登谢山，冉冉飞去。

[1] 甘洁：甜美干净。

马俭

马俭，扶风人，博通经史。秦朝甘露年间，跟随孙彻学道，孙彻传授给他五符真文、断谷、服水、行气和导引的道法。马俭于是能够驱使众神，降服各种妖魔鬼怪。姚苌听说之后觉得很神奇，前往马俭住处召见他。马俭不来，姚苌于是给了他一些香烛。一天，天神降临，对马俭说："你刻苦修行道业，已经有些日子了，必定能够羽化成仙。"后来九十八岁时，马俭得道成仙，乘坐白云飞升而去。

原文 马俭，扶风人，博通经史。秦甘露中，从孙彻学道，授以五符真文，断谷服水，行气导引，遂役使万灵，制御群邪。姚苌闻而异之，往召不至。乃给之香烛。一日，天神降而言曰："法师勤修道业，积有日矣。必得度世。"后年九十八，返真[1]而白云举焉。

[1] 返真：返归真境，指得道成仙。

王嘉

王嘉，字子年，陇西安阳人。相貌丑陋，为人幽默，喜欢说笑话。他不吃五谷，不穿华丽的衣服，不和世人交往，在东阳谷隐居。他开凿了一个洞穴，然后住在里面。王嘉说到将来的事情时，多用隐语，就像谶谣一样，当时大家都不知道其中的意思。事情发生之后，王嘉的预言都被一一验证。苻坚南征，派人询问王嘉的意见。王嘉说："金属坚硬，火势强大。"于是乘坐使者的马，端正衣服帽子，缓慢向东行走了几百步。然后策马狂奔回来，脱下衣服，扔掉帽子，下马坐在床上，什么也不说。苻坚不明白王嘉是什么意思，又派人前往询问国祚是否长久。王嘉说："还没有到尽头。"苻坚很高兴，以为是吉兆。第二年癸未，苻坚在寿春大败，于是秦国灭亡。这次灭国之难发生在未年。秦国在西边，对应五行中的金。晋国在南边，对应火。火能够熔化金属。王嘉不久就搬到嵩山。姚苌与苻登相互敌对。姚苌问王嘉："我杀了苻登，是否可以得到天下？"王嘉说："大概可以得到天下。"姚苌大怒，对王嘉说："得到天下就说得到天下，为什么说大概？"于是下令处斩了王嘉以及他的两名弟子。不久前，姚苌派遣使者前往陇右，遇到王嘉和两名弟子在路上悠闲行走，那天正好是姚苌诛杀王嘉的日子。王嘉仍然写信给姚苌。姚苌下令打开王嘉和两名弟子的棺材，可是里面并没有尸体，只是各有一根竹杖而已。

原文　王嘉，字子年，陇西安阳人。貌丑，滑稽好语笑，不食五谷，不衣美丽，不与世人交。隐于东阳谷，凿穴而居，言未来事多隐语，如谶记[1]。当时人莫能晓，事过皆验。苻坚南征，遣人问嘉。嘉曰："金坚火强。"乃乘使者马，正衣冠，徐徐东行数百步，策马驰反，脱服弃冠履，下马踞床[2]而不言。坚不解，更遣人问国祚[3]云何。嘉曰："未央。"坚欣然以为吉征[4]。明年癸未，坚大败于寿春，遂亡秦国，是殃在未年也。秦居西为金，晋居南为火，火能烁金也。嘉寻移嵩高山，姚苌与符登相持。苌问嘉曰："吾将杀登，天下可得否？"嘉曰："略得之。"苌大怒曰："得当云得，何略之有？"遂斩之，及二弟子。先是苌遣使陇右，逢嘉将两弟子逍遥[5]途中，正是诛嘉日也。嘉仍作书与苌。苌令发嘉及二弟子棺，并无尸，各一竹杖而已。

1 谶记：谶语。2 踞床：踞坐在胡床上。3 国祚：国运。4 吉征：吉祥的征兆。5 逍遥：缓步行走。

扈谦

扈谦，魏郡人。他精通《周易》，曾经在建康摆摊算卦，一卦收取一百钱，每天限定收取五百钱，其中三百钱用来奉养母亲，二百钱用来喝酒以及施舍给穷人。一天赚够了五百钱后，即使有人出一千钱，也不再卜卦。东晋海西公见到一条红蛇盘曲在御床上，不一会儿，蛇就消失了。海西公下诏让扈谦占卜。扈谦说："晋朝皇室如同磐石一样坚固，海西公您有外出失利的征兆。"海西公说："可以驱除灾祸吗？"扈谦说："后面将会出现大将北征失败，损失三万人，这个灾难才会消除。"后来桓温北征，战败，撤退后驻扎在石头城，于是废海西公，立简文帝。桓温的妾室生桓玄时，出现难产。扈谦占卜说："您第六间马厩中的马将会死掉，然后小孩儿就会出生，而且应当是一个男孩儿，声音和呼吸浑雄有力，日后

扁
谦

将会使四海为之震动。"桓温听后非常高兴，赠给扈谦三十万钱，桓温的妻子也赠给他三十万钱。扈谦推辞，说没有放这么多钱的地方。桓温不同意。从此以后，他自己每天只算三卦来奉养母亲。桓温的钱则用来每天请客人喝酒，也不问认不认识。一天，扈谦的母亲去世。扈谦辞别酒家许氏说："我和你的缘分尽了。"安葬好母亲之后，扈谦就走了。几天后，许氏家人在落星路旁见扈谦躺在地上。起初以为扈谦喝醉了，俯身去拉扈谦的手打算把他扶起来，发现只有一件空衣，没有尸体。

原文　　扈谦，魏郡人，精于易。尝在建康筮卜，一卦百钱，日限钱五百。以三百供母，二百饮酒，并施贫寒。五百足，则卦虽千钱，不筮也。晋海西公见赤蛇蟠[1]于御床，俄尔，失蛇。诏谦筮卦。谦曰："晋室有盘石之固，陛下有出失之象。"海西曰："可消伏否？"谦曰："后年应有大将北征失利，损三万人，此灾乃消。"后桓温北征败绩，还石头[2]。遂废海西，立简文。桓温妾产桓玄时，至艰。谦筮曰："公第六间马埒[3]坏竟便产，当是男儿，声气雄烈，后当震动四海。"温赠钱三十万，夫人亦赠三十万。谦辞无容钱处。温不听。后日筮三卦养母。温钱日求醉客，不问识与不识。一日，母亡，谦辞酒家许氏曰："因缘尽矣。"安葬毕，遂去。数日许氏家人于落星路边见谦卧地，始谓其醉，捉手牵引，惟空衣无尸。

1 蟠：盘曲，盘结。2 石头：石头城，今南京。3 马埒：练习骑马射箭的驰道，两边有界限，使不致跑出道外。

文斤

文斤，晋南昌人，号超然子。咸安年间，担任邵州高平令。他曾经遇到一位奇异之人，传授他丹诀。之后文斤便辞官回家。康宁二年，得道成仙而去。

原文　文斤，晋南昌人，号超然子。咸安中，为邵州高平令。遇异人，授以丹诀，遂弃官归。康宁二年，仙去。

麻衣子

麻衣子，姓李，名和。他生而肤色青紫，姿容美丽。稍稍长大以后，厌倦俗世的污秽腐败，于是进入终南山。忽然遇到一位道士，传授他道秘，并告诫他说："南阳之间，湍水的北边，有一座灵堂山，山中有一个岩洞。到了岩洞旁边，神仙将为你打开通往帝乡的大门，你前往帝乡，可以在里面祭祀乞求神仙。"于是麻衣子前往寻找岩洞，遇到一位砍柴的人，把他带到了岩洞。麻衣子在洞中居住了十九年。东晋义熙年间，大旱。居民张奭率领百姓求雨。麻衣子回答说没有办法。请求他的人还是络绎不绝。当天晚上，有十二位少年对麻衣子说："如果百姓再次请你求雨，你只管答应。"麻衣子感到很奇怪，于是答应求雨。第二天，果然下起大雨。十二位少年又回来了，对麻衣子作揖后说："我们是龙，天帝因为您的道业已经完成，让我们前来辅佐您推行道化。"刘宋大明初年，麻衣子一百零一岁，端坐而尸解。

原文　　麻衣子，姓李，名和，生而绀发[1]美姿。稍长，厌世秽腐，遂入终南山。忽遇一道者，授以道秘，戒之曰："南阳之间，湍水之阳，有山灵堂，岩洞其旁，神开汝乡。汝则往之，可以翕神于苍茫。"麻衣往求之。遇樵者[2]导其处。居洞中十有九年。晋义熙间，大旱，居民张奭率众请雨。麻衣以无术答之。请者不辍。是夕，有少年十二人谓麻衣曰："若再请，但许之。"麻衣怪而诺之。翌日，果大雨。十二人复来，拜曰："吾属龙也。上帝以师道业成，令辅师行化耳。"刘宋大明初，年百有一岁。俨坐[3]而尸解。

[1] 绀发：指道教得道者之发，或泛指一般绀青色头发。 [2] 樵者：打柴的人。 [3] 俨坐：端坐。

鄞去奢

　　鄞去奢，衢州龙丘人，崇仙宫的道士，家住九峰山脚下。鄞去奢从小学习道术，专心思考，废寝忘食，这样坚持了三十多年。刘宋初年，在处州嵩阳县安和观隐居。安和观就是叶静学道的地方。道观以北五里有一座卯山，高五十多丈。世传张天师以及叶静都住在这座山中修道。鄞去奢仰慕往事，于是在卯山搭建草屋居住。卯山东南方，有一块两丈多宽的方石。鄞去奢经常坐在这块石头上，拱手冥想，感动了一位神人。神人对他说："张天师有一口斩邪剑和一个装有丹药的石瓶放在这个石头下面，你可以取出来。"鄞去奢谢过神人后说："这个石头是上天放在这里的，不是人力可以移动的。自己学识浅薄，只想在山中居住，获得安宁而已。承蒙神人的保佑，丹药和神剑不敢妄自拿取。"神人点头表示同意，对鄞

鄿去奢

去奢说："你只管勤加修行，不要懈怠，宝剑和丹药将会自己出现。"三年后，神人把宝剑和丹药交给酆去奢。果然是张天师的七星剑，丹药也藏在石瓶中，有一斗左右，像麻籽一样，红色，色泽光亮。酆去奢自己服用或者施舍给病人，都得以痊愈。当时丽水县人华造，趁着中和荒乱，率领当地人占领了丽水县。朝廷于是授予华造刺史之职。华造素来凶狠放肆，听说酆去奢拥有宝剑和丹药，于是率领士兵包围卯山，抓住酆去奢，把他以及宝剑、丹药一并带回州衙。华造把宝剑和丹药藏起来，又用四把锁把酆去奢关在空房子中。当时正值炎热，一个月不给酆去奢食物和水。华造说酆去奢已经饿死了。等到打开房间，酆去奢神情严肃，面色还是白里透红，比刚来时气色更好。华造感到很惊讶，于是送酆去奢回去，但是留下了他的宝剑和丹药。当天晚上，风雷大作，宝剑和丹药都飞走了，依然回到酆去奢的住所。酆去奢在山中住了十五年，自言雷雨在山腰以下，能经常见到飞龙、雷公、雷姥和神仙鬼怪等。见到后，他们都向酆去奢敬礼。酆去奢又寄宿在道观，道士晚上听到酆去奢好像在房间里与人聊天。道士偷偷窥视，只闻到奇异的香味，听到环佩的声音。有时又见到房中人头戴远游冠，身穿红色衣服，扎着螺髻，头发下垂，披着绿色绡衣。男女数人坐在一起，侍从都是童男童女，身上散发出光芒。又有神明在旁边远远站立，非常虔诚。一天，酆去奢告诉观中道士："恐怕我要离开卯山而去，不能和你们再见了。"几天后，天空布满彩云，鸾鸟鸣叫，天乐满空，酆去奢在山顶徘徊。不一会儿，一位灵官驾着五色龙和鹿，前来迎接酆去奢，白日得道升天。山下居民都看到了酆去奢升天的场景。

原文　　酆去奢，衢州龙丘人，为崇仙宫道士，家住九峰山下。少学道术，精思忘疲，年三十余。刘宋初年，隐处州嵩阳县安和观。观即叶静学道之所。观北五里有卯山，高五十余丈。世传张天师及叶静皆居此山修道。去奢慕前事，即结庵以居。山东南一方石，阔二丈余。去奢常坐其上，拱默[1]静想，感神人，谓之曰："张天师有斩邪剑一口，并一石瓶贮丹此石下，可以取之。"去奢谢曰："此石天设，非人力可加。自惟荒谬[2]，山栖获安，允蒙圣祐。丹之与剑，未敢辄取。"神人肯首曰："但勤修无怠，剑丹当自致也。"后三年，神人以剑、丹付去奢，果张天师七星剑。丹贮石瓶中，约有斗余，如麻子，红色光明。去奢自服，或施病人，皆愈。时丽水县人华造，因中和荒乱之后，拥土人据县。朝廷遂授造刺史。造素凶肆，闻去奢神与丹剑，率兵围其山。执去奢并剑丹到州，藏其剑、丹，而囚锁去奢于空室。时方炎暑，一月不通饮食。造谓去奢已毙矣。及开室，奢神色俨然，颜容红白，愈佳于来时。造惊异，乃送去奢归山，留其剑、丹。当夜风雷，剑、丹飞去，仍归去奢所。居山十五年，自言雷雨只在山半，常见飞龙、雷公、电姥，神鬼甚众，相见咸致礼焉。又寄宿道观。道士夜闻去奢所居室，若与人谈话。窃窥之，惟闻异香、环佩声。或见有戴远游冠，绛服螺髻，垂发碧绡衣。男女数人共坐，侍从皆童男女，光明照身。复有神明远伺于侧，殊为虔敬[3]。一日，去奢告观中道士曰："恐当离此山去，不能常相见也。"后数日，有彩云鸾鸣，天乐满空，徘徊山顶。俄有灵官[4]驾五色龙鹿来迎去奢，白日升天。山下居民咸得睹焉。

1 拱默：拱手缄默。2 荒谬：自谦的话，无知浅薄。3 虔敬：虔诚恭敬。4 灵官：仙官。

韩越

韩越，南陵冠军人。一心仰慕神仙，行为举止狂放痴愚，跟随师父长期斋戒，不停地诵读道经。他经常脚穿木屐，不分远近，步行前往。入山或者到数百里外，当天就回来。家人每次问起来，他不以实相告。后来乡人砍伐柘树制作弓箭，在大阳山悬崖的石室中见到韩越和六七位仙人一起读经。韩越后来从山中回到峦村就突然死掉了，家人迎丧，发现棺材很轻，打开之后发现里面只有一根竹杖而已。宋孝武帝大明年间，韩越的同乡人担任台将，出使北边的青州，遇到韩越，发现他变得更加年轻。韩越向他打听家中亲戚和朋友的存亡情况，一起聊了一段时间。韩越说，我的妻子咳嗽还没有好，现在帮我带一包药回去，让她用温酒连续服用。台将回来后，把韩越的话从头到尾都告诉了他的家人。韩越的妻子服下药后，咳嗽马上就痊愈了。

原文 韩越，南陵冠军人。心慕神仙，形类狂愚，随师长斋，诵咏口不辍响。常著屐，行无远近。入山或数百里，当日辄还家。人每问，未尝实对。后乡人斫[1]柘木作弓，于大阳山绝岸石室中，见越与六七仙人读经。越后自山中还，至峦村暴亡。家迎丧，觉棺轻。发看，惟竹杖耳。宋孝武大明中，越乡人为台将。北使于青州南门遇越，容貌更少。访问亲故存亡，共语移时[2]。又云吾妇患嗽未差，今寄散药一囊，令温酒频服[3]之。台将还，具传越言。越妇服散，嗽即愈。

1 斫：用刀斧等砍或削。 2 移时：一段时间。 3 频服：连续服用。

孙博

孙博

孙博，河东人，爱好读书，擅长写文章。晚年学习道术，能够使草木发出火光。他在水中行走，衣服却不会被水打湿。有人生病，他指着病人说"愈"，病人马上就好了。他在山中的石壁间行走，就像住在洞穴中的动物一样。后来他进入林虑山炼成神丹，服用后飞仙而去。

（原文）孙博，河东人。好读书，善属文。晚学道，能使草木皆为火光。行水中，衣不沾濡[1]。人有疾，指之言愈，即愈。出入山间石壁，如有穴者。后入林虑山，合神丹仙去。

1 沾濡：浸湿。

孙游岳

孙游岳，东阳人，专心修道。南朝宋太初年间，遇到简寂先生，传授他三洞经法。此后，孙游岳只吃蘑菇等，不吃五谷。气色容貌变得更加精神爽朗，服用时间越长，变得越来越年轻。南朝齐永明初年，下诏让他主持兴世馆，从此天下奇逸之人争相到来。孙游岳后来端坐羽化升仙，门下弟子数百人，只有陶弘景成为入室弟子，学得他道法的精髓。

（原文）孙游岳，东阳人，潜神希微[1]。宋太初中，遇简寂先生，授以三洞经法。后茹[2]芝却粒，颜色精爽，久而愈少。齐永明初，诏主兴世馆。

由是奇逸之士，争相趋赴。后安坐羽化。门弟子数百人，惟陶弘景为入室[3]。

[1] 希微：空寂玄妙或虚无微茫。[2] 茹：吃。[3] 入室：学问或技艺得到师传，造诣高深。

陶弘景

陶弘景，字道明，秣陵人。起初，他的母亲梦到青龙从她的怀中飞出，两位天人站在身边手持香炉。梦醒后发现身怀有孕。陶弘景从小操行便与众不同，十岁读葛洪的《神仙传》，昼夜研读，不久便产生了研究养生的志向。他对别人说："仰望青天与白日，感到不是很遥远。"后来他的父亲被妾室杀害，因此他也终身不娶。

长大后，陶弘景身长七尺七寸，神态仪表出众，眼睛明亮有神，眉毛稀疏细长，额头宽广，耳朵肥大，两只耳朵各有二寸多长的毫毛七十余根。右腿膝盖上几十个黑点，呈现出北斗七星的轮廓。陶弘景读书超过万卷，一事不知，便觉得羞耻。他还善于弹琴、下棋，草书、隶书也写得很好。不到二十岁，齐高帝任宰相时，任命他为诸王的陪读。虽然生活在贵族群中，却不与外人交往，只是批改翻阅文稿。陶弘景家中贫困，上书请求治理地方州县，没有成功。

永明十年，他脱掉朝服，挂在神武门之上，上表请求辞官。齐武帝下诏同意，命令陶弘景所在的郡县每个月给他五斤茯苓、两升白蜜，用来帮助他服饵。临行时，公卿官员设宴为他送行，搭建的帷帐很多，场面盛大。人们都说从刘宋、萧齐以来没有出现过这样的事，朝廷和民间都认为这是件很荣耀的事情。

陶弘景辞官后住在句容的茅山，建造馆舍，取名"华阳隐居"，书信落款就以馆舍为名。从此陶弘景开始跟随东阳孙游岳学习符图经法，游遍名山大川，寻访仙药。每次途经山中溪谷，必定在里面坐卧，唱歌逗留，不能自已。

陶弘景对弟子说："之前永明年间求官，总是出现差错；如果不是那样，怎么能做到今天的事情呢？难道只是因为自身具有成仙的缘分吗？还是因为我顺从趋势才变成这样的？"沈约担任东阳太守，非常佩服陶弘景的节操和志向，多次写信邀请他，陶弘景最终还是没有赴约。陶弘景做人灵活通达，谦虚谨慎。他往来阴阳两界，心境清明，对待万事万物都没有什么挂碍。他几乎不谈及烦琐之事，即使遇到这些事，也都随它们去。永元初年，陶弘景修建了一座三层楼，他住在最上面，弟子们住在中间，宾客住在最下面。于是陶弘景便和俗世隔绝了，只有一个家僮能够去他的住所。

陶弘景本来擅长骑马射箭，晚年都不做这些了，只喜欢吹笙。他特别喜欢听风吹拂松树发出的声音，因此庭院里种满了松树。每次听到松树声，都感到十分高兴。有时他独自游山玩水，别人远远望见，都以为是仙人。陶弘景生性喜欢写作，崇尚稀奇古怪的事情，珍惜时间，老了之后更是如此。陶弘景尤其精通阴阳五行、风角、星算、山川地理、方圆产物、医术草药和帝代年历。他非常仰慕张良的为人，经常说，没有哪个古代贤人能够和张良相比。南齐末年的谶谣说："水刃木为梁。"文字涉及梁武帝禅代。陶弘景援引图谶，几处文字都指向"梁"字，于是让弟子把这个谶谣的寓意告诉梁武帝。梁武帝早年就与陶弘景一起游玩，即位之后，更加礼遇陶弘景。等到获得神符和秘诀，陶弘景认为神丹可以炼成，只是苦于缺少药材。因此梁武帝就赏给他黄金、朱砂、曾青、雄黄等药材。陶弘景因而炼成飞丹，颜色像霜雪一样，服用之后，身体变得更加轻盈。梁武帝服用之后也觉得灵验，更加敬重陶弘景，屡次以礼聘请陶弘景，他都不去，只是给梁武帝画了两头牛，一头牛在水草之间散养，另一头牛套着金龙头，有人牵着牛绳，用鞭子抽打它前进。梁武帝看了画后笑着说："陶弘景要效仿滩涂中拖着尾巴爬行的乌龟自由自在，哪里能够使他再次出仕做官！"但国家每次遇到大事，梁武帝没有不咨询陶弘景的。当时人称他为山中宰相，年龄已经超过八十岁，却和壮年时期没有两样。

《仙书》说："方形眼睛的人能够活到一千岁。"陶弘景晚年有一只眼睛有时变成方形。他曾经梦见佛祖授予他《菩提记》，称他为胜力菩萨。陶弘景于是拜访鄮县的阿育王佛塔，在塔前发誓，接受五大戒。后来简文帝到南徐州，钦佩陶弘景的风范，退居后堂召见陶弘景。陶弘景头戴葛巾进去拜见，与简文帝交谈了几天才离去。此后简文帝更加敬重他。陶弘景的弟子桓闿，得道将要升天。陶弘景问："我推广道教，修习道法，已经非常勤苦，难道是有什么过错，使我还停留在人间？"陶弘景托桓闿上天去打探。桓闿升天后，回来对陶弘景说："师父的阴功非常大，但是在提炼草药时，过多使用虻虫、水蛭等生物，功劳虽然惠及众人，但也伤害了生命。从今天起一年后，你才能尸解离世，担任蓬莱都水监。"此后陶弘景就用草本药方代替动物药方，重新撰写了三卷《本草》，用来赎罪。某天陶弘景并没有生病，但是自己察觉将要离世，于是为了迎接亡日，创作了告逝诗。大同二年，陶弘景去世，时年八十五岁。死后容貌没有变化，肢体弯曲伸缩和往常一样。尸体周围弥漫着浓郁的香气，充满了整座大山，几天都不消散。陶弘景撰写的百卷《学苑》《孝经论语集注》《帝代年历》《本草集注》《效验方》《肘后百一方》《今古州郡记》《图像集要》《玉匮记》《七曜新旧术疏》

陶弘景

《占候》《合丹法式》等书，都流传于世。

原文　陶弘景，字道明，秣陵人。初母梦青龙自怀而出，两天人皆傍执香炉。已而有娠，生而幼有异操。十岁见葛洪《神仙传》，昼夜研寻，便有养生之志。谓人曰："仰青云，睹白日，不觉为远矣。"父为妾所害，终身不娶。

及长，身长七尺七寸，神仪明秀。朗目疏眉，细形，长额耸耳。耳各有七十余毛，出外二寸许。右膝有数十黑子，作七星文。读书万卷，一事不知，以为深耻。善琴棋，工草隶。弱冠，齐高帝作相，引为诸王侍读。虽在朱门[1]，闭影不交外物，惟以披阅为务。家贫，求宰县。不遂。

永明十年，脱朝服挂神武门，上表辞禄，诏许之。敕所在月给茯苓五斤、白蜜二升，以助服饵。公卿祖[2]之，供帐甚盛，咸云宋齐以来，未有斯事，朝野荣之。

乃止于句容之茅山。立馆，号曰"华阳隐居"。书札即以隐居代名。始从东阳孙游岳受符图经法，遍历名山，寻访仙药。每经涧谷，必坐卧其间。吟咏盘桓[3]不能已。谓门人曰："向永明中求禄，得辄差舛[4]。若不尔，岂得为今日之事？不惟身有仙分，抑亦缘势使然。"沈约为东阳守，高[5]其志节，累书邀之，竟不至。弘景为人员通[6]谦谨，出处冥会，心如明镜。遇物便了，言无烦琐，人亦随觉。永元初，架三层楼，弘景处其上，弟子居其中，宾客至其下。与物遂绝，惟一家僮，得至其所。

元善骑射，晚皆不为。雅所吹笙而已。特爱松风，庭院皆植松。每闻其响，欣然为乐。有时独游泉石，望见者咸以为仙人。性好著述，尚奇异。顾惜光阴，老而弥笃。尤明阴阳五行、风角[7]、星算、山川地理、方圆产物、医术本草、帝代年历。深慕张良为人，每云："古贤无比。"齐末有谣曰："水刃木为梁。"及梁武禅代，弘景援引图谶，数处皆成梁字，令弟子进之。武帝既早与之游。即位后，恩礼愈笃。及得神符秘诀，以为神丹可成，而苦无药物。帝给黄金、朱砂、曾青、雄黄等物。乃合飞丹，色如霜雪，服之体轻。帝服亦有验，益敬重之。屡加礼聘，并不就。惟画两牛，一牛散放水草之间，一牛著金笼头，有人执绳以策驱之。武帝笑曰："此人欲效曳尾之龟，岂可复致？"国家每有大事，无不咨之，时谓山中宰相。年逾八十，无异壮容。

《仙书》云："眼方者寿千岁。"弘景末年，一眼有时而方。曾梦佛授其《菩提记》云，为胜力菩萨。乃诣鄮县阿育王塔自誓，受五大戒。后简文帝临南徐州，钦其风素[8]，退居后堂召之。弘景葛巾进见，与谈数日而去。帝甚为敬异。其弟子桓闿，得道，将升天。弘景问曰："某行教修道勤亦至矣。得非有过，尚淹延[9]在世乎？"乃托闿探之。闿升天，后还谓弘景曰："师之阴功极著，但所修本草，多用虻虫、水蛭之类。功虽及人，亦伤物命。以此一纪后，方得解形拂世，为蓬莱都水监耳。"弘景复以草木之药可代物命者，著别行本草三卷，以赎其过。一日无疾，自知应逝，逆克亡日，仍作告逝诗。大同二年卒，时年八十五，颜色不变，屈伸如常，香气累日，氤氲满山。所著有《学苑》百卷，《孝经论语集注》《帝代年历》《本草集注》《效验方》《肘后百一方》《今古州郡记》《图像集要》《玉匮记》《七曜新旧术疏》《占候》《合丹法式》诸书，行于世。

1 朱门：红漆大门，指贵族豪富之家。2 祖：出行时祭祀路神，引申为饯行。3 盘桓：徘徊，逗留。4 差舛：差错。5 高：尊重。6 员通：圆通，灵活通达而不偏执。7 风角：古代占卜之法，以五音占四方之风而定吉凶。8 风素：风采素养。9 淹延：拖延。

桓闿

桓闿

桓闿，不知道是哪里人，服侍陶弘景，在茅山居住了十多年。他性格端正谨慎，除服侍陶弘景之外，寂然无为。一天，有两位青衣童子和一只白鹤从天而降，聚集在陶弘景的庭院中。陶弘景很高兴地接待了他们，称必定是自己要前往仙界。青童说："太上老君所召见的人是桓闿先生。"陶弘景在心中默算，徒弟中都没有姓桓的人。不一会儿，青童说："干杂活的桓闿。"陶弘景询问他是如何得道成仙的。桓闿回答说："经常修炼默朝之道，亲自在心中朝见大帝已经九年了。"说完就穿上天衣，驾着白鹤飞升而去。

【原文】 桓闿者，不知何许人，役事陶隐君，居茅山十余年。立性端谨，执役之外，寂然无为。一日，有二青童，一白鹤，自空而下，集于庭。隐君欣然而接，谓必己当之。青童曰："太上所召者，桓先生耳。"隐君默计门人皆无姓桓者。顷之，云："是执役桓闿。"诘其所致，曰："常修默朝[1]之道，亲朝大帝已九年矣。"闿乃服天衣，驾白鹤，升虚而去，如前云云。

[1] 默朝：私下朝拜。

寇谦之

寇谦之，昌平人，小时候遇到仙人成公兴，和他一起游历嵩山、华山，捡到仙药，于是在嵩阳山隐居。元魏始光年间，被召到宫中，崔浩拜他为师。一天，寇谦之对弟子说："我昨晚梦到成公兴召我去中岳的仙宫。"于是坐化，有一缕像烟一样的绿色气体从口中飘出，半天才消散。寇谦之的身体逐渐萎缩，有见识的人说这是尸解。后来东郡沈猷在嵩山见到寇谦之，通体银色，就像太阳一样散发光芒，这时候才知道寇谦之是神仙。有人说，成公兴曾经外出游玩，对寇谦之说："我离开之后，当有人拿着药给你，你只管吃掉。"果然如成公兴所言。寇谦之看到药全是臭虫和污秽的东西，难以下口，那个人回来之后告诉了成公兴，成公兴叹道："寇谦之尚未能够成仙。"一天，成兴公对寇谦之说："我明天午时将要离去，你为我沐浴，届时自当有人出现迎接我。"成公兴进入石室就死了。寇谦之亲自为他沐浴，结束后，有人敲门。寇谦之出来，看见两位童子，一位人手持法服，一位手持钵杖。寇谦之带他们到成公兴的尸体旁边，成公兴突然站起，穿上衣服，拿着钵，拄着法杖就离开了。魏明帝神瑞二年，一天太上老君乘坐白马车，驾驭九龙，降临嵩阳山山顶，命令仙伯王方平带领寇谦之走上前来。太上老君对寇谦之说："你专心修道，今天授予你天师的官职，你要好好努力。"据说寇谦之后来又遇到神人李谱文，称是老子的玄孙，传授给他六十多卷的《图箓真经》，从此他的道术更加精湛，后来羽化而去。

原文　　寇谦之，昌平人。少遇仙人成公兴，与之游嵩华，拾仙药，遂隐嵩阳。元魏始光中，召至阙，崔浩师事之。一日，谓弟子曰："昨梦成公兴召我于中岳仙宫。"遂坐化。有青气如烟从口出，至半天乃消，其体渐缩，识者谓其尸解。后东郡沈猷见谦之在嵩山，身作银色，光明如日，始知其为仙矣。一云成公兴尝出游，谓谦之曰："吾去后，当有人持药相遗[1]，但食之。"果如所言。视其药，皆臭虫恶物，谦之难之，其人还以对。成公兴叹曰："谦之未易得仙耶！"一日，成公兴谓谦之曰："吾明日午时当去，子幸为沐浴，自当有人见迎。"成兴公即入石室而卒。谦之亲为沐浴。浴毕，果有扣石室者。谦之出视，见二童子，一持法服，一持钵杖。谦之引入至成兴公尸所，成公兴倏然而起，着衣持钵杖而去。魏明帝神瑞二年，一日老君乘白马车，九龙骖驾，降嵩阳山顶。命仙伯王方平，引谦之至前曰："汝向道殊虔，今授汝天师之任，汝其勉之。"又遇神人李谱文，云老子之玄孙也。授以《图箓真经》六十余卷。自是道益精，羽化而去。

1 相遗：相送。

韦节

韦节，京兆杜陵人。后魏时期，韦节弃官入华山拜访赵法师，因此号为华阳子，服用黄精，撰写《三洞仪序》《老子易论》。周武帝赐给他"精思法师"的称号。当时还有白鹤光临他的法坛。天和四年，忽然出现一团像伞盖一样的彩云，覆盖在他的屋顶上空。韦节说："我当乘云而去。"于是羽化升仙。

原文 韦节，京兆杜陵人。后魏时，弃官谒赵法师，入华山，因号华阳子。饵黄精，撰《三洞仪序》《老子易论》。周武帝赐号精思法师。有白鹤临坛[1]。天和四年，忽彩云如盖，覆其庐。节曰："吾当乘此而去。"遂化升。

1 坛：道坛。

韦节

鹿皮翁

鹿皮翁，淄川人，从小精通木工。岑山上有一处神泉，人们都不能到达那个地方。鹿皮翁在神泉上面修了一个转轮阁，又在山顶修建了一座祠堂。鹿皮翁在祠堂旁边住了七十年。一天下山，喊宗族六十多人上山，不一会儿，淄水就把整个郡都淹没了。后来一百多年，鹿皮翁又在市场上卖药。

原文 鹿皮翁，淄川人，少精木工。岑山上有神泉，人不能至也。翁于泉上作转轮阁，又于山颠[1]作祠舍，留止其傍七十年。一日下山，呼宗族六十余人上山。半俄[2]，淄水尽漂[3]一郡。后百余年，复卖药于市。

1 山颠：山顶。**2** 半俄：一会儿。**3** 漂：冲毁。

王知远

王知远，原籍琅琊人。父亲王昙选，担任陈朝扬州刺史。他的母亲白天梦到凤凰停留在她的身上，于是怀有身孕。和尚朱宝志对王昙选说："你的儿子当会成为方外之人。"后来王知远头脑灵活，聪敏过人，得以服侍陶弘景，传承他的法术，成为一名道士。陈后主听说王知远后，召见其入宫，各种事情都咨询他的意见。隋炀帝也对王知远行弟子礼。王知远曾经在唐太宗尚未发迹时就已经结识他。贞观初年，唐太宗下诏让王知远前往茅山，为他修建道观来居住。王知远忽然对弟子说："我今天已经任职少室仙伯，将要前往赴任。"说完王知远就沐浴更衣，像睡着了一样仙去，时年一百二十六岁。

原文 　　王知远，系本琅琊。父昙选，陈扬州刺史。母昼梦凤集其身，有娠。浮屠[1]朱宝志谓昙选曰："生子当为世外士。"后知远警敏通书，得侍陶弘景，传其术，为道士。后主闻其名，召入，甚见咨挹[2]。隋炀帝亦执弟子礼。又尝识唐太宗于微时[3]。贞观初，诏即茅山，为观居之。忽谓弟子曰："吾今署[4]少室仙伯矣。"将行，沐浴衣冠，若寝而卒。时年一百二十六岁云。

1 浮屠：和尚。**2** 咨挹：咨询和称赞。**3** 微时：尚未显赫之时。**4** 署：担任。

张岊

　　张岊，字巴玉，齐封川县人，官至司空。仰慕长生不老之术，全家斋戒，诵读《大洞真经》，持了二十年的三百大戒。有一位神人手持藜杖来到张岊的家中，对张岊说："我是葛洪，奉天帝的命令，传授你金丹火鼎的口诀，你可以秘密修行，来救济世间贫苦之人。届时功德圆满，我会和你再次相见。"后来张岊点石成金，每天救济孤老贫困之人。梁武帝天监二年秋，张岊半夜听到有人在空中呼唤他说："清晨可带家人入山。"张岊遵照神人的话，全家入山，只留下婢女卢琼在家。到辰巳时，有一位道士，身上长满了癞子，问卢琼："司空是否在家？"卢琼说："司空入山还没有回来。"道士又问酒库在哪里。卢琼向道士指了指酒库的位置。于是道士脱下衣服进入酒缸中泡身上的癞子，泡了很久才走。道士对卢琼说："你传话告诉司空，葛道士特地前来拜访。"张岊回来听说后非常高兴，打开酒库，充满了奇特的香味，于是令全家人喝掉。只有卢琼见到道士在酒缸中沐浴，称病不喝。司空喝完之后，沐浴更衣，召集诸弟子说："天帝召我前去，我将要和你们告别。"说完，被祥云环绕的鸾鹤从天而降前来迎接张岊，全家八十多口人，白日升天。只有卢琼飞到半空，从云中掉了下来。后来天帝命卢琼为土地仙，守护仙坛。

【原文】　张岊，字巴玉，齐封川县人，官至司空，慕长生久视之方。全家斋戒[1]，诵《大洞真经》，持三百大戒二十年。有神人持藜杖至岊家，谓岊曰："吾葛洪也，奉上帝命，授子金丹火鼎之诀。汝可秘而行之，以济贫苦。他时功满，再相见也。"后点石为金，日济孤老[2]贫困。梁武天监二年秋，夜半闻空中唤岊云："清晨可挈家入山。"岊遵神言，全家而往，惟留使女卢琼在家。至辰巳间，有一道流[3]，身生疥癞，问卢女曰："司空在否？"曰："司空入山未归。"问酒库何在，卢女指示之。道者脱衣，入酒缸中浴疥癞，良久而去。且谓卢女曰："传语司空，葛道士特来相访。"司空归，闻之喜甚。开库酒，有异香，遂令合家饮之。惟卢女见其浴，托疾不饮。司空饮罢，乃沐浴更衣。集诸弟子曰："上帝召予，今将与汝辞矣。"言讫，祥云拥鸾鹤下迎，举家八十余口，白日升天，惟卢女至半空从云而坠。继上帝命女为土地[4]，以守仙坛。

1 斋戒：古人在祭祀前沐浴更衣、整洁身心，以示虔诚。2 孤老：孤独无依的老人。3 道流：道士。4 土地：土地仙。

万振

万振，字长生，南昌人，获得长生不老之道，在齐、梁年间出仕，时而隐居，没有人知道他的年龄。有人说他是旌阳县栾巴的弟子。唐高宗时，渔夫得到一块青石，长七尺，敲打石头能发出音乐声。郡守把石头献给朝廷，高宗令人打碎石头，获得两把宝剑，剑柄末端刻有天师的姓名。高宗认为很奇怪，在曜日殿召见了万振。万振后来在京师尸解，几天后打开棺材，里面只有一根法杖和一把宝剑。高宗下诏用铜函装殓宝剑和法杖，葬于西山天宝洞的旁边。

原文 万振，字长生，南昌人。得长生久视之道，显晦[1]齐梁间，人莫知其年。或云是旌阳栾巴之徒。唐高宗时，渔者得青石，长七尺，扣之有音乐声。郡守献于朝，高宗命碎之，得二剑。镡[2]上刻天师姓名。帝异之，召见曜日殿。后尸解于京师，数日启棺，惟有一杖一剑。诏以铜函盛剑杖，葬于西山天宝洞之侧。

[1] 显晦：明与暗，比喻出仕与隐居。 [2] 镡：剑柄末端的突起部分。

邓郁

邓郁，在衡山隐居了三十多年。魏夫人乘云来到他的住所，对邓郁说："你有成仙的福分，因此前来拜访你。"天监十四年，人们忽然见到两只青鸟，像鹤一样大，张开翅膀，一边鸣叫，一边跳舞。过了很久，青鸟才歇息。邓郁对弟子说："青鸟既然来了，我成仙的日子就到了。"于

邓郁

是乘坐青鸟升仙而去。

【原文】 邓郁，隐居衡山三十余载。魏夫人乘云而至，谓郁曰："君有仙分，故来相访。"天监十四年，忽见二青鸟，如鹤大，张翼，鸣舞，移晷[1]方歇。郁谓弟子曰："青鸟既来，期会至矣。"乃乘青鸟而去。

1 移晷：日影移动。犹言经过了一段时间。

罗郁

罗郁，号萼绿华，九嶷山得道的仙女。梁简文帝时，罗郁降临黄门郎羊权家中，赠给羊权一首诗，以及火浣布、金玉条脱各一个。当时罗郁已经九百岁了。

【原文】 罗郁，号萼绿华，九嶷山得道女也。梁简文帝时，降黄门郎羊权家。赠权诗，及火浣布[1]、金玉条脱[2]各一。时已九百岁。

1 火浣布：石棉布。 2 条脱：古代臂饰，呈螺旋形，上下两头可活动，以便紧松，一副两个。

韦昉

韦昉，蜀人。一天晚上他把船停泊在涪陵江边，忽然遇到龙女派遣骑兵迎接他到龙宫。后来韦昉科举登第，十年后担任简州知州，龙女又写信说要去迎接他，后命他为北海水仙。

> **原文** 韦昉，蜀人。夜泊涪陵江，忽遇龙女，遣骑迎入宫。后昉登第，十年知简州。龙女复遣书¹相迎，云敕命昉充北海水仙。

1 遣书：写信。

曾文迪

曾文迪，雩都人。天文谶纬、黄庭内景之书，他无所不通，尤其精通地理。梁贞明年间，曾游历到袁州府万载县。曾文迪喜欢万载县北边的西山，于是对他的徒弟说："我死了之后，把我葬在这个地方。"最后，他的徒弟就把他葬在那里。后来他的徒弟在豫章又见到曾文迪，和之前没有什么两样。

> **原文** 曾文迪，雩都人。天文谶纬，黄庭内景之书，靡¹所不究，而地理尤精。梁贞明间，游至袁州府万载县，爱其县北西山，谓其徒曰："死，葬我于此。"卒葬其地。后其徒于豫章复见之如初。

1 靡：没有。

徐则

徐则，东海剡人。他清心寡欲，小时候就怀有隐居的志向。后来他入白云观修道很长时间。太极徐真人降临，对徐则说："你八十岁的时候，当成为帝王师。"之后徐则得道,在天台山搭建草庐居住,不吃五谷,只吃松木而已。隋炀帝担任晋王,镇守扬州时,写信召见徐则。徐则对徒弟说:"我今年八十一岁,而晋王召见我,徐真人的话应验了。"到了晋王那里,晋王请他传授道法。徐则以日期不利为由拒绝了晋王的请求,当天晚上忽然仙去。晋王派人用棺材运回天台山。江都路上却有人见到徐则徒步回家。徐则到了天台山,把经书和道法留给弟子,然后把一间房子打扫干净,说:"有客人要来,应当在这里招待。"说完,徐则就跨过石桥仙去,时年八十二岁。第二天,果然有使者到来。后来晋王让人画下他的样子,命柳誓为他写图赞。

原文　　徐则,东海郯人,沉静寡欲,少怀栖隐之志。入缙云修道日久。太极徐真人降,谓曰:"汝年出八十,当为王者师。"然后得道,因庐天台山,绝粒,所资惟松木而已。隋炀帝为晋王,镇扬州时,以书召之。谓门人曰:"吾今年八十一而王召我,徐真人之言验矣。"既至,晋王请授道法,辞以时日不利,其夕忽返真[1]。王使人送槥[2]还天台。江都道中人有见其徒步归者。则至天台,以经书道法遗弟子,仍扫一室曰:"当有客使至,宜延之于此。"乃跨石梁而去,时年八十二也。明日,果使者至。后晋王使图[3]其形,命柳誓为赞。

[1] 返真:返归真境,指得道成仙。　[2] 槥:古时指内棺,后泛指棺材。　[3] 图:画。

徐則

萧子云

萧子云，字景慕，南齐高帝的孙子，被封为郡公。萧子云喜好仙术，拜杜昙永为师，学得他的秘术。萧子云兼通草书和隶书，名重一时。一天忽然有一位神人降临，对萧子云说："郁木坑可以久居。"于是萧子云全家都搬到郁木坑居住。一天，上帝赐给萧子云玉册，封他为玄洲长史。后世人进入他的居住地游玩，还时常有人见到他。

原文 萧子云，字景慕，南齐高帝之孙，封郡公。好仙术，师事杜昙永，颇得其秘。兼善草隶[1]，名重一时。忽有神人降，言郁木坑可以久居，乃移家寓焉。一旦，上帝赐玉册，封为玄洲长史。后人入其居址，往往有见之者。

[1] 草隶：草书和隶书。

杨义

杨义，句容人，在茅山学道，后来拜魏夫人为师。太和十三年，乘云飞升上天，担任东华上佐。

原文 杨义，句容人。学道于茅山，后师魏夫人。太和十三年，乘云上升，为东华上佐。

白鹤道人

白鹤道人，梁武帝时的方士，喜欢舒州潜山的奇绝。当时有位和尚宝志也想去。梁武帝命两人各以一物作为标记，有记号标志的就可以作为自己的居住地。白鹤道人以仙鹤停留的地方为记号；宝志以锡杖矗立处为记号。不久，仙鹤先飞去，突然听到空中锡杖飞过的声音，宝志的锡杖遂立于山麓，而仙鹤因为受惊飞往了别处。二人遂各以所识，在山上筑室。

原文 白鹤道人，梁武帝时方士。爱舒州潜山奇绝。时有浮屠宝志者亦欲之。武帝命二人各以物识[1]其地，得者居之。道人以鹤止处为记，宝志以卓锡[2]处为记。已而鹤先飞去，忽闻空中飞锡声，遂卓于山麓。而鹤复止他处，遂各以所识筑室焉。

1 识：标记。**2** 卓锡：立锡杖于某处。

王延

王延，字子元，扶风人。九岁就喜好道术，拜焦旷真人为师，真人传授给他三洞秘诀。他只吃松实、喝水。周武帝召他来到京城，但过了一段时间，王延便请求回山居住。他曾经寄宿在西岳，那里缺油，于是放置一个器皿，过了一晚上器皿就装满了油。凡有宾客要来，都会有两只青鸟前来报信。他居住的地方经常有老虎和豹驯服地围绕，就像在保护王延一样。隋文帝禅位后，建立仙都观，下诏让王延主管道观。仁寿四年春，王

王延

延对弟子说："我想回西岳，但是担心皇上不同意。"于是就在仙都观尸解。王延尸解后，隋文帝派遣使者护送葬至西岳，等到把棺材放入墓穴，才发现只是一口空棺材而已。

原文 王延，字子元，扶风人。九岁即好道，师焦旷真人，授三洞秘诀。惟松餐水饮。周武帝召至都，久之得请还山。尝寓西岳，乏油，乃置一器，经夕自满。凡宾客将至，先有二青鸟报之。居处常有虎豹驯绕，若相保卫。隋文帝禅位，置仙都观，诏延主之。仁寿四年春，谓门人曰："吾欲归西岳，但恐上未许。"乃委化于仙都观。帝遣使护葬于西岳。及就圹[1]，但空棺而已。

[1] 圹：墓穴。

李顺兴

李顺兴，杜陵人，年十五，一会儿疯疯癫癫，一会儿精神正常。他谈及将来的事情，很多都被说中了。经常头戴道士冠，喜欢饮酒。萧宝寅造反，召见并询问李顺兴："我可以称王多少年？"李顺兴回答说："天子有在位一百年的，有在位一百天的。"等到萧宝寅失败，刚好才一百天。萧宝寅的同党在城隍庙中棒打李顺兴。李顺兴马上就站了起来，跟之前一样。李顺兴又曾经躺在太傅梁览的家中，用衣服倒盖在身上。等到梁览出使东魏的事情泄露，梁览被诛杀，他的衣服也被倒盖在尸体上，果然像了顺兴之前的行为。李顺兴又曾经向周文乞求骊山脚下的一块废地。周文问:"你要废地有什么用?"李顺兴说:"有用。"不久,周文到温泉,患病就死在了那个地方。

原文 李顺兴,杜陵人。年十五,乍愚乍知,言未来事多中。常冠道士冠,好饮酒。萧宝寅反,召问曰:"朕王可几多年?"对曰:"天子有百年者,有百日者。"及宝寅败,裁百日也。其党棒杀顺兴,置城隍[1]中。顷复起如初。又尝卧太傅梁览家,以衣倒覆身上。及览通使东魏事觉,被诛,其衣倒覆,果如顺兴之为。又尝乞骊山下废地于周文。周文曰:"何用?"曰:"有用。"未几,周文至温汤[2],遇患,卒于其地。

1 城隍:城隍庙。 **2** 温汤:温泉。

孙思邈

孙思邈,华原人,七岁能够每天背诵一千字的文章。独孤信见到孙思邈说:"这是一位圣童,只是顾虑才华太大,难以起用。"孙思邈长大之后,喜欢谈论老庄。周宣帝时,孙思邈认为王室多事,便在太白山隐居,学习道术,炼气养神,寻求成仙之术。

孙思邈洞晓天文推步,精研医药,一心做好事积阴德。一次偶然见到牧童伤害小蛇,流出血来,他便脱下衣服赎回小蛇并进行医治。孙思邈用草药包裹小蛇,把它放到草中。十多天后,孙思邈外出游玩,见到一位白衣少年下马拜谢他,说:"我弟弟承蒙您这位得道者所救。"孙思邈还没有反应过来,少年又邀请孙思邈到他家做客。少年把孙思邈的马换成自己的马，两人并行如飞，到了一处城墙外面，花木盛开，金碧辉煌，就像天子居住的地方。少年邀请孙思邈进入城内，只见一人头戴袷帽，身穿红衣，侍从众多。此人非常高兴，快步走到孙思邈面前迎接他，感谢孙思邈，说："深蒙您的厚恩，因此派遣我的儿子前去迎接您。"接着，又指着一位青衣小孩儿说："之前，我这个儿子独自外出，被牧童所伤，多亏您脱衣赎回，并加以救治，才能活到今天。"于是令青衣小儿拜谢孙思邈。孙思邈这才想到前些日子脱衣救青蛇的事情。孙思邈私下问身边的人这是哪里。回答说："这是泾阳水府。"身穿红衣的龙王下令摆设美酒、食物和伎乐宴请孙思邈。孙思邈以修炼辟谷服气之术为由拒绝了宴请，只是喝酒而已。

孙思邈在水府待了三天，离开时，龙王送给他轻绡和金珠，孙思邈坚决拒绝，不接受任何礼物。龙王于是命儿子取出龙宫中三十种奇特的药方送给孙思邈，对他说："这可以帮助您济世救人。"又让仆人骑马送孙思邈回去。孙思邈用这个药方反复试验，都有效果，于是把药方编写到了《千金方》中。隋文帝征召孙思邈担任国子博士，他不去就任。孙思邈曾经私下对人说："再过五十年，将有圣人出现，我的药方将帮助他拯救生民。"等到唐太宗召见孙思邈，他才前往京师。皇上对他年轻的容貌感到惊讶，说："见到你才知道有道之人确实值得尊重，神仙之类的事情，难道仅仅是虚言吗？"

永徽三年，孙思邈已经一百多岁。一天，孙思邈沐浴，穿好衣帽，端坐着对子孙说："我今天将去游历无何有之乡。"不一会儿，呼吸停止。一个多月的时间，孙思邈的容貌都没有改变，等到放入棺材，却只剩下了一件空衣。唐玄宗临幸蜀地，梦到孙思邈乞求武都出产的雄黄，于是派遣宫中的使者携带十斤雄黄送到峨眉山山顶。使者还没走到峨眉山的一半，见到一人头戴幅巾，身穿粗布短衣，眉毛洁白，身边跟着两位青衣童子，头扎丸子发髻，手指着大磐石说："把药放在这个石头上就可以了。石头上有一份奏表，抄写下来回去答谢皇帝。"使者看了看石头，上面书写着几百个大字，于是把它们抄录下来，一边抄写，石头上的字一边消失。写完之后，石头上也就没有字了。不一会儿，白雾四起，孙思邈和童子忽然消失不见了。

成都有一位僧人，诵读《法华经》非常专心。虽然当时兵荒马乱，但是却不能伤害到他。忽然有一天，来了一位仆人，对僧人说："我家先生请法师诵经。"僧人经过烟岚，跟着那仆人进入山中。仆人对僧人说："先生年老多病，行动迟缓，请法师诵经诵到宝塔品，想听一听。"僧人诵经诵到宝塔品，那位先生才出来，身穿粗布衣服，手持藜杖，两耳下垂至肩，焚香听法师诵经，结束后，给僧人一个藤盘、一双竹筷、一碗秋饭、几杯枸杞菊花茶。僧人食用餐饭，发现虽然没有丝毫盐和奶酪味，却像甘露一样可口。先生又赠给僧人一缗钱。仆人送僧人走到路口，僧人趁机问仆人："先生姓什么？"仆人说："姓孙。"僧人又问："先生叫什么名字？"仆人在掌中写下"思邈"两个字。僧人大吃一惊，然后就发现仆人消失不见了。再看那位先生所给的钱，全是金币。僧人从此身体轻盈，没有任何疾病。宋真宗时，僧人已经两百多岁了，后来不知所踪。

(原文)　孙思邈，华原人。七岁日诵千言。独孤信见之曰："圣童也，顾器大难为用耳。"及长，好谈老庄。周宣帝时，以王室多事，隐于太白山学道，炼气养神，求度世之术。

洞晓天文推步[1]，精究医药，务行阴德。偶见牧童伤小蛇血出，思邈

孙思邈

脱衣赎而救之。以药封裹，放于草内。旬余出游，见一白衣少年下马拜谢曰："吾弟蒙道者所救。"思邈未即省，少年复邀思邈至家。易以己马，偕行如飞。至一城郭，花木盛开，金碧炳耀，俨若王者之居。少年延思邈入，见一人裕帽[2]绛衣，侍从甚众。欣喜趋接，谢思邈曰："深蒙道者厚恩，故遣儿子相迎。"因指一青衣小儿云："前者，此儿独出，为牧竖[3]所伤。赖道者脱衣赎救，得有今日。"乃令青衣小儿拜谢，思邈始省昔日脱衣救青蛇之事，潜问左右此为何所。对曰："此泾阳水府也。"绛衣王者命设酒馔伎乐，宴思邈。思邈辞以辟谷服气，惟饮酒耳。

留连三日，乃以轻绡[4]、金珠相赠。思邈坚辞不受。乃命其子取龙宫奇方三十首与思邈，曰："此可以助道者济世救人。"复以仆马送思邈归。思邈以是方历试皆效，乃编入《千金方》中。隋文帝征为国子博士，不就。尝密谓人曰："过此五十年，当有圣人出，吾方助之以济生民。"至唐太宗召，始诣京师。上讶其容少，曰："故知有道者诚可尊重。羡门[5]之徒，岂虚言哉。"

永徽三年，年已百余岁。一日沐浴，衣冠端坐，谓子孙曰："吾今将游无何有之乡矣。"俄而气绝，月余颜色不变。及入棺，唯空衣焉。后明皇幸蜀，梦思邈乞武都雄黄，即命中使赍十斤，送于峨眉顶上。中使上山未半，见一人幅巾被褐，须眉皓白。二青衣童，丸髻夹持，指大磐石，曰："可置药于此，石上有表，录谢皇帝。"使视石，上大书百余字，遂录之。随写随灭。写毕，石上无复字矣。须臾，白气漫起，因忽不见。

成都有一僧诵《法华经》甚专。虽兵乱，卒不能害。忽一日有仆人至云："先生请师诵经。"经过烟岚中，入一山居。仆云："先生老疾起迟，请诵经至宝塔品。欲一听之。"僧诵至此，先生出，野服[6]杖藜，两耳垂肩。焚香听经罢，遂供僧以藤盘、竹箸，秋饭一盂，杞菊数瓯。僧食之，绝无盐酪味，美若甘露。复赠钱一缗。仆送出路口，僧因问曰："先生何姓？"曰："姓孙。"曰："何名？"仆于掌中手书思邈二字，僧大骇，视仆遽失不见，视钱皆金钱也。僧自此身轻无疾。宋真宗时，僧已二百余岁，后莫知所之。

1 推步：推算天象历法。古人谓日月转运于天，犹如人之行步，可推算而知。**2** 袷帽：双层帽。**3** 牧竖：牧童。**4** 轻绡：一种透明而有花纹的丝织品。**5** 羡门：神仙。**6** 野服：身穿粗布麻衣。

黄子阳

　　黄子阳，后魏人，知道长生的秘诀。在博落山中住了九十多年，只吃桃皮，喝石头中的黄水。后来司马季主把导仙八方传授给他，因此能够羽化飞升。

（原文）　　黄子阳，后魏人。知长生之诀，住博落山中九十余年。但食桃皮，饮石中黄水。后司马季主以导仙八方传之，遂能度世。

赵真人

　　赵真人，名昱，获得仙人的教化，在青城山隐居。隋文帝听说之后，下诏派遣使者聘请他担任蜀郡太守。郡里有一条冷源大河，河里藏有毒蛟。蛟

赵真人

在河里活动，那么河水就会决堤伤害百姓。端午节那天，赵真人命令一千名士兵在河上敲击战鼓，自己跳下河诛杀毒蛟。不一会儿，只见赵真人右手拿着宝剑，左手拿着毒蛟的头跃出水面。同时下水的还有六人，人们称他们为"七圣"。等到隋朝末年天下大乱，赵真人又回去隐居起来。

原文 赵真人，名昱。得仙教，隐于青城山。隋文帝闻，诏使聘之，以为蜀郡太守。郡有冷源大河，河藏毒蛟。蛟动则河决[1]伤人。端阳日，真人命千兵鸣金鼓于河上，遂下水斩蛟。顷之，见太守右手执剑，左手执蛟头而出。时同入水者六人，人因号为"七圣"。及隋乱，复隐去。

[1] 决：决堤。

潜翁

潜翁，隋朝开皇年间在漳州石壁山修炼自身形体。他养了一些蛤蟆，跟随在自己身边。后来不知所终。

原文 潜翁，隋开皇中，炼形于漳州石壁山，养白虾蟆以自随。后不知所终。

岑道愿

岑道愿，江陵人，隋末为躲避战乱，来到三峡的万州岩隐居。他经常服食黄精，很少表现出喜怒哀乐。一百多岁后，他的皮肤依然像冰雪一样滑润。过了二十年，尸解而去。

【原文】 岑道愿，江陵人。隋末，避难至三峡[1]，隐万州岩。常食黄精，罕见喜怒。百余岁，肤若冰雪。积二十年，蜕迹而去。

[1] 三峡：四川、湖北两省境内，长江上游的瞿塘峡、巫峡和西陵峡的合称。

崔之道

崔之道，舒城人，真源宫的道士。他曾经见到两位仙人下棋，仙人给他一粒棋子让他吞下。从此崔之道预言祸福非常灵验。崔之道后来尸解而去。

【原文】 崔之道，舒城人，为真源宫道士。尝见二仙人对弈[1]，与一棋子令吞之。自此言祸福辄应。后尸解去。

[1] 对弈：下棋。

瞿夫人

瞿夫人，豫章人。隋朝末年，她的兄长担任辰州刺史。有一位黄元仙从豫章而来，刺史向来推崇他的操行，就把妹妹嫁给他做妻子，又推荐他的才华和德行，代替自己担任辰州刺史。隋朝灭亡以后，黄元仙弃官和瞿

瞿夫人

夫人在辰州西边的罗山隐居，生活非常贫困。瞿夫人替别人织布来供养婆婆，这样的生活过了十年。一天，瞿夫人对黄元仙说："昨天收到天帝的命令，将要和你告别。"不一会儿，瞿夫人就化成一缕青气，高达数丈，腾空而去。

原文　　瞿夫人，豫章人。隋末，兄为辰州刺史，有黄元仙者，自豫章来。刺史素高其行，以夫人妻之。复荐其才德以自代。隋亡，乃弃官，与夫人隐于州西之罗山。贫甚，为人佣织[1]以养其姑。如此者十年。一日，忽谓元仙曰："昨有帝命，当与君别矣。"俄化为青气数丈，腾空而去。

1 佣织：替人织布。

张果

张果隐居在恒州的中条山中，往来于汾州和晋阳之间，获得长生秘术。耆老说他们还是儿童时就见过张果。张果自己说他已经几百岁了。他经常骑着一头白驴，每天行走几万里。休息时，就把白驴折叠起来，像纸一样厚，放在巾箱中。骑驴的时候，则口中含水向纸片喷洒，纸片又变回了驴。唐太宗、高宗聘请他，他都拒绝了。武后召见他，他出山后假死在妒女庙前。当时正好天气炎热，不一会儿，尸体就发臭腐烂生蛆。当时武则天相信张果死了。后来，有人在恒州山中又见到他。

开元二十三年，唐明皇下诏，派遣通事舍人裴晤，骑驿马快速前往恒州迎接张果。张果当着裴晤的面，气绝身亡。裴晤于是焚香，宣告天子求见迎接张果的命令。不一会儿，张果逐渐苏醒过来。裴晤不敢逼迫张果，赶紧回去上奏天子。唐明皇又派中书舍人徐峤、通事舍人卢重玄携带诏书迎接张果。张果到了东京，被安置在集贤院中，倍加礼敬。公卿大臣都前往拜谒张果。唐明皇问他神仙之事，张果不回答。张果擅长养气，数日不吃，只是不停地喝酒。皇上赐酒给张果，张果辞谢说："我喝酒不过两升，不过有一位弟子，可以喝一斗酒。"唐明皇听后很高兴，下令召见这位弟子。不一会儿，一个小道士从宫殿的屋檐上飞下来，年龄十五六岁左右，容貌华美，步履舒缓，举止优雅。小道士拜见皇上，谈吐清爽，礼数周全。唐明皇下令让他坐下，张果说："弟子应当站着侍奉。"唐明皇更加高兴，赐酒让他饮用。喝下一小斗酒后，张果推辞说："不可以再赐给他酒了，喝酒过度必定会有所失，刚才喝酒只是为了博皇帝一笑而已。"唐明皇趁机逼迫，再次赐酒，结果小道士喝醉，酒从小道士的头顶涌出，帽子被酒冲到了地上，小道士突然化为一个金榼。皇上和在座的妃嫔都又惊又笑，仔细一看，小道士已经不见了，只有一个金榼在地上。唐明皇派人检查金榼，乃集贤院中的金榼，仅能装满一斗酒。张果不停地展示仙术，不可穷尽。

张果曾经说："我生于尧在位时的丙子岁，担任侍中。"他看上去六七十岁，当时邢和璞善于识人寿命，师夜光善于看鬼。皇帝让邢和璞推算张果的寿命，却懵然不知。又偷偷让师夜光观察张果，却看不到张果在哪里。皇帝对高力士说："我听说饮用窖藏的陈年老酒而不觉得苦的人，是奇士。"当时正是天寒地冻，皇帝命人取出窖藏的酒让张果饮用。张果喝了三巡后，失落地说："这不是好酒。"说完就上床睡觉了。不一会儿，只见他的牙齿变干缩小，于是让左右的人取来如意，把牙齿敲掉，藏在衣带中间，然后拿出药涂在嘴上。过了一段时间，牙齿又长了出来，粲然如玉。

唐明皇在咸阳狩猎，捕获一只大鹿，让官人烹煮。张果说："这是一只仙鹿，已经满一千岁了。过去汉武帝元狩五年，我曾经侍奉武帝在上林苑打猎，抓到这只鹿后又把它放了。"唐明皇说："这里的鹿很多，时代变迁，它岂能长存？"张果说："汉武帝放它的时候，把一块铜牌放在鹿的左角下面。"唐明皇于是下令让人检查，果然有一块二寸左右的铜牌，只是上面的文字已经凋落了。唐明皇问："元狩是哪一年？到今年一共多少年？"张果回答："元狩是癸亥年，当时正好开始挖掘昆明池。今年是甲戌年，一共八百五十二年。"唐明皇命令太史校对日历，基本上没有差错。

　　唐明皇问叶法善："张果是什么人？"叶法善说："我知道他是什么人，但是我一说出来就会马上死掉，因此不敢说。如果陛下能够脱下帽子，光着脚救我，我才敢说。"唐明皇答应救叶法善。叶法善才说："混沌刚开始分离的时候，白蝙蝠精……"叶法善的话还没有说完，就已经七窍流血，身体僵硬地躺在地上了。唐明皇马上拜见张果，脱帽光脚，自称有罪。张果徐徐说："此人口过太多，不惩罚他，恐怕天机会被泄露。"唐明皇又苦苦哀求了很久，张果口中含水向叶法善的脸上喷去。叶法善马上就活了过来。从此，唐明皇更加看重张果，下诏画下张果的像挂在集贤院，赐号为通玄先生。

　　张果屡次上书称年老多病，乞求回恒州。后来唐明皇赐给他三百匹绢布，两个随从的弟子，驿站车马和轿子。到了恒州后，一个弟子放回去，另一个弟子跟随他入山。天宝初年，唐明皇又派遣使者征召张果，张果听说后马上就死掉了。弟子把他下葬，后来打开棺材，只是一口空棺而已。唐明皇为他建造了一座栖霞观，用来祭祀他。

张果

原文

张果，隐于恒州中条山，往来汾晋间。得长生秘术。耆老[1]云："为儿童时见之。"已言数百岁，常乘一白驴，日行数万里，休息时折叠之，其厚如纸，置于巾箱中。乘则以水噀之，复成驴。唐太宗、高宗征之，不起。武后召之，出山佯死于妒女庙前。时方炎暑，须臾臭烂生虫。于时则天信其死矣。后有人于恒州山中复见之。

开元二十三年，明皇诏通事舍人裴晤驰驿于恒州迎之。果对晤气绝而死。晤乃焚香，宣天子求迎之意。俄顷，渐苏。晤不敢逼，驰还奏之。复命中书舍人徐峤、通事舍人卢重玄赍玺书迎果。果到东京[2]，于集贤院安置。倍加礼敬，公卿皆往拜谒。帝问神仙，不答。善息气，累日不食，数饮酒。上赐之酒，辞曰："小臣饮不过二升，有一弟子可饮一斗。"明皇闻之喜，令召之。俄顷，一小道士自殿檐飞下，年可十五六，美姿容，步趣闲雅。谒见上，言辞清爽，礼数臻备[3]。明皇命坐。果曰："弟子当侍立。"明皇愈喜，赐酒。饮及一小斗，果辞曰："不可更赐，过度必有所失。致龙颜一笑耳。"明皇因逼赐之，醉，酒从顶上涌出，冠冲落地，忽化为金榼[4]。上及嫔御皆惊知，视之，失道士矣，但金榼在地。验之，乃集贤院中榼也。榼仅贮一斗酒。累试仙术，不可穷纪。

果尝言我生尧丙子岁，位侍中。其貌若六七十许。时邢和璞善知人天寿，师夜光善视鬼。帝令和璞推果寿，则懵然莫知。密使夜光视之，不见果所在。帝谓高力士曰："吾闻饮堇[5]而无苦者，奇士也。"时天寒，因取以饮果。三进，颜然曰："非佳酒也。"乃寝。顷视，齿焦缩。顾左右，取如意击堕之，藏带中，出药傅之。良久，齿复出，粲然如玉。

上狩咸阳，获一大鹿，将令大官烹之。果曰："此仙鹿也，已满千岁。昔汉武帝元狩五年，臣曾侍从畋[6]于上林，获此鹿，乃放之。"上曰："鹿多矣。时迁代变，岂常存乎？"果曰："武帝放之时，以铜牌志于左角下。"遂命验之，果有铜牌二寸许，但文字凋落耳。上曰："元狩是何甲子？至此年凡几？"果曰："是岁癸亥，始开昆明池。今甲戌，八百五十二年矣。"上命太史校其历，略无差焉。

上问叶法善曰："果何人也？"答曰："臣知之。然臣言之即死，故不敢言。若陛下能免冠跣足救臣，臣方敢言。"上许之，法善曰："混沌初分，白蝙蝠精……"言未绝，七窍流血，僵仆于地。上遽诣果所，免冠跣足，自称其罪。果徐曰："此儿多口过，不罚之，恐泄天地之机耳。"上复哀恳。久之，果以水噀其面，法善即时复生。帝益重之，诏图形[7]集贤院，号通玄先生。

果屡陈老病，乞归恒州。赐绢三百匹。随从弟子二人，给驿，肩舆[8]到恒州。弟子一人放回，一人相随入山。天宝初，明皇遣使征果。果闻辄卒。弟子葬之。后发棺，但空棺而已。帝立栖霞观祀之。

1 耆老：老年人。2 东京：洛阳。3 臻备：达到完备的程度。4 金榼：古代盛酒或贮水的器具。5 董：窖藏的酒。6 畋：打猎。7 图形：画像。8 肩舆：轿子。

叶法善

叶法善，括苍人，世代为道士。他曾经游览白马山，在石室中遇到两位仙人，传授给他一三五之法，能驱除鬼怪。唐高宗召他到京师，打算赏赐他做官，他没有来。睿宗时，赐他鸿胪卿，封为越国公。开元八年，叶法善尸解而去。

原文 叶法善,括苍人,世为道士。尝游白马山,石室遇二仙人,授以正一三五之法,能厌劾[1]怪鬼。唐高宗召诣京师,欲宠以官,不拜。睿宗时,拜鸿胪卿,封越国公。开元八年尸解。

1 厌劾:谓用迷信的方法消灾除邪。

崔子玉

崔子玉,名珏,蕲州彭城人。人们称他为崔府君,因为他白天处理阳间之事,晚上处理阴间之事。起初,他的父亲为了求子,和他的母亲在南岳衡山祈祷。当天晚上,他的母亲便梦到一位仙童手中拿着一个盒子,对她说:"天帝赐给你盒子中的物品,让你们夫妇吞下。"二人打开盒子一看,是两块美玉,夫妇二人各吞下一颗。醒来之后,其母便发现怀有身孕。崔子玉生于隋大业三年六月六日。他小的时候,神采焕发,每天能背诵千字,看都不看一眼小朋友们玩的游戏,行为迥然不同。唐贞观七年,崔子玉参加贤良科的考试,被任命为潞州长子县令,揭发人鬼罪行,和神仙无异。

一天,崔子玉告示居民,从五月十五日到十六日,不准私自宰杀牲口和打猎射杀动物。有人偷偷跑出城外,捕得一只兔子,被城吏抓获,押解到府衙大厅。子玉审讯之后说:"你故意违反法令,我不能释放你。虽然如此,你是愿意在衙门接受惩罚,还是去阴曹地府接受惩罚?"射兔子的人心想阴曹地府幽远缥缈,不一定存在,就说愿意在阴曹地府接受惩罚。说完,崔子玉立刻下令释放了他。当天晚上,这个人刚躺下睡着,就有一个身穿黄衣的鬼吏把他拘捕到一个大殿之上,只见崔子玉像天子一样,头戴王冠,身穿礼服,审判罪犯的罪行,有的减少寿命,有的让后

崔子玉

人堕落，有的减损官位，射兔子的人被判决处罚后让他回去。于是那人受惊从梦中醒来，悔恨不已。

一天，门吏报告崔子玉说，雕黄岭有老虎，伤了很多人。崔子玉马上派遣县吏孟完拿着符牒到山上的庙中引老虎出来。老虎马上出来，口中含着符牒跟随县吏到了衙门。崔子玉责问老虎："你乃异类，却吃人的命，罪行不得赦免。"结果老虎自己撞台阶而死去。唐太宗曾经称呼崔子玉为仙吏。

没过多久，崔子玉迁任滏阳县令。滏阳县西南五里处有一条河，当时突然河水泛滥淹没民田。崔子玉在河上设立法坛，祭祀天帝。不一会儿，就见一条死去的大蛇浮出水面。从此，洪水才消去。一天，崔子玉和杨叟下棋，忽然有一群黄衣人拿着道符前来拜见崔子玉，说："奉天帝的命令，命你为磁州都土地。"接下来，有上百人手捧玉圭玉带、紫服碧冠和五岳位旗，到处都是箫韶之乐。又有一位神仙骑着白马来到崔子玉的面前说："天帝命你马上赴任。"于是，崔子玉嘱咐两个儿子："我马上就要逝去，你们不要痛哭难过。"崔子玉又写下百字铭文，训诫两个儿子。崔子玉死后就像睡着了一样，时年六十四。

安禄山造反之时，唐玄宗晚上梦到一个神仙告诉他说："反贼会自己灭亡，陛下不用担心。"唐玄宗问他的名字，神仙回答说："我是滏阳令崔珏。"唐玄宗回宫为他建了一座庙宇，封为灵圣护国侯。宋高宗败走钜鹿时，马死冒雨独行，路上遇到三岔口，不知道走哪条路。忽然见到一匹白马在前面走，宋高宗打算追上那匹白马。

宋高宗在后面一直追，晚上的时候来到一座神祠，看到廊庑下有一匹泥塑的白马，走进一看，白马汗如雨下。宋高宗就在廊庑下过夜，梦到紫袍人用拐杖击打地面，对他说："赶快起来。"宋高宗惊醒，马上起身，感到非常饥饿。正不知所措，忽然听到殿内传来声响，于是爬上殿台看到一尊塑像，那便是梦中见到的紫袍人，只见祝板上写着"磁州都土地崔府君"。祝板后面还有一个篮子，里面装着酒肉，宋高宗马上拿出来吃了。走出殿外，之前的白马又在前面引路，到斜桥谷的时候才消失不见。宋高宗于是在这里遇到耿南仲率领数千民兵前来迎接。等到南渡之后，宋高宗首先为崔子玉建立了庙宇。

原文

崔子玉，名珏，蕲州彭城人。人称为崔府君，以其昼理阳间，夜断阴府也。初父让银于嗣，与母祷于衡岳。是夜，母梦仙童，擎一合[1]，曰："帝赐合中物，令汝夫妇吞之。"启合，见美玉二枚，夫妇各吞其一。觉而有娠，诞于隋大业三年六月六日。子玉儿时，神采焕发，日诵千言，不窥群儿之戏。迥然自异。唐贞观七年，应贤良科，除潞州长子县令。发摘[2]人鬼，无异神明。

一日示谕居民，自五月望日及望后一日，无得私宰猎射。时有潜出郭外[3]弋[4]得兔一只，为城吏搜执庭下。子玉讯之曰："若故犯禁，吾不能释若。虽然，愿即县庭受罚，阴府受罚？"弋人自揆[5]阴理幽远，愿于阴府。言讫，辄令放还。是夜，弋人方就枕，见一黄衣吏拘至一殿庭，见子玉王者冠服，检诸犯罪状。或促其年，或堕其后，或减损其禄位，弋人亦加决罚。令还。遂惊梦觉。悔恨无及矣。

一日，门吏白曰："雕黄岭有虎，甚伤人。"子玉即遣吏孟完赍符牒[6]至山庙勾虎，虎即出衔牒，随吏至县。子玉责之曰："汝乃异类，而啖食人命。罪无赦。"虎自触阶而死。太宗尝呼为仙吏。

无何，复迁令滏阳县。县西南五里有河，时忽泛漂民田。子玉于河上设坛，奏词上帝。顷间见一巨蛇浮于水面而死，水辄消去。一日，子玉与杨叟弈。忽有黄衣数辈执符而前曰："奉帝命，召崔子玉为磁州都土地[7]。"次有百余人捧玉珪玉带、紫服碧冠，五岳位旗，箫韶盈耳。复有一神控白马至，曰："帝命即行。"于是子玉嘱二子曰："吾将去世，无得过恸[8]。"乃书百字铭以训二子。若寝而逝，年六十四。

安禄山反，玄宗夜梦神人告之曰："贼当自灭，陛下无恐。"帝问姓名，对曰："臣滏阳令崔珏也。"帝还阙，建庙，封为灵圣护国侯。

宋高宗走钜鹿时马毙。冒雨独行，路遇三岐[9]，不知所适。忽见一白马前行，帝欲及乘之。逐其后，晚至一神祠，见庑下有一土白马。就视之，汗出如雨。因宿庑下，梦紫袍人以杖击地曰："亟行。"帝惊起，饥甚。正踌蹰，闻殿内有声。乃登殿观像，即梦中见者。祝板[10]题云："磁州都土地崔府君。"板后有一合，内有酒肉。帝辄食之。欲出，向白马复前导。至斜桥谷始不见。遂遇耿南仲将民兵数千来迎。及南渡，首为立庙。

1 合：盒子。2 发摘：揭发，举发。3 郭外：城外。4 弋：用带丝绳的箭来射。5 揆：想。6 符牒：符移关牒等公文的统称。7 土地：神名，指掌管、守护某个地方的神。8 过恸：过度悲痛。9 岐：岔路口。10 祝板：书写祝文的木板、纸板等，祭祀时所用。

苗龙

苗龙，唐初人，不知道他的姓名。他擅长画龙，因此人们称他为苗龙，后来得道仙去。今天绍兴龙瑞宫东南边的一处山峰，山顶平坦如砥，相传是苗龙飞升的地方。

苗龙

> **原文** 苗龙，唐初人，失其名。能画龙，人以苗龙呼之。后得道仙去。今绍兴龙瑞宫东南一峰，上平如砥[1]，相传苗龙上升处。

1 砥：质地较细的磨刀石。

罗通微

> **原文** 罗通微，临晋人，年少时在山中砍柴，遇到史君阁宷对他说："看你的骨法可以学习长生术。"于是罗通微头裹布巾，到五老山学习步虚术，不吃五谷。唐贞观年间，一天罗通微对其他人说："我要回去了。"第二天他大宴士人和百姓。一会儿，雷鸣使大地震动，一条青龙跃出。罗通微于是骑上青龙飞去。

罗通微，临晋人。少采薪[1]山中，遇阁使君宷，谓曰："子骨法可学长生。"遂冠褐五老山，学步虚绝粒。唐贞观中，一日谓人曰："我当归。"明日大会士庶。俄雷震，地下青龙跃出，遂跨龙飞去。

1 采薪：打柴。

匡智

匡智，长安人。唐贞观年间，抛妻弃子，与大侄子到庐山修道。在庐山住了七天，有一位老人对匡智说："庐山是阴地，不能遇到仙人。庐山南边有一座名山，可以前往居住。"匡智于是到了吉州，望见义山，山神化为樵夫，引导匡智进入山中，对匡智说："这个地方安静稳定。"于是

匡智

匡智在此处建立道坛，修行了几年。忽然有一天，天上降下一件仙衣。匡智穿上之后，只见脚下冒出云气，冉冉上升而去。大侄子也成为地仙。

【原文】 匡智，长安人。唐贞观间，弃妻子，与侄大郎适庐山修道。居七日，有老人曰："庐山阴地也，仙不可得。南有名山，可往居之。"乃至吉州，望见义山。山神化为樵夫[1]，引入山中，曰："此处安稳。"遂立坛。修行数年，忽降一仙衣。智服之，但见足下云生，上升而去。大郎亦为地仙。

[1] 樵夫：打柴的人。

明崇俨

明崇俨，洛州人。小时候跟随父亲管理安喜县。县衙中有一位能召唤鬼神的衙吏，明崇俨学得他所有的法术，以奇特的技法闻名于世。唐高宗召见明崇俨，非常高兴。盛夏之时，皇帝想要雪。明崇俨坐了一会儿，取出雪进献给皇帝，说是刚刚到阴山取回来的雪。寒冬之时，皇帝想要瓜果，明崇俨索要了一百钱后，不一会儿进献瓜果。明崇俨说从缑氏老人的瓜园中购来的。皇帝召见老人，询问其中缘故。老人说："我在地里埋了一个瓜，后来瓜不见了，却在土里面获得了一百钱。"

【原文】 明崇俨，洛州人。少随父令[1]安喜，吏有能召鬼神者，崇俨尽得其术，以奇技自名。唐高宗召见，甚悦。盛夏，帝思雪。崇俨坐顷取以进，云往阴山取之。冬月，帝忆瓜。崇俨索百钱，须臾以瓜献，云得之

明崇俨

缑氏老人圃中。帝召老人问其故，曰："埋一瓜，失之土中，得百钱。"

1 令：担任县令。

王旻

王旻，居住在洛阳青罗山已经几百年了。唐开元年间，王旻被召至京师，受到优待。后又派遣他向李元靖求取补仙书。回来之后王旻请求回到原来的山中居住，不再踏入城市。他曾经与达奚侍郎交往，死后依然拄着拐杖步行拜访达奚。人们这时候才知道他尸解了。

原文　王旻，居洛阳青罗山已数百岁。唐开元中，召至京，待以优礼。复遣从李元靖，求补仙书。还，请归旧山，不复入城市。尝与达奚侍郎往还[1]。死后犹杖履诣达奚。人始知其尸解。

1 往还：交游，交往。

兰冲虚

兰冲虚，涪州人，居住在精思观。唐神龙乙巳年秋天，一天傍晚，兰冲虚乘云而去。

原文　兰冲虚，涪州人。居于精思观。唐神龙乙巳秋，一夕乘云仙去。

韦善俊

韦善俊，京兆人。母亲王氏怀孕期间，每次吃带血的东西就会肚子痛，吃蔬菜则没事。韦善俊出生后，到十三岁开始长期持斋。后来他遇到道士韩元最，传授他秘要。经常有两名童子侍奉他左右。唐嗣圣年间，寄宿在升仙观。有一位神仙大声呵斥韦善俊说："你是什么人，居然来到这个地方，赶紧离开！"韦善俊说："这是神仙试验我罢了，为什么对我紧紧相逼？"神仙道歉谢罪后就离开了。韦善俊还曾经路过坛墟店，遇到一条黑狗，绕在身边不肯离去，于是就收养了这条黑狗，取名乌龙。一天，韦善俊对弟子说："我学道百年，今天太上召见我，我将离你们而去。"说完黑狗忽然长了几丈，化作一条黑龙。韦善俊骑上黑龙升仙而去。

【原文】 韦善俊，京兆人。母王氏妊时，每啖[1]血食，则腹痛，蔬食即无恙。既生。至十三岁遂长斋[2]。遇道士韩元最，授以秘要。常有二青童侍左右。嗣圣中，寓升仙观。有神人厉声曰："子何人，辄来此，宜速去。" 善俊曰："神人试我耳？何相逼太甚？"神人逊谢[3]而去。又尝过坛墟店，遇黑犬绕旋不去，因畜之，呼为乌龙。一日谓弟子曰："吾百年学道，今太上召我。我当去矣。"其犬忽长数丈，化为黑龙，善俊乘之而去。

[1] 啖：吃。 [2] 长斋：长期持斋。 [3] 逊谢：道歉谢罪。

韦善俊

仆仆先生

仆仆先生，居住在黄土山中，经常服食杏丹，乘云往来各地。唐刺史李休光见到仆仆先生，以为他是妖怪，命令身边的士兵去抓捕。可是龙虎马上出现在仆仆先生身边，仆仆先生乘坐龙虎而去。天宝初年，就用"仙居"来命名此县。

原文 仆仆先生，居黄土山中。尝饵杏丹，乘云往来。唐刺史李休光见以为妖。令左右执之。龙虎即见[1]于其侧，先生乘之而去。天宝初，因以"仙居"名县。

1 见：出现。

应夷节

应夷节，唐汝南人，不喜欢吃肉，生性聪慧。他曾经游历天台龙虎山，拜冯惟良为师，学得上清大法。应夷节在天台山道元院修身养性，每天诵读《黄庭》和《大洞》两本经书，为民众祈福，数次遇到神灵感应。忽然有一天，应夷节沐浴后，静坐凝神。第二天，便尸解。当天，清香怡人，猿猴和仙鹤一同悲鸣。等到人们把应夷节的棺材埋入墓穴时，才发现只是一口空棺材。

原文 应夷节，唐汝南人。不喜茹荤[1]，性敏慧。尝游天台龙虎山，师冯惟良，得上清大法。栖真天台之道元院，日诵《黄庭》《大洞》二经，为人致福[2]，数至感应。忽一日，沐浴，入静凝神。翌日解化。是日，清香馥郁，猿鹤悲鸣。及就窆，但空棺而已。

1 茹荤：吃肉。**2** 致福：祈福。

王帽仙

　　王帽仙，出入集市替人修补破旧的帽子，因此号为王帽子，晚上就躺在涪州天庆观休息。一天傍晚，王帽仙尸解而去，观中道士把他埋葬了。一个月后，王帽仙从果州寄来书信感谢埋葬他的道士。

原文　　王帽仙，出入阛阓[1]为人修弊冠，因号王帽子。暮则卧于涪州天庆观。一夕尸解。道士为葬之。月余，自果州遗书致谢。

1 阛阓：街道，街市。

王遥

　　王遥，江西鄱阳人。学得仙术，治病不用符水、针药，只用八尺头巾敷在病痛处，一会儿就痊愈了。如果有邪魅作怪，就在地上画圈作为监狱，然后敲打石头呼喊邪魅的名字，邪魅就都被关入监狱。他有一个弟子背着竹筐随行，曾经在风雨里行走，衣服都不湿。一天，路上遇到大雨。王遥进入石室避雨，在室中遇到两个人。他们对王遥说："你为什么长期在俗世居住？"王遥回答说："我马上去仙界。"于是回到家中，自己背上竹筐仙去。

王遥

【原文】　王遥，江西鄱阳人。得仙术，治病不用符水、针药，但以八尺布帊[1]敷之，须臾病愈。若有邪魅，即画地作狱，叩石呼之，皆入狱中。有一弟子负竹箧[2]随行，尝冒风雨，衣皆不湿。一日，雨炬[3]导入石室中。有二人曰："卿何为久住俗间？"答曰："当来。"乃还家，自负竹箧而仙去。

[1] 布帊：布制的头巾。[2] 竹箧：竹篓。[3] 炬：向火炬一样落下，形容雨大。

司马承祯

司马承祯，字子微，洛州温县人，拜潘师正为师，传授他辟谷导引之术。他遍游名山。唐武后召见他到京师，不久就离开。司马承祯与陈子昂、王维、李白、孟浩然、贺知章、卢藏用、宋之问、王适、毕构被称为仙宗十友。后来睿宗又迎接司马承祯到京师，询问其修身的方法。司马承祯回答说："为道日损，损之又损，以至于无为。"睿宗说："修身可以这样，治国应该怎么办呢？"司马承祯回答说："国家就像身体一样。庄子曰：'游心于淡，合气于漠，顺物自然而无容私焉，则天下治。'"睿宗赞赏他的奇特见解说："即使是广成子，也不一定会有您如此深邃的见解。"司马承祯辞别返回天台山，卢藏用手指着终南山说："这座山中就有不少佳处，何必非回天台山不可呢？"司马承祯回答说："依我所见，隐居终南山是当官的捷径而已。"卢藏用早年曾隐居在终南山，后来登上朝廷，身居显要职位，听到司马承祯的回答后，脸上露出惭愧之色。

当时有一位女道士焦静贞，乘船过海到蓬莱去求师。她坐船来到一座山前，见到一位道人，指点她说："天台山的司马承祯，名在丹台，身居赤城，是你真正的良师。"焦静贞回去就去拜见司马承祯，请求传授成仙的道法。没过多久，焦静贞先得道成仙，飞升而去。后来，焦静贞又降临人间，对薛季昌说："司马先生得道高于陶都水的官职，将来会成为东华上清真人。"开元年间，文靖天师和司马承祯一同参加千秋节，在长生殿举办斋宴。行至半夜，他们停下来在旅馆里歇息，两人隔着屏风分别躺在枕头上休息。忽然文靖天师隐约听到像小孩儿一样的诵经声，声音清脆得好像金玉碰撞在一起。文靖天师便起身穿好衣服，轻轻走到旁边偷听，看到司马承祯额头上有一块铜钱大的光亮，照耀在整个床上。走近一看，是司马承祯大脑里面发出来的声音。文靖天师回来后对他的徒弟说："《黄庭经》说，人的泥丸之处都会有一个小房间，方圆一寸的小人住在里面。还说左神公子会说神语，说的就是司马承祯哪！"突然有一天，司马承祯对弟子说："我从玉霄峰东望蓬莱，有神灵降临。现在我受到东海小青童君、东华君的召请，必须前往。"不一会儿，他就像蝉蜕那样分解消散了，弟子们只好埋葬了他的衣服帽子。享年八十九岁。唐玄宗亲自为他撰写碑文。后人用他的名字命名居住的地方，叫作"马仙村"。司马承祯写有《修真秘旨》《天地宫府图》《坐忘论》《登真系》等书流传于世。唐玄宗下诏追赠他为银青光禄大夫，谥号"贞一先生"。

(原文) 司马承祯，字子微，洛州温人。事潘师正，传辟谷导引之术，遍游名山。唐武后尝召至之，未几去。与陈子昂、王维、李白、孟浩然、贺知章、卢藏用、宋之问、王适、毕构为仙宗十友。睿宗复迎至京师，问其术，对曰："为道日损，损之又损，以至于无为。"帝曰："治身则尔，治国若何？"对曰："身犹国也。故游心于淡，合气于漠。与物自然，而无容私焉，则天下治。"帝叹咏曰："广成子之言，何以加此。"辞归天台，卢藏用指终南山曰："此中大有佳处，何必天台？"对曰："以仆观之，是

司马承祯

仕宦之捷径尔。"卢初隐终南，后登庸[1]，闻言殊有惭色。

时女贞[2]有焦静贞者，泛海诣蓬莱求师。至一山，见道者指言曰："天台山司马承祯，名在丹台，身居赤城，尔良师也。"静贞既还，诣承祯求度。未几，先升天。复降，谓薛季昌曰："司马先生得道高于陶都水之任，当为东华上清真人。"开元中，文靖天师与承祯赴千秋节[3]，斋直长生殿中。夜行道毕，隔云屏各就枕。微闻若小儿诵经声，玲玲如金玉。天师乃褰裳蹑步听之，见承祯额上有小日如钱，光耀一席。逼而视之，乃承祯脑中之声也。天师还谓其徒曰："《黄庭经》云：泥丸九真皆有房，方圆一寸处此中。又云：左神公子发神语。其先生之谓乎。"一日谓弟子曰："吾于玉霄峰东望蓬莱，有灵值降驾。今为东海小青童君东华君所召，必须往。"俄顷化去，如蝉脱。弟子葬其衣冠焉。时年八十有九。玄宗亲为撰碑。后人因名其所居曰"马仙村"。有《修真秘旨》《天地宫府图》《坐忘论》《登真系》等书行于世。诏赠银青光禄大夫，谥贞一先生。

[1] 登庸：指科举考试应考中选。 [2] 女贞：女道士。 [3] 千秋节：旧时皇帝的诞辰，始自唐玄宗。

饶廷直

饶廷直，唐南城人，进士及第。他曾经路过武昌，登上黄鹤楼游玩，忽然遇到一位异人，传授他秘诀。从此，饶廷直不再接近妻妾，独自居住。后来担任邓州通判，死在任上。他的灵柩运回家乡时，抬棺的人觉得棺材很轻，其实是饶廷直尸解而去了。

原文 饶廷直，唐南城人。第进士，尝过武昌，游黄鹤楼。忽遇异人，授以秘诀。自是不迩[1]妻妾，翛然端居。后为邓州通判，卒。其柩[2]还乡，舁[3]者甚轻。盖尸解去矣。

1 不迩：不接近。**2** 柩：灵柩。**3** 舁：用手抬。

班孟

　　班孟，不知道是哪里人，有人说她是一位女子。班孟喝酒吃丹药，四百岁，容颜还如同少女一般。她能够飞行，坐在空中和人聊天；又能入地，刚开始双脚陷入地下，逐渐到腰，然后到胸以及发髻、头巾，过了一会儿，就全部陷入地下不见了。班孟又能用手指地，马上成为一口井，可以打水。她又指屋顶上的瓦片，瓦片马上就飞了起来。她曾经摘下了别人上千棵桑树上的桑果，堆积如山。十多天后，班孟向桑果吹了一口气，全都回到各自的树上，像之前一样。她还能口含墨水喷到纸上，马上变成文字，都有意义。后来班孟到大冶山中，得道成仙，飞升而去。

原文 班孟，不知何许人。亦云女子也。服酒饵丹，年四百岁。色如少女，能飞行，能坐空虚之中与人谈语。又能入地中，初没足，渐至腰，及胸髻帻[1]，良久而尽没不见。又以指刻地，即成井，可汲。指人屋瓦，瓦即飞。尝取人桑果数千株，聚之如山。十余日，吹之各还其本处如故。又能含墨水喷纸成文字，皆有意义。后入大冶山中仙去。

1 帻：古代包扎发髻的巾。

邬通微

邬通微,不知道是哪里人。他是一名道士,神清气爽,游踪不定。他经常喝醉了在路上唱歌,多出现在豫章附近。人们看到他的容貌比之前更加年轻。一日,邬通微登上市楼喝醉了酒,然后飞升而去。

原文 邬通微,不知何许人。为道士,神清气爽,游止[1]无定。常醉吟于道,多在豫章之间。人见其容益壮于前。一日,登市楼醉饮,飞升而去。

1 游止:游荡和居住。

黄华姑

黄华姑,抚州临川人,姓黄,名令微。在井山修道,八十多岁,容颜就像少女般,当时人称她为黄华姑。唐开元年间,黄华姑尸解而去。刺史颜真卿撰写《仙坛碑》,记载了她的相关事迹。

原文 黄华姑,抚州临川人。姓黄,名令微。修道于井山,年八十余,颜如处子。时人号曰"黄华姑"。唐开元中,尸解,刺史颜真卿撰仙坛碑,载其事。

中国神仙故事

第六卷

许宣平

　　许宣平，新安歙县人。唐睿宗景云年间，许宣平在城阳山南坞隐居，搭建草棚居住。他不修炼饵食之术，有时也不吃东西。容颜像四十多岁的人，身体轻盈，行走起来能够追上奔跑的马。当时他挑柴在市场上卖，担子上经常挂着一个花瓢。他手拄曲竹拐杖，每次喝醉了一边吟唱一边腾云驾雾而回。吟唱的诗为："负薪朝出卖，沽酒日西归。借问家何处，穿云入翠微。"他往来山中与市场之间三十多年，有时救人于危难中，有时救人于病疾苦痛之中。士人多次访寻许宣平，都不得见，只看到草庵墙壁上的题诗："隐居三十载，筑室南山巅。静夜玩明月，闲朝饮碧泉。樵人歌垄上，谷鸟戏岩前。乐矣不知老，都忘甲子年。"此外，还有很多其他仙诗。许宣平经常在驿站、传舍等所到之处题诗。天宝年间，李白东游，经过传舍，看到诗后叹曰："此仙人诗也。"李白询问传舍周围的人这是谁的诗，得知是许宣平所作。李白到新安游历，寻访许宣平，还是没有见到，于是在许宣平的草庵墙壁上题诗："我吟传舍诗，来访仙人居。烟岭迷高迹，云林隔太虚。窥庭但萧索，倚杖空踌躇。应化辽天鹤，归当千岁余。"许宣平回来，见到墙壁上的诗，于是自题一首："一池荷叶衣

许宣平

无尽，两亩黄精食有余。又被人来寻讨着，移庵不免更深居。"题完诗之后，他的草庵马上就被野火烧毁，没有人知道许宣平的踪迹。一百多年后，懿宗咸通十二年，许明恕的婢女曾经和同伴一起入山捡柴，一天她独自在南山中见到一个人坐在石头上吃桃子，桃子非常大。吃桃人问婢女："你是许明恕的婢女吗？"婢女回答说："是的"。吃桃人说："我是许明恕的祖父许宣平。"婢女说："我曾经听家主说祖翁得道成仙，但是不知道在哪里能够见到。"许宣平对婢女说："你回去替我告诉许明恕，我就在南山中。给你一个桃子，马上吃掉，不得把桃子带出南山。山神珍惜这种桃子，而且山中的老虎和狼也很多。"婢女马上吃起桃子，味道鲜美，一会儿就吃完了。许宣平令婢女跟随樵夫一起回去。婢女觉得樵夫的担子很轻。到家之后，婢女把入山遇到祖翁许宣平的事情详细告诉了许明恕。许明恕对婢女直呼祖父的名讳感到很恼火，拿起棍子便要打婢女。可是婢女的身体随着棍子一起升起，消失不见了。后来有人入山，见到婢女又恢复了童颜，全身穿着树皮，行动如飞，进入密林深处不见了。

原文　　许宣平，新安歙县人。唐睿宗景云中，隐于城阳山南坞。结庵以居，不修服饵，时见不食。颜若四十许人，轻健，行及奔马。时负薪卖于市，担上常挂一花瓢。携曲竹杖。每醉吟，腾腾以归。吟曰："负薪朝出卖，沽酒日西归。借问家何处，穿云入翠微。"往来三十余年，或施人危急，或救人疾苦。士人多访之，不得见。但见庵壁题诗曰："隐居三十载，筑室南山巅。静夜玩明月，闲朝饮碧泉。樵人歌垄上，谷鸟戏岩前。乐矣不知老，都忘甲子年。"仙诗甚多。常于驿路传舍[1]所到处辄题之。天宝中，李白东游，经传舍，览诗叹曰："此仙人诗也。"诘之，知为宣平。于是游新安，屡访之，亦不得见。因题诗于庵壁曰："我吟传舍诗，来访仙人居。烟岭迷高迹，云林隔太虚。窥庭但萧索，倚杖空踟蹰。应化辽天鹤，归当千岁余。"宣平归，见壁诗，乃自题曰："一池荷叶衣无尽，两亩黄精食有余。又被人来寻讨着，移庵不免更深居。"其庵辄为野火所烧，莫知宣平踪迹。后百余岁，至懿宗咸通十二年，许明恕婢尝逐伴入山采樵。一日，独于南山中见一人坐石上，食桃甚大。问婢曰："汝许明恕家婢耶？"婢曰："是。"曰："我即明恕之祖宣平也。"婢曰："尝闻家内说祖翁得仙，无由寻访。"宣平因谓婢曰："汝归为我向明恕道，我在此山中。与汝一桃，即食之，不得将出山。山神惜此桃，且虎狼甚多也。"婢食之甚美，须臾而尽。乃遣婢随樵人归。婢觉樵担甚轻，到家具言入山逢祖翁宣平。明恕怒婢呼祖讳[2]，取杖击之，其婢随杖身起，不知所逝。后有人入山见婢复童颜，遍身衣树皮，行疾如飞，入深林不见。

1 传舍：古时供行人休息住宿的处所。 2 讳：名讳。

聂师道

聂师道，歙县人。从小学道，学得服用松脂之法。聂师道于是登绩溪百丈山采灵芝，后来到南岳招仙观，听说蔡真人之前的隐居地离洞灵源不远，于是辟谷七天，独自前往。聂师道在路上遇到一位老人问他从哪里来，还折草给聂师道。聂师道把草放入口中咀嚼，味道甘甜。从此以后，聂师道变得更加精神、强壮。每次入山，老虎和豹见到他都很驯服。聂师道号问政先生。一天，聂师道对弟子说："我被仙官召见。"话刚说完，

聂师道

聂师道就去世了。等到入殓下葬，其棺材中传出声响，众人打开一看，聂师道像蝉脱壳一样消失了。后来有人从豫章来，说在路上看见过聂师道。

原文　　聂师道，歙县人。少学道，得服松脂法，乃登绩溪百丈山采芝。后诣南岳招仙观，闻蔡真人旧隐，去洞灵源不远，乃辟谷七日独往。遇老父[1]，问所从来。因折草与之，师道咀之味甘。自是精健，每入山，虎豹见之皆驯伏。号问政先生。一日谓其徒曰："我为仙官所召。"语讫而逝。及敛，棺有声，视之若蝉蜕然。后有自豫章来者，见之于道。

[1] 老父：对老人的尊称。

傅先生

傅先生在焦山学道，精心思道七年。他遇到太上老君，太上老君给他一个木钻，让钻穿一个石盘，石盘大约有五尺厚，并告诫傅先生说："石盘如果钻穿，你就可以得道成仙了。"傅先生钻了四十七年，石头被钻穿了。仙人来到傅先生面前对他说："你的意志很坚定。"还给傅先生金液还丹，傅先生服用之后飞升而去。

原文　　傅先生，学道焦山，精思七年。遇老君，与一木钻，使穿一石盘[1]，石盘厚五尺许。戒云："石盘穿，可得仙。"钻四十七年，石穿。仙人来曰："志亦坚矣。"授以金液还丹，服之仙去。

[1] 石盘：平整如盘的大石。

王可交

王可交，华亭人，以耕田和钓鱼为业。一天他坐船入江，忽然见到江中心有一艘彩舫，舫中有七个道士，远远听到有道士喊自己的名字。王可交的小船逐渐靠近彩舫，舫上道士喊王可交上来。王可交上船拜见，一个道士对王可交说："骨相很好，修炼可以成仙。"一个道士又给了王可交两个栗子，吃起来像蜜糖一样甜。道士命黄衣人送王可交上岸，上岸后，王可交寻找自己所乘坐的小船，却不知所踪。王可交在天台山瀑布寺前，有一位僧人迎面走来与他攀谈。王可交说："今天早上离家之时正是三月初三。"僧人说："今天已经是九月初九，过了大半年了。"后来王可交不吃五谷，带着妻子儿女前往四明山，再也没有回来。

原文　王可交，华亭人，业耕钓。一日擢舟入江，忽见中流有彩舫[1]。舫中七道士，遥闻有呼可交名者。舟渐近舫，呼可交过。一道曰："好骨相，合为仙。"一道与之二栗，食之甘如饴。命黄衣送上岸，觅所乘舟，不得却。在天台山瀑布寺前，有僧迎问之。可交曰："今早离家，是三月三日。"僧曰："今已九月九，半年余矣。"后绝谷，挈妻子往四明山，不复返。

1 彩舫：彩色的船。

李筌

李筌,号达观子,住在少室山,喜欢神仙之道。在嵩山虎口岩的玉匣中得到一本《黄帝阴符经》,是寇谦之当年所藏,书本已经糜烂。李筌把它誊抄下来,诵读了几千遍,仍不解其意。而后他来到秦地,到骊山脚下,遇到一位老妇人,头顶扎着鬐髻,其余头发散垂至腰间,身穿破衣,手持拐杖,容貌很奇特。偶尔在路旁点火烧树,还自言自语说:"火生于木,祸发必克。"李筌惊讶地问老妇人:"这是《黄帝阴符经》中的话,你怎么得到的?"老妇人回答:"我学习此经已经三元六周甲子了。少年是从哪里获得《黄帝阴符经》的?"李筌稽首,向老夫人拜了两拜,把所得的经过告诉了她。老妇人说:"少年你颧骨贯穿生门,命门和日角一样高,血脑还没有减少,心影尚未偏移,品德高尚而喜好法术,神异勇敢而喜好智慧,真是我的弟子。"于是坐在石头上向李筌解说《黄帝阴符经》的含义。讲了很久,老妇人说:"太阳快要落山了,我们一起吃麦饭。"说完老妇人从袖子中拿出一个瓢,让李筌到山谷中去打水。水装满了后,瓢忽然变得有上千斤重,李筌拿不动,瓢沉入水底。李筌回来之后,老妇人已经消失了,只留下几升麦饭。李筌吃下麦饭,从此不再进食。唐开元年间,李筌担任江陵节度使副御史中丞。李筌有做将军的才华,写了十卷《太白阴经》,又写有十卷《中台志》。李筌当时被李林甫所排挤,官位不显赫,后来辞官入名山访道,最后也不知道他去了哪里。

原文

李筌,号达观子。居少室山,好神仙之道,得《黄帝阴符经》于嵩山虎口岩玉匣中,乃寇谦之所藏者,本已糜烂。筌抄读数千遍,竟不晓其义。后入秦,至骊山下,逢一老姥[1],鬐髻[2]当顶,余发半垂,弊衣

李笙

扶杖，状貌甚异。偶路傍遗火烧树，因自言曰："火生于木，祸发必克。"筌惊问曰："此《黄帝阴符经》文，姥何得言之？"姥曰："吾受此经已三元六周[3]甲子矣。少年更从何得之？"筌稽首再拜，以告所得。姥曰："少年颧骨贯于生门，命门齐于日角。血脑未减，心影不偏。德贤而好法，神勇而乐智，真吾弟子也。"于是坐石上，与筌说阴符之义。久之，姥曰："日已晡矣。吾有麦饭，相与为食。"袖中出一瓢，令筌谷中取水。水既满，瓢忽重千余斤，力不能制。瓢遂沉，乃还，已失姥所在。但留麦饭数升而已。筌食之。自此绝粒。唐开元中，为江陵节度使副御史中丞。筌有将略，作《太白阴经》十卷。又著《中台志》十卷。时为李林甫所排，位不显。竟入名山访道，后不知其所之。

1 老姥：老年妇女。**2** 鬓髻：梳在头顶两旁或脑后的发髻。古时男女皆有，近代常为中老年妇女的发型。**3** 三元六周：术数家以六十甲子配九宫，一百八十年为一周始，故第一甲子为上元，第二甲子为中元，第三甲子为下元，合称"三元"。

李白

　　李白，字太白，兴圣皇帝的九世孙。他的祖先在隋末迁徙到西域，神龙初年又返回中原，客居巴蜀以西。李白将要出生的时候，他的母亲梦到太白星落入怀中，遂以此命名。李白十岁就精于诗书，长大后在岷山隐居。州里推举有道，李白不应举。苏颋担任益州刺史，见到李白之后，认为他很奇特，说："这个孩子是天才，才智超群，小时候勤加学习，以后不输司马相如。"后来李白来到长安拜见贺知章，贺知章读了李白的诗后,叹曰:"你真是一位谪仙人!"于是在唐玄宗面前推荐李白。玄宗在金銮殿召见李白。谈及当代时事,李白写了一篇奏颂。玄宗赏赐李白食物,并亲自为他调羹,下诏令他供职翰林院。玄宗曾经在沉香亭闲坐,当时牡丹盛开,想让李白创作一篇乐章,急忙下令召见李白。李白当时已经喝醉,身边的人把水洒在他的脸上,李白才稍微酒醒。玄宗亲自让贵妃为李白端砚台,李白马上完成三章《清平调》,一气呵成。皇帝喜爱李白的才华,屡次宴请会见李白。一次李白喝醉,让高力士为他脱靴。高力士向来清高,认为帮李白脱靴非常耻辱,因此摘抄李白的一些诗句来激怒贵妃。玄宗打算让李白做官,但贵妃从中作梗。李白知道自己不被玄宗身边的人所容,更加放浪形骸,终日和张旭等人喝酒到醉,被世人称为"酒中八仙"。后来李白恳请回到山中,玄宗赐给他一些黄金,放他回去。安禄山起兵造反,当时永王李璘征辟李白担任僚佐。李璘起兵失败,李白受到牵连,罪当诛杀。当初李白在并州游玩时,见到郭子仪,认为他很特别。郭子仪犯法,李白设法营救郭子仪,郭子仪才得以免罪。等到李白因罪被捕,郭子仪请求辞官,并献上皇帝赐给他的银印来为李白赎罪。皇帝于是下诏,流放李白到夜郎。正好遇到特赦,李白返回浔阳,后犯法被关在监狱。当时宋若愚率领三千吴兵前往河南,经过浔阳,释放了李白,征辟他为参谋。不久,李白辞掉官职,寻访当涂令李阳冰。后来代宗召见李白,人们都说李白喝醉酒后,掉进江里淹死了。元和初年,有人在海上见到李白和一位道士在高山上笑谈。傍晚,李白和道士在雾气中一起乘坐赤虹而去。白龟年是白乐天的后人,游历到嵩山时,远望东边山峰上的苍松古木间,帘幕拂地,信步前往。忽然有一个人出现在他面前说:"李翰林召见你。"白龟年于是跟着这个人入山。只见李白宽衣博带,风姿秀美,对白龟年说:"我是李白,之前

李白

水解成仙，天帝令我在此地掌管奏章，已经快一百年了。你的祖父白乐天，在五台山掌管功德所。"李白拿出一本书送给白龟年，说："读过此书，可以听懂动物的话。"后来白海琼也说："李白现在是东华上清监清逸真人，白乐天是蓬莱长仙主。"

原文　　李白，字太白，兴圣皇帝[1]九世孙。其先于隋末徙西域，神龙初遁还，客[2]巴西。白之生，母梦长庚星入怀，因以名之。十岁通诗书。既长，隐岷山。州举有道，不应。苏颋为益州长史，见白，异之曰："是子天才英特，少益以学，不减相如。"后至长安，谒贺知章。知章见其诗，叹曰："子谪仙人也。"言于玄宗，召见金銮殿。论当世事，奏颂一篇。帝赐食，亲为调羹。有诏供奉翰林。帝尝坐沉香亭，时牡丹盛开，欲白为乐章[3]。速召，适白已醉。左右用水颒[4]其面，醉稍解。帝亲使贵妃为之捧砚，即成《清平调》三章，笔无留意。帝爱其才，数宴见。白尝醉，使高力士脱靴。力士素贵，耻之，因摘其诗以激贵妃。帝欲官白，妃辄沮[5]之。白自知不为亲近所容，益骜放不自修，与张旭等日醉。时称为酒中八仙。恳求还山，帝赐金放还。安禄山反，时永王璘辟白为寮佐[6]。璘起兵败，当诛。初白游并州，见郭子仪奇之。子仪犯法，白为救免。至是子仪请解官，并上所赐银印以赎之。诏流夜郎，会赦，还浔阳。坐事下狱。时宋若愚将吴兵三千赴河南，过浔阳，释囚，辟为参谋。未几辞职，访当涂令李阳冰。后代宗召，咸谓白醉堕江死。元和初，有人海上见白与一道士在高山上笑语。久之，与道士于碧雾中共跨赤虹而去。白龟年，白乐天之后也。尝至嵩山，遥望东岩古木，帘幕窣[7]地。信步往观，忽一人至前曰："李翰林相招。"龟年乃随入，其人褒衣博带，风姿秀发,曰:"吾李白也,向水解为仙。上帝令吾掌笺奏[8]于此,已将百年。汝祖乐天,见在五台掌功德所。"出书一卷遗龟年,云读之可以识禽言。后白海琼亦云:"李白今为东华上清监清逸真人,白乐天为蓬莱长仙主。"

[1] 兴圣皇帝:李暠(351-417),字玄盛,小字长生,陇西郡狄道县(今甘肃临洮)人,自称西汉飞将军李广十六世孙,西凉开国国君,为唐朝皇室认定的先祖。天宝二年(743),李暠十一世孙唐玄宗李隆基追尊其为兴圣皇帝。[2] 客:客居。[3] 乐章:古代指配乐的诗词,后亦泛指能入乐的诗词。[4] 颒:洗脸。[5] 沮:阻止。[6] 寮佐:属官。[7] 窣:拂。[8] 笺奏:古代文书的一种,属章奏一类。

李长者

李长者,从沧州来到盂县,每天只吃十颗枣及一块柏叶小饼。李长者闭门一心著书,没有空闲。后来到冠盖村,遇到一只驯服的老虎。李长者对老虎说:"我想注释《华严经》,你可以给我挑选一块居住的地方。"于是老虎爬起来,把李长者带到神福山,找到一间神龛居住。李长者得以在神龛中写书。九十六岁时,李长者在神龛中羽化。

原文　李长者,自沧州来盂县。日惟食十枣,一柏叶小饼。掩室著论,无虚时。后至冠盖村,逢一虎驯伏[1]。长者语虎曰:"吾欲释《华严经》,可与吾择一栖止[2]处。"虎遂起,引至神福山,得一龛居之,乃著论。年九十六,化于龛中。

[1] 驯伏:驯服,驯顺。[2] 栖止:寄居,停留。

商栖霞

商栖霞,历阳人。唐太极年间,居住在白石山下彭仙洞中。商栖霞擅长吐纳之术,不吃不喝三十年,后来不知所终。

原文 商栖霞,历阳人。唐太极中,居于白石山下彭仙洞。善吐纳之术,绝粒三十年。后不知所往。

懒残

懒残,唐天宝初年,居住在衡岳寺,给寺庙里的僧人做杂活。每次别人吃完饭走了,他就收拾剩饭残汤吃,因为生性懒惰又食残羹冷炙,所以被称为懒残。当时李泌寄居在衡阳,曾经在夜里拜访懒残。懒残正在翻弄牛粪烧着的火来煨芋头,见到李泌后,从里面取出半个芋头给他,然后对他说:"千万不要多说话。你能当十年宰相。"后来李泌果然做了十年的宰相。

原文 懒残,唐天宝初,居衡岳寺为僧执役[1]。食退,即收其余。性懒而食残,因名之。李泌寓衡,尝夜往见之。懒残方拨牛粪火煨[2]芋,出半芋食之曰:"慎勿多言,领取十年宰相。"后果然。

[1] 执役:服役,担任劳役。[2] 煨:烹饪法,用微火慢慢地煮。

湘中老人

《岳阳旧志》记载，唐吕云卿曾经住在子君山旁边，遇到一位老人，向他索要几碗酒喝。老人唱道："湘中老人读黄老，手援紫虈坐碧草。春至不知潮水深，日暮忘却巴陵道。"苏东坡说："这些诗句恐怕只有李谪仙这样的人才写得出来。湘中老人是真正的隐士呀！"而今考证唐诗，发现此诗是高骈所作，不知孰是孰非。

原文　《岳阳旧志》："唐吕云卿尝寓子君山侧[1]，遇一老人，索酒数行。老人歌曰'湘中老人读黄老，手援紫虈坐碧草。春至不知潮水深，日暮忘却巴陵道。'"苏东坡云："此诗句殆是李谪仙辈。盖真遁世者也。"今考唐诗，乃高骈所作，未知孰是。

[1] 山侧：山旁。

邢和璞

邢和璞，不知道是哪里人，在瀛海边隐居。他精通读心术，凡是人内心所想，都能通过推算而知晓。经占卜后搬至嵩颍附近居住，写有《颍阳书》《算心旋空之诀》。他还能用法术让暴死的人复活。唐明皇开元十二年，邢和璞来到京师，朝中达官贵人蜂拥至城门等候，场面如市集般热闹。有个朋友住在白马坡下面，邢和璞来时，朋友已经死了几天，其母哭得很伤心。邢和璞让人把尸体放在床上，自己盖上被子和尸体一起躺着，

邢和璞

然后关上门窗。过了很久，邢和璞起身让人给尸体洗澡，又一起睡下，友人就活过来了。崔司马和邢和璞关系很好，因为病情恶化，大呼："邢先生，你为什么要抛弃我？"不一会儿，卧室墙壁上传来打洞的声音，仔细一看，墙上有一处很小的缝隙在逐渐变大，从中可见上百名随从跟着邢和璞。刑和璞身穿紫衣，头戴大冠，坐在车里，对崔司马说："我已经请太乙真人相救。"话音刚落，邢和璞和缝隙就一起消失了。崔司马的病马上就痊愈了。房琯担任桐庐宰时，招待邢和璞非常殷勤。一天，邢和璞笑着对房琯说："你将来会成为宰辅，好好自爱，但是必将死于食用鱼鲙，以龟兹为棺，不死在私人宅第，不在衙门，不在寺庙，不在外家。"房琯后来果然位登台辅，又被贬居阆州，因病躺在紫极宫休息。病情稍微好转，太守在郡斋招待房琯。席间端上鱼鲙，房琯吃完后疾病复发。晚上睡觉梦到神仙说："邢真人的话，我确实相信了。"第二天，房琯果然去世了。当时有商人施舍龟兹板来制作老君座，因此借来用作棺材。邢和璞在终南山搭建草庐居住，很多学道之人都依附他。当时崔曙和邢和璞结交，在身边精心伺候他。一天邢和璞对弟子说："早晚会有特殊的客人前来，你们为我准备好酒菜。"又告诫弟子："千万不要窥视。"第二天，果然来了一个人，身高五尺、宽三尺，头就有身体的一半高，身穿红衣，手持笏板，鼓动胡须哈哈大笑，嘴角都碰到了耳朵。邢和璞和来人相谈甚欢，很多不是人世间的话。崔曙经过庭院，来人仔细打量他，对邢和璞说："他不是泰山老师吗？"邢和璞说："是的。"来人吃完之后就离开了。邢和璞对崔曙说："来人是天帝的戏臣，他提到泰山老师，你还能记得吗？"崔曙说："之前听您说我是泰山老师的来世，但我不记得前世之事。"邢和璞后来不知道到哪里去了。

原文

邢和璞，不知何许人。隐居瀛海滨，善算人心术。凡人心之所谋度，咸能算而知之。后卜居嵩颍间，著《颍阳书》《算心旋空之诀》。复能以法活暴死者。唐明皇开元十二年，至都，朝贵候之门如市。有友人居白马坡下，和璞适至，死已逾日[1]。其母哭之哀，和璞令置尸于床，引衾同卧，闭户良久。起具汤沐[2]，复与寝，遂活。崔司马者，与和璞善，因疾笃，呼曰："邢先生，何弃我耶？"已而闻寝壁有穿穴声，窥之有微隙，渐大，见导从数百人。和璞紫衣大冠，坐车中，谓崔曰："邢某已请太乙相救。"言讫，与隙俱不见，其疾即愈。房琯为桐庐宰，待和璞甚殷。一日笑谓琯曰："君当为宰辅，善自爱。然其终必食鲙，棺龟兹[3]，不在私第，不在公馆，不在寺宇，不在外家。"琯后果践台辅[4]，谪居阆州，卧疾紫极宫。稍愈，太守招会郡斋，进鲙，食毕，疾复作。梦神人曰："邢真人之言信矣。"翌日果终。时有贾者施龟兹板为老君座，因假[5]以为棺。和璞庐[6]终南，学道者多依之。时崔曙与其为友，恭事左右。一日谓弟子曰："旦夕有异客来，子等为予[7]设具。"且戒曰："谨毋窥伺。"翌日，果一人至，身长五尺，阔三尺。首居其半，衣绯执笏，鼓髯大笑。吻角[8]侵耳，作剧谈[9]，多非人间语。崔曙趋而过庭，客熟视[10]，谓和璞曰："此非泰山老师乎？"曰："然。"食毕而去。和璞谓曙曰："此上帝戏臣[11]也。言泰山老师，子复能省乎？"曙曰："向闻先生言某泰山老师后身，然前身不得记也。"和璞后不知所之。

---

[1] 逾日：过了一天。[2] 汤沐：洗热水澡。[3] 龟兹：龟兹出产的木板制作的棺材。[4] 台辅：三公宰辅之位。[5] 假：借。[6] 庐：搭建草庐。[7] 予：我。[8] 吻角：嘴角。[9] 剧谈：畅谈。[10] 熟视：注目细看。[11] 戏臣：提供娱乐的臣子。

吴道元

吴道元，字道子，初名道子，后来改成字，阳翟人。从小跟随贺知章、张颠学习书法，没有成功。因此转向学画，还未成年，已经造诣精深，惟妙惟肖。这种成就其实来自天赋，而不是努力练习就能达到的。吴道子起初担任兖州瑕丘尉，唐明皇召见他入宫供职，从此名震天下。吴道子主要学习张僧繇的技法，人们都说吴道子是他的转世。世称顾恺之擅长画侍女，用荆棘去刺画上侍女的心脏，能够听到她呻吟。吴道子在僧房画驴，夜夜传出践踏地板之声，让僧人感到恼火。张僧繇画龙点睛，听到打雷声，龙则冲破墙壁飞去。吴道子画龙，鳞片就像飞动一样，每逢下雨天就会烟雾缭绕。恐怕是吴道子兼有张僧繇和顾恺之的优点吧，他的画就是这样神妙。皇宫中有几米长的粉墙，唐明皇让吴道子在墙上画上山水。吴道子于是调了一盆墨，全部泼在墙上，然后把幕布盖在上面。过了一会儿摘掉幕布，请皇上前来观画，山水、林木、人、雾气、鸟兽，无不具备。皇上跟随吴道子看了很久，叹羡不已。吴道子慢慢走到一处，指着说："这处山岩下有一个小洞，里面有仙人居住，敲门肯定有人应答。"于是用手指敲打画上的岩石，忽然门开，有一个童子站在门旁。吴道子说："洞中环境非常优美，请允许我先进去，希望陛下能跟着进来。"吴道子于是进入洞中，招手示意皇上进去。皇上进不去，不一会儿，门就关上了。没人知道吴道子去了哪里。他所画的墙壁，仍然和过去一样洁白干净，没有丝毫余墨。

(原文) 吴道元，字道子，初名道子，后作字，阳翟人。少学书于贺知章、张颠，不成。因学画，未冠，即深造微妙，盖得之于性，非积习所能

吴道元

致也。初为兖州瑕丘尉，明皇召入供奉，由此名震天下。大率师法张僧繇，人咸谓其为后身焉。世称顾恺之画邻女，以棘刺其心而使之呻吟。道子画驴于僧房，夕夕有踏藉破逆之声以恼僧。僧繇画龙点睛，闻雷则破壁飞去。道子画龙，鳞甲若飞动，每天雨则烟雾生。殆兼张顾而有之，其神妙如此。宫中有粉墙数寻[1]，明皇使画山水于上。道子乃调墨一盆，尽泼墙上，以幕覆之。顷间去幕，请上观画。山水林木、人烟、鸟兽无不备具。上纵观久之，叹美无已。道子复徐步指点曰："此山岩之下有一小洞，其中有仙，扣之必应。"于是以指击之，忽然门开，有童子伺侧。道子奏曰："洞中甚佳，臣请先入，愿陛下继来。"道子遂入洞中，以手招上，上不能入。须臾门闭，莫知道子所之。其所画墙，仍莹白如旧，无有余墨矣。

[1] 寻：古代长度单位，一般为八尺。

王皎先生

王皎先生，精通其他数术，关于历数却不曾发一语。天宝年间，偶与客人夜晚露天闲坐，指着天上的星星和月亮说："不久将会天下大乱。"第二天，王皎被邻居向官府举报。当时皇帝年岁已高，特别忌讳王皎的言论，于是密诏处死王皎。行刑人用锄头敲打他的头，打了几十下王皎才死。因敲破王皎的脑袋，得见他的头骨有一寸八分厚。王皎之前与达奚侍郎来往走动。等到安史之乱平定后，王皎拄着拐杖步行至达奚的家中，那时候人们才知道王皎的奇异之处。后来王皎在浣花溪拜访杜甫，对他说："你现在虽然生活困顿，但是他日将会名垂万世，和我一起住在少微垣中。"

【原文】 王皎先生，善他术，于历数未尝言。天宝中，偶与客夜中露坐，指星月曰："时将乱矣。"为邻人所讼[1]。时上春秋高，颇拘忌[2]其语。于是密诏杀之。刑者镬其头数十，方死。因破其脑，视之脑骨，厚一寸八分。皎先与达奚侍郎还往。及安史[3]平，皎杖履至达奚家，人方知其异。后访杜甫于浣花溪，曰："君今虽偃蹇[4]，他日当大名垂之万世，同少微垣中宿也。"

[1] 讼：控告，举报。 [2] 拘忌：忌讳。 [3] 安史：安史之乱。 [4] 偃蹇：困顿。

罗公远

罗公远，鄂人。唐玄宗喜好仙术，开元年间的一次中秋节，唐玄宗在宫中赏月。罗公远请玄宗到月宫游玩。后来玄宗向罗公远学习隐形术，罗公远没有全部传授给玄宗。玄宗隐形时，有时是衣带露出来，有时是巾角露出来，不能全部隐身。玄宗责问罗公远，罗公远说："陛下不能光脚在天下行走，以道法为游戏。若全部学会我的法术，必定隐藏君主身份，和普通人一样。到那个时候，陛下就被困在平常百姓之家了。"玄宗听后十分生气，谩骂罗公远。罗公远于是跑到宫殿的柱子中，还数落玄宗的过失。玄宗更加生气，让人更换柱子，把它砸破。罗公远又在础石中继续说话。玄宗又令更换础石，仔细一看，础石晶莹明亮，只见罗公远的身体在础石里面，只有一寸多长。侍卫因此把础石打碎成十几段，每段都有罗公远的身形。玄宗感到恐惧，赶忙向他道歉谢罪，才再也见不到罗公远。后来有使者进入蜀地，在黑水道中见到罗公远。罗公远对使者说："替我向陛下谢罪，我姓罗，名公远。陛下必定会回蜀地，帮我把口信传给陛下。"后来玄宗因安史之乱逃到蜀地，才领悟"必定会回蜀地"的意思。

原文　　罗公远，鄂人。唐玄宗好仙术。开元中，中秋宫中玩月，公远请玄宗游月宫。后玄宗学隐形之术于公远，不尽传之。或衣带或巾角不能全隐。玄宗诘之，公远曰："陛下不能脱屣天下，而以道为戏。若尽臣术，必怀玺[1]人家，将困于垂腹也。"玄宗怒谩骂之，公远遂走入殿柱中，且疏上失[2]。上愈怒，令易柱，破之。复大言于石碣[3]中，乃易碣。观之碣明莹，见公远形在其中，长寸余。因碎为十数段，悉有公远形。上惧谢，不复见。后有使者入蜀，见公远黑水道中。笑曰："为我谢陛下，我姓罗，名公远。以蜀当归，寄献之。"后玄宗幸蜀，始悟当归之意。

[1] 怀玺：谓隐藏君主身份。 [2] 上失：皇上的过失。 [3] 石碣：柱子下的础石。

罗子房

罗子房，号冲虚子。唐玄宗开元年间，父子二人在玉笥山的元贞观修行。他的父亲刀解，空棺埋葬在道观的旁边。冲虚子接着也得道成仙，在门外高大的杉树上面驾着一艘空船，冉冉飘升，腾云而去。

罗子房

原文 罗子房，号冲虚子。玄宗开元中，父子修行于玉笥元贞观。其父刀解，葬空棺于观侧。冲虚子继亦成仙，驾空舟于门外高杉表[1]，飘飘腾云而去。

1 杉表：杉树的树梢。

申泰芝

申泰芝，字元之，唐洛阳人。母亲杨氏梦到吞下灵芝后怀有身孕，因此取名泰芝。申泰芝和唐玄宗同一天诞生。他遍游名山胜地，后来前往邵陵佘湖山修炼。玄宗梦到湖南有一位白云居士，派人前往湖南寻找到申泰芝，召到京师，赐号大国师，住在玄真观。申泰芝和张果、邢和璞、罗公远、叶法善、尹愔、何思远、史崇秘经常跟随玄宗出游。他擅长清谈，皇上每次邀请他入宫讨论问题，动不动就聊到天黑。只有贵妃和内人张云容曾经侍奉皇上，他们也数次侍奉申泰芝喝茶用药。张云容趁机向申泰芝乞求长生药，申泰芝说："我不是舍不得给你，只是你在人世的时间不多了。"张云容不停地哀求申泰芝。申泰芝可怜张云容的恭敬和诚恳，于是给了他一粒绛雪丹，对他说："你吃下丹药，死后身体必定不会腐坏，只管把棺材做大一点，把墓穴挖大一些，然后口中含上玉珠，使灵魂不到处飘荡，魂魄不消散。一百年后，遇到外面活人的气息，你就可以复活过来。这是太阴炼形之道，届时你会成为地仙。再过一百年，你会升迁到洞天居住。"后来张云容跟随玄宗临幸东都洛阳，病于兰昌宫，用申泰芝的话哀求玄宗。玄宗命宫人陈玄造按照张云容的请求埋葬。到宪宗元和末年，已经过了一百年。张云容果然遇到薛昭得以复活。申泰芝回到佘湖山，不久就得道升仙而去。宋代，申泰芝被封为妙寂灵修真人。

原文　　申泰芝，字元之，唐洛阳人。母杨氏，梦吞芝而孕，故名。与玄宗同诞日，历览胜地，后往邵陵佘湖山修炼。玄宗梦湖南有白云居士，物色觅召至京，赐号大国师。住玄真观，与张果、邢和璞、罗公远、叶法善、尹愔、何思远、史崇秘，常从帝游。善清谈，上每延问[1]，动辄移晷[2]。惟贵妃与内人张云容尝侍上，亦数侍元之茶药。云容乘间乞长生药。元之曰："吾不惜，但汝在世不久耳。"云容复恳求不已，元之怜其恭勤，乃与绛雪丹一粒，曰："汝服之，死必不坏。但大其棺，广其穴，含以珠玉，使魂不飘荡，魄不沦泪[3]。百年外遇生人之气，可以复活。此太阴炼形之道，当为地仙。复百年，迁洞天矣。"后云容从幸东洛，病于兰昌宫，以元之之言哀请于帝。帝命中人陈玄造，如其所请而葬之。至宪宗元和末，已百年。云容果遇薛昭得再生，元之还山，未几升仙。宋封妙寂灵修真人。

[1] 延问：请教询问。[2] 移晷：日影移动。犹言经过了一段时间。[3] 沦泪：飘散。

薛昌

薛昌，幽蓟人，唐代进士。天宝年间，薛昌住在蜀地青城山的洞天观。偶然间获得商陆酒，薛昌喝下之后，耳鼻出血死掉了。三天之后，薛昌猛然苏醒过来，肌肤变得洁白，容貌更加年轻，身体轻盈，眼睛看得更加清楚,有飞仙的架势。他能够看到远近的东西,即使是山林和悬崖也不能阻隔他的视线和听力。当时唐玄宗崇尚至道,节度使邀请薛昌到宾馆居住,打算趁机把他送到京师。薛昌却忽然消失不见,后来有人见到他在大面山。

原文　薛昌,幽蓟人,为唐进士。天宝间,栖止于蜀之青城洞天观。偶得商陆酒,饮之,耳鼻流血,死。经三日,蹶然而苏,肌肤洁白,容状顿少。身轻目明,势欲飞举,洞见远近,虽山林崖𪩘[1],不隔视听。时玄宗崇尚至道,节度使延至宾馆,欲乘以驿骑送京,忽失所在。后有见其在大面山者。

[1] 崖𪩘:高崖险峰。

薛季昌

薛季昌,河东人,在南岳遇到司马承祯,传授他《玉洞经箓》。薛季昌钻研其中的奥秘,勤加修行,毫不懈怠。仙人多次在他房间中降下异香和妙药。唐明皇把他召入宫廷,向他请教道学。薛季昌谈论得精微奥妙,玄宗听了之后非常高兴,因此恩宠日益优厚。薛季昌立即恳请回到山中,玄宗临别赋诗相赠:"洞府修真客,衡阳念旧居。将成金阙要,愿奉玉清书。云路三天近,松墟万籁虚。犹宜传秘诀,来往候仙舆。"薛季昌炼成仙丹,一天忽然说:"祝融峰今天晚上有天神聚会,我被召去参加。"接着凌空飘然而去。

原文 薛季昌，河东人，遇司马承祯于南岳。授以《玉洞经箓》，研真穷妙，勤修不懈。高真屡降异香妙药于其室。唐明皇召入禁掖[1]，延问道德，谈论极精微。上喜，恩宠优异，即恩还山。上赋诗赠之，曰："洞府修真客，衡阳念旧居。将成金阙要，愿奉玉清书。云路三天近，松墟万籁虚。犹宜传秘诀，来往候仙舆。"丹成，一日忽曰："祝融峰今夕有天真[2]会，予被召当往。"遂凌虚[3]而去。

1 禁掖：谓宫中旁舍。亦泛指宫廷。 2 天真：天神，天仙。 3 凌虚：升到空中。

徐佐卿

徐佐卿，蜀人，唐天宝年间中进士，经常化为仙鹤。玄宗在西苑打猎，见到一只孤鹤，于是用箭射那只鹤。徐佐卿带着箭回去，对弟子说："我出山游历，被飞箭射中。"徐佐卿把箭挂在墙上，对弟子说："等箭的主人来了之后还给他。"后来唐玄宗果然临幸蜀地，在道观中游玩，认出了那支箭。

原文 徐佐卿，蜀人，唐天宝中道士。常化为鹤。玄宗猎西苑，见孤鹤，射之。卿带矢[1]而归，谓弟子曰："吾游出山，为飞矢所中。"乃挂箭于壁，曰："待箭主来付之。"后玄宗果幸[2]蜀，游观中，识其箭。

1 矢：一种古兵器，即箭，以木或竹制成。 2 幸：封建时代称帝王亲临。

徐佐卿

武攸绪

武攸绪，则天皇后的侄子，十四岁，隐居在长安城中为人算卦，每个地方只待五六天而已。武攸绪因随武则天封禅登上嵩山，从此开始隐居，服用赤箭、茯苓。王公贵人送给他的鹿皮衣服、藤器都被弃而不用，积满了灰尘。到了晚年，武攸绪肌肉消失殆尽，只剩骨头，眼睛发出紫光，炯炯有神，白天能够看到星星和月亮，又能详细辨出几里之外的谈话。安乐公主出嫁，皇上派人送去玺书召他回京，劝他接受国家的任命，暂时委屈一下，担任高位。武攸绪到了京师后，与达官贵人除了嘘寒问暖之外，不再多说一句话。后来又被封为国公，却没接受。等他要返回山中时，皇上下令让学士赋诗送给他。

原文 　武攸绪，则天皇后从子，年十四。潜于长安市中卖卜，一处不过五六日。因徙升中岳，遂隐居。服赤箭、茯苓。贵人王公所遗鹿裘、藤器，上积尘萝[1]，弃而不用。晚年肌肉殆尽，目有紫光，昼见星月。又能详辨数里外语。安乐公主出降，上遣玺书，召令勉受国命，暂屈高标[2]。至京，亲贵[3]候谒寒温之外，不交一言。封国公，不受。及还山，勅学士赋诗送之。

[1] 尘萝：尘埃和藤蔓。 [2] 高标：高位。 [3] 亲贵：指帝王的近亲或亲信的人。

裴玄静

裴玄静，李言的妻子，不知道是哪里人。她曾经独居，夜晚房中常有欢声笑语。李言心生疑虑，偷偷在墙壁缝隙中偷看，见到两位女子，十六七岁左右，头扎凤髻，身穿霓裳，美妙绝世，还有几名侍女，都头扎云鬟，身穿红衣，站在旁边。李言感到吃惊，大呼。忽然，侍女奏起音乐，白凤载着裴玄静升天而去。

【原文】 裴玄静，李言妻也。无考何许人，尝独居，夜中常有笑语声。言疑，潜于壁隙窥之，见二女子，年可十六七，凤髻霓裳，端妙绝世。侍女数人，皆云鬟绛服，绰约[1]于侧。言惊呼，忽侍女奏乐，白凤载玄静升天而去。

1 绰约：柔婉美好貌。

帛和

帛和，字仲礼，拜董先生为师，修行吐纳和断谷之术。帛和后又前往西城山，拜王君为师。王君对帛和说："大道的秘诀，不是立刻就可以得到的。我暂时前往瀛洲，你就住在这个石壁中，可以仔细观看石壁，时间久了，就会看到文字。见到之后就诵读，那时你就得道了。"帛和看了一年，什么也没有看见。第二年，石壁上似乎有纹理。第三年，才看到《太清经》《神丹方》《三皇文》《五岳图》。帛和早晚诵读。王君回来时对帛和说："你已经得道了。"帛和于是炼好神丹，服下半剂，寿命无穷无尽。用另外半剂神丹作了五十斤黄金，拯救贫穷生病之人。后来他又升仙而去。

原文　　帛和，字仲礼。师董先生，行气断谷[1]。又诣西城山师王君，君谓曰："大道之诀，非可卒得。吾暂往瀛洲，汝居此石壁中，可熟视石壁，久当见文字，见则读之，得道矣。"和视一年，了无所见。二年似有文理[2]，三年始见《太清经》《神丹方》《三皇文》《五岳图》。和朝暮诵之。王君回，曰："子得之矣。"乃作神丹，服半剂，延年无极。以半剂作黄金五十斤，救人贫病。后仙去。

1 行气断谷：行气，道教语，指呼吸吐纳等养生方法的内修功夫。断谷，不食五谷，道教的一种修炼术。**2** 文理：花纹，纹理。

张氲

　　张氲，晋州人，号洪崖子，在姑射洞中隐居，仙书秘典，无所不通。唐玄宗召见他问道："你善于长啸，可以让我听一听吗？"张氲马上应声长啸。玄宗授予他官职，他不接受。回到山中，张氲修炼断谷吐纳之术。后来洪州发生了严重的瘟疫，有一个狂道士卖药，服用的人马上痊愈。玄宗听说之后，心想狂道士肯定是张氲。派人查访，果然如此。玄宗多次召他入京，他都不来。天宝末年，张氲忽然在大雾中尸解而去。乾元年间，皇帝下诏在应圣宫设立牌位，以张氲配祭肃宗。

原文　　张氲，晋州人，号洪崖子。隐姑射洞中，仙书秘典，无所不通。唐玄宗召问曰："先生善长啸[1]，可得闻乎？"即应声而发。拜官不受。还山，绝粒服气。洪州大疫，有狂道士市药，服者立愈。玄宗闻之，意必氲也。果然[2]。三召不至。天宝末，忽大雾尸解。乾元中，诏立应圣宫，奉肃宗，以氲配焉。

1 长啸：撮口发出悠长清越的声音，古人常以此述志。**2** 果然：果真如此，指事实与预料的相同。

边洞玄

边洞玄，枣强人，从小在紫云观中修行。得道后，白日飞升。唐玄宗亲自写诗赞扬边洞玄，碑刻至今还存放在道观中。

原文　边洞玄，枣强人。自幼于紫云观修行。得道，白日上升。唐玄宗御制[1]诗词褒扬之。牌刻尚存于观。

1 御制：帝王所作，亦指帝王所作之诗文、书画、乐曲。

赵惠宗

赵惠宗，峡州宜都道士，获得九天仙箓、三洞秘法，慢慢都通晓了其中奥秘。后来他去郭道山居住。天宝末年回到峡州，在郡城的东北处堆积柴火自焚。官员和百姓都前往观看，赵惠宗坐在火中，怡然自乐，诵读《度人经》。不一会儿，赵惠宗就化为瑞云仙鹤飞去。火灭了后，他身下的草还是绿的。赵惠宗留下一封信，上面有两首诗。

边洞玄　483

> **原文** 赵惠宗，峡州宜都道士。得九天仙箓、三洞秘法，渐皆通晓。后居郭道山。唐明皇天宝末还峡，于郡之东北积薪自焚。僚庶[1]悉往观之。惠宗怡然坐火中，诵《度人经》。斯须，化为瑞云，仙鹤而去。火既烬，其下草犹绿。遗一简，有诗二首。

1 僚庶：众位官员。

颜真卿

颜真卿，字清臣，颜师古的五世孙。颜真卿学识渊博，擅长诗词创作。开元年间，颜真卿考中进士，擢升为制科，迁为监察御史，德行功业被详细记载在《唐书》中。建中四年，德宗命颜真卿问罪李希烈。朝廷内外都知道颜真卿此去将不会回来。亲族在长乐坡为颜真卿饯行，颜真卿喝醉了在帐前的柱子边跳来跳去，说："我早年遇到一位道士，叫陶八八，给了我一刀圭的碧霞丹，服用后至今不衰老。道士又说我七十岁会有劫难。来日他在罗浮山等我，难道说的就是今日之劫吗？"颜真卿到了大梁，李希烈绞死了颜真卿，葬在城南。李希烈失败后，颜真卿家人打开灵柩，只见颜真卿的容貌像活人一样，全身金色，指甲都长穿了手背，头发胡须长达几尺。家人把颜真卿运回家，葬在偃师北山。后来有商人来到罗浮山，见到两位道士在树下下棋。一位道士问："什么人到这里来啦？"商人回答说："我是洛阳人。"道士回头笑着说："希望你帮我寄回一封家书。"商人回去后，把信送到北山的颜真卿家中。颜真卿的子孙们得到家书后，惊讶地说："这是先太师的亲笔。"家人挖开墓穴，打开棺材，

颜真卿

里面空无一物。家人前往罗浮山寻找颜真卿，竟然找不到任何踪迹。后来白玉蟾说："颜真卿现在是北极驱邪院左判官。"

原文　　颜真卿，字清臣，师古五世孙。博学，工词章。开元间，举进士，擢制科，迁监察御史。德业详载《唐书》。建中四年，德宗命真卿问罪李希烈。内外知公不还，亲族饯于长乐坡。公醉，跳踔前楹曰："吾早遇道士，云陶八八。授以刀圭碧霞丹，至今不衰老。又云七十有厄吉[1]。他日，待我于罗浮山。得非今日之厄乎？"公至大梁。希烈缢杀之，葬于城南。希烈败，家人启柩[2]，见状貌如生，遍身金色，爪甲穿出手背，须发长数尺。归葬偃师北山。后有商人至罗浮山，见二道士弈棋树下。一道士曰："何人至此？"答曰："小客洛阳人。"道士顾笑曰："愿寄一家书。"商还至北山，颜家子孙得书惊曰："先太师笔也。"发冢开棺，无一物。径往罗浮求之，竟无踪。后白玉蟾云："颜真卿今为北极驱邪院左判官。"

[1] 厄吉：劫难。[2] 启柩：打开棺材。

凤纲

凤纲，渔阳人，经常采摘百草和花朵，用水浸泡，然后用泥土封装。从正月开始，到九月末结束，把它们埋一百天，拿出来煎成药丸。暴死的人，把药丸放入口中，都立马活过来。凤纲长期服用药丸，到几百岁还不老，后来进入地肺山升仙而去。

原文　凤纲，渔阳人。常采百草花，以水渍[1]封泥之。自正月始，至九月末止，埋之百日，煎而丸之。暴死者，以药纳口中，皆立活。纲长服此药，至数百岁不老。后入地肺山中仙去。

1 水渍：放在水里浸泡。

黄升

黄升，长汀人，从小得道。钱沉在水中，黄升呼钱，钱马上就能从水中飞出来。黄升又能把汞含在口中，运气炼汞，马上变成白金。有位姓蔡的道士死后，黄升为他准备棺材，将其入殓下葬。道士给黄升留下一封信，信上写："我在崆峒山等你。"黄升前往崆峒山拜见道士。道士对黄升说："我之前在墙缝中放有一些书，你拿去后诵读。"说完，道士忽然就不见了。黄升获得书，诵读之后，能驱使鬼怪，后来尸解而去。

原文　黄升，长汀人。自幼得道，钱沉水中，呼之即出。又能内汞于口中，运气炼之，即成白金。有蔡道死，升为棺殡。后道人遗书与升云："在崆峒相候。"升往见之，曰："吾向时[1]有文字在墙隙间，汝归诵之。"忽不见。升得其文字，自是能役使鬼。后尸解。

1 向时：过去。

王昌遇

王昌遇，担任梓州狱吏，遇到一位落魄的张姓神仙，在梓州卖老鼠药。王昌遇想到狱中囚犯经常遭到老鼠啃咬，于是买了一些老鼠药回去。等到老鼠吃了这些老鼠药，都长出翅膀飞走了。王昌遇到了泸州，又遇到那位卖老鼠药的神仙，就又买了一些老鼠药，马上吃掉。于是神仙替王昌遇改名为易玄子，牵出一匹马让王昌遇骑着回去。王昌遇骑到家后，发现原来骑的是龙。后来在九月九日王昌遇得道飞升，飞升的地方就是卖药集市。

原文　王昌遇，为梓州狱吏。遇落魄仙张姓者，卖鼠药于梓州。昌遇念及囚徒，尝为鼠所啮，市药以归。伺鼠食之，皆翼[1]而飞。昌遇至泸，又遇仙，乃市其药，即饵之。仙遂为易名，为易玄子，取一马，令乘以归。既至，乃龙也。后以九月九日飞升，即其地为药市。

1 翼：长出翅膀。

何仙姑

何仙姑，广州增城县何泰的女儿，出生时头顶上有六根头发。唐武后时期，何仙姑住在云母溪，十四五岁左右，梦到神仙教她说："食用云母粉，会身体轻盈，长生不死。"梦很像是真的，于是何仙姑就开始食用云母粉，还发誓不出嫁。何仙姑经常往来山谷中，行动如飞，每天早上出去，晚上则带山果回来给母亲吃。何仙姑后来逐渐修行辟谷，语言异常。

何仙姑

武后派遣使者召何仙姑入宫，在路上她就消失不见了。景龙年间，何仙姑白日飞升。天宝九年，何仙姑在麻姑坛出现，站在五色云气中。大历年间，何仙姑又在广州小石楼现身，刺史高翚把她的事情上报到朝廷。

原文　　何仙姑，广州增城县何泰女也。生而顶有六毫[1]。唐武后时住云母溪，年十四五，梦神人教曰："食云母粉，当轻身不死。"梦明[2]甚，因饵之，遂誓不嫁。常往来山谷，其行如飞，每朝去，暮则持山果归，遗其母。后渐辟谷，语言异常。武后遣使召赴阙中，路复失去。景龙中，白日升仙。天宝九载，见于麻姑坛，立五色云中。大历中，又现身于广州小石楼。刺史高翚上[3]其事于朝。

[1] 毫：长毛。[2] 梦明：梦醒之后。[3] 上：上奏。

吕岩

吕岩，字洞宾，唐蒲州永乐县人。祖父吕渭，礼部侍郎。父亲吕让，海州刺史。吕岩于贞元十四年四月十四日巳时出生，因此号为纯阳子。起初他的母亲分娩时，异香满屋，空中传来天乐，一只白鹤从天而降，飞入帐中消失不见了。吕岩生而金形木质，道骨仙风，鹤顶龟背，虎体龙腮，凤眼朝天，双眉入鬓，颈修颧露，额阔身圆，鼻梁耸直，面色黄白，左眉角有一颗黑痣，脚下纹路像龟背。吕岩从小聪敏过人，每天能背诵一万字，张口成文。吕岩身长八尺二寸，喜欢头戴华阳巾，穿黄襕衫，系太皂条，打扮类似张子房，二十岁还不娶妻。吕岩还在襁褓时，马祖禅师见到他后说："此儿骨相不凡，应当是俗世外的人。将来遇到道观就居住，遇到钟就去敲打，留心道法。"

后来吕岩在庐山游玩，遇到火龙真人，传授他天遁剑法。唐会昌年间，吕岩两次考进士都没有中第。六十四岁时，吕岩在长安酒馆游玩，见到一位道士，头戴青巾，身穿白袍，在酒馆的墙壁上题了三首诗，其一是："坐卧常携酒一壶，不教双眼识皇都。乾坤许大无名姓，疏散人间一丈夫。"其二是："得道真仙不易逢，几时归去愿相从。自言住处连沧海，别是蓬莱第一峰。"其三是："莫厌追欢笑语频，寻思离乱可伤神。闲来屈指从头数，得到清平有几人。"吕洞宾看见这道士相貌奇特，诗意飘逸，感到很惊讶，因此作揖询问姓氏，再拜后邀请道士一同入座。道士说："你可以吟一首诗，我想看看你的志向。"吕洞宾拿笔写下："生在儒家遇太平，悬缨重滞布衣轻。谁能世上争名利，欲事天皇上玉清。"道士见到诗后说："我是云房先生，住在终南山鹤岭，你能跟随我游历吗？"吕洞宾并没有马上答应，云房因此和他同在酒馆中休息，亲自为吕洞宾烧火做饭，吕洞宾忽然躺在枕头上昏昏大睡，梦到自己以举子的身份入京，科考状元及第。刚开始从郎署提拔为台谏，然后是翰苑、秘阁以及各种清闲显赫的要职，全部经历了一遍。两次迎娶富家女，结婚生子，子女很早就完成婚嫁，儿孙满堂，簪笏满门，这样的生活过了四十多年。后又独揽相位十年，权势熏天。偶然间犯下重罪，除去官籍，抄没家产，妻离子散，流放南陵，孑然独立，孤苦伶仃。吕洞宾独自骑马立在风雪中，正兴发感叹，恍惚间从梦中醒来，此时饭还没有煮熟。云房笑着唱道："黄粱犹未熟，一梦到华胥。"吕洞宾惊讶地说："你知道我的梦？"云房说："你刚才做的梦，升沉万态，荣悴千端，五十年一瞬间而已。获得尚且不值得高兴，失去哪里值得悲伤。世人经过大彻大悟方能明白人生不过一场梦而已！"吕洞宾受到感悟，于是拜云房为师，求成仙之法。云房考验他说："你的骨节尚未完善，想要求成仙之法，须经历数世才行。"说完，云房翩然而去。吕洞宾当即放弃儒学归隐山林。

云房从这时起一共考验了吕洞宾十次，吕洞宾全部通过考验。第一次考验，吕洞宾从远方回来，忽然见到家人全都病死。吕洞宾心中没有悔恨之情，只是厚葬家人而已。不一会儿，死者又全都站起来，都没有事。第二次考验，吕洞宾在市场上卖东西，双方本来谈好了价格，买的人突然只给价格的一半。吕洞宾没有和他争价，丢下货物就走了。第三次考验，吕洞宾元日出门，遇到一个乞丐靠在门上乞求施舍。吕洞宾立马就给了乞丐一些钱财，但是乞丐不停地继续索要，还恶语相加，吕洞宾只是再三笑言相劝。第四次考验，吕洞宾在山中放羊，遇到一只饿虎追赶羊群。吕洞宾把羊群藏在山坡下，独自用身体挡住老虎，老虎才释放羊群离去。第五次考验，吕洞宾住在山中草房里读书，一位十七八岁的女子，容华绝代，美艳动人，说自己要回娘家，可是迷失了方向，天色已晚，自己又疲惫，于是向吕洞宾借房间稍作休息。不一会儿，女子百般调戏吕洞宾，晚上又逼迫吕洞宾和她一起睡觉。吕洞宾竟然不为所动。像这样过了三天，女子才离去。第六次考验，吕洞宾一天到郊外去，回来的时候发现家中财货都被盗贼偷走，连早晚的米饭都没办法供应了。吕洞宾丝毫没有恼火，只是亲自耕地供给生活。锄地时，忽然出现几十片黄金，吕洞宾又马上用土盖上，一无所取。第七次考验，吕洞宾遇到卖铜器的人，买了一些铜器回家，发现全是黄金做的。于是又马上找到卖主，把铜器还给了他。第八次考验，有一位疯癫的道士在路上卖药，自称服药后马上死去，来世可以得道成仙，十天后就不卖了。吕洞宾买了一些药，道士对他说："你可以准备后事了！"吕洞宾马上服下药，却没有事。第九次考验，春天河水泛滥，吕洞宾和一群人过河。走到河中间的时候，风浪突起，众人都感到很害怕，只有吕洞宾端坐在船上，一动不动。第十次考验，吕洞宾在房间内独坐，突然见到数不清的奇形怪状的鬼魅，有的想打他，有的想杀他。吕洞宾丝毫没有恐惧。第二天晚上，又来了几十个夜叉，押着一个死囚，血肉淋漓，号啕大哭，对吕洞宾说："你前世杀了我，今天我要杀你来偿命。"吕洞宾说："杀人偿命，天经地义。"于是站起来拿刀准备自尽来偿命。忽然空中传来一声呵斥，鬼神都消失不见了。

　　一个人拊掌大笑，从天而降，此人就是云房。他对吕洞宾说："我十次考验你，你都心无所动，必定会得道升仙。但是你功德尚未修行完成，我今天便传授你黄白之术，济世救民，完成三千功德，八百修行。那时我再来度化你。"吕洞宾说："法术所变的东西，会变异吗？"云房说："三千年后变回原样。"吕洞宾面显愁色地说："这样妨害了三千年后的人哪！我不想这样做。"云房笑着说："你推心如此，三千八百种变化都在这里了。"云房于是带吕洞宾到鹤岭，把所有上真秘诀都传授给了吕洞宾。不久，清溪郑思远、太华施真人从东南凌空而来，和云房相互作揖后一起入座。施真人说："站在旁边的是谁？"云房说："吕海州吕让的儿子。"云房让吕洞宾拜见两位仙人。郑思远说："形清神在，目秀精藏，可以向你学道。"两位仙人离去后，云房对吕洞宾说："我就要去朝见天帝，将会上奏你的功德，使你获得仙籍，你也不会在鹤岭久居。十年后，我们在洞庭湖再见。"云房把灵宝毕法和几粒灵丹传给吕洞宾。这时，出现两位仙人，手捧金简和宝符，对云房说："天帝诏你担任九天金阙选仙，要你马上起行。"云房对吕洞宾说："我将赴诏朝见天帝，你好好住在人间，修炼功德。将来也会像我一样得道成仙。"吕洞宾再拜说："我的志向和您不一样，我必须度尽天下众生后，才愿意升仙。"这时候，云房乘着云气冉冉上升而去。吕洞宾获得云房的道法，又有火龙真人传授的天遁剑法，开始在江淮一带游历。在游历中吕洞宾检验了灵剑的效果，斩杀了蛟龙，为民除害。在接下来的四百年间，吕洞宾或者出仕做官，或者归隐山林，变幻莫测。他经常在湘潭岳、鄂以及两浙汴、谯一带出没，没有人认出他。他自称回道人。

宋政和年间，宫中有邪祟作怪，白天现形，盗取金银财宝，调戏妃嫔。林灵素、王文卿等人入宫驱邪，邪祟停止一段时间后又出来作怪。皇上举行斋戒，虔诚祷告，一共六十天。白天睡觉时，皇上梦见东华门外有一位道士，头戴碧莲冠，身披紫鹤氅，手持水晶如意，向皇上作揖后说："我奉天帝之命，前来整治邪祟。"道士马上召来一位身穿金甲的勇武男子，捉住邪祟，把它劈开，然后几乎把邪祟吃完。皇上问道士："这位勇武的男子是谁？"道士说："他是陛下所封的崇宁真君关羽。"皇上一再勉力慰劳关羽，还问关羽："张飞在哪里？"关羽说："张飞为我而死，世世代代投胎做男子。现即将为陛下出生于相州的岳家。"皇上又询问道士的姓名，道士说："我姓阳，四月十四日出生。"皇上梦醒之后，记录下梦中的事情，才知道道士就是吕洞宾。从此宫中安宁无事，再也没有邪祟作怪。皇上于是诏告天下，凡是祭祀吕洞宾的祠堂，都悬挂妙通真人的封号。吕洞宾的神通和妙用还有很多，不能一一说尽。吕洞宾写的诗词、歌诀、碑文，都有留存于世的。后来岳飞的父亲果然梦到张飞投胎托生，因此用"飞"来给自己出生的小孩儿命名。

（原文）　吕岩，字洞宾，唐蒲州永乐县人。祖渭，礼部侍郎。父让，海州刺史。贞元十四年四月十四日巳时生，因号纯阳子。初母就蓐[1]时，异香满室，天乐浮空。一白鹤自天而下，飞入帐中不见。生而金形木质，道

呂岩

骨仙丰，鹤顶龟背，虎体龙腮，凤眼朝天，双眉入鬓，颈修颧露，额阔身圆，鼻梁耸直。面色白黄，左眉角一黑子，足下纹起如龟。少聪明，日记万言，矢口[2]成文。身长八尺二寸，喜顶华阳巾[3]，衣黄襕衫[4]，系太皂绦[5]，状类张子房。二十不娶。始在襁褓，马祖见之曰："此儿骨相不凡，自是风尘外物。他时遇庐则居，见钟则扣。留心记取。"

后游庐山，遇火龙真人，传天遁剑法。唐会昌中，两举进士不第，时年六十四岁。游长安酒肆，见一羽士[6]，青巾白袍，偶书三绝句于壁。其一曰："坐卧常携酒一壶，不教双眼识皇都。乾坤许大无名姓，疏散人间一丈夫。"其二曰："得道真仙不易逢，几时归去愿相从。自言住处连沧海，别是蓬莱第一峰。"其三曰："莫厌追欢笑语频，寻思离乱可伤神。闲来屈指从头数，得到清平有几人。"洞宾讶其状貌奇古，诗意飘逸，因揖问姓氏，再拜延坐。羽士曰："可吟一绝，予欲观子之志。"洞宾援笔书曰："生在儒家遇太平，悬缨[7]重滞布衣轻。谁能世上争名利，欲事天皇上玉清。"羽士见诗曰："吾云房先生也。居在终南鹤岭，子能从游乎？"洞宾未应，云房因与同憩肆中。云房自为执炊，洞宾忽就枕昏睡，梦以举子赴京，状元及第，始自郎署，擢台谏、翰苑、秘阁及诸清要[8]，无不备历。两娶富贵家女，生子。婚嫁蚤[9]毕，孙甥振振，簪笏[10]满门。如此几四十年。又独相十年，权势熏炙。偶被重罪，籍没家资，分散妻孥[11]，流于岭表。一身孑然，穷苦憔悴，立马风雪中。方兴浩叹，恍然梦觉，炊尚未熟。云房笑吟曰："黄粱犹未熟，一梦到华胥。"洞宾惊曰："先生知我梦耶？"云房曰："子适来之梦，升沉万态，荣悴千端，五十年间一瞬耳。得不足喜，丧何足悲。世有大觉，而后知人世一大梦也。"洞宾感悟，遂拜云房求度世术。云房试之曰："子骨节尚未完，欲求度世，须更数世可也。"翩然别去，洞宾即弃儒归隐。

云房自是十试洞宾，皆过。第一试，洞宾自外远归，忽见家人皆病死。洞宾心无悔恨，但厚备葬具而已。须臾，死者皆起无恙。第二试，洞宾鬻货于市，议定其价，市者翻然止酬其直[12]之半。洞宾无所急，委货而去。第三试，洞宾元日出门，遇丐者倚门求施。洞宾即与钱物，而丐者索取不厌，且加诟詈[13]。洞宾惟再三笑谢。第四试，洞宾牧羊山中，遇一饿虎奔逐群羊。洞宾蔽羊下阪，独以身当之，虎乃释去。第五试，洞宾居山中草舍读书，一女年可十七八，容华绝世，光艳照人。自言归宁母家，迷路，日暮足弱，借此少憩。既而调弄百端，夜逼同寝。洞宾竟不为动。如是三日始去。第六试，洞宾一日郊出。及归，则家赀[14]为盗劫尽，殆无以供朝夕。洞宾了无愠色，躬耕自给。忽锄下见金数十片，速掩之，一无所取。第七试，洞宾遇卖铜器者。市之以归，皆金也。即访卖主还之。第八试，有风狂道士陌上市药，自言服者立死，再世得道，旬日不售。洞宾买之，道士曰："子速备后事可也。"辄服无恙。第九试，春潦[15]泛溢，洞宾与众共涉。至中流风涛掀涌，众皆危惧。洞宾端坐不动。第十试，洞宾独坐一室，忽见奇形怪状鬼魅无数。有欲击者，有欲杀者。洞宾绝无所惧。复有夜叉[16]数十，械一死囚，血肉淋沥，号泣言："汝宿世杀我，今当偿我命。"洞宾曰："杀命偿命，宜也。"起索刀，欲自尽偿之，忽闻空中一叱声，鬼神皆不复见。

一人拊掌大笑而下，即云房也，曰："吾十试子，子皆心无所动，得道必矣。但功行尚未完，吾今授子黄白之术，济世利物，使三千功满，八百行圆，方来度子。"洞宾曰："所作庚辛有变异乎？"曰："三千年后还本质耳。"洞宾愀然曰："误三千年后人，不愿为也。"云房笑曰："子推心如此，三千八百，悉在是矣。"乃携洞宾至鹤岭，悉传以上真秘诀。俄清溪郑思远、太华施真人由东南凌虚而来，相揖共坐。施真人曰："侍者何人？"云房曰："吕海州让之子。"因命洞宾拜二仙，思远曰："形清神在，目秀精藏，可与学道者也。"去后，云房谓曰："吾朝元有期。当奏汝功，行于仙籍。汝亦不久居此。后十年，洞庭湖相见。"又以灵宝毕法及灵丹数粒示洞宾。授受间，有二仙捧金简宝符语云房曰："上帝诏汝为九天金阙选仙，当即行。"云房谓洞宾曰："吾赴帝召，汝好住人间。修功立德，他时亦当如我。"洞宾再拜曰："岩之志，异于先生。必须度[17]尽天下众生，方愿上升也。"于是云房乘云冉冉而去。洞宾既得云房之道，兼火龙真人天遁剑法。始游江淮，试灵剑，遂除蛟害，隐显变化四百余年。常游湘潭岳鄂及两浙汴谯间，人莫之识，自称回道人。

宋政和中，宫中有祟[18]，白昼见形，盗金宝、妃嫔。林灵素、王文卿诸人治之，息而复作。上精斋虔祷奏词，凡六十日。昼寝见东华门外有一道士，碧莲冠，紫鹤氅[19]，手持水晶如意，揖上曰："臣奉上帝命来治此祟。"即召一金甲丈夫，捉祟劈而啗之且尽。上问丈夫何人，道士曰："此乃陛下所封崇宁真君关羽也。"上勉劳再四，因问："张飞何在？"羽曰："张飞为臣累劫[20]，世世作男子身，今已为陛下生于相州岳家矣。"上问道士姓名，道士曰："臣姓阳，四月十四日生。"梦觉录之，知其为洞宾也。自是宫禁帖然[21]。遂诏天下有洞宾香火处，皆正妙通真人之号。其神通妙用，不能尽述。仍有诗词、歌诀、碑文存行于世。后岳武穆父果梦张飞托世，故以飞命名云。

---

1 褥：坐卧的垫具。2 矢口：开口，随口。常表示不用思索，或者敏捷。3 华阳巾：道士所戴的一种帽子。4 襕衫：古代士人之服，衫下施横襕为裳。5 太皂绦：黑色丝绳。6 羽

士：道士。**7** 悬缨：丝带，象征功名。**8** 清要：地位显贵、职司重要而政务不繁的官职。**9** 蚤：通"早"。**10** 簪笏：冠簪和手板。古代仕宦所用，比喻官员或官职。**11** 妻孥：妻子和儿女。**12** 直：价值。**13** 诟詈：责骂，责备。**14** 家赀：家财。**15** 春潦：春天的洪水。**16** 夜叉：梵语的译音，佛经中一种形象丑恶的鬼，勇健暴恶，能食人，后受佛之教化而成为护法之神，列为天龙八部众之一。**17** 度：度化。**18** 祟：鬼神的祸害，古人以为想象中的鬼神常出而祸人。**19** 氅：鸟羽制成的外衣，外套大衣。**20** 累劫：连续数劫，谓时间极长。**21** 帖然：平静、安宁。

张志和

张志和，字不同，唐代金华人。他的母亲梦到肚子上长出一棵枫树，然后生下张志和。肃宗提拔他为明经科进士，赐名志和，命他待诏翰林。张志和起初叫龟龄，兄长叫松龄，后来父母去世后就不再出仕为官，而是遨游江湖，自号烟霞钓徒，又号玄真子。张志和钓鱼不放诱饵，意不在鱼；擅长画画，喝三斗酒都不醉。张志和守真养气，冬天卧在雪中不感到寒冷，进入水中衣服不湿。张志和与陆羽、颜真卿亲密友好。颜真卿担任湖州刺史的时候，与张志和每天诗酒唱和。颜真卿和张志和游玩平望驿，张志和喝酒尽兴后，把席子铺在水上，一个人坐在席子上喝酒。席子在水中漂来漂去像船一样。不一会儿，在他头上便出现云气和白鹤盘旋。颜真卿以及随从官员看到之后，没有不感到惊讶的。张志和向颜真卿挥了挥手告别，然后飘升而去。

原文 张志和，字不同，唐金华人。母梦枫生腹上而生。肃宗擢明经[1]，赐名志和。命待诏翰林，始名龟龄，兄名松龄。后亲丧，不复仕，遂游江湖，自号烟霞钓徒。又号玄真子，垂钓不设饵，志不在鱼也。善

张志和

画，饮酒三斗不醉。守真养气，卧雪不寒，入水不濡。与陆羽、颜真卿友善。真卿为湖州刺史时，日相唱和。真卿游平望驿，志和酒酣，铺席水上独坐而酌。席来去如舟。俄有云鹤旋覆其上，真卿僚佐观者莫不惊异。遂挥手谢真卿，渐升而去。

1 擢明经：考上科举。

李贺

　　李贺，字长吉，是郑王的后人，唐朝宗室子弟。李贺身体纤瘦，两眉相连，指甲一寸多长。他七岁能写文章，韩愈、皇甫湜起初听到并不相信。他们经过李贺的家中，让李贺当场赋诗。李贺提笔就把诗写出来了，取名《高轩过》，韩愈和皇甫湜大为吃惊。李贺后来担任协律郎，去世时二十七岁。李贺临终时，忽然见到一位红衣天使，乘坐赤虬，手上拿着一块木板，板上写着远古的篆体字或石鼓文。天使说："奉天帝之命，召李长吉。"李长吉不认识上面的字，忽然下床，向天使磕头说："我母亲老了，而且生着病，我不愿意去呀。"红衣人笑着说："天帝刚刚建成一座白玉楼，马上召你去为楼写记。天上的生活还算快乐，并不痛苦哇！"李长吉顿时哭泣，泪水打湿了衣服，旁边的人都看见了。不一会儿，李长吉气绝而去。

(原文)　李贺，字长吉，系出郑王后，唐之宗子也。纤瘦通眉，指爪长尺许。七岁能辞章。韩愈、皇甫湜始闻未信。过其家，使赋诗。贺援笔辄就，自

李贺　501

李贺

目曰:《高轩过》二人大惊,后为协律郎,卒年二十七。贺将终,忽见一绯衣天使[1],驾赤虬,持一板,书若太古篆、霹雳石文者,云:"奉帝命召李长吉。"贺不能读,欻欻下榻叩头,言:"母老且病,不愿去。"绯衣人笑曰:"帝白玉楼成,立召君为记。天上殊乐,不苦也。"贺泣下沾襟,人尽见之。少顷,气绝而去。

[1] 天使:天帝所使之神,天神的使者。

韩湘子

　　韩湘子,字清夫,韩文公的侄子。韩湘子落魄不羁,遇到纯阳先生,跟随他游历。后来韩湘子爬桃树摔死,随后尸解而去。他前来拜见韩文公,韩文公劝他好好学习。韩湘子说:"我所学的东西和你不一样。"韩文公听到之后很不高兴,让韩湘子作一首诗来观察他的志向。韩湘子作了一首诗写道:"青山云水窟,此地是吾家。子夜餐琼液,寅晨咀绛霞。琴弹碧玉调,炉炼白珠砂。宝鼎存金虎,芝田养白鸦。一瓢藏造化,三尺斩妖邪。解造逡巡酒,能开顷刻花。有人能学我,同共看仙葩。"韩文公看完诗后说:"你岂能改变自然造化?"韩文公马上为韩湘子打开酒樽,韩湘子施法,酒樽里果然装满了佳酿。韩湘子又堆积一些土,一会儿,土堆上开出两朵碧花,差不多有牡丹那么大,只是颜色更加艳丽。花朵中间冒出一联金字:"云横秦岭家何在,雪拥蓝关马不前。"韩文公读后不理解其中的含义。韩湘子说:"将来自会得到验证。"不久,韩文公因为极谏佛骨之事被贬官潮州,途中遇到降雪。不一会儿,

韩湘子

有一个人冒雪而来，此人就是韩湘子。他对韩文公说："你能记起花间冒出来的诗句吗？"韩文公询问这是什么地方，得知就是蓝关。韩文公嗟叹不已，对韩湘子说："我来替你补完这首诗。"这首诗就是《韩文公集》中的"一封朝奏九重天"。韩文公于是和韩湘子一起在蓝关的传舍过夜，直到这时才开始相信韩湘子的话。韩湘子离去时，拿出一服药送给韩文公，对他说："你吃一粒，可以抵御瘴气的毒。"韩文公脸色怅然，韩湘子说："你不久就会西归，不仅不会得病，而且还会被朝廷再次起用。"韩文公说："以后还会相见吗？"韩湘子说："日后相见之期不可知。"

【原文】 韩湘子，字清夫，韩文公之犹子也。落魄不羁，遇纯阳先生。因从游，登桃树堕死而尸解，来见文公。文公勉之学，湘曰："湘之所学与公异。"公不悦，令作诗以观其志。诗曰："青山云水窟，此地是吾家。子夜餐琼液，寅晨咀绛霞。琴弹碧玉调，炉炼白珠砂。宝鼎存金虎，芝田养白鸦。一瓢藏造化，三尺斩妖邪。解造逡巡酒，能开顷刻花。有人能学我，同共看仙葩。"公览曰："子岂能夺造化耶？"公即为开樽，果成佳酝。复聚土，无何，开碧花二朵，似牡丹差大，颜色更丽，花间拥出金字一联，云："云横秦岭家何在，雪拥蓝关马不前。"公读之，不解其意。湘曰："他日自验。"未几，公以极谏佛骨事，谪官潮州。途中遇雪，俄有一人冒雪而来，乃湘也。曰："公能忆花间之句乎？"公询其地，即蓝关，嗟叹久之，曰："吾为汝足此诗。"即韩集中"一封朝奏九重天"云云。遂与湘宿[1]蓝关传舍。公方信湘之不诬也。湘辞去，出药一瓢与公，曰："服一粒，可以御瘴毒。"公怆然，湘曰："公不久即西，不惟无恙。且当复用于朝。"公曰："此后复有相见之期乎？"湘曰："前期未可知也。"

1 宿：住宿，过夜。

瑕丘仲

瑕丘仲，宁州人。他卖了一百多年的药，因为地震导致房屋倒塌，瑕丘仲和乡里几十家人都死掉了。有人把瑕丘仲的尸体丢到水里，拿走他的药去卖。卖药之时忽然见到瑕丘仲披着裘衣向他取药。拿药的人非常害怕，向瑕丘仲磕头求哀。瑕丘仲说："我出现不是因为恨你，而是让人知道我而已。我现在就离去了。"瑕丘仲后来做了夫馀王的驿使，从北方又来到宁地。北方人称瑕丘仲为谪仙。

（原文） 瑕丘仲，宁人也。卖药百余年，因地动宅坏，仲与里中数十家皆死。或取仲尸弃水中，收其药卖之。忽见仲披裘，诣之取药。其人大惧，叩头求哀，仲曰："非恨汝也，使人知我耳。我去矣。"后为夫馀王驿使[1]，自北乘传至宁。北方人谓之谪仙。

1 驿使：外族通译的信使。

江叟

江叟，擅长吹笛子。槐树上有一个神仙，叫江叟前往荆山寻访鲍老仙人。江叟听从了神仙的话，在荆山遇到鲍仙，鲍仙赠给他一个玉笛。江叟吹玉笛，龙从天而降，前来迎接他。江叟乘龙而去，成为水仙。

【原文】 江叟，善吹笛。槐上有神，教往荆山求鲍仙。叟如言，得遇鲍仙，赠以玉笛。吹之，龙来迎去，成水仙。

许栖岩

许栖岩，家在岐山脚下。唐贞元年间，许栖岩科考落第，寓居长安，见到一匹外国马，想买下，但是犹豫不决，于是请道士占卜，得"乾之九五，飞龙在天，利见大人"之卦。道士说："这匹马是龙种，你买下当得道升天。"许栖岩很高兴，于是买下这匹马。当时魏令公镇守蜀地，许栖岩骑马前去拜访，途经剑阁时，马忽然失足，掉到万丈深渊中。幸亏有堆积的树叶接住，人和马都没有受伤。许栖岩嗟叹了很久，又骑上马，任凭马随便走了几十里，来到一个洞口前面，只见洞里万花林中有一口青石池，池边的石屋中有一位道士，白发红脸，侧卧在石榻上，旁边站着两位女子。许栖岩磕头再拜，两位女子大吃一惊，说："你是什么人？怎么到太乙元君的石室来啦？"许栖岩告知了其中的缘由，两位女子替他禀告了元君。元君问许栖岩："你在人间喜欢什么？"许栖岩说："喜欢道学，经常诵读《老子》《庄子》和《黄庭经》。"元君说："你从这三本书中分别学到了什么？"许栖岩说："《庄子》说'真人的呼吸能够通达到脚底'，《老子》说'精气是真实存在的'，《黄庭经》说'只需要精通这部书，就可寿命无穷。'"元君说："看来你颇懂道哇！"元君于是让许栖岩坐下，玉女为他倒上石髓饮用。元君说："嵇康不能得到的东西，而你得到了。"许栖岩于是跪谢元君。这时，玉女走上前来说："颖道士来了。"元君命玉女摆好石榻，许栖岩仔细盯着道士看，发现他正是之前给自己卜马的道士。许栖岩正惊讶的时候，道士说："昔日算的卦今天应验了。"不一会儿，来了一位骑着鹿龙的仙童，对元君说："东皇君让我前来迎接元君到曲龙山赏月。"元君对许栖岩说："可与我一同前往游玩。"元君和许栖岩各自骑上一条鹿龙而去。没过多久，他们就到了曲龙山，只见千步长的高桥，万米高的耸柱。元君命许栖岩拜见东皇。东皇说："你是许长史的孙子。我昨天和你的祖父刚一起喝过酒。我也知道你今天要来。"席间，东皇命玉女唱《青城丈人词》，玉女唱道："玉砌瑶阶泉滴孔，玉箫催凤和烟舞。青城丈人何处游，玄鹤唳天云一缕。"歌唱完后，元君和许栖岩又乘坐鹿龙返回。许栖岩向下看到一个大城郭，问元君："这是什么地方？"元君说："这是新罗国。"到了一个海边小城，许栖岩又问是什么地方，元君说："这是大唐的登州。"不一会儿就回到了洞府，许栖岩再拜，恳求回去。元君说："你吃了石髓，已经获得了人间的一千岁。希望你不要泄露这个秘密，不要荒淫。如果能够守住寿命，还能和我再见一面。"许栖岩将上马离开时，元君说："这匹马是我洞府中的龙，因为伤害了庄稼，被贬谪到人间。你到人间之后不要再骑它了。只需在渭水边解开缰绳就好了。它会自己化成龙飞去。"玉女偷偷对许栖岩说："龙马回来经过虢县田婆家时，让它带一些针回来。"许栖岩于是骑上马，转瞬间就到了虢县的旧庄，此时已经过了六十年了，当时是唐宣宗大中五年。许栖岩到田婆家寻针，田婆说："太乙家紫霄姐妹来信说托人求针，你就是那个人？"许栖岩于是索要了一些针，系在龙马的鬃毛上，

许栖岩

然后在渭水边解开马绳。那匹马果然化成一条龙飞升而去。许栖岩后来住在匡庐附近，时隐时现，不可常见。

原文　　许栖岩，家岐山下。唐贞元中下第，寓长安，见一蕃马，欲市之。未决，请道士筮之。得"乾之九五，飞龙在天，利见大人"。道士曰："此马龙种也，公市之，当升天。"栖岩喜，遂市之。时魏令公镇蜀，栖岩乘马往谒。道经剑阁，马忽失足，堕于万丈之壑。积叶席之，人马无损。栖岩嗟叹久之。复乘信马行数十里。至一洞口，见万花林中有青石池。池傍石屋中有道士，白发丹脸，偃卧于石榻之上，傍侍二女。栖岩叩首再拜，二女骇曰："汝何人，遽至太乙元君之室？"栖岩语以故，二女为白元君。元君问曰："汝在人间何好？"曰："好道。常诵老庄、黄庭经。"元君曰："汝于三书各得何句？"栖岩曰："庄子则真人息之以踵，老子则其精甚真，黄庭则但思一部寿无穷。"元君曰："子颇知道。"乃命坐，玉女酌石髓而饮之。元君曰："嵇康不能得而汝得之，数也。"栖岩乃跪谢。玉女前曰："颖道士至矣。"元君命设榻而坐，栖岩熟视道士，正昔卜马者。正惊异之，道士曰："昔卦合今日矣。"俄顷有仙童驭鹿龙而至，曰："东皇君迎元君玩月曲龙山。"元君谓栖岩曰："可与同游。"各跨鹿龙而去，顷刻抵曲龙山。见危桥千步，笋柱万寻。元君命栖岩拜东皇。东皇曰："汝许长史孙也。我昨与汝祖同饮，亦知汝当来。"宴间，东皇命玉女歌《青城丈人词》，歌曰："玉砌瑶阶泉滴孔，玉箫催凤和烟舞。青城丈人何处游，玄鹤唳天云一缕。"歌毕，元君与栖岩复乘龙鹿而返。下视一大城郭，栖岩问曰："此何处？"元君曰："新罗国也。"至海畔小城，又问此何处。曰："此唐国登州也。"俄到洞府，栖岩再拜，恳归。元君曰："汝得饵石髓，已得人间千岁。愿无漏泄，无荒淫，能守此，犹更得一见吾也。"栖岩将上马，元君曰："此马乃吾洞之龙。因伤稼，谪人间。汝到人间无用此马，但于渭溪解之，当化龙去。"玉女悄谓栖岩曰："龙马回日，虢县田婆针幸寄少许。"栖岩遂跨马，顷刻至虢县旧庄，已六十年矣。时唐宣宗大中五年也。栖岩为访田婆觅针。田婆曰："太乙家紫霄姊妹书来云，托人求针，其子耶？"栖岩遂索针，系于马鬣，放之渭水，果化为龙而去。栖岩后栖匡庐间，每隐见不常焉。

俞灵瑰

俞灵瑰，河间人，进入衡山九真观修道。南岳赤君传授给他回风术。俞灵瑰修炼了二十年的回风术，能够坐着就知道天下事，仿佛一切尽在掌中。不过，俞灵瑰隐藏自己的本领，不显示自己的独特之处让世俗之人感到惊讶。唐宪宗元和年间，郴州官吏听到俞灵瑰的言论之后，才开始认为他非同一般。俞灵瑰马上说："我只是偶然这样而已，并没有智慧。"俞灵瑰从此闭门不出，后来进入九嶷山，绝粒仙去。

原文 俞灵瑰，河间人，入衡山九真观修道。南岳赤君授以回风术，行之二十年。能坐见天下事，如在掌中。然自晦[1]，不为异以惊俗。唐宪宗元和中，郴州官吏见其谈说。始异之，即曰："我偶然尔。"非有知也。遂闭门不出，后入九嶷山。绝粒仙去。

[1] 自晦：自隐才能，不使声名彰著。

伊祁玄解

伊祁玄解，黑发童颜，身体洁净，散发香气。他经常骑一匹黄色的母马，不喂它饲料，也不系缰绳，只是在马背上放一块青毯。伊祁玄解经常在青州、兖州之间游历，和人说起千年之前的事情，就像亲眼看到的一样。唐宪宗听说伊祁玄解的奇特后，召见他入宫，让他住在九华室，并为他准备好紫芝。伊祁玄解每天饮用龙膏酒，唐宪宗亲自拜访他，对他非常尊敬和仰慕。但是伊祁玄解比较粗俗质朴，没有学习过人臣之礼。皇上于是问他："先生年事已高，容颜不老，这是什么原因？"伊祁玄解回答说："我在海上种有灵草，经常服用它。"而后他把灵草种在宫殿前，一种叫双麟芝，一种叫六合葵，一种叫万根藤。皇上服用后，感到特别灵验。伊祁玄解想要辞归，回东海去。皇上没有同意，在宫中让工匠把木头雕刻成蓬莱三山，画上华丽的图案，装饰上珍贵的珠玉。皇上在元日和伊祁玄解前往观看，皇上指着蓬莱说："如果不是上仙，怎么能够到这样的仙境中居住。"伊祁玄解笑着说："蓬莱三岛，近在咫尺而已，有什么难的？我虽然没有什么才华，但愿一试，暂且告辞陛下，前往一游。"皇上察觉到伊祁玄解的身体逐渐变小，然后进入由金银打造的宫阙中。身边的侍从不停地喊伊祁玄解，但他最后还是消失不见了。皇上追思叹息，后悔不已，几乎都快病倒了。工匠修建的山因此号为藏真岛。过了十天左右，青州的官员上奏，伊祁玄解已经乘坐母马渡海而去。

原文 伊祁玄解，鬓发童颜，气自香洁。常乘一黄牝马，不啖刍粟，不施缰勒。惟以青毡籍其背，常游青兖间，与人话千年事，皆如目击。唐宪

伊祁玄解

宗闻其异，召入宫，处以九华之室。设紫芝，日饮龙膏酒。躬亲访问，颇加敬仰。而玄解鲁朴[1]，未尝习人臣礼。上因问："先生年高，颜色不老，何也？"玄解曰："海上种灵草饵之。"因种于殿前。一日，双麟芝。二日，六合葵。三日，万根藤。上饵之，殊觉神验。玄解欲辞还东海，上未之许。乃于宫中刻木作蓬莱三山，彩绘华丽，饰以珠玉。上因元日与玄解视之，上指蓬莱曰："若非上仙，何由得入此境。"玄解笑曰："三岛只尺，何为难及。臣虽无能，试暂辞陛下一游。"即涌身空中，觉渐微小，而入于金银阙内。右右连声呼之，竟不复见。上追思叹恨，几成羸疾。因号其山为藏真岛。后旬日，青州奏，玄解乘牝马过海矣。

[1] 鲁朴：粗俗质朴。

王四郎

王四郎，唐洛阳尉王琚的侄子。王四郎好道，长期在外游历。元和年间，王琚前往吏部听候调遣，从郑州入京，经过洛阳的天津桥。王四郎出现于马前迎接王琚。王四郎送给王琚五两黄金，颜色像鸡冠，对王琚说："黄金不要卖给普通人。你到京师后寻找张蓬子，然后把黄金给他，可以换得二百千钱。"王琚认为这块黄金很奇怪，问王四郎之前住在哪里，现在要到哪里去。王四郎说："我之前住在王小屋洞天，现在打算携家前往峨眉山。"王琚说："现在暂时寄宿在哪里？"王四郎说："中桥姓席的客栈中。"王琚安排好住宿后，马上寻找姓席的客栈。席氏说："王四郎已经走了。"王琚又问王四郎随行的人和物品,席氏说:"随行的人有王四郎的四五个妻妾。车马服饰非常奢华。"王琚非常惊讶。到了京师后,王琚马上寻找张蓬子,向他出示黄金,并索要二百千钱。张蓬子看到黄金,又惊又喜地说:"你是从哪里得到这块黄金的?"马上如数买了下来。王琚后来多次寻访张蓬子,再也没有找到。

原文　　王四郎,唐洛阳尉王琚之侄。好道久游,元和中琚赴调。自郑入京,过东都天津桥。四郎迎于马前,以金五两馈[1]琚,色如鸡冠,曰:"不可售与常人。到京访张蓬子付之,价得二百千。"琚异之,诘四郎向在何地,今何适。曰:"向居王小屋洞天,今欲挈家往峨眉山。"琚曰:"今暂寓何地?"曰:"中桥逆旅席家。"琚投宿,即觅席家,云:"四郎已行矣。"因询其行李,席氏曰:"四郎妻妾四五人,车马华侈非常。"琚讶异之,至京即访张蓬子,出金示之,索值二百千。蓬子惊喜曰:"从何得此化金?"即如数与易之。琚后屡访蓬子,不复得见。

[1] 馈:赠送。

李珏

　　李珏,唐广陵人,以贩卖粮食为业,每斗粮食只赚两文钱的利息,以此来奉养父母。凡买进和卖出粮食,李珏都会把量斗给对方,让他自己称重。丞相李珏统领淮南时,一次梦到自己进入洞府,看到石壁上有金字书写的姓名,里面有"李珏"两个字。李珏正暗自高兴时,出现两位童子对他说:"这是江阳百姓李珏。"一百多年后,李珏果然得道仙去。

【原文】 李珏,唐广陵人。以贩籴为业,每斗惟求子钱[1]二文,资奉父母。凡籴粜[2],授人升斗,俾自量。丞相李珏节制淮南时,梦入洞府,见石壁金书姓名,中有李珏字。方自喜,有二童云:"此是江阳部民李珏尔。"后百余岁果仙去。

1 子钱:贷给他人取息之钱。**2** 籴粜:买入和卖出的粮食。

柳实、元彻

柳实和元彻,衡岳人。唐元和年间,两人结伴前往骧州和庆州,探望各自的父亲。二人到登州后,坐船渡海,将要到达交趾时,半夜忽然刮起狂风,船上的缆绳被吹断。两人漂到大海深处的孤岛附近。第二天天亮后,二人登上孤岛,见到一座庙。庙中供奉着一尊白玉天尊像,香案上有一尊金香炉。二人在岛上心情惆怅了很久,忽然东南角出现一片紫云,从海中向山上涌来,直奔孤岛。不一会儿,又有头扎双环的侍女,手捧玉盒,来到天尊庙前,在香炉里点上异香。两人把被困岛上的前后经历如实告诉了侍女,侍女说:"不久玉虚尊师就会到这里来,和南溟夫人见面。你们坚决请求他们帮助,当能如愿。"说完,两位仙人果然乘坐白鹿,驾着彩霞而来。两人哭着向仙人下跪,求他们救救自己。玉虚尊师对他们说:"你们跟着南溟夫人,将会找到归路。不要担心。"南溟夫人仔细看了二人很久,然后说:"你们颇有道骨,将来定会得道

元彻　柳实

成仙。只是你们命中自有师父，我不能收你们为徒。尽管这样，既然遇到你们，不能不送你们一些礼物。"南溟夫人于是吩咐侍女："送两位客人离开，要到哪座桥？"侍女说："百花桥。"二人拜谢过南溟夫人，南溟夫人送给他们一只玉壶，一尺多大，又赠给他们一首诗："来从一叶舟中来，去向百花桥上去。若到人间扣玉壶，鸳鸯自解分明语。"不一会儿，出现一座长达几百丈的桥，栏杆两旁开满了形态各异的鲜花。二人从鲜花的缝隙中向外偷看，发现桥是一群龙相互拼接而成的。快要走到岸边的时候，侍女解开衣襟，拿出一个盒子，里面装着类似蜘蛛样的东西。侍女对二人说："我是水仙，纯阴无阳。之前遇到一位番禺少年而生情，因而和他生下孩子。孩子刚三岁的时候，我就弃他而去。南溟夫人让我把他送给南岳之神做儿子。不久前，南岳回雁峰的使者来水府，我把孩子之前佩戴的玉环交给他，请他帮我捎带过去。使者却把玉环藏起来没有给他。希望你们在回去的路上，去一趟回雁峰的使者庙，然后把这个盒子放在庙中，就会拿到玉环，再帮我送到南岳，亲自交到我儿的手中。我的儿子将会报答你们，可是你们千万不要打开盒子。"两人因此询问侍女："刚才夫人诗中的'若到人间扣玉壶，鸳鸯自解分明语'是什么意思？"侍女说："如果你们遇到事情，只需要扣打玉壶，里面将会响应。凡事都会顺心如意。"二人又问："夫人说'我们自有师父'，那么师父将会是谁？"侍女说："南岳太极先生。"说完，二人与侍女辞别而去。到家后，二人发现已经过了十年，孩子都已成年，妻子已经去世。到人间还没有三天，二人就急忙扣打玉壶，壶中回应说："你们可以前往使者庙，把盒子放在庙中，就会得到神药。"二人一同抵达回雁峰，找到使者庙后，把盒子放在庙中。不一会儿，出现一条黑龙在空中飞腾，扔下一个玉环。二人马上拿着玉环，送到南岳庙。一位黄衣少年忽然出现，拿出两个金色的盒子，对二人说："盒子中装着叫作返魂膏的药。你们家中如果有死去的人，即使去世了六十年，还是可以把药涂在尸体的头顶，让其复活。"说完，黄衣少年就不见了。二人于是把药拿回家涂在各自妻子的头顶，妻子马上就活过来了。接下来，几人一同前往南岳山中寻访太极先生，花了一年时间都没有找到。一天，二人看到一位老人在大雪中背着柴，怜悯他年老还这样辛苦，于是拿出酒给他喝，让他暖暖身子。不经意间二人看到老人的挑柴担子上刻有"太极"二字，于是跪下求老人收他们为徒。二人这时趁机拿出玉壶，把它的由来告诉了老人。老人说："这是我平时用来装玉液的玉壶。"于是拉着二人一同登上祝融峰，再也没有出来。

（原文） 柳实、元彻，衡岳人。唐元和中，结伴往驩、庆二州，各省其父。至登州渡海，将抵交趾。夜半飓风忽起，舟缆断，飘入大海孤岛中。天明登岛，见一庙，中有白玉天尊像，案上金香炉一枚。怅望久之，忽东角有紫云，自海涌山，直指岛上。俄有双环侍女捧玉合至天尊所，炷以异香。二子以实告，女曰："少顷，玉虚尊师来此，与南溟夫人会。子坚请之，当有所遂。"言讫。二仙果乘白鹿、驭彩霞而来。二子泣拜求救，玉虚语之曰："子随南溟夫人而行，当有归路，无忧也。"夫人视二子久之，曰："二子殊有道骨，他日当得仙。但二子宿分自有师耳。虽然，既相遇，不可无赠。"遂命侍女曰："送二客去，然所往何桥？"侍女曰："百花桥。"二子拜谢，乃赠以玉壶一枚，来尺余。复赠以诗云："来从一叶舟中来，去向百花桥上去。若到人间扣玉壶，鸳鸯自解分明语。"俄见桥长数百丈，栏傍皆开异花。二子于花隙细窥，是群龙相接为桥。将至岸，侍女解襟，带间一盒子，中有物如蜘蛛状，谓二子曰："吾辈水仙也，纯阴无阳。昔遇番禺少年有情，因而生子。垂三岁，合弃之。夫人命与南岳之神为子。数年前南岳回雁峰，有使者至水府。曾以吾子所弄玉环寄之，而使者隐之不付。二君归，愿访回雁峰使者庙，以此合投之，当得玉环，为送南岳与吾子。吾子亦当有报，慎勿启之。"二子因问侍女曰："夫人诗'若到人间扣玉壶，鸳鸯自解分明语'何也？"侍女曰："君有事，但扣玉壶。内当应之，凡事皆可如意。"又问："夫人云'吾辈自有师'，师当是谁？"曰："南岳太极先生尔。"遂别去。二子抵家时，已十年。童稚已冠[1]，二妻皆死。未及三日，二子急扣玉壶。壶中应云："可往使者庙投合，当得妙药。"二子乃共抵回雁峰，访使者庙，以合投之。须臾，有黑龙飞腾空中，果下一玉环。亟取之，以送于南岳庙。忽现黄衣少年，出二金合，谓二子曰："此药名返魂膏。二君家有毙者，虽一甲子，犹可涂顶而活。"言讫不见，二子遂持归以涂其妻顶。二妻复活。乃共往南岳山中访太极先生，经年不遇。一日，雪中见老叟负薪。二子哀其年老，饮之以酒。忽睹薪担上刻"太极"二字，乃拜求之。因出玉壶以告其故，叟曰："吾平生贮玉液[2]者，此壶也。"遂拉二子同上祝融峰，不复出。

[1] 冠：弱冠，指成年。[2] 玉液：道家炼成的所谓仙液。

权同休

　　权同休，元和年间科举落第，在苏州湖州一带游历。秀才因为感染疾病，陷于贫困很窘迫。他的仆役原本是村戆人，已经雇了一年多。秀才想喝甘豆汤，于是让村戆人到市场上买一些回来。村戆人只是准备生火和汤水。秀才认为村戆人对他的命令偷懒懈怠。没过一会儿，村戆人就折了一捧树枝，在手中反复揉搓，稍微放在火的上面，树枝忽然都变成了甘草。秀才这才认为村戆人非同一般。又过了很久，村戆人拿来几抔粗沙反复揉搓，都变成了豆子。等到汤煮好时，和甘豆汤无异。秀才喝下之后，病情也渐渐好转。秀才于是对村戆人说："我贫穷窘迫到这个地步，已经寸步难行，估计也回不了家了。"说完，秀才脱下外套给村戆人，对他说："你可以当掉这件衣服，置办一些酒肉。我将宴请村中父老，向他们求取少许路费。"村戆人笑着说："这件衣服不足以置办酒肉。我当帮你准备酒肉。"于是村戆人去砍了一棵枯萎的桑树，劈了几箩筐的木片，把它们放在盘子上。村戆人口中含水喷向木片，全都变成了牛肉。村戆人又打了几瓶水回来，不一会儿，全都变成了美酒。村中父老都吃得酒足饭饱，权同休也获得了三千束缣布。权同休对过去的行为感到很惭愧，向村戆人道歉说："我之前长期对您骄横傲慢，现在反过来请让我做您的仆役吧！"村戆人说："我是一位仙人，因为犯下小过错，被贬到人间做一些低贱的事情，让秀才你来驱使我。如果做仆役的时长没有达到的话，我还要到其他人那里卖力。希望秀才你不要改变我们现在的主仆关系，成全我做你仆役的这件事吧！"秀才虽然答应了村戆人的请求，但是每次使唤的时候，脸色尴尬不安。村戆人于是辞别权同休说："秀才你这样使唤我，最终会妨碍我的事情。"临走之前，村戆人告诉了权同休寿命的长短以及发迹的日期，又说万物都可以被度化，只有淤泥中的朱漆筋和头发，仙药不能使它们改变。说完，村懋人就离去了，不知所踪。

原文　　权同休，元和中落第[1]，旅游[2]苏湖间。遇疾贫窘，走使者本村懋人，雇已一年矣。同思甘豆汤，令其往市。雇者但具火木，同意其怠于祇承[3]也。少然，折枝盈握。再三搓之，微近火上，忽成甘草。同始异之。良久，取粗沙数掊，挼挻[4]已成豆矣。及汤成，与甘豆无异。疾亦渐差。同乃谓曰："余贫迫若此，无以寸步。因褫衣[5]授之，可以此办少酒肉。余将会村老，丐少道路资也。"雇者微笑曰："此固不足办，某当营之。"乃斫一枯桑，成数筐札，聚于盘上，噀之，悉成牛肉。复汲水数瓶。顷之，皆旨酒也。村老无不醉饱，获束缣[6]三千。同惭谢曰："余骄稚道者久，今返请为仆。"雇者曰："某固仙人。有少失，谪于下贱，合役于秀才。若限未足，复须力于它人矣。愿秀才勿变常，庶卒某事也。"同虽诺之，每呼指，色上面戚戚不安。雇者乃辞曰："秀才若此，果妨某事也。"因说同修短穷达之数，且言万物无不可化，唯淤泥中朱漆筋及发，药力不能化。遂去不知所之。

1 落第：科举考试未被录取。2 旅游：长期寄居他乡。3 祇承：侍奉。4 挼挻：揉搓。5 褫衣：脱下衣服。6 束缣：整匹的缣帛。

卢山人

卢山人，宝历年间，经常在荆州贩卖船桨、木材、石灰谋生，往来于白洑南边的草市，时常稍微显露出一点奇怪的行动轨迹，人们都预测不出。商人赵元卿喜欢多事，想和卢山人交往，就频繁购买他的货物，并且准备水果香茶，装出一副想学习他如何挣钱的模样。卢山人察觉出赵元卿意不在此，对他说："发觉你的意图似乎不在做生意上，到底想干什么？"赵元卿于是说："我知道您隐姓埋名，洞察力超过占卜之人，希望能听您一番建议。"卢山人笑着说："今天就可向你验证，你的房东中午会遇到大祸，如果按我说的去做可以免去此祸。你可以告诉他，近午时分，将会出现一个做饼的人背着袋子到他家，袋子中装有两千多文钱。这个人肯定不是故意前往冒犯他的，你可以让他把大门关好，告诫妻子儿女不要轻易与做饼的人搭话。做饼的人肯定会破口大骂，这时候，让他们全家赶到水边躲避。如果这样做，你的房东只需花费三千四百文钱而已。"当时赵元卿住在张家，马上回去把卢山人的话告诉了张氏。张氏平时也认为卢山人很神异，于是关上大门。等到中午的时候，果然像卢山人所说，有人开始敲门买米，恼火没人回应他，于是用脚踢门，张氏则用大竹竿抵住门。不一会儿，周围就聚集了上百个看热闹的人。张氏于是按照卢山人的建议，从后门带着妻子儿女到水边暂时躲避。过了中午，那个人才离开，走了几百步后，突然晕厥倒地而死。他的妻子赶来，众人告诉她其夫之前的所作所为，妻子听后悲痛不已，于是到张氏的门前悲号，诬陷说她丈夫之死和张氏有关。官府不能断案，周围的邻居都说张氏闭门不出，又表现出避让的行为。官府说："张氏固然无罪，但是应当把他的后事办理掉。"张氏爽快地接受了判决，死者妻子也感到满意。从买来棺材到下葬，正好一共花费了三千四百文。从此，前来拜访卢山人的人就像市场上的人一样多。卢山人受不了打扰，最后悄悄地离开了。

　　卢山人到达复州地界，把船系在陆奇秀才的庄院门前。有人对陆奇说："卢山人不是一般的人。"陆奇于是前去拜访卢山人。当时陆奇即将入京投靠朋友，因此请求卢山人帮他做决定。卢山人说："你现在不可动身前往。你住的房子后面有一罐钱，上面盖着木板。这罐钱不是你该有的。钱主现在刚三岁，你千万不要拿罐子里的一文钱。拿了必定会导致灾祸。能听从我的告诫吗？"陆奇惊慌地感谢卢山人的告诫。等到卢山人离去，风波却还没有平定，陆奇笑着对妻子说："卢山人都这样说，我还求什么呢？"于是让家童用锹挖地，没到几尺，碰到了一块板子。拿掉板子后，出现了一个巨大的瓦罐，装满了散钱。陆奇的妻子用裙子运来草绳串钱，快要串到一万文的时候，陆奇的儿女忽然头痛不已。陆奇说："难道是卢山人的话应验了？"于是立即骑马追赶卢山人，为自己违反了告诫道歉。卢山人怒说："孩子与钱财哪个更重要，你自己掂量吧。"说完，卢山人掉转船头就走了，头也不回。陆奇赶忙骑马回家，祈祷之后马上把钱埋回去了。儿女的头痛马上就好了。

　　卢山人在复州时，和几个人闲逛，遇到六七个人，穿着华丽，身上带着刺鼻的酒气。卢山人忽然呵斥道："你们作恶多端，性命不长了。"这些人马上跪拜在尘土里说："再也不敢做坏事了。"与卢山人同行的人感到很惊讶，卢山人说："这些人尽是些江洋大盗。"赵元和说："卢山人的容貌一会儿显得年轻，一会儿看起来衰老，而且也不常见到他吃饭饮水。"卢山人曾经对赵元和说："世间隐形不露的刺客有不少。如果修道之人炼成隐形术，二十年不使用，可以改变容貌，这叫作'脱离'，再过二十年，就会名列地仙了。"卢山人又说："刺客死后，尸体不会被人看见。"卢山人所说的事大多稀奇古怪，他大概是神仙一类的人吧。

原文　　卢山人，宝历中，常于荆州贩梳朴、石灰，往来于白洑南草市[1]。

时时微露奇迹，人不之测。贾人赵元卿好事，将从之游。乃频市其货，设果茗[2]，诈访其息利之术。卢即觉，曰："观子意不在市，何为也？"赵乃言："窃知长者埋形隐德，洞过蓍龟[3]，愿垂一言。"卢笑曰："今且验君主人翁午时有非常之祸。若是吾言，当免。君可告之，将午当有匠饼者负囊而至。囊中有钱二千余，而必非意相干也。可闭户，戒妻孥勿轻应对。彼必极骂，须尽家临水避之。若尔，只费三千四百钱也。"时赵停居张家，即卢语归告之。张亦素神卢生，乃闭门伺。欲午，果有人如卢所言叩门求籴，怒其不应，因足其户。张重簀捍[4]之，顷观者数十百人。张乃自后门率妻孥如卢回避。差午，其人乃去。行数百步，忽蹶倒而死。其妻至，众人具告其所为。妻痛切，乃号诣张所，诬其夫死有自。官不能评。邻众具言张闭户避让之状，官曰："张固无罪，但当办其死耳。"张欣然从断，妻亦甘心。及市槥[5]就举，正当三千四百文。因是人赴之如市，卢不耐，竟潜逝。

至复州界，维舟于陆奇秀才庄门。或语陆："卢山人，非常人也。"陆乃谒，陆时将入京投相知，因请决疑。卢曰："君今未可动，君居堂后有钱一甀。覆以板，非君有也。钱主今始三岁，君慎勿取一钱。取必成祸。能从吾戒乎？"陆矍然[6]谢之。及卢生去，水波未定。陆笑谓妻曰："卢生言如是，吾更何求。"乃命家童锹其地，未数尺。果遇板。彻之，有巨甀，散钱满焉。其妻以裙运纫草[7]贯之。将及万，儿女忽暴头痛不可忍。陆曰："岂卢生言将征乎？"因奔马追及，且谢违戒。卢生怒曰："骨肉与利孰重，君自揆也。"掉舟去不顾。陆驰归，醮而瘗焉。儿女豁愈矣。

卢生到复州，与数人闲行。遇六七人，盛服，俱带酒气逆鼻。卢生忽叱之曰："若等所为不悛，性命无几。"其人悉罗拜尘中，曰：

"不敢再。"其侣讶之,卢曰:"此辈尽劫江贼也。"赵元和言卢生状貌老少不常,亦不常见其饮食。尝语元和曰:"世间刺客隐形者不少。道者得隐形术,能不试二十年,可易形,名曰脱离。后二十年名藉地仙矣。"又言:"刺客之死,尸能不见。"所论多奇异,盖神仙之流也。

1 草市:乡村集市。2 果茗:水果、茶水。3 蓍龟:占卜。4 簀捍:用竹竿抵住门。5 椟:小棺材。6 矍然:惊恐的样子。7 纫草:编绳子的草。

威逍遥

威逍遥,蓟寻的妻子,皈依道教,独处一室,绝谷冥想。一日清晨,威逍遥起床后,房屋突然如云散般裂开。只见威逍遥平日所穿的衣服和鞋子都留在了室内,而威逍遥和众位仙人飘在云气中,过了半天才离去。

(原文) 威逍遥,蓟寻妻也。向得仙教,独处一室,绝谷静想。一日晨起,屋裂如云,但见所御衣履在室内,而逍遥与众仙在云中,半晌[1]方去。

1 半晌:许久,很久。

唐居士

　　唐居士，郴州人，不知道他的姓名，当地人都说他已经一百多岁了。一位叫杨隐之的山人，颇喜欢道法，经常寻访得道之人。杨隐之拜访唐居士，唐居士留杨隐之在他家留宿。到了晚上的时候，唐居士喊他女儿说："你可以拿一个下弦月过来。"女儿就把下弦月贴在墙上，像纸片一样。唐居士马上起床，对着墙施咒："今晚有客人，赐给我一些光明。"说完，房内就像点了蜡烛一样明亮。

(原文)　　唐居士，郴州人，亡其名字。土人咸谓已百岁上人。有杨隐之者，颇好道，常寻访道者。因谒之，乃留隐之止宿。及夜，呼其女曰："可将一下弦月[1]予来。"其女遂帖于壁，如片纸。唐即起，祝之曰："今夕有客，可赐光明。"言讫，一室朗若张烛。

[1] 下弦月：一种月相，出现在农历二十二至二十三日。

中国神仙故事

第七卷

裴航

　　裴航，唐代长庆年间的书生，因为科举落第，在鄂渚一带游历。裴航拜访老朋友崔相国，相国送给他二十万文钱，他带着钱回到京城。之后又租了一条大船，把钱运到襄汉。裴航听说同船有位樊夫人，国色天香。裴航没有理由见樊夫人一面，就通过侍女袅烟送给樊夫人一首诗："向为胡越犹怀想，况遇天仙隔锦屏。倘若玉京朝会去，愿随鸾鹤入青冥。"几天后，樊夫人让婢女袅烟召来裴航相识。樊夫人对裴航说："我丈夫在汉南，打算辞官到山谷中隐居。他召我前往诀别。我现在忧心忡忡，担心不能按期到达，哪有心思留意他人。只是有幸和你同坐一船，不要把这件事放在心上。"樊夫人也让袅烟用一首诗答复裴航："一饮琼浆百感生，玄霜捣尽见云英。蓝桥便是神仙窟，何必崎岖上玉京。"裴航看了之后，内心钦佩不已，自愧不如，但是不能明白诗歌的深意。船到襄汉时，樊夫人让婢女带上妆奁，不辞而别。

　　裴航找遍襄汉，樊夫人就像销声匿迹一样，竟然找不到任何线索。后来经过蓝桥驿，裴航口渴难耐，下马找水喝。这时他看到三四间茅屋，屋檐下有一位老妇人在织麻。裴航向老妇人作揖后求水喝。老妇人喊道："云英，拿一瓮水来给郎君喝。"裴航突然想起樊夫人的诗中有

"云英"之句，正惊讶时，苇箔下面伸出一双白玉般的手，捧着一个瓷瓯。裴航接过来喝水，觉得真是琼浆玉液。喝完后，裴航趁还瓷瓯的时候迅速掀开苇箔，见到一位女子，光彩照人。裴航爱慕不已，就对老妇人说："我的马因为长期赶路很疲累，希望在这个地方稍微歇息一下，希望您不要拒绝。"老妇人说："你请自便。"过了一段时间，裴航对老妇人说："之前目睹小娘子，艳丽惊人，姿容耀世，所以在此逗留不肯离去。我愿以丰厚的聘礼娶她为妻。可以吗？"老妇人说："我年老多病，只有这个孙女。昨天有位神仙给了我一刀圭的灵药，不过需要用玉杵和玉臼捣一百天，方可服用。吃下灵药后，会比天老得还慢。你如果要娶我的孙女，必须获得玉杵和玉臼。其他黄金和绢帛等，对我来说都没有用处。"裴航拜谢老妇人说："希望以百日为期，必定带来玉杵和玉臼，在此之前请不要将她许配给其他人。"老妇人说："那就按照这个约定吧！"

　　裴航到达京城后，其他事情都不放在心上，一心四处寻找玉杵和玉臼。遇到朋友时也像不认识他们一样，直接就走过去了。朋友们都以为裴航疯掉了。忽然有一天，裴航遇到一位卖玉的老翁告诉他说："最近收到虢州卞老的来信说，他有玉杵和玉臼出售。今天见你求玉杵和玉臼如此恳切，我当为你写信引荐。"裴航拿到信后立马前往虢州寻找卞老。卞老对裴航说："没有两百吊钱不卖。"于是裴航倾尽所有钱财，再加上卖掉马和仆人得来的钱，刚好够玉杵和玉臼的价钱。裴航买下玉杵和玉臼后，马上独自步行前往蓝桥。老妇人见到裴航后大笑说："世间还有如此讲信用的人。"于是答应把孙女嫁给裴航为妻。女孩儿微笑着说："虽然如此，你还要为奶奶捣药一百天，这样才能和你商量婚配之事。"老妇人从衣带中解下仙药交给裴航，裴航马上就捣起药来。到了晚上，老妇人则收回药臼放在室内。但夜夜都能传来捣药的声音，裴航偷偷一看，见到一只玉兔拿着玉杵在舂药，兔子雪白如镜。一百天到了，老妇人拿起药吞下，对裴航说："我将到仙洞告诉亲戚，为你准备结婚用的帷帐。"说完，她带着女孩儿入山而去。临走之前，老妇人对裴航说："你在这个地方稍微逗留片刻。"

不一会儿，车马仆隶前来迎接裴航。只见一个很大的府第连绵到云间，红色的门窗在阳光下闪耀，里面有帷幄、帷屏以及珠宝玉器，没有一件不是几近完美的。仙童和侍女引导裴航进入帷帐完成礼仪后，裴航跪拜老妇人，感激涕零。老妇人说："你是清冷裴真人的后代，注定要得道成仙，不用感谢我。"老妇人引着裴航见过各位亲戚，都是神仙。一位女仙，梳着鬟髻，穿着霓衣，对裴航说："我是你妻子的姐姐。"裴航向女仙作揖后，女仙说："你不认识我了吗？"裴航说："我们之前不是亲家，没有来得及拜见。"女仙说："不记得我们在鄂渚同坐一船，然后抵达襄汉了吗？"裴航感到惭愧，连忙向女仙道歉。身边的人说："这位女仙是小娘子的姐姐云翘夫人，刘纲仙君的妻子。已经位列高真，担任玉皇的女史。"老妇人带领裴航夫妇进入玉峰洞，到琼楼珠室中居住，还让他们服用绛雪琼英丹。两人身体逐渐变得轻灵，头发变成深青色，慢慢转化，获得逍遥自在，超升为上仙。

到太和年间，朋友卢颢在蓝桥驿的西边遇到裴航，裴航详细地告诉了卢颢自己得道成仙的事情，又赠送卢颢十斤蓝田美玉，一粒紫府云丹，叙旧了一整天。裴航又让卢颢帮忙捎信给亲戚朋友。卢颢磕头说："你既然已经得道成仙，请你说一句话来教教我。"裴航说："老子说'虚其心，实其腹'，现在的人内心越是充实，得道就越是没有方法。"卢颢依然不懂。裴航又对他说："内心是否多妄想，腹部是否泄漏精液，

裴航

通过这两点就可以知道是虚是实。每个人都有各自长生不死之术，还丹之方。只是现在尚不能传授给你，将来再告诉你吧。"说完，裴航忽然就消失不见了。

原文　　裴航，唐长庆中书生。因下第，游于鄂渚。谒故旧崔相国。相国赠钱二十万，遂挈归于京。因佣巨舟，载于襄汉。闻同载有樊夫人，国色也。航无由睹面，因侍婢袅烟而达诗一章，曰："向为胡越犹怀想，况遇天仙隔锦屏。倘若玉京朝会去，愿随鸾鹤入青冥[1]。"数日后，夫人使袅烟召航相识，曰："妾有夫在汉南，将欲弃官而幽栖岩谷。召某一决耳，深衷草扰，虑不及期。岂更有情留盼耶！但幸与郎君同舟，无以谐谑为意尔。"夫人亦使袅烟答诗一章，云："一饮琼浆百感生，玄霜捣尽见云英。蓝桥便是神仙窟，何必崎岖上玉京。"航览之，空愧佩[2]而已，然亦不能洞达诗之旨意。及抵襄汉，夫人使婢挈妆奁，不辞而去。

　　航遍求访，灭迹匿影，竟无踪兆。后经蓝桥驿，因渴甚，下道求饮。见茅屋三四间，有老妪缉麻其下。航揖妪求浆，妪咄曰："云英，携一瓯浆来郎君饮。"航忆夫人诗有"云英"之句，正讶之，俄苇箔之下，双手如玉，捧出瓷瓯。航接饮之，不啻玉液也。因还瓯，遽揭箔，见一女子，光彩照人。航爱慕不已，因白妪曰："某仆马甚之，愿少憩于此，幸无见阻。"妪曰："任郎君自便耳。"良久，告妪曰："向睹小娘子，艳丽惊人，姿容耀世。所以踌躇[3]而不能去，愿纳厚礼而娶之。可乎？"妪曰："老病只有此孙女，昨有神仙与灵药一刀圭，但须玉杵臼捣之百日，方可就吞，当得后天而老。若欲娶此女者，须得玉杵臼。其余金帛，吾无用处耳。"航拜谢曰："愿以百日为期，必携杵臼至。幸无复许人。"妪曰:"如约。"

航至京,殊不以他事为意,唯遍访玉杵臼。或遇旧友,若不相识。众皆以为狂。忽遇一货玉翁曰:"近得虢州卞老书云,有玉杵臼售人。今见郎君恳求如此,吾当为书道达。"航即求书往。卞老曰:"非二百缗不可得。"航乃倾囊兼卖仆马,方及其值。辄步骤独携而抵蓝桥。妪见大笑曰:"世间有如此信士乎!"遂许以为婚。女亦微笑曰:"虽然,更为捣药百日,方议姻好。"妪于襟带间解药付航,航即捣之,夜则妪收药臼于内室。每犹闻捣药声。航窥之,见玉兔持杵而舂,雪光可鉴。百日足,妪持药而吞之,曰:"吾当入洞而告姻戚,为裴郎具帏帐。"遂挈女入山,谓航曰:"但少留此。"

逡巡,车马隶人迎航,见一大第连云,朱扉[4]晃日,内有帐幄帷屏、珠玉珍玩,莫不臻至。仙童侍女,引航入帐。就礼讫,航拜妪,不任感荷。妪曰:"裴郎自是清冷裴真人子孙,业当出世,不足深愧也。"及引见诸姻戚,皆神仙中人。一女仙鬟髻霓衣,云是妻之姊。航拜讫,女仙曰:"裴郎不相识耶?"航曰:"昔非姻好,不省拜侍。"女仙曰:"不意鄂渚同舟而抵襄汉乎?"航愧谢,左右曰:"是小娘子之姊云翘夫人,刘纲仙君之妻也。已列高真,为玉皇之女史。"妪遂将航夫妻入玉峰洞中,琼楼珠室而居之,饵以绛雪琼英之丹。体渐清虚,毛发绀绿,神化自在,超为上仙。

至太和中,友人卢颢遇之于蓝桥驿之西,备说得道之事,乃赠蓝田美玉十斤、紫府云丹一粒。叙话永日,复附书于亲旧。颢稽颡[5]请曰:"兄既得道,乞一言惠教。"航曰:"老子云:'虚其心,实其腹。'今之人心愈实,得道未由矣。"颢犹惝然,复语之曰:"心多妄想,腹漏精液,虚实可知也。凡人自有不死之术,还丹之方。但子未可教,异日言之。"忽不见。

1 青冥：仙境，天庭。2 愧佩：对人钦佩，自愧不如。3 踯躅：徘徊不进。4 朱扉：红漆门。5 稽颡：古代一种跪拜礼，屈膝下拜，以额触地，表示极度的虔诚。

轩辕集

轩辕集，不知道是哪里人，居住在罗浮山。相传他已经几百岁了，容颜不老，发长垂地。轩辕集坐在暗室中，能目视数丈。他每次在岩石山谷中采药，毒龙猛兽就在身后跟着，像侍卫一样保护着他。平常，只要有人请斋，虽然分布在各个地方，轩辕集都会分身而至。轩辕集与人喝酒，则从袖子中拿出一个酒壶，看上去只能装两升酒。宾客满座，酒壶倒了一天也没倒完。轩辕集自己喝下一百升都不会醉。到了晚上，轩辕集就把头发放到盆里，白天喝的酒就从头发中渗出来。轩辕集用朱符可以飞到千里之外。遇到病人，轩辕集就用布巾在病人身上扫一下，病人马上就痊愈了。

唐宣宗召轩辕集入宫，询问是否可以长生不老。轩辕集回答说："断绝声色，淡薄滋味，悲伤和快乐都保持一样的心态，施舍恩德时不偏袒，自然就与天地的道德相符合，和日月一样明亮了。如果这样做，即使是尧舜禹汤之道都可以获得，更何况长生不死呢！"宣宗问："你和张果哪个道法更高？"轩辕集回答说："其他方面我不知道，只知我比张果年少。"轩辕集退下之后，宣宗用金盆盖住一只白鹊，让中使去试验轩辕集的神通。轩辕集对中使说："皇帝怎能让老夫再次射覆？"中使不懂轩辕集是什么意思。皇上又召见轩辕集，让他速来。轩辕集这才登上

轩辕集

台阶，对皇上说："盆下白鹊应该放掉。"皇上笑着说："你早就知道了呀！"于是下令让轩辕集坐在御榻前面，命宫人端上茶水。轩辕集相貌衰老，穿着朴素。有位宫女因此嘲笑轩辕集。宫女头发乌黑，嘴唇红润，年方十六，转瞬间就变成了一个老妇，皮肤如同鸡皮，弯腰驼背，头发银白。宫女为此不停地啼哭。皇上让宫女向轩辕集道歉，宫女马上又恢复了原样。

京城向来没有豆蔻花和荔枝花，皇帝提起这个情况，两种花马上出现在面前。豆蔻花和荔枝花各几百朵，枝叶还很茂盛，就像刚刚从树上剪下来的一样。当时座位上摆有相子，轩辕集对皇上说："我山中也有相子，而且味道更好吃。"皇上说："可是无缘获得。"轩辕集于是从御前拿来碧玉瓯，用宝盘盖住。不一会儿，撤下盘子，瓯中装满了相子。皇上吃后，感叹说："没有比这更美味的相子了。"皇上又问轩辕集："我得以当几年天子？"轩辕集拿笔写下"四十年"三个字。只是写"十"字时，轩辕集刚一起笔，皇上就笑着说："我哪里敢望四十年！"

轩辕集在宫里待了很久，后来向皇上辞别回到山中。皇上派中使护送他回去，一路常常看到轩辕集从布袋中拿出钱施舍百姓。等到了江陵的时候，轩辕集已经施舍了几十万文钱。布袋中的钱取之不尽，用之不竭。轩辕集还没有到山脚下，忽然消失不见了。不久，南海官员上奏，轩辕集已经回到罗浮山了。等宣宗驾崩时，只做了十四年的天子。当年宣宗问可以当几年天子，轩辕集写"十"字之时，只写了一笔，是当时宣宗没有明白他的意思呀。

原文 　轩辕集，不知何许人。居罗浮山，人相传数百岁。颜色不老，发长垂地。坐暗室，目光数丈。每采药于岩谷[1]，则毒龙猛兽随之，若为卫护。居常人家请斋者，虽百处，皆分身而至。与人饮酒，则袖出一壶，才容二升。宾客满座，倾之弥日不竭。自饮百升不醉。夜则垂发盆中，其酒仍沥沥而出。飞朱符可致千里。遇病者，以布巾拂之，应手而愈。

宣宗召入问长生可致不，答曰："绝声色，薄滋味。哀乐一致，德施无偏。自然与天地合德，日月齐明。虽尧舜禹汤之道可致，况长生久视乎。"帝问先生与张果孰愈，曰："臣不知其他。但年少于果耳。"及退，上以金盆覆白鹊，令中使试之。集曰："皇帝安能更令老夫射覆[2]乎？"中使不谕其意，上复召令速至。集才登陛，谓上曰："盆下白鹊宜放之。"上笑曰："先生早知矣。"命坐御榻前，令宫人侍茶汤。集貌古而布素，宫人有笑之者，元[3]鬓发朱唇，年方二八[4]，顷刻变为老妪，鸡皮鲐背，鬓发皤然，因涕泣不已。上令谢[5]之，即复故步。

京师素无茛蔻、荔枝花。上因语及，顷刻二花并至，各数百朵，枝华方茂，如新剪者。时坐有相子，集曰："臣山中亦有，味更佳。"上曰："无缘得矣。"集乃取御前碧玉瓯，以宝盘覆之。俄顷撤盘，相子几满。上食之，叹曰："美无比。"又问曰："朕得几年天子？"集取笔书四十年。但十字一起，上笑曰："朕安敢望四十年乎？"

久之，辞还山。命中使送之。每见其于一布囊内探钱施人，比至江陵，已施数十万，取之不竭。未及至山，忽亡其所在。不日，南海奏先生已归罗浮矣。及宴驾[6]，只十四年也。十字一起，当不之悟耳。

---

1 岩谷：山谷。2 射覆：古时的一种猜物游戏，亦往往用以占卜。3 元：之前。4 二八：十六岁。5 谢：道歉。6 宴驾：车驾晚出。古代称帝王死亡的讳辞。

刘元靖

刘元靖，武昌人，是一位道士，拜王道宗为师。道宗仙去之后，刘元靖悟道，于是游历名山大川。刘元靖入南岳峻峰，凿石穴居住，绝粒炼气。唐敬宗召刘元靖到思政殿，询问长生术，不久就将他放回。后来，武宗又召刘元靖入宫，给予他法箓，赐号广成先生。不久，刘元靖又回到山中。宣宗时，一天空中忽然发出天乐，刘元靖得道仙去，只留下拐杖和鞋子。

原文　刘元靖，武昌人，为道士。师王道宗，道宗仙去，遂感悟。游名山，入南岳峻峰。凿石穴以居，绝粒炼气。唐敬宗召入思政殿问长生术，寻放归。武宗复召入禁[1]，受法箓，赐号广成先生。还山。宣宗时，忽天乐浮空而去，惟存杖履焉。

[1] 入禁：入宫。

钱朗

钱朗，南昌人，字内光。钱朗早年凭借五经登科，在唐朝出仕为官，累迁至光禄卿。文宗朝，钱朗辞官归隐庐山，获得补脑还元之术。钱镠邀请钱朗到杭州，向对待老师一样招待他。钱镠有几个玄孙，都凭借明经登科，担任宰相。他们都头发银白，只有钱朗依然像孩子一样。一天，钱朗对家人说："我刚才被上清所召，现在就要前往。"不一会儿，钱朗就断气了，容貌就像活着的时候一样。抬棺下葬的时候，钱朗已经尸解而去，享年一百七十多岁。

郑全福

> 原文　钱朗,南昌人,字内光。蚤[1]以五经登科。仕唐,累官至光禄卿。文宗朝归隐庐山,得补脑还元之术。钱镠延[2]至于杭,礼之如师。玄孙数人,皆以明经为县宰。皆皓首[3]矣,而朗犹如童子。一日语家人曰:"我适为上清所召,今去矣。"俄气绝,颜色如生。举棺,已尸解去。时年一百七十余岁。

[1] 蚤:通"早"。[2] 延:邀请。[3] 皓首:白头,白发。谓年老。

郑全福

郑全福,江西浮梁人。唐文宗时,郑全福到新安诸灵洞修炼,后来居住在莲华洞。一天,郑全福在桃花溪游玩,遇到一位撑铁船的老人。郑全福对老人说:"希望借您的船回家。"老人说:"三年之后再来此地。"当时郑全福已经一百多岁了。一天,郑全福对弟子说:"我死后,一定把我葬在浮梁白水乡。"等到抬棺下葬时,弟子发现棺材很轻,打开之后,发现里面只有拐杖和鞋子而已。

> 原文　郑全福,江西浮梁人。唐文宗时,入新安诸灵洞修炼,后居莲华洞。游桃花溪,有老人乘铁船,全福曰:"愿借船还。"老人曰:"后三年复来。"时已百岁余。语弟子曰:"死必葬我浮梁白水乡。"及举棺,轻,发之,唯杖履[1]而已。

[1] 杖履:拐杖和鞋子。

羊愔

羊愔，通过明经科担任夹江县尉，后来辞官隐居括苍山。羊愔与青莲观的道士在阮客洞喝酒，忽然倒地不起，七天之后才醒过来。羊愔说："起初见到一位女子，自称云英，邀请我到洞中。洞里石头之间有物体迸出，叫作青灵芝。我拿了一些青灵芝吃下，从此只喝水，觉得身体越来越轻，每天能够行走上百里路。"后来，羊愔进入委羽山仙去。

原文 羊愔，以明经尉夹江。后隐括苍山，与青莲观道士饮于阮客洞。忽仆地，七日乃悟[1]，云："初见一女，自云云英。邀入洞中，石间有物迸出。曰：'此青灵芝也。'愔已取食之，自是惟饮水，觉身轻，日行数百里。"后入委羽山仙去。

[1] 悟：醒来。

侯道华

侯道华，芮城人，有人说他来自峨眉山。侯道华前往中条道靖观，拜周悟仙为师。侯道华一直像个疯子，在陡峭的地方行走，就像在平地上一样。他喜好子部和史部书籍，手不释卷。有次因为道观中大殿的房梁坏了，侯道华直接爬到梁上修缮，获得一个小金盒，里面装有丹药，侯道华便吞下丹药。后来侯道华爬上松树顶，和云鹤一起盘旋，逐渐凌空而去，当时是唐宣宗大中五年。后来侯道华又降临人间，说："玉帝命我担任仙台郎。"

侯道华

原文 侯道华，芮城人。或云自峨眉山来。诣中条道靖观，师周悟仙。恒如风狂[1]人，登危立险，如履平地。性好子史，手不释卷[2]。因殿宇坏，登梁葺[3]之。得小金合[4]，中有丹，遂吞之。后上松树顶，与云鹤盘旋，渐凌空而去。时唐宣宗大中五年也。后复降，曰："玉帝命我为仙台郎矣。"

1 风狂：疯狂。**2** 释卷：放下书。**3** 葺：修缮。**4** 合：盒子。

廖师

廖师，郴州人。唐懿宗召见廖师让其入宫，验其道术很灵验。后来，廖师乞求回山居住，韩愈为他写了一篇文章送行："郴州作为一个州，汇聚清淑之气，我猜测必定有奇异杰出之人生于其间。廖师精神专一，容貌安详，多才多艺而又善于交游，他难道就是我所说的杰出而沉迷于老子之学的人吗？"廖师后来在静福山白日得道升天。

原文 廖师，郴州人。唐懿宗召入，行道术有验。后乞归山，韩愈为文送之，云："郴之为州，当清淑之气，意必有魁奇[1]者生其间。廖师气专而容寂，多艺而善游。岂吾所谓魁奇而溺于老氏者耶？"后于静福山白日升天。

1 魁奇：杰出，特异。

刘德本

　　刘德本，鄂州人，好古而多才多艺。刘德本往来于大江之间，从事商品贩卖。唐乾符年间出现饥荒，于是刘德本散发几万石粮米，救活了许多饥民。后来为躲避黄巢之乱，居住在五老峰下。一天，一位身穿鹿皮的道士前来拜访他。俩人因为聊天很愉快，一同进入深涧。一位老人忽然出现，对他们说："你们可以和我一同到后院去。"后院金碧辉煌，光彩耀人。老人指着后院说："这才是真正的洞天。因为你行善积德，所以允许你到这个地方来。"说完，老人就消失不见了。道士对刘德本说："你已经名列仙籍。"之后二人相互告别，然后就离开了。刘德本后来遍游名山。一天，彩云缭绕，刘德本白昼飞升成仙，当时人称刘德本为刘仙翁。

原文　　刘德本，鄂州人。好古多能，往来大江商贩。唐乾符中，大饥，遂散米数万石[1]，活饥民。后避黄巢乱，居五老峰下。一日，有鹿裘道者来访，因把臂入深涧。忽见一老人出，曰："可同到后院。"丹碧焕耀，老人指曰："此诚真洞天也。以汝行善，故许到此。"遂不见。道者曰："尔已籍名仙箓矣。"相别而去。德本后遍游名山。一日彩云环绕，白日腾升，时呼刘仙翁云。

[1] 石：量词，计算重量的单位，一百二十斤为一石。

刘曙

刘曙，小字宜哥，唐朝人。刘曙家贫，但是喜好道法，没有布巾裹发，他就一直是总角的装扮。他的哥哥刘瞻说："神仙对你来说遥远难求，而到朝廷为官则近在咫尺，容易求取。"刘曙不听哥哥的劝告，一心向道。一天，忽然有一位道士到门前对刘曙说："你能拜我为师吗？"刘曙说："那是我的荣幸。"刘曙就跟随道士进入罗浮山，在山里待了四十年。他的哥哥刘瞻科考登第，拜为宰相，后来被贬到潮台。刘瞻的船刚靠岸，刘曙就冒雨前来相见。刘瞻又惊又喜，此时刘曙的容颜还如同小孩儿，而刘瞻已经衰老腐朽。刘瞻这时才对刘曙说："我现在还能修道吗？"刘曙说："仙凡殊途，现在已经来不及了。"兄弟二人叙旧一直到天黑，刘曙忽然消失不见。刘瞻最后竟死在被贬的官所。

原文 刘曙，小字宜哥。唐人，家贫好道，无巾，但总角[1]。其兄瞻曰："神仙邈远[2]难求，廊庙咫尺易致。"曙不听。忽一道士至其门曰："能相师乎？"曙曰："幸甚。"随入罗浮山四十年。兄登第拜相，后被谪至潮台，泊舟，曙冒雨来见，瞻惊喜不胜。曙颜色如童，瞻已皤然衰朽。始谓曙曰："尚可修不？"曙曰："仙凡殊途，今无及矣。"叙阔[3]终夕，忽失所在。瞻竟死贬所。

1 总角：古时儿童束发为两结，向上分开，形状如角，故称总角。2 邈远：渺茫，遥远。3 叙阔：述说阔别之情。

刘瞻

黄洞源

　　黄洞源，武陵人，唐大历年间在桃源宫学道。瞿柏廷到武陵拜他为师。不久，瞿柏廷遇到一位老僧，于是辞别黄洞源说："我要回到仙洞去。"黄洞源再三挽留他不成，二人约定十八年后再见。后来黄洞源到茅山，瞿柏廷忽然到来，正好十八年。黄洞源说："我也将前往沧海。"第二天，黄洞源果然羽化而去。

【原文】　　黄洞源，武陵人。唐大历中学道于桃源宫。瞿柏廷至武陵师之。寻遇一老僧，遂辞洞源曰："归仙洞去。"洞源留之，不可，期[1]十八年再见。后洞源之茅山，柏廷忽至，计之正十八年。洞源曰："吾亦将踏沧海。"次日果羽化。

1 期：约定。

瞿柏廷

　　瞿柏廷，辰溪人，自幼聪慧非凡，被称为瞿童。唐大顺年间，瞿柏廷带着母亲躲避寇乱，进入武陵，拜黄洞源为师，不久即得道。又有记载称瞿柏廷小时候因为做游戏跳入井中，后来从大酉华妙洞中出来，他在善卷祠修道，功成之后，到桃川宫升仙而去。当时刺史温造令人刻在石碑上记录这件事情。

原文　瞿柏廷，辰溪人。自幼聪慧灵异[1]，称为瞿童。唐大顺间，奉母避寇。入武陵，师事黄洞源，已而得道。又云："幼时因戏跃入井中。后自大酉华妙洞中出，依善卷祠修道。功成，越桃川宫升仙。"时刺史温造刻石纪其事。

1 灵异：聪慧，不同寻常。

闾丘方远

闾丘方远，宿松人。从小聪慧，向庐山道士陈玄悟学道，又从天台叶藏质获得法箓。闾丘方远特别喜欢儒学，写了十三篇文章诠释《太平经》。唐昭宗屡次下诏，闾丘方远都不出仕为官。昭宗赐号妙有大师。景福年间，闾丘方远在余杭大涤洞居住。吴越王钱镠上奏请求赐闾丘方远紫衣，又上奏请求赐号玄同先生，还重新修建天柱宫让他居住。一天，闾丘方远进入斋房，作控鹤坐，怡然而去，房间中充满了香气。后来有人在仙都山见到过他。

原文　闾丘方远，宿松人。幼聪慧，学道于庐山道士陈玄悟。又得法箓于天台叶藏质，尤好儒学，诠[1]《太平经》为十三篇。唐昭宗累诏，不出，赐号妙有大师。景福中，居余杭大涤洞。吴越王钱镠奏请赐紫[2]，又奏请号玄同先生，重建天柱宫以居之。一日入斋中，作控鹤坐，怡然而逝，异香满室。后有见之于仙都山者。

1 诠：详尽解释，阐明。2 紫：紫衣。

谭峭

谭峭，字景升，唐国子司业谭洙的儿子。谭峭从小聪慧，文史之书，过目不忘。谭洙让谭峭以考取进士为业，但是谭峭只喜欢黄老、诸子、仙传等，精心研究它们。一天，谭峭告诉父母他要外出游历终南山，父母因为谭峭向道之心非常坚定，所以也不用俗事来拘束他，任凭谭峭前往各个地方。谭峭拜嵩山道士为师，学道十多年，获得辟谷养气之术。谭峭经常喝醉了四处游走，夏天穿羽衣，冬天则穿绿布衫，有时躺在风雪中，人们都说他已经死了，走近一看，发现他呼吸均匀。谭峭行为举止颇似疯子，每次边走边唱："线作长江扇作天，靸鞋抛在海东边。蓬莱信道无多路，只在谭生拄杖前。"谭峭后来住在南岳炼丹，丹成服用后，入水不湿，入火不烧，能够隐形变化。后来到青城山仙去。谭峭曾经写有《化书》，南唐宋齐丘窃取他的名字改成自己的作品，流行于世。

原文 谭峭，字景升。唐国子司业洙之子。幼而聪敏，文史涉目无遗。洙训以进士业。峭独好黄老诸子仙传，靡不精究。一旦，告父母出游终南山。父母以其坚心向道，亦不以世事[1]拘之，乃听其所从。而峭师嵩山道士十余年，得辟谷养气之术。常醉游，夏则服乌裘，冬则衣绿布衫。或卧风雪中，人谓已毙，视之气休休然。颇似风狂，每行吟曰："线作长江扇作天，靸鞋[2]抛在海东边。蓬莱信道无多路，只在谭生拄杖前。"后居南岳炼丹。丹成，服之，入水不濡，入火不灼，多能隐化。后入青城山仙去，峭尝作《化书》。南唐宋齐丘，窃其名为己作，行于世。

1 世事：俗事。**2** 靸鞋：拖鞋。

谭峭　551

何令通

何令通，南唐时担任国师，认为牛头山不吉利，于是被贬居住在休宁。何令通后来到芙蓉峰，一坐就是四十年，突然顿悟，改名叫何慕真。宋天禧年间，一天，何令通正盘腿坐在席子上，忽然心火自焚，瞬间化为灰烬而仙去。

【原文】 何令通，南唐时为国师。言牛头山不利，谪居休宁。后至芙蓉峰，一坐四十年，豁然大悟，更名慕真。宋天禧中，一旦，正席趺坐[1]，忽心火自灼，顷刻而化。

[1] 趺坐：盘腿端坐。

马大仙

马大仙，唐末处州马氏之女。马大仙嫁人之后，家中贫困，但侍奉婆婆尤其谨慎。马大仙遇到异人，传授给她仙术。她在不同的主人家往来织布，离家上百里。如果遇到好吃的东西，就马上装在箬笠中带回家，呈给婆婆，瞬间就能到家。人们称她为大仙。在青田县还有祭祀她的庙存在。

【原文】 马大仙，唐末处州马氏女。既嫁，家贫，养姑[1]尤谨。遇异人授以仙术，往来佣织，去家百里。有美食，即以箬笠[2]浮还家，荐[3]于姑，顷刻就回。人呼为大仙。有庙在青田县。

1 姑：婆婆，丈夫的母亲。**2** 箬笠：用箬竹叶及篾编成的宽边帽。**3** 荐：献给。

何九仙

何九仙，世传家中有兄弟九人，都住在山中修道，还在湖旁炼丹。丹成之后，兄弟九人各乘鲤鱼仙去。后来县的名字因此叫作仙游，山叫作九仙，湖叫作九鲤。

(原文) 何九仙，世传兄弟九人，居于山修道。又居湖侧炼丹。丹成，各乘鲤仙去。后因名其县曰仙游，山曰九仙，湖曰九鲤。

甘大将

甘大将，名佃，五代象州人。甘大将天性豁达，家中富裕。如果有人告诉甘大将自己的窘境，甘大将必定满足他的需求。如果有人向甘大将询问自己的祸福情况，甘大将的回答没有不灵验的。一天，甘大将把邻居街坊聚集起来对他们说："我已经厌倦活在世上了！"于是他告诉众人一些修身和侍奉父母的纲纪，说完，就闭目而逝。乡人因此为甘大将修庙塑像，祈祷皆能如愿，就像甘大将活着的时候一样。

(原文) 甘大将，名佃，五代象州人。天性通明，家富有。有以窘之告者，必皆满其所欲。有以祸福问者，无不奇验。一日聚邻里告曰："吾已厌世[1]矣。"因谕众人修身事亲大节，语毕，即瞑目而逝。乡人因建庙设像，祈之从欲如生。

[1] 厌世：厌恶尘世。

赤肚子

赤肚子，自称是晚唐时期的人，已经六百多岁。大明嘉靖年间，还在北京西山中隐居。

(原文) 赤肚子，自言晚唐时人。年已六百余岁。我大明[1]嘉靖年间，犹隐于北京西山中。

[1] 大明：明朝。

汪台符

汪台符，徽州人，生而聪慧，能够预知吉凶。汪台符擅长写文章，博古通今，生性嗜酒。徐知诰镇守金陵，汪台符前去拜见他，陈述民间的疾苦利病。徐知诰非常尊重汪台符。宋齐丘却妒忌汪台符的高明，派亲信诱骗汪台符喝酒，汪台符立马就知道宋齐丘的用意，故意满杯痛饮，醉倒在地。宋齐丘趁机将他绑上石头，把他沉在蚵蚾矶下。之后有人经常在黄山

汪台符

白岳见到汪台符，宋齐丘听说之后，下令寻找他的尸体，但只有衣服和帽子而已。

原文 　　汪台符，徽州人。生而灵异[1]，逆知[2]吉凶。能文章，博今古。性独嗜酒。徐知诰镇金陵，台符诣，陈民间利病。知诰甚尊重之。宋齐丘疾其高明，使亲信诱台符饮。符即知，故浮白[3]痛饮，卧地。因推沉石头蚵蚾矶下。后人每于黄山白岳见之。齐丘闻，觅其尸，惟衣冠存耳。

1 灵异：聪慧。**2** 逆知：预知。**3** 浮白：满饮或畅饮酒。

麻衣仙姑

　　麻衣仙姑，汾州人，姓任，在石室山隐居。家人四处寻找她，都没有找到。如果有人正好遇见麻衣仙姑，她就马上跳入石壁中。之后就有像雷鸣一样的轰隆声传来，石壁马上就闭合了，但是脚印尚且存在。

原文 　　麻衣仙姑，汾州人。姓任，隐于石室山。家人求之不得。适[1]有人见之，遂跳入石壁中。有声殷殷如雷，壁即合，足迹尚存。

1 适：恰好。

尔朱洞

尔朱洞，字通微，祖先出自元魏尔朱一族。尔朱洞年轻的时候遇到一位异人，传授给他还元抱一之道，从此自号归元子。

尔朱洞起初在蓬山隐居，后来在蜀汉附近卖药，行动如飞，喜欢喝猪血酒和吟诗。在旅店住宿时，每天晚上他的房间都传出声音。主人感觉很奇怪，于是偷偷观察，只见尔朱洞从榻上升起来，触到房顶才停止。有人从枯骨中获得一个像麻雀蛋一样的东西，拿着去问尔朱洞，尔朱洞说："鲧服用神丹后不加修炼，纯阴逐渐消失，但阳气并未和它一起消失，因此只在丹田炼成了这个东西。如果女子吞下它，将会生出异儿。"

唐末，王建围攻成都，尔朱洞也在城中。王建攻城久攻不下，于是放言城破之日，将屠杀所有人，一个都不剩。留宿尔朱洞的主人很害怕，尔朱洞对他说："你不要担心。"而后施法把席子变成一个笼子，罩住王建和他的军队。众人看到空中出现一位神仙，乘坐着黑云，呵斥王建："你如果胆敢祸害我的民众，灾祸马上就会降临到你身上。"王建等人十分害怕，伏在地上说："不敢祸害百姓。"后来王建攻入成都，告诫士兵不要乱杀，百姓得以安居。

尔朱洞贩卖丹药，一粒售价十二万文钱。当时某位太守想要买，尔朱洞说："太守黄金多，非一百二十万不卖。"太守认为尔朱洞妖言惑众，命人把他关进竹笼，沉到江中，一直漂到涪陵上游。两位渔夫乘船在江中打鱼，拉网时感到很重，觉得奇怪。网拉出水面后，渔夫发现是尔朱洞。渔夫说："他肯定是一位异人，难道是进入禅定啦？"于是敲击铜缸，试图唤醒尔朱洞。过了一会儿，尔朱洞睁开眼睛，问渔夫："从这里到铜梁有多远？附近有三都吗？"渔夫说："我们是白石江人，这里离铜梁有

尔朱洞

四百里。从这儿往东，就是酆都县平都（今作丰都）山的仙都观。"尔朱洞说："我的师父对我说，如果我遇到'三都'和'白石漂在水上'，就会得道成仙。恐怕就是这个地方。"之前，尔朱洞每到江边，就把白石扔到水里，看是否漂起来，人们都不理解他为什么要这样做。尔朱洞上岸后对渔夫说："你们看上去是有道之人，也有某位仙人传授你们道法了？"渔夫说："我们之前跟随海上仙人学道，获得三一之旨。修炼阴阳，也有很多年了。"于是尔朱洞弄来一些酒和渔夫痛饮，还拿出丹药和他们分食。三人来到荔枝园中，一起乘云仙去。

原文　　尔朱洞，字通微。其先出于元魏尔朱族。少遇异人，传还元抱一之道，因自号归元子。

初隐蓬山，后卖药蜀汉间。行动如飞，好饮猪血酒、吟哦诗。逆旅，主人每夕怪其屋有声。因窥之，见其身自榻而升，触栋而止。或于枯骸中得物如雀卵，持以问洞。洞曰："鲧服神丹而不能修炼。故纯阴[1]剥消，无阳与俱。独就丹田[2]成此耳。若女子吞之，当生异儿。"

唐末，王建围成都，洞亦在城中。城久不下，建约城陷日，诛夷无噍类[3]。主人翁甚惧，洞曰："无忧也。"乃施席作法笼摄建。三军皆见神人乘黑云叱建曰："敢有祸吾民者，祸即反汝。"建等怖伏曰："不敢。"后建入成都，戒兵勿杀。民不改肆[4]。

洞卖丹药，每一粒要钱十二万。时有某太守欲买之，曰："太守金多，非一百二十万不可。"太守以为移言惑众，命纳之竹笼，沉于江中。至涪陵上流，二渔人乘舟而渔。举网怪其重，出之乃洞也。渔曰："此必异人，入定乎？"扣铜缶寤之，少顷，洞开目问渔人曰："此去铜梁几何？有三都乎？"渔人曰："我白石江人，此去铜梁四百里。自是而东,即酆都县平都山仙都观也。"洞曰:"吾师谓吾遇三都,白石浮水,乃仙去。殆此地耶。"先是洞每至江滨,辄投白石验其浮沉,人不解也。洞既登岸,语二渔人曰:"视子类有道者,亦有所传乎?"二渔曰:"我昔从海上仙人得三一之旨,炼阳修阴,亦有年矣。"洞于是索酒与剧饮[5],取丹分饵之。至荔枝园中,三人升云而去。

1 纯阴:纯一的阴气。 2 丹田:人体部位名。道教称人体有三丹田:在两眉间者为上丹田,在心下者为中丹田,在脐下者为下丹田。 3 噍类:活着的人。 4 肆:店铺。 5 剧饮:畅饮。

陈抟

陈抟,字图南,号扶摇子,亳州真源人。陈抟出生后一直不会说话,一直到四五岁,在涡水边玩耍时,水边出现一位身穿青衣的妇人,把陈抟拉到怀中喂奶。吃完奶后,陈抟马上就能开口说话了,而且聪敏过人。稍微长大时,陈抟阅读经史之书,过目不忘。十五岁时,对于《诗经》《周礼》《尚书》、数术书以及方术、医药之类的书,陈抟全都透彻研究过。父母去世后,陈抟说:"之前所学,只足以记住姓名而已。我将到泰山游历,和安期生、黄石公等人讨论出世之法,炼成不死之药。怎能与世俗同流合污,在生死轮回中流转!"于是散尽家财,只携带了一个石铛而去。

后梁和后唐的士大夫称赞陈抟高洁的品格,见到陈抟就像看到瑞星和祥云一样。但是陈抟一概不和他们交往。后唐明宗听闻陈抟的大名后,亲手撰写诏书召他入宫。陈抟来了,面对皇上只是长揖却不跪拜。明宗接待陈抟更加谨慎用心,赐给他三位宫女。陈抟赋诗一首拒绝了宫女:"雪为肌体玉为腮，多谢君王送得来。处士不兴巫峡梦，空烦云雨下阳台。"他把诗和书信、奏章交给宫中使官，便离开了。

陈抟隐居武当山九室岩，修炼服气和辟谷之术二十多年。又移居华山，时年七十多岁。陈抟常闭门卧床，几个月都不起来。周世宗显德年间，一位樵夫在山脚下见到一具尸体，上面堆满了灰尘，走近一看，原来是陈抟。过了很久，陈抟站起来说："睡得正香，为什么打扰我？"后来周世宗召见陈抟，赐号白云先生。

一天，陈抟骑驴经过华阴，听说宋太祖登基，拍掌大笑说："从此天下可以安定了。"太祖召见陈抟，陈抟不去。太祖又下诏，陈抟推辞说："九重仙诏，休教丹凤衔来。一片野心，已被白云留住。"及至太宗初年，陈抟才赴召入宫，只要一间静室。于是太宗赐陈抟住在建隆观。陈抟锁上大门，倒床大睡，过了一个多月才起床。不久，陈抟请求辞去，太宗赐号希夷先生。端拱元年，一天，陈抟对徒弟说："我明年中元节后，将去峨眉山游历。"第二年，陈抟派弟子在张超谷开凿石室。完工后，陈抟前往察看，对弟子说："我大概就在这里养老了。"大限将至，陈抟想点化弟子自己将要逝去，就让他们点了一晚上的蜡烛。最后时刻，陈抟用左手撑住下巴而终，过了七天，容貌不变，身体依然保持温热，还有五色云气浮现，封住谷口，过了一个多月才散去，享年一百一十八岁。

陈抟精通易学，能够识人察物，辨别圣人和凡人。起初割据势力混战时，太祖的母亲用篮子挑着太祖和太宗躲避战乱。陈抟遇到他们，马上吟唱："莫道当今无天子，却将天子上担挑。"后来，他又遇到太祖、太宗和赵普在长安市场上游玩，就同他们一起进入店家喝酒。赵普坐在太祖、太宗的右边，陈抟说："你只是紫微垣中的一颗小星星，却坐在尊位，这样可以吗？"周世宗和宋太祖同行，陈抟则说："城外有两股天子之气。"

种放起初跟随陈抟学道，陈抟对他说："你将会遇到明主，驰名海内外。但出名之人都是完美之物，这却是造物主所忌讳的。可惜天地之间，没有完美之人。你的名声将会升起，同时有损毁的风险，你要好好引以为戒。"种放晚年丧尽名节，正如陈抟告诫所言。

陈尧咨科举登第后，前往拜访陈抟。陈尧咨到陈抟住所时，见到座中有一位道士梳着髽髻。道士看到陈尧咨来后，连声说："南庵南庵。"说完，道士径直就走了。陈尧咨感觉很奇怪，就问陈抟："刚才来的是什么人？"陈抟说："钟离子。"陈尧咨很后悔，想要追赶。陈抟笑着说："他已经在千里之外了。"陈尧咨说："南庵是什么意思？"陈抟说："将来你就知道了。"后来陈尧咨调任，负责闽中的陆远漕运。到了闽中，经过某个村落时，听到村妇喊她的儿子说："你去南庵催你父亲赶快回家。"陈尧咨非常吃惊，忙问村妇南庵在哪里，随后前往察看，发现是一座废弃的寺庙。庙旁石碑写到"某年某月某日，南庵主人去世，在这里祭祀他的真身"。陈尧咨仔细一看，南庵主人去世的时间，正是自己的生日。

陈抟还能提前知道别人心中的想法。他的斋房墙上挂着一个大瓢，道士贾休复见到后想要，却又不敢说。陈抟马上说："你想要我的瓢？"随即命仆人取下瓢送给贾休复。有一个叫郭沆的人，从小住在华阴。郭沆曾经在道观过夜，半夜时，陈抟喊醒郭沆，让他马上回家。陈抟和郭沆一同前往，刚走了一两里路，就听到有人大喊，告诉郭沆，他的母亲去世了。陈抟送给郭沆一些药，让他赶紧回去给母亲喝下，他母亲还能救得过来。郭沆到家后，马上把药给母亲灌下，母亲就醒了过来。

华阴令王睦对陈抟说："您住在溪岩，在哪间房休息？外出派何人把守住所呢？"陈抟笑着说："华山高处是吾宫，出即凌空跨晓风。台榭不

陈抟

将金锁开,来时自有白云封。"一天,有一位客人前来拜访陈抟,正好遇到他在睡觉。旁边有一人行为举止很奇怪,正在仔细听陈抟的呼吸节奏,然后用黑笔记录下来,满纸都是涂鸦,难以辨认。客人感到奇怪,就问他在做什么。这个人说:"这是陈抟的华胥调和混沌谱。"

陈抟曾经遇到毛女,毛女赠给他一首诗:"药苗不满笥,又更上危巅。回指归去路,相将入翠烟。"

宋太宗听说陈抟善于给人看相,就派遣陈抟前往南衙会见宋真宗。陈抟刚到南衙门口,马上就回去了。宋太宗问他其中缘故,陈抟说:"南衙的仆役都是将相之才,何必再去见王。"听了陈抟的话后,宋太宗的太子人选就确定下来了。

陈抟为种放占卜到他上辈子的葬地在豹林谷下,但还没有确定具体的安葬地点。种放下葬后,陈抟说:"地点虽然不错,但是安葬的地方稍微靠后了一点。种放后代世世出名将。"种放没有娶妻,没有子嗣,因此他的侄子种世衡之后世代为将帅,皆有声望。

陈抟把易学传授给穆伯长,穆伯长传给李挺之,李挺之传给邵康节;把象学传给种放,种放传给庐江许坚,许坚传给范谔。直到今天,陈抟易象之学的残余依然存在。

原文　　陈抟,字图南,号扶摇子,亳州真源人。初生不能言,至四五岁,戏涡水。水滨有青衣媪,引置怀中乳之,即能言。敏悟过人。及长,经史一览无遗。十五,诗礼书数以至方药之书,莫不通究。亲丧,先生曰:"向所学,但足以记姓名而已。吾将游泰山,与安期、黄石辈论出世法,合不死药。安能与世脂韦[1],汩没出入生死轮回间哉!"乃尽散家业,惟携一石铛而去。

梁唐士大夫挹[2]其清风，得识其面，如睹景星庆云[3]然。先生皆莫与交。唐明宗闻先生名，亲为手诏召之。先生至，长揖不拜。明宗待之愈谨，以宫女三人赐先生。先生赋一诗谢之曰："雪为肌体玉为腮，多谢君王送得来。处士不兴巫峡梦，空烦云雨下阳台。"以诗及书奏付宫使，遁去。

隐武当山九室岩，服气辟谷，凡二十余年。复移居华山，时年已七十余矣。常闭门卧，累月不起。周世宗显德中，有樵于山麓见遗骸生尘。迫而视之，乃先生也。良久起曰："睡酣，奚为扰我？"后世宗召见，赐号白云先生。

一日乘驴游华阴，闻宋太祖登极，拍掌大笑曰："天下自此定矣。"太祖召，不至。再召，辞曰："九重仙诏，休教丹凤衔来。一片野心，已被白云留住。"太宗初年，始赴召。惟求一静室。乃赐居于建隆观。扃户[4]熟寐，月余方起。辞去，赐号希夷先生。端拱元年，一日语门人曰："吾来岁中元后，当游峨眉。"明年，遣门人凿石室于张超谷。既成，先生往造之。曰："吾其归于此乎。"先生初欲示化[5]，使尽夜燃烛，至期以左手支颐而终。逮七日容色不变，肢体尚温，有五色云封谷口，弥月不散，年一百一十八岁。

先生尤精易学。鉴人察物，辨别圣凡。初兵纷时，太祖之母挑太祖、太宗于篮以避乱。先生遇之，即吟曰："莫道当今无天子，却将天子上担挑。"又遇太祖、太宗与赵普游长安市，先生因同入酒肆。普坐太祖、太宗之右。先生曰："汝紫微垣一小星尔，辄处上次，可乎？"周世宗、宋太祖同行，先生则云："城外有二天子气。"种放初从先生，先生曰："汝当逢明主，名驰海内。但名者美器，造物所忌。惜天地间无完名。子名将起，必有物败之，可戒也。"放晚年竟丧清节，皆如其言。

　　陈尧咨既登第，过谒先生。坐中有道人髽髻[6]，目尧咨，连曰："南庵南庵。"语已径去。陈异之，问曰："向来何人？"先生曰："钟离子也。"陈为惘然，欲追之。先生笑曰："已在数千里外矣。"陈曰："南庵何谓也？"先生曰："他日自知。"后陈转漕[7]闽中，过墟里间，闻田妇呼其子曰："汝去南庵促汝父归。"陈惊问南庵所在，往视则废伽蓝[8]也。有碣云："某年月日，南庵主人灭，祠其真身于此。"乃即尧咨生辰也。

　　又能逆知人意。斋中有大瓢挂壁上。道士贾休复心欲得之而不敢言，先生即曰："子欲吾瓢尔？"呼侍者取与之。有郭沆者，少居华阴。尝宿观下。中夜，先生呼令速归，且与之俱往。一二里许，有人号呼报其母卒。先生因遗以药，使急去可救。既至，灌其药，遂苏[9]。

　　华阴令王睦谓先生曰："先生居溪岩。寝止何室？出使何人守之也？"先生且笑且吟曰："华山高处是吾宫，出即凌空跨晓风。台榭不将金锁开，来时自有白云封。"一日，有一客过访先生，适值其睡。见傍有一异人，听其息声[10]，以黑笔记之。满纸糊涂莫辨。客怪而问之，其人曰："此先生华胥调，混沌谱也。"

　　先生尝遇毛女。毛女赠之诗，诗云："药苗不满筥[11]，又更上危巅。回指归去路，相将入翠烟。"

　　太宗闻先生善相人。遣诣南衙见真宗。及门亟还。问其故，曰："厮役皆将相也，何必见王。"于是建储[12]之议遂定。

　　先生为种放卜上世葬地于豹林谷下，未为定穴。既葬。先生言："地固佳，但安穴稍后，世世正出名将。"种放不娶无子嗣，其侄世衡世为将帅有声。

先生以易数[13]授穆伯长，穆授李挺之，李授邵康节。以象学[14]授种放，放授庐江许坚，坚授范谔，至今糟粕犹存也。

1 脂韦：油脂和软皮，比喻阿谀或圆滑。2 挹：称引，称赞。3 景星庆云：景星，指大星，德星，瑞星，古人认为出现在有道之国。庆云，五色云，古人认为是喜庆、吉祥之气。4 扃户：闭户。5 示化：启示化导。6 鬌髻：梳在头顶两旁或脑后的发髻。古时男女皆有，近代常为中老年妇女发型。7 转漕：转运粮饷。古时陆运称"转"，水运称"漕"。8 伽蓝：梵语僧伽蓝摩译音的略称，意为众园或僧院，即僧众居住的庭园。后因称佛寺为伽蓝。9 苏：苏醒。10 息声：呼吸声。11 笥：盛衣物或饭食等的方形竹器。12 建储：立皇太子。13 易数：根据《易》理占卜的方法。14 象学：中国古代把物象符号化数量化，用以推测事物关系与变化的一种学说。

刘玄英

刘玄英，燕地广陵人，号海蟾子。刘玄英起初名操，后来得道，改称玄英。刘玄英通过明经登第，侍奉燕主刘守光，担任宰相。刘玄英喜好性命之说，崇尚黄老之教。

一天，忽然出现一位道士，自称正阳子，前来拜访刘玄英。刘玄英邀请道士到正厅坐下，以宾客之礼接待他。道士为刘玄英展示了清静无为的宗旨、金液还丹的要诀。展示结束后，道士向刘玄英索取十个鸡蛋、十文金币。道士把一文金币放在几案上，然后把十个鸡蛋依次垒在金币上，像佛塔一样。刘玄英非常吃惊，对道士说："太危险了，鸡蛋马上就要倒了。"道士说："人处在荣华富贵之场，走在忧患之地，其中的危险比这大多了。"道士又把剩下的金币劈破，全都丢掉了，然后

刘玄英

辞别而去。刘玄英由此大彻大悟，当天晚上命家人大摆宴席，然后抛弃家中钱财，第二天一早就解下官印，辞别朝廷，改穿道袍，到终南山下隐居。

后来刘玄英又到代州凤凰山，在寿宁观中写下"龟鹤齐寿"四个字。西蜀到代地，相距几千里。刘玄英在两地同日同时写下"龟鹤齐寿"，以此来展示分身之术变化无穷之妙。丹药练成，刘玄英服用后尸解而去。一团白气从他的头顶冒出，刘玄英化为仙鹤升天。元代至元六年，刘玄英被追赠为弘道真君。

【原文】 刘玄英，燕地广陵人，号海蟾子。初名操，后得道改称焉。明经事燕主刘守光为相。雅喜性命之说，钦崇黄老之教。

一日，忽有道人自称正阳子来谒。海蟾邀坐堂上，待以宾礼。道人为演清静无为之宗，金液还丹之要。既竟，乃索鸡卵[1]十枚、金钱十文。以一文置之几上，累十卵于钱，若浮图[2]之状。海蟾惊异之，曰："危哉。"道人曰："人居荣禄之场，履忧患之地，其危殆甚于此。"复尽以其钱劈破掷之，遂辞去。海蟾由此大悟。是夜命家人设宴，弃掷金玉，明早解印辞朝，易服从道，遁迹终南山下。

后又入代州凤凰山，于寿宁观书"龟鹤齐寿"四字。西蜀至代数千里，皆同日时而书，以示分形散景，神变无方之妙。丹成，尸解。有白气自顶门[3]出，化为鹤，飞冲天。元至元六年，赠明悟弘道真君。

---

1 鸡卵：鸡蛋。**2** 浮图：佛塔。**3** 顶门：头顶。

谭紫霄

谭紫霄，泉州人，被闽王昶封为正一先生。闽国灭亡后，谭紫霄寄居在庐山，在山洞中隐居，有上百个徒弟。谭紫霄拥有的道术很多，比如醮星宿法、禹步魁罡法。谭紫霄能够禁锢鬼魅，祈福禳灾，知人夭寿。南唐主召谭紫霄到建康，赐给他道号，授予金印紫绶的官阶。谭紫霄都推辞不受。金陵被攻下后，谭紫霄无疾而终。人们知道谭紫霄尸解而去，但是不知道他的岁数。谭紫霄归葬当天，出现祥云和白鹤，徘徊盘旋，为他送行。

【原文】 谭紫霄，泉州人。闽王昶封为正一先生。闽亡，寓庐山栖隐洞，徒百余。广有道术，醮星宿，禹步魁罡，禁沮鬼魅，禳祈灾福，知人寿夭。南唐主召至建康，赐之道号，阶[1]以金紫，皆不受。金陵既下，无疾而卒。人知其尸解，莫知其寿算[2]。归葬日，有祥云白鹤盘绕送之。

[1] 阶：赏赐。 [2] 寿算：寿命，年龄。

景知常

景知常，邓州人，年少时跟随赵毯袄学道，脸色红润就像渥丹一样。宋太宗召见景知常，他来了不久就辞归了。景知常曾经遇到吕真人，不时告诉他唐昭宗以来的事情，由此可以推测，吕真人当时恐怕已经几百岁了。他有时会在大寒之时在溪中沐浴；有时会在大暑之时在阳光下曝晒。

曾经有一书生生病了，景知常就慢慢吐出酒水让他喝下，一会儿书生就可以行走了。景知常的居所，晚上就会有神光照亮整个房间。景知常死后，人们为他抬棺发丧时，觉得棺材很轻，于是打开棺材，发现里面只有衣服和食物，充满了奇异的香味。

原文　　景知常，邓州人。少从赵毯袄学道，颜如渥丹[1]。宋太宗召至，俄辞去。尝遇吕真人，时或语唐昭宗以来事，殆数百岁。行，或祁寒浴溪，或大暑曝日，有书生病惫，虚酒饮之，即能行，所居夜神光满室。卒，举其棺甚轻。开视，惟衣衾，有异香焉。

[1] 渥丹：润泽光艳的朱砂。多形容面色红润。

苏澄隐

苏澄隐，真定人，是一位道士，住在龙兴观。他八十多岁，容貌却不衰老。五代时唐和晋的国君，相继召见他。苏澄隐都以生病为由，拒绝入宫。

宋太祖征讨太原，回来时驻扎镇阳，召见苏澄隐，希望获得他的养生之术。苏澄隐回答说："我的养生术，不过是精思和炼气而已。帝王的养生和这不同。老子说：'我无为而民自化，我无欲而民自正。'过去黄帝、唐尧在位长久，就是因为获得了老子之道。"宋太祖听后非常高兴。

苏澄隐一百多岁后，尸解而去。

原文 苏澄隐，真定人。为道士，住龙兴观。年八十余，貌不衰老。五代唐晋之君，相继聘召，皆辞疾不至。

宋太祖征太原，还驻[1]镇阳。召见，因求其养生之术。对曰："臣之养生，不过精思炼气耳。帝王养生异于是。老子曰：'我无为而民自化，我无欲而民自正。'昔皇帝唐尧享国[2]永年，得此道也。"上大悦。

后百岁尸解。

1 驻：驻扎，镇守。**2** 享国：帝王在位年数。

刘女

刘女，汀州刘安的长女，生于宋雍熙初年。刘女九岁时和道士论道谈玄，因而得道。十五岁时，刘女被许配给何氏为妻。出嫁当天，刘母亲自送刘女过门。一只白鹅忽然出现，从天而降，刘女骑上白鹅飞升而去。陈轩为此写了一首诗："白鹅乘去人何在，青鸟飞来信已遥。若使何郎有仙骨，也须同引凤凰箫。"

原文 刘女，汀州刘安上女[1]，育于宋雍熙初。九龄[2]与羽人谈道，得度。及笄，许妻何氏。刘母送之，忽有一白鹅自空而堕，刘女乘之而去。陈轩诗曰："白鹅乘去人何在，青鸟飞来信已遥。若使何郎有仙骨，也须同引凤凰箫。"

1 上女：长女。**2** 九龄：九岁。

刘女

刘希岳

刘希岳,漳州人,宋端拱年间,出家成为一名道士,住在西都老子观。刘希岳遇到一位异人,因而得道,号朗然子。刘希岳曾经自言:"辛勤未逾十年,人惊不老岁月。俄经一纪,自觉如新。"还写过一句诗:"夹脊双关至顶门,修行径路此为根。"一天,刘希岳沐浴更衣,铺好席子躺在上面。一会儿,席子上飞出一只金蝉,刘希岳就此消失不见。

原文 刘希岳,漳州人。宋端拱中,为道士,居西都老子观。遇异人得道,号朗然子。尝自言:"辛勤未逾十年,人惊不老岁月。俄经一纪,自觉如新。"又诗有云:"夹脊双关至顶门,修行径路此为根。"一日沐浴更衣,陈席[1]而卧。须臾,飞出一金蝉,遂失其所。

1 陈席:铺好席子。

马湘

马湘,字自然,祖先是盐官,世代担任小吏。马湘独好经史,擅长文学。他曾经与道士一起遍游远方,到湖州时,因喝醉掉入霅溪,过了一天才浮出水面,衣服都没有被打湿。马湘说:"项羽召见我,喝酒时把拳头打到鼻子里面,等到拿出拳头时,鼻子还和之前一样。"马湘指着溪水,能够使水倒流;指着柳树,能够让它在水上漂来漂去;指着桥,能够让它断了又接上。一切小法术，马湘都会。

有人因为生病求他，马湘没有药，只用一根竹杖敲打有病的地方，或者指着有病的地方，然后用嘴巴对着竹杖头吹气，发出雷鸣声，病人马上就痊愈了。有人用财物答谢马湘，他坚决推辞，分文不取。如果对方非要答谢，马湘就收下，然后散发给穷人。

马湘游历所到之处，例如道观、岩洞等，多在上面题写诗句，例如他的《登杭州秦望山》写道："太一初分何处寻，空留历数变人心。九天日月移朝暮，万里山川自古今。风动水光吞远徼，雨添岚气没高林。秦皇谩作驱山计，沧海茫茫转更深。"

马湘后来回家看望兄长，正好遇到兄长外出，就对嫂子说："我特地回来和兄长分家。我只喜欢东园。"嫂子做饭给马湘吃，马湘不吃，只是喝酒而已。马湘在家等了兄长三天，兄长都没有回来，而马湘却突然辞世。第二天，兄长回来后，嫂子把事情原委告诉了兄长，兄长痛哭流涕说："我弟弟学道多年，这次回来，是借羽化来和我们告别。"之后兄长把马湘装殓入棺，埋葬在东园，棺材内忽然有响声传出，当时是大中十年。第二年，东川官员上奏，梓潼县道士马湘白日飞升。朝廷下诏，让杭州官员打开马湘的棺材检查，发现里面只有一根竹杖而已。

【原文】 马湘，字自然。其先盐官人，世为小吏。自然独好经史，工文学。尝与道侣遍游方外[1]，至湖州，醉堕霅溪。经日而出，衣不沾湿。言为项羽相召，饮时以拳入鼻。及出拳，鼻如故。指溪水，令逆流。指柳树，令随水走来去。指桥，令断复续。一切小术，无所不为。

人或有疾告者，自然无药，但以竹拄杖打患处，或以杖指之，口吹杖头作雷鸣，便愈。有以财帛谢者，固让不取。强与之，辄散与贫人。

所游行之处，宫观岩洞，多题诗句。其《登杭州秦望山》诗曰："太一初分何处寻，空留历数变人心。九天日月移朝暮，万里山川自古今。风动水光吞远徼，雨添岚气没高林。秦皇谩作驱山计，沧海茫茫转更深。"

后归省[2]兄。兄适出，谓嫂曰："特归与兄分此宅。我惟爱东园耳。"嫂与食，不食，但饮酒。待兄三日不归，遽卒。明日，兄归。嫂告以故，兄感恸曰："弟学道多年。是归，托化以绝望耳。"乃棺敛，棺中忽然有声，遂窆[3]之东园。时大中十年也。明年，东川奏，梓潼县道士马自然白日上升。诏杭州发其棺，只一竹杖而已。

1 方外：世外，指仙境或僧道的生活环境。**2** 省：探视。**3** 窆：下葬。

张九哥

张九哥，宋庆历年间住在京师，即使在天寒地冻的雪天，也只穿一件单衣。燕王认为他很神奇，曾经召见他一起喝酒。张九哥后来拜见王爷说："我将远游，因此前来道别。出发之前，施展雕虫小技，以博王爷开心。"张九哥拿来罗布折叠，剪成蝴蝶的样子，张九哥一边剪蝴蝶一边翩然起舞，遮天蔽日。过了一会儿，张九哥大呼一声，蝴蝶全都飞回来，又变成罗布了。王爷说："我的寿命有多长？"张九哥说："和开宝寺佛塔一样长。"后来佛塔遇灾，王爷也驾崩了。

(原文) 张九哥，宋庆历中居京师。虽冻雪，亦单衣。燕王奇之，尝召与饮。

张九哥

后见王曰："将远游，故来别。有小技欲以悦王。"乃取罗[1]重叠，剪为蝶状，随剪飞去，遮蔽天日。少顷，呼之皆来，复为罗。王曰："吾寿几何？"曰："与开宝寺浮图[2]齐。"后浮图灾，王亦薨。

1 罗：轻软丝织品。**2** 浮图：佛塔。

甘始

甘始，太原人，善于导引之术，不吃不喝，有时服用一些天门冬。甘始按照容成公的玄素之法行房中事。他又在玄素之法的基础上进一步推演，写成一卷书。后来进入王屋山仙去。

（原文）甘始，太原人。善行气，不饮食，间服天门冬[1]。行房中之事，依容成玄素之法。更演益之，成一卷。后入王屋山仙去。

1 天门冬：一种草药。

王鼎

王鼎，襄阳人，起初靠行医占卜来养活妻子儿女，后来遇到钟离先生，获得仙术，自号王风子。人们很少见到王鼎吃饭喝水。一天，王鼎来到江边，有人见到他在江面上有两个影子，感到很奇怪，于是询问王鼎其中缘故。王鼎说："你想见到更多的影子吗？"江面马上就出现十个人影。众人都大为吃惊。宋真宗召见王鼎到宫中，王鼎只是长揖，不跪拜，后来辞去，没人知道他去了哪里。王鼎写有《修真书》，流传于世。

【原文】 王鼎，襄阳人。初寄籍医卜[1]以养妻子，后遇钟离先生，遂得仙术，自号王疯子。人罕见其饮食也。一日行江干[2]，人见其水中有二影。怪问其故，曰："若欲更见之乎？"即现十影，众皆惊异。宋真宗召至禁中，长揖不拜。后辞去，莫知所之。所著有《修真书》。

[1] 医卜：行医占卜。 [2] 江干：江边。

贺兰

贺兰，号栖真，自称一百多岁，擅长导引之术，经常不吃不喝，有时纵酒，能够吃下几斤肉。

贺兰起初住在嵩山紫虚观，后来搬到济源登仙观。宋真宗召见他问道："人们都说您能点化黄金，真的吗？"贺兰回答说："臣希望陛下用尧舜之道点化天下，我这个小道士的法术不值得说给陛下听。"宋真宗觉得贺兰的回答很奇特，赐号宗玄大师，赐给他紫色道袍和白金，又免去他所住道观的田赋。贺兰在宫中没待多久，就乞求回到之前的道观居住。

贺兰死时，下了三天大雪，但是他的头顶依然是热的。

【原文】 贺兰，号栖真。自言百岁，善服气。往往不食，或时纵酒，能啖肉至数斤。

始居嵩山紫虚观，后徙济源登仙观。宋真宗召问曰："人言先生能点化黄金，信乎？"对曰："臣愿陛下以尧舜之道点化天下。顾方士小术不足为陛下道。"真宗奇其言，赐号宗玄大师。赉以紫服白金，仍蠲[1]观之田赋。未几，求还旧居。

卒时，大雪三日，顶犹热。

1 蠲：除去，减免。

曹国舅

曹国舅，宋曹太后的弟弟。曹国舅的弟弟每次做了违法杀人之事后，都能逃脱法律的惩罚。曹国舅深以为耻，于是归隐山林，一心思道，得遇钟离和纯阳。纯阳问曹国舅："听说你在修养，敢问所养何物？"曹国舅回答说："养道。"纯阳又问："道在哪里？"曹国舅指了指天。纯阳再问："天在哪里？"曹国舅又指了指心。钟离说："心即天，天即道。看来你明白道的本源。"于是二仙引曹国舅加入仙班。

原文　曹国舅，宋曹太后之弟也。因其弟每不法杀人后，罔逃国宪[1]。舅深以为耻，遂隐迹山岩，精思慕道，得遇钟离、纯阳。纯阳问曰："闻子修养，所养何物？"对曰："养道。"曰："道安在？"舅指天。曰："天安在？"舅指心。钟离笑曰："心即天，天即道，却识本来面目矣。"遂引入仙班[2]。

1 国宪：国家的法制。 2 仙班：天上仙人的行列。

曹国舅

侯先生

侯先生，不知道是哪里人。宋大中年间，侯先生在京师卖药，四十多岁，没有眉毛和鬓角，但是身上长满了小肉瘤。侯先生曾经喝醉酒，到了晚上，就和乞丐住在一起。有一个叫马元的人，夏天随同侯先生一起出阊阖门。侯先生在池塘中洗澡，马元走近一看，却是一只大蛤蟆，赶忙退后。侯先生洗完澡穿好衣服，马元上前作揖。侯先生笑着说："你刚才见到我啦？"于是喊马元一起到酒店中喝酒，拿出一粒药说："服下之后，你就可以活到一百岁。"从此，马元再也没有见到过侯先生。有人从蜀地来到京师，说看到侯先生在市场中卖药。

原文　侯先生，不知何许人。宋大中间，货药京师。年四十余，无须眉，而瘤赘[1]隐隐遍肌体。尝醉，遇夜即与乞丐同处。有马元者，夏月随之出阊阖门，侯浴池中。元因就视，乃一大虾蟆。元遽退引，侯浴出着衣[2]。元前揖之，侯笑曰："子适见我乎？"乃召元饮酒肆中，出药一粒曰："服之，寿百岁。"自此不复见。有自蜀中来者，见其货药于市。

1 瘤赘：体表或筋骨间增生的肉疙瘩。**2** 着衣：穿衣。

侯先生

曾志静

曾志静，庐陵人，从小不喝酒不吃肉，举止端庄，性格坚毅，寡言少语。后来，曾志静出家成为一名道士，变得更加沉默。他曾经遇到一位异人，传授道术，从此闭门不出，专心修炼辟谷之术十几年。异人前来看望曾志静说："还没有成功。"说完，异人就走了。又过了几年，异人再次前来看望曾志静，说："你可以得道成仙了。"宋至和三年的春天，曾志静忽然对弟子说："我九月将到衡山游历。"到了九月，曾志静端坐而化去。下葬之后，有从衡山来的人，拿着曾志静的信交给他的弟子。信上写着劝勉弟子努力学道等话。

原文　曾志静，庐陵人。自少不御[1]酒肉，端毅寡言。去为道士，益玄默。遇异人授以道术，自是杜门[2]辟谷十余年。异人来视之曰："未也。"去。又数年，复至曰："可也。"宋至和三年春，忽语其徒曰："吾九月为衡山之游。"至期，正坐而化。既葬，有自衡山来者，持致志静书，勉其徒学道云。

1 御：吃、喝。2 杜门：闭门。

陈易

陈易，兴化县人，好学，擅长写诗。王安石邀请他到相府，陈易一见到王安石就不辞而归。他不吃荤，不娶妻，身穿平民服装，头戴葛巾帽，每天只吃一顿饭，或者十几天一餐也不吃。陈易住在蔡溪左边的山岩中，五十年如一日。宣和年间，陈易跏趺而仙去。

> 原文　陈易，兴化县人。好学，工诗。王安石邀至相府。易一见，不辞而归。尝不荤不娶，野服葛巾。日一饭，或经旬不食。居蔡溪之左岩中，五十年犹一日。宣和中，跏趺[1]而逝。

[1] 跏趺：两足交叉置于左右股上，泛指静坐、端坐。

陈太初

陈太初，眉山人，起初和苏东坡一起向张易简学道。后来苏东坡被贬到黄州，眉山道士陆惟忠前来拜访苏东坡说："陈太初已经得道。"又过了几年，陆惟忠在惠州见到苏东坡，对他说："陈太初已经尸解仙去了。"

> 原文　陈太初，眉山人。初与苏东坡学道于张易简。后东坡谪[1]黄州，有眉山道士陆惟忠来云："太初已得道。"又数年，见东坡于惠州云："太初已尸解仙去矣。"

[1] 谪：贬谪。

张伯端

张伯端，天台人，从小好学，晚年学习混元之道，尚未精通，于是专心寻访老师，游历四方。宋神宗熙宁二年，张伯端游历蜀地，遇到刘海蟾，刘海蟾传授给他金液还丹火候之诀。于是张伯端改名用成，字平叔，号紫阳。

曾经有一位僧人修戒定慧，自以为修得最上乘禅旨，能够入定后灵魂出窍，数百里范围内，瞬间就到。僧人与张伯端志趣相投。一天，张伯端说："禅师今天能和我一起远游吗？"僧人说："可以。"张伯端说："到哪里去呢？"僧人说："愿和你一起到扬州观看琼花。"张伯端于是和僧人一起待在静室中，相对跌坐，闭目出神。张伯端到达扬州时，僧人已经绕观看了三圈。张伯端说："可以折一枝花作为记号。"僧人和张伯端各折了一枝花回来。不一会儿，张伯端和禅师都舒展身体，醒了过来。张伯端说："禅师的琼花在哪里？"禅师袖子和手中都空无一物，张伯端拿出琼花，递给僧人把玩。弟子因此问张伯端："禅师和您一起神游，为什么只有您有琼花，禅师却没有呢？"张伯端说："我的金丹大道是性命双修，因此精神聚合则成形，散开则成气。所到的地方，出现的是真神，叫作阳神。禅师修炼，想快点见效，不修命，直接修炼性。因此禅师所到之地，只是人的样子出现，没有身形和影子，这叫作阴神。阴神不能搬动物体。"

宋英宗治平年间，张伯端跟随龙图陆公寓居桂林，后来搬迁到秦陇。住了一段时间，张伯端就去河东拜访扶风马默，把自己所写的《悟真篇》传授给马默说："平生所写，尽在这本书中。希望你能够帮我流传开来。将会有因这本书而领会我真意的人。"

张伯端

元丰五年夏天，张伯端趺坐羽化而去，享年九十九岁。弟子把张伯端的尸体火化，获得几千个舍利，大的像芡实，色泽深绿。懂舍利的人说："这就是道书所说的舍利耀金姿。"七年后，刘奉真在王屋山遇到张伯端，留下一首诗作后离去。张伯端曾经自称与黄勉仲、维杨于三人都是紫微星，号九皇真人，因为误校勘劫运之籍被贬谪到人间。现在垣中发光可见的星星只有六颗。

【原文】

张伯端，天台人。少好学，晚传混元之道而未备。孜孜访问，遍历四方。宋神宗熙宁二年，游蜀，遇刘海蟾，授金液还丹火候之诀。乃改名用成，字平叔，号紫阳。

尝有一僧修戒定慧[1]，自以为得最上乘禅旨，能入定出神数百里间，顷刻即到。与紫阳雅志契合。一日，紫阳曰："禅师今日能与远游乎？"僧曰："可。"紫阳曰："将何之？"僧曰："愿同往扬州观琼花。"紫阳于是与僧处一静室，相对瞑目，趺坐出神[2]。紫阳至时，僧已先至，绕花三匝。紫阳曰："可折一花为记。"僧与紫阳各折一花归。少顷，紫阳与禅师欠伸而觉。紫阳曰："禅师琼花何在？"禅师袖手皆空。紫阳乃拈出琼花与僧把玩。弟子因问紫阳曰："禅师与吾师同一神游，何以有有无之异？"紫阳曰："我金丹大道，性命兼修。是故聚则成形，散则成气。所至之地，真神见形，谓之阳神。彼之所修，欲速见功，不复修命，直修性宗。故所至之地，入见，无复形影，谓之阴神。阴神不能动物也。"

英宗治平中，随龙图陆公寓桂林，后转徙秦陇。久之，访扶风马默处厚于河东，乃以所著《悟真篇》授处厚，曰："平生所学，尽在是矣。愿公流布[3]此书，当有因书而会意者。"

元丰五年夏，趺坐而化，住世九十九岁。弟子用火烧化，得舍利[4]千百，大者如芡实，色皆绀碧。识者谓曰："此道书所谓舍利耀金姿也。"后七年，刘奉真遇紫阳于王屋山，留诗一张而去。紫阳尝自谓己与黄勉仲、维杨于先生，三人皆紫微星，号九皇真人。因误校勘劫运之籍，遂谪人间。今垣中光耀可见者，只六星矣。

1 戒定慧：佛教语，指"三无漏法"，即防非止恶、息虑静缘、破惑证真。 2 出神：灵魂出窍。 3 流布：流传散布。 4 舍利：身骨。

刘斗子

刘斗子，名奉真，又名刘斗子，建康人，张紫阳的弟子。刘斗子起初在白鹿洞中修炼，后来白日得道升天。

(原文) 刘斗子，名奉真，或名刘斗子。建康人，张紫阳弟子。初修炼白龙洞中，后白日升天。

石泰

石泰，常州人，字得之，号杏林，又号翠玄子。石泰遇到张紫阳，获得金丹之道。起初张紫阳从刘海蟾处得道，刘海蟾对张紫阳说："将来会出现为你解灾脱困之人，你要把金丹之道传授给他，其他人不可轻易传授。"后来张紫阳三次传授金丹之道，所遇都非有缘人，导致张紫阳遭遇三次灾祸。张紫阳发誓，再也不敢妄传金丹之道，于是作《悟真篇》流行于世。张紫阳说："如果命中注定有仙风道骨之人读《悟真篇》，自然会开悟成仙。"此后张紫阳又遇到凤州太守发火诬陷他，于是被判刺配之刑，途经邠州，在酒馆中遇到石泰，把自己被刺配的缘由告诉了他。石泰说："邠州太守是我的朋友。"于是拜见太守，为张紫阳疏通关系。张紫阳刚被赦免，就感叹说："此恩不报，还是人吗？"就把所有丹法都传授给了石泰。石泰道成，也写了一本书，叫作《还元篇》，流传于世。石泰活了一百三十七岁，在宋高宗绍兴二十八年中秋日尸解。两年后，易介又在罗浮山见到石泰。

【原文】 石泰，常州人，字得之，号杏林，又号翠玄子。遇张紫阳，得金丹之道。初紫阳得道于刘海蟾。海蟾曰："异日有为汝脱缰解锁者，当以此道授之，余不可轻传也。"后紫阳三传非人，三遭祸患。誓不敢妄传。乃作《悟真篇》行于世，曰："使宿[1]有仙风道骨之人，读之自悟。"复惟凤州太守怒诬以事，坐黥窜[2]。经由邠境，酒肆中遇杏林，告以故。杏林曰："邠太守，泰故人也。"乃为之先容[3]，一见获免。紫阳感之曰："此恩不报，非人哉。"尽以丹法传于杏林。杏林道成，亦作《还元篇》，行于世。寿一百三十七。于宋高宗绍兴二十八年中秋日尸解。后二年，易介复见杏林于罗浮山。

[1] 宿：宿命，命中。 [2] 黥窜：刺配。 [3] 先容：为人介绍、推荐或游说。

赵吉

赵吉，瑞州高安人，行为狂放，生活落魄。赵吉双眼都看不清东西，自言已经活了一百二十七年。宋元丰年间，苏辙被贬谪到高安，赵吉前往拜见他说："我知道你喜好道术，却不得要领，导致阳气不能下降，阴气不能上升。因此身上赘肉多而体虚，面容发红而长疮。"赵吉教苏辙对水施咒，再拿来洗澡。经过十多天，苏辙身上的各种疾病都痊愈了。赵吉后来在兴国军尸解。

原文 赵吉，瑞州高安人。狂而落魄，两目皆翳[1]。自言生一百二十七年矣。宋元丰中，苏辙谪高安。吉往见之曰："吾知君好道，而不得要。阳不降，阴不升。故肉多而浮，面赤而疮。"教辙咒水以溉百体。经旬，诸疾皆愈。吉后尸解于兴国军。

[1] 翳：目疾引起的障膜。

徐问真

徐问真，东莱潍州人，有道术，和欧阳修交往密切。一天，徐问真坚决请求辞别，欧阳修挽留不住。徐问真说："我的朋友怪罪我和公卿游玩。"欧阳修派童子为徐问真送行，果然有一位头戴铁帽，身长八尺左右的男子在路边等候徐问真。男子用瓢舀酒倒在手中，请童子喝了少许，然后遣送他回去，随后男子和徐问真都消失不见了。童子后来也发

赵吉

了狂，没人知道他去了哪里。徐问真曾经教欧阳修导引之术，来治疗脚气病，苏轼试验后也觉得有效。

原文　徐问真，东莱潍州人，有道术。与欧阳修善[1]。一日求去甚力，修留之不可。曰："我友罪[2]我与公卿游。"修使童子送之，果有铁冠丈夫，长八尺余，俟于道。以瓢覆酒于掌中，少饮童子。因遣回，遂不见。童子后亦发狂，莫知所之。尝教修引气愈足疾，苏轼试之亦验。

1 善：友好。**2** 罪：怪罪。

黄希旦

黄希旦，昭武长乐里人，号支离子，住在九龙观，豁达超脱，有出世之志。宋熙宁五年，五福宫建成，黄希旦因持戒清洁被召到京师，两年后，在太一宫尸解。黄希旦后来又出现在蜀地，寄给朋友的诗写道："昔游西太一，今日返成都。若问去来事，云藏月影孤。"

原文　黄希旦，昭武长乐里人，号支离子。居九龙观，翛然有出尘[1]之志。宋熙宁五年，作五福宫成。希旦以戒行清洁，召至京师。后二年，化形于太一宫。后复见于蜀，寄友人诗曰："昔游西太一，今日返成都。若问去来事，云藏月影孤。"

1 出尘：超出世俗。

徐熙春

徐熙春，邵武人。宋熙宁初年，徐熙春梦到一位头戴铁帽的道士，仪容伟岸。醒来之后，徐熙春到城南五峰院后面，遇到一位道士，和梦中之人一模一样。道士自称姓蔡，住在武夷山，还送给徐熙春一些五华草，吃起来味道甜美。徐熙春从此再也不进食了，只喝清泉。道士和徐熙春约定，将来某天在武夷山会面。徐熙春按照约定的时间前往武夷山，蔡道士已经先到了。徐熙春因为水深不能渡河，就住在金身院修炼，不久尸解而去。

(原文) 徐熙春，邵武人。宋熙宁初，梦一铁冠道人，仪容修伟。既寤[1]，至城南五峰院后遇道人，如所梦者。自云姓蔡，住武夷，遗[2]以五华草。食之甘美，自此不复粒食，惟饮清泉。约以某日会武夷。至期而往，蔡已先至。徐以水深不能渡，止于金身院修炼。顷尸解。

1 寤：醒来。**2** 遗：赠送。

申屠有涯

申屠有涯，宋朝人，住在宜兴，曾携带一个瓷瓶。一天，申屠有涯和众人坐船渡河，在船中倒出瓶子中的酒喝，结果吐了一船。众人感到非常恶心，赶他下船。申屠有涯带着瓶子上岸后，拄着拐杖唱道："仲尼非不贤，为世所不容。茧茧同舟子，不识人中龙。"唱完，申屠有涯就纵身跳到瓶子中去了。众人非常吃惊，拿起瓶子扔到地上摔碎，发现瓶中什么都没有。

【原文】 申屠有涯，宋人，居宜兴。尝携一瓷瓶。一日与众渡，舟中出瓶中酒饮，大吐，众恶逐之。乃挈瓶登岸，倚杖吟曰："仲尼非不贤，为世所不容。蚩蚩[1]同舟子，不识人中龙。"吟毕，跃身入瓶中。众骇，举瓶碎之，寂无所见。

1 蚩蚩：无知的样子。

朱有

朱有，泾州人，从小流窜到军队中。宋元丰初年，泸贼进犯边塞，朝廷下诏发秦地士兵前往征讨，军队驻扎在资中郡。郡中有醮坛山和李阿试仙台。朱有往来试仙台。一会儿，有两只鸟在空中鸣叫，争抢食物，双双坠地，像松脂一样。朱有捡起来吃掉，马上腹胀，而且口渴难耐，四处寻找池塘喝水。这时，出现一个道士，指着松树说："吃掉松叶，可以痊愈。"说完，道士忽然就消失不见了。朱有按照道士的话去做了，马上就不口渴了，自觉神清气爽。朱有起初不认识字，不喝酒，从此放声吟唱，大量喝酒，脱离军队而仙去。

【原文】 朱有，泾州人。少窜戍伍符[1]。宋元丰初，泸贼犯塞。诏起秦卒征之，军次资中郡。有醮坛山李阿试仙台。有往来台上。俄二鸟飞鸣争

朱有

食，坠地，若松肪者。有取食之，即腹胀且渴。求池饮水，遇一道士，指松曰："食此叶，可疗也。"忽不见。有如其言，渴遂止，自觉心爽神清。有初不知书，不饮酒。至是高吟剧饮，脱伍符而仙去。

1 伍符：军队。

陈仁娇

陈仁娇，南海陈玘的女儿，曾经在梦中逍遥游。醒来之后，陈仁娇经常回味梦中之游，念念不忘。八月初一丙夜时分，忽然出现数百位仙女，从空中召唤陈仁娇。陈仁娇飞升跟随她们前往朝见天帝，天帝命她掌管蓬莱紫虚洞。宋元祐年间，陈仁娇降生在广州进士黄洞家中。

原文　　陈仁娇，南海陈玘女也。尝梦为逍遥游。及寤，每专思旧游不释。忽八月望[1]丙夜，有仙女数百，从空招之。仁娇超然随众往朝于帝，遂命掌蓬莱紫虚洞。宋元祐中，降于广州进士黄洞家。

1 望：初一。

邵琥

邵琥，宋代湘阴县人。邵琥年少时与兄长邵玘、弟弟邵珪一同游学太学，遇到一位有大德之人。邵琥后来回到都峤山搭建草庵修炼。元符初年，苏轼从岭表回来拜访邵琥，留宿在草庵中住了十多天。后来，邵琥又在西蜀峨眉山搭建草庵，没住多久就离开了，只在墙壁间留下一首诗："往往来来三十年，更无踪迹在西川。功成行满升天去，回首山头月正圆。"

原文 邵琥，宋湘阴县人。少与兄玘、弟珪同游太学。遇至人，后归都峤山结庵修炼。元符初，苏轼自岭表归，访琥，留庵旬余。后琥又于西蜀峨眉山结庵。无何[1]，遁去。但留诗壁间云："往往来来三十年，更无踪迹在西川。功成行满升天去，回首山头月正圆。"

[1] 无何：不久。

雷隐翁

雷隐翁，名本，年少时行为磊落，不合群。长大后，以考取进士为志业。第二次考试后，雷隐翁就抛弃科举而去，终日静坐。有人嘲笑他痴愚，雷隐翁笑说："终不会用我的痴愚改变你的狡黠。"一天，雷隐翁把道术传授给儿子，然后外出远游再也没有回来。宋元祐年间，有朝廷官员在罗浮山游玩，见他坐在松树下，自称名叫雷隐翁。

原文 雷隐翁，名本。少磊落不群。既长，业进士。再试，即弃去。默坐终日。或¹诮其痴，隐翁笑曰："终不以吾痴易汝黠。"一日，以术授其子，因出游不返。宋元祐间，有朝士²游罗浮山，见其坐于松下，自道姓名云雷隐翁。

1 或：有人。**2** 朝士：朝廷之士，泛称中央官员。

林灵素

　　林灵素，字通叟，永嘉人。林灵素的母亲晚上回到房中，见红云照在身上，而后怀有身孕。怀胎二十四个月，一天傍晚，梦到一位神人，身穿绿袍，腰间系着玉带，两眼放光，手中拿着笔，对林灵素的母亲说："明天借住你家。"第二天，林灵素诞生，金光照耀满屋。林灵素五岁时还不能说话，一天，忽然有位道士没有通报，直接走入房间，对林灵素说："久别，特来拜访。"林灵素与道人相视拍掌大笑，从此便开始说话。

　　林灵素七岁能够初步写诗，每天背诵万字。苏东坡给林灵素读日历书，林灵素看一眼就会背诵。苏东坡惊讶地说："你比我还聪明，荣华富贵可期。"林灵素笑着回答说："活着建功封侯，死后立庙祭拜，都免不了成鬼，这不是我的志向。"

　　二十岁时，林灵素在西洛游历，遇到一位姓赵的道士，传授他《神霄天坛玉书》，书中写有神仙变化之法，以及兴云致雨的符咒、驱使百鬼、奴役万灵等道法。从此以后，林灵素施法没有不灵验的。第二年，林灵素在岳阳的酒馆中又遇到赵道士，道士对他说："我是汉大师的弟子赵升，之前传授你的《玉书》，你要认真修炼，修炼之后将会成为神霄教主，兼任雷霆大判官，来辅助东华帝君。"

崇宁五年八月十五日夜晚，宋徽宗梦游神霄府，听候玉帝的召见。徽宗腾空而上，远远看到天门处有一人，头戴星冠，身穿法服，手持圭板，引导徽宗进入天门，门上挂着朱牌，上面写着"神霄玉阙之门"。徽宗又经过一个小院，叫作玉枢院，一位红衣仙吏迎接徽宗进入院中。仙吏说："这是天帝的旧居。"朝见玉帝时，得旨："应当任用忠臣贤人，摒弃奸邪之人，保护社稷。"徽宗从天门下来，走了几百步，遇到一位道人，身穿青衣，头戴青巾，骑着青牛朝天门走去，身旁的随从队形整肃。青衣道士来到徽宗面前，大呼万岁。说完，骑着青牛上天门去了。徽宗醒来后，把梦记录了下来。

大观二年，徽宗下诏求见天下有道之人。茅山宗师推荐林灵素。林灵素进宫拜见徽宗，徽宗说："你有什么法术？"林灵素说："我上知天文，中知人事，下知地府。去年中秋日，皇室朝见玉帝，臣曾经一睹天颜。"徽宗说："我才明白青衣道士是你，之前骑的青牛在哪里？"林灵素说："寄养在外国，不久它将朝见陛下。"徽宗觉得他很神奇，经常召见林灵素入宫，删定道史、经箓、灵台等事。徽宗拜林灵素为师，专门建造神霄宫。宫殿落成后，徽宗率领百官入宫游行。徽宗吟唱："宣德五门来万国。"蔡京等人苦苦沉思，不知如何应答。林灵素马上应对说："神霄一府摠诸天。"徽宗听后大喜。徽宗想修订《雷书金经》，需获得足本收入道藏，四处寻访都没有结果。林灵素晚上灵魂出窍，飞到天庭，上奏玉帝，乞求玉帝赐观《雷书》以及霆司等符印。上帝派遣玉女，把两个符印以及五卷《雷书》授予林灵素。林灵素抄录《雷书》呈献给徽宗，从此《雷书》才有全本。政和七年，高丽国果然进献一头青牛，徽宗大喜，马上把青牛赐给林灵素。重和元年，因在华山修建三清殿，在基石中发现一个匣子，里面装有《雷文法书》一册，写在黄金质地的蚕丝纸上。官员把

《雷文法书》送到徽宗面前,和林灵素所抄录的《雷书》一字不差。徽宗在宫中写完青词和密奏后,亲自封装,第二天问林灵素:"我昨天所上奏的青词,上达天庭了吗?"林灵素回答说:"没有,因为错写了一个字,灵官不敢收下送给玉帝。"林灵素朗读徽宗的青词,徽宗拍着林灵素的肩膀说:"你真是一位神仙。"为他赐号金门羽客。

一天,林灵素陪徽宗一起吃饭,徽宗叹息说:"我每天都思念皇后,先生能够召来她的魂魄让我见一面吗?"林灵素说:"遵命。"到了晚上,林灵素开坛设醮,用飞符召见皇后,然后向徽宗奏报:"皇后现在在玉华宫,和王母一起宴饮集会。过一会儿,马上就到。"不一会儿,异香袭人,天花乱坠,仙乐满空,皇后骑着青鸾而来,对徽宗说:"臣妾之前是仙官的主事,因为在神霄与人相会,思念凡间,所以被贬到人间。现在回来担任旧职。希望陛下防范丙午之乱,任用忠臣,远离奸臣,诛杀童贯和蔡京,以谢天下。丙午之祸才可以避免。"徽宗问:"你过去在仙班是什么职位?"皇后说:"我是紫虚元君阴神,陛下是东华帝君。"徽宗说:"宫中诸人,有从天上降临人间的吗?"皇后说:"明节是紫虚玄灵夫人,王皇后是献花菩萨,太子是龟山罗汉尊者。蔡京是北都六洞魔王大头鬼,童贯是飞天大母鬼。林先生是神霄教主兼雷霆大判官。徐知常是东海巨蟾精。"徽宗又问皇后北宋国运如何,皇后沉默不语,逐渐隐身而去。

林灵素曾经在太清楼下陪徽宗吃饭,见到元祐党碑,马上叩首跪拜。徽宗觉得很奇怪就问他其中原因。林灵素回答说:"碑上所刻之人都是天上的星宿,臣不敢不拜。"并为此作了一首诗:"苏黄不作文章伯,童蔡翻为社稷臣。三十年来无定论,不知奸党是何人。"徽宗他日又问林灵素:"哪里能够见到真武大帝的圣像?"林灵素说:"容我向虚静天师奏请一下。"焚符结束后，黑云蔽日，电闪雷鸣，火光中出现一条龟蛇。不一会儿，从天降下一只大脚，落在宫殿前方。皇帝跪拜说："希望圣祖现身，使我能够瞻仰。"真武大帝于是现出真身，高达数丈，端庄严肃，身披皂袍金甲，腰间玉带腕剑，披发赤脚，头顶上方有圆光。真武大帝站立在殿前很长一段时间，徽宗亲自为他画像，和过去太宗皇帝时画工所作画像没有区别。徽宗更加尊敬林灵素，又请求会见王母。林灵素只烧了一张小符，王母就率领众多玉女乘云降临宫殿。徽宗点香再拜。王母说："东华帝君，好久没有见面了。"徽宗请王母开示，王母就传授徽宗神丹补益之法，临走之时王母说："识别奸臣，迁都长安，效法太祖、太宗行事。不然，将会后悔不及。"

　　林灵素所居住的房间，经常从外面锁起来，即使徽宗驾到，也不能进去参观。蔡京在徽宗面前诋毁林灵素说："房间中有黄罗帐，镂金龙床，桌椅都是红色，因此林灵素不想让陛下您看见。希望陛下亲自前往察看一下。"徽宗马上驾临神霄宫，和蔡京直接走进去，发现房间只是朴素的粉刷墙和明亮的窗子，而且只有一组桌椅，再也没有其他东西了。蔡京感到非常惶恐，向徽宗请罪。林灵素问徽宗为何突然造访，徽宗说了其中缘由。林灵素笑着指向墙壁，只见墙上出现一座金楼玉殿以及龙床、黄罗帐，都像铜钱那么大。徽宗也笑着说："先生游戏玩得不错。"后来太子上奏说："林灵素会各种妖术，陛下如果不信，请宣诏各位法师前来攻破他的邪法，治罪诛杀他。"当时有十二人，都精通法术。徽宗命他们在凝神殿和林灵素斗法，同时宣太子和诸王以及群臣前来观看。林灵素向空中喷水，化成五彩云，云中有金龙、狮子和仙鹤，在宫殿前面跳跃鸣叫。十二人上奏说："它们都是纸做的狮子、龙和鹤。我们诵读大神咒，使它们现出原形。"于是十二人一起念咒，结果龙、鹤越来越多。徽宗说：

"你们已经输了,还有什么其他法术。"十二人上奏说:"我们能施咒使水沸腾。"林灵素深吸一口气,吹响向盆中,水马上变成冰。林灵素接着说:"请聚集一些木炭,点燃堆成火洞。我先进入火中,接着令十二人跟我进去。"林灵素进入火洞中,火点不着他的衣服。十二人趴在地上哀求赦免。徽宗一气之下,把十二人送到开封府,刺配远方。

林灵素见朝政日益混乱,秘密上奏说:"蔡京是鬼王,陛下却让他掌握重权;童贯是国贼,陛下却让他手握兵权。彗星出现变化,陛下不能修德来驱灾。太乙离开宫位,陛下却不能向善来避祸。即使说劫数难逃,古代却有避开期限的历术。我现在暂且辞别陛下,愿陛下自爱。"徽宗下诏不允许林灵素离开。林灵素使唤诸位弟子,将之前赏赐之物,大约三百多担,全部编号封存在房屋中,竟私自逃出京师城墙大门而去。徽宗后赐他在温州建立道观。

一天,林灵素对弟子张如晦说:"尘世不可长久贪恋,何况大祸将至,我将先去一步,他日与你在神霄府再见。"说完,林灵素坐化而去。他之前在城外指了一处地点建坟,留下遗言说:"可在正穴中再深挖五尺,见到龟和蛇就下棺埋葬。见到有五彩云气冒出,就不要再继续盖土了。这时,你们应该快走百步离开。"弟子照此埋葬了林灵素。下棺后忽然山崩石裂,林灵素的墓地也消失不见了。

太子登基后,派人挖掘林灵素的坟,挖了三天都没有找到,最后乱石纵横,风驰电掣,火光四射,面对面都无法看清对方。使臣回来禀报,宋钦宗才后悔,于是下诏封林灵素为通真达灵真人,建天庆观祭祀,道观至今尚存。

赵鼎曾经写道:"林灵素旨趣渊深,非博学士大夫不能理解他。我尚未做官时,林灵素曾经预言我将在中兴年间做宰相,如果遇到春头木会之贼，应当辞官回家。不然，将会在潮阳古驿站中和他相见。起初我对林灵素的话不以为然，后来担任宰相时，因上奏言事果然遭到秦桧的陷害，获罪流放海岛，途经潮阳驿站，刚到驿站的庭院，就见到一位少年，绣衣红鞋，直接走入驿站。我仔细一看，原来就是林灵素。他笑着问我：'之前的话有错吗？'这时我才知道，林灵素是真神仙哪。"

原文　　林灵素，字通叟，永嘉人。母夜归室，见红云覆身，因有孕。怀二十四月，一夕梦神人，绿袍玉带，眼出日光，执笔告曰："来日借此居也。"次日灵素诞，金光满室。五岁不语，忽有道士不告而入，见灵素曰："久别，特来相谒。"相顾抚掌大笑，自此能言。

七岁粗能作诗，日记万言。苏东坡以历日[1]与读，一览能诵。东坡惊曰："子聪明过我，富贵可立待。"灵素笑而答曰："生封侯，死立庙。不离下鬼，非予志也。"

年三十，游西洛，遇道士姓赵，授以《神霄天坛玉书》。书中有神仙变化法，并兴云致雨符咒，驱遣百鬼，役使万灵等法。自后无施不灵。次年，岳阳酒肆复遇赵道士，云："吾汉大师弟子赵升也。向授《玉书》，宜谨行之。行当为神霄教主兼雷霆大判官，以辅东华帝君也。"

崇宁五年八月十五夜，徽宗梦游神霄府，赴玉帝召。腾空而上，遥见天门一人，星冠[2]法服执圭，引帝入门。上有朱牌字，曰"神霄玉阙之门"。次过一小院，曰"玉枢院"。一朱衣吏迎帝入，曰："此帝君旧居也。"及朝见玉帝，传旨云："宜任忠贤，去奸邪，保社稷。"帝自天门而下，百余步见一道人，青衣青巾，跨青牛而上。导从[3]甚肃，至帝前，呼万岁。言讫，驾青牛而上天门。帝梦觉，记之。

大观二年，诏求天下有道之士。茅山宗师以灵素荐。入见，帝曰："卿有何法术？"灵素云："臣上知天上，中识人间，下知地府。先年中秋，上朝玉帝，臣曾瞻见天颜[4]。"帝曰："朕方省之。向乘青牛何在？"曰："寄养外国，不久当进上也。"帝甚奇之，不时宣召入内，删定道史、经箓、灵坛等事。帝以师事之，特建神霄宫。宫成，帝引百官游行，吟曰："宣德五门来万国。"蔡京等沉思无答，灵素辄应曰："神霄一府揔诸天。"帝大喜。帝欲修《雷书金经》，全足收入道藏，求访不得。灵素静夜飞神，奏告上帝，乞赐观雷书，并霆司等印。上帝遣玉女以二印授之，并《雷书》五卷。灵素遂录《雷书》进上。至是始全。政和七年。高丽国果进青牛。帝大喜，即以赐灵素。重和元年，华山因开三清殿。基石匣中有《雷文法书》一册，金地茧纸[5]。进至御前，与灵素所录《雷书》，一字不差。帝于禁中封自书青词[6]密奏，次日问灵素曰："昨朕所奏青词达否？"对曰："未达。缘误写一字。灵官未敢以闻。"乃读帝青词朗朗，帝抚灵素背曰："先生真神仙也。"因赐号金门羽客。

一日灵素侍膳，帝叹曰："日思皇后英魂，先生可能致一见不？"灵素曰："诺。"至夜设醮，飞符召之。奏云："皇后见在玉华宫，与王母宴集。顷刻即当至矣。"俄异香袭人，天花乱坠，仙乐满空。皇后驾青鸾而至，谓帝曰："臣妾昔为仙官主者，因神霄相会，思凡，谪下人间。今还复居旧职，愿陛下防丙午之乱[7]。任忠去奸，诛童、蔡[8]以谢天下，其祸可免。"帝问卿昔在仙班是何职位。后曰："即紫虚元君阴神。陛下即东华帝君也。"帝曰："禁中诸人，有自天降者不？"后曰："明节乃紫虚玄灵夫人，王皇后乃献花菩萨，太子乃龟山罗汉尊者。蔡京乃北都六

林灵素

洞魔王大头鬼，童贯是飞天大鬼母。林先生是神霄教主兼雷霆大判官。徐知常是东海巨蟾精。"帝又问国祚[9]如何，默然不答，渐隐身而去。

灵素尝侍宴太清楼下，见元祐党碑，即稽首[10]。上怪问之，对曰："碑上皆天上星宿[11]，臣敢不稽首。"因为诗曰："苏黄不作文章伯，童蔡翻为社稷臣。三十年来无定论，不知奸党是何人。"帝他日又谓灵素曰："安得见真武圣像？"灵素曰："容臣同虚静天师奉请。"焚符毕，黑云蔽日，大雷霹雳，火光中现出龟蛇。须臾降一巨足，塞于殿前。帝拜云："愿圣祖见身，俾得瞻仰。"遂现身，长丈余，端严妙相，皂袍[12]金甲，玉带腕剑，披发跣足，顶有圆光。立一时久，帝自为写真。与昔太宗皇帝时写者无异。帝愈敬之。又请见王母，灵素但烧一小符，王母即领诸玉女乘云而降。帝捻香[13]再拜。王母曰："东华帝君，久不见矣。"帝请训教，王母乃授以神丹补益之法。临去曰："察奸臣，迁都长安，法太祖、太宗行事。不然，后悔无及矣。"

灵素居一室。外常封锁。虽驾到，亦不引入。蔡京谮[14]于帝曰："室中有黄罗帐，销金龙床，椅桌皆朱，故不欲帝见耳。愿陛下亲往观之。"帝即幸神霄宫，与京径入。其室但是粉壁明窗，椅桌二只，他无一物。京惶恐请罪，灵素请问，帝语其故。灵素笑指壁上，见一金楼，玉殿龙床，黄罗帐如钱大。帝亦笑曰："先生游戏自佳也。"后太子奏："林灵素俱妖术，陛下如不信，乞宣诸法师破其邪法，正罪诛之。"时有十二人俱善法术。帝命十二人会于凝神殿斗法，宣太子诸王暨[15]群臣观之。灵素噀水一口，化成五色云。云中有金龙、狮子、仙鹤，鸣跃殿前。十二人奏曰："皆纸狮龙鹤耳。"臣等诵大神咒，当令返形。众念咒，龙鹤愈加多。帝曰："负矣。更有何术？"十二人奏能咒水使沸。灵素取气一口，吹盂中，水即成冰。灵素乃云："乞聚炭为火洞，臣先入，令十二人随之。"灵素入火洞，火不着衣。诸人伏地哀告乞赦。帝怒，发开封府，刺面配遣。

灵素见朝政日非，密上疏云："蔡京鬼之首，任之以重权。童贯国之贼，付之以兵柄。彗星示变，陛下不能修德以禳之。太乙[16]离宫，陛下不能迁善以避之。若云数不可逃，然古昔却有过期之历。臣今暂辞龙颜，愿陛下自爱。"帝降诏，不允。灵素呼诸弟子，将前后给赐之物，约可三百担，编号封锁室中，竟私出国门[17]而去。帝乃赐观温州。

一日，谓弟子张如晦曰："尘世不可久恋，况大祸将及。吾将去矣，他日神霄再会。"言讫，端坐而化。先自指坟于郭[18]外，遗命曰："可于正穴中更深五尺，见龟蛇即下棺。见五色气出，不可盖土。宜急走百步。"弟子依其言。下棺后忽山崩石裂，不知所在。

太子即位，遣人伐灵素冢。三日，不知去处。见乱石纵横，黑风雷雨，火光绕地，对面不能相睹。使臣还奏，渊圣[19]始悔异之，勒封通真达灵真人，立祠天庆观。至今存焉。

赵鼎尝作记曰："先生旨趣渊深，非博学士夫莫能晓识。仆未仕时，先生曾许仆当中兴作相。若遇春头木会之贼，可以致仕[20]。不然，则相遇于潮阳古驿中。初不以为然。后作相时，因奏事，果遭秦桧之害。被罪海岛。道经潮阳驿中，方抵驿庭，见一少年，绣衣朱鞋，径入驿中，视之即先生也。笑问曰：'前言谬乎？'始知先生是真仙也。"

1 历日：历书。2 星冠：戴着道士的帽子。3 导从：古时帝王、贵族、官僚出行时，前驱者称导，后随者称从，因谓之导从。4 天颜：皇帝的容颜。5 茧纸：用蚕茧制作的纸。6 青词：道士上奏天庭或征召神将的符箓。用朱笔书写在青藤纸上，故称。又称绿素。7 丙午之乱：靖康之乱，1126年，北宋被金朝所灭。8 童、蔡：童贯和蔡京。9 国祚：国运。10 稽首：古时一种跪拜礼，叩头至地，是九拜中最恭敬者。11 星宿：星相家谓与人相应的星官、星神。12 皂袍：黑色长衣。13 捻香：持香礼拜。14 谮：谗毁，诬陷。15 暨：和。16 太乙：星名，即帝星。17 国门：国都的城门。18 郭：城墙。19 渊圣：对皇帝的尊称，指宋钦宗。20 致仕：辞去官职。

李鼻涕

宋绍圣初年，刘延仲寓居秀州。一天，有个道士路过一家门口。有人找他求药治病，道士则把鼻涕与泥垢和成药丸给对方，对方服下之后病马上就痊愈了。因此大家都称这位道士为李鼻涕。刘延仲邀请李鼻涕到家中闲坐，说："今天正好家中没有酒来招待你。"李鼻涕笑着说："床头有一樽珍珠泉，为什么不拿出来招待客人。"刘延仲十分尴尬，喊童子取出珍珠泉。李鼻涕说："不必取，只需要拿一个空坛子过来。"坛子拿来之后，李鼻涕又要来一张纸，盖在坛口。不一会儿，酒香就从坛中溢出，空坛子装满了美酒，在座的人都喝得酩酊大醉。第二天，刘延仲有其他客人来了，派人前去拿珍珠泉，发现坛中无一滴酒。有一天，李鼻涕拜别刘延仲说："二十年后的某月某日，我们将于真州相见。"到了那天，刘延仲果然死在了真州。

原文 宋绍圣初，刘延仲寓秀州。尝有道人过门，或从求药，则以鼻涕和[1]垢腻为丸与之，病立效。因目为李鼻涕。延仲延之坐曰："今日适

李鼻涕

无酒为礼。"道人笑曰："床头珍珠泉一尊，何不出以待客。"刘大惭，呼童取尊。道人曰："不必取，但将空尊来。"尊至，索纸覆之。少焉，香溢于外，成美酒矣，坐者皆醉。明日刘有他客，出所谓珍珠泉者，而尊中无涓滴矣。一日诣[2]刘，别云："后二十年某月某日当于真州相见。"至期，刘卒[3]于真州。

1 和：在粉状物中加液体搅拌或揉弄，使粘在一起。 2 诣：拜访。 3 卒：去世。

吹角老兵

吹角老兵，高州人，忘记他叫什么名字了。宋绍圣初年的时候，吹角老兵在谯楼上题了一首诗："画角吹来岁月深，谯楼无古亦无今。不如归我龙山去，松竹青青何处寻。"题罢诗，吹角老兵消失不见，没有人知道他到哪里去了。

原文 吹角老兵，高州人，忘其姓名。宋绍圣初，一日题诗谯楼[1]上曰："画角吹来岁月深，谯楼无古亦无今。不如归我龙山去，松竹青青何处寻。"遂遁形，莫知所终。

1 谯楼：城门上的瞭望楼。

张俞

张俞，字叔才，明县人，出家为道士，自称白云片鹤。宋绍圣初年，张俞游历汴京，见到赵鼎说："中兴名相。"人们都大吃一惊。后来张俞又遇到赵鼎说："我们将在吉阳相会。"后来赵鼎于绍兴五年担任宰相，晚年流放吉阳，一天忽然遇到张俞。张俞说："记得之前我对你说过的话吗？你将要归去了。"没过多久，赵鼎果然去世。

原文 张俞，字叔才，明县人。为道士，自称白云片鹤。宋绍圣初，游汴[1]，见赵鼎，大呼曰："中兴名相。"人惊异之。他日又遇鼎曰："吉阳相逢。"后鼎绍兴五年为相，晚窜吉阳。忽与白云相遇，白云曰："忆畴昔[2]之言乎？公将归矣。"未几，鼎果卒。

1 汴：河南开封。**2** 畴昔：往日，从前。

莎衣道人

莎衣道人，淮阳军朐山人，姓何。祖先何执礼，官至朝议大夫。莎衣道人为躲避战乱渡江，曾经考进士落榜。绍圣末年，莎衣道人来到平江，身穿一件白襕。穿得时间太久，白襕变得破旧不堪，莎衣道人就用莎草缝补。莎衣道人曾经站在池边看自己的倒影，豁然顿悟。人们询问他吉凶祸福，没有说不中的。遇到病人前来求治，莎衣道人就从衣服上拿一根莎草给他，病人服用之后病马上就好了。求而不得的病人，很快就病重不起。

莎衣道人

宋孝宗数次召见他入宫，他都不去，后来赐号通神先生，又赐给他数件衣服，莎衣道人都拒不接受。后来不知道莎衣道人到哪里去了。

原文　　莎衣道人，淮阳军朐山人，姓何。祖执礼，仕至朝议大夫。道人避乱渡江，尝举进士不第。绍圣末，来平江，身衣白襕[1]。久之衣敝，缉之以莎[2]。尝临池照影，朗然大悟。人问休咎[3]，罔不奇中。会有瘵者[4]求治，持一草与之，即愈。求而不得者，病遂不起。孝宗连召，不至。赐号通神先生，赐衣数袭[5]，皆不受。后莫知所之。

[1] 襕：古代士人之服。[2] 莎：草名，即莎草。[3] 休咎：吉凶，善恶。[4] 瘵者：得痨病的人。[5] 袭：件。

王文卿

王文卿，抚州临川人，通晓呼雷求雨、驱使鬼神的法术。宋政和初年，宋徽宗召见王文卿，当时有事要在明堂进行，但是遇上下雨不止。徽宗命王文卿祈祷天晴，天马上就放晴了。等到明堂的礼仪活动结束后，又下起雨来。徽宗因此赐号冲虚通妙先生，凝神殿侍宸。当时扬州遭遇大旱，徽宗下诏求雨。王文卿于是舞剑喷水说："借我三尺黄河水。"过了几天，扬州官员上奏说天已降雨，雨水都混浊发黄。王文卿后来回到绍兴，一天对徒弟说："西北方向出现黑云，要马上告诉我。" 过了一会儿果然出现黑云，王文卿进入房间便尸解而去。乾道初年，有人在成都见到王文卿。

原文　　王文卿，抚州临川人。解呼雷致雨，役使鬼神之术。宋政和初，召见。时将有事明堂，雨不止。上命祷晴，天即开霁[1]。礼成，复雨。赐号冲虚通妙先生，凝神殿侍宸。时扬州大旱，诏求雨。侍宸为伏剑噀水曰："借黄河水三尺。"后数日，扬州奏得雨，水皆黄浊。后归绍兴，一日谓其徒曰："西北有黑云起，当速报我。"移时果然，即入室解化。乾道初，人有见之于成都者。

1 开霁：放晴。

陶道人

陶道人，黎州的士兵。宋政和年间，陶道人进入狮子山砍柴，遇到神人而得道。陶道人与王画龙处于同一时代。王画龙每次画龙，必定留有瑕疵。如果没有瑕疵，那么所画之龙就会随着雷雨而变化。陶道人每次见到王画龙，就拿出拐杖敲打他，说："你画的是妖龙。"后来，陶道人和王画龙都不知道到哪里去了。

原文　陶道人，黎州卒也。宋政和间，入狮子山采薪[1]，遇异人得道。与王画龙同时。王每画龙，必有所缺。不然，则随雷雨变化。陶每见王，辄以杖击之，曰："此龙妖也。"后俱不知所往。

1 采薪：砍柴。

李思广

李思广，吉水人。从小的志向和操行就异于常人。长大后，他纵情山水间，有钱就马上买酒，有时独自在市场上喝酒。李思广七十多岁时，容貌却越发年轻。宋政和四年，李思广游历螺川，经常住在习溪桥的酒家中。李思广来了就喝，卖酒的老妇人因李思广行为怪异，喝完从来不问他要钱。一天，李思广辞别老妇人。第二天起来，老妇人发现李思广已经死了，便告诉了他的亲人，把他入殓埋葬。一个多月后，有人在千里之外见到李思广，穿着打扮和之前一样。于是人们打开李思广的棺材，发现尸体不见了。

原文 　李思广，吉水人。自幼志操[1]特异，放情山水间。得钱即易酒，或独饮于市。年七十余，容貌愈少。宋政和四年，游螺川。常住习溪桥酒家，酒妪以其异，来则饮之，不问其值[2]。一日谢别[3]老妪，晨起视，已死矣。报所亲，殡葬之。月余，有客见思广于千里之外，衣冠如故。乃开棺，不见其尸。

[1] 志操：志向和操行。 [2] 值：酒钱。 [3] 谢别：告别，辞别。

罗晏

罗晏，阆州人。小时候，罗晏在山下放牧，遇到两位道士下棋，就解开牛绳，观看道士下棋。道士拿出袋子中的饼给罗晏吃，罗晏吃后回家，觉得肚子中像有火在烧，还发狂了数天。从此以后，罗晏只喝水，什么都不吃。罗晏只要稍稍预言吉凶福祸，就没有不灵验的。宋宣和年间，罗晏被赐号静慈妙应处士。张浚邀请他到军中，罗晏说："你不要担心，明天胡虏自会退去。"第二天，胡虏果然退兵。宋徽宗给罗晏加号太和冲夷先生。罗晏活到一百七八十岁才去世。

原文　　罗晏，阆州人。儿时，牧山下，见二道人弈[1]。晏释牧观之，道人出囊中饼与食。食已归家，觉腹中如燎[2]，因发狂累日。自是惟饮水，稍稍预言祸福，无不神验。宋宣和中，赐静慈妙应处士。张浚延[3]至军中，晏曰："相公勿恐，明日虏退。"果然。加号太和冲夷先生。年一百七八十始逝。

1 弈：下棋。**2** 燎：燃烧。**3** 延：邀请。

张虚白

张虚白，邓州南阳人，精通太乙六壬术。张虚白一心炼丹，遇到真人获得秘诀。宋徽宗听闻他的名声后，召他入朝掌管太乙宫，赏赐每天都不间断，官至太虚大夫、金门羽客。张虚白出入宫廷，和徽宗终日论道，从不谈及时政。张虚白说："朝廷的事情有宰相负责，不是我所能懂的。"金人尤其重视张虚白，称他为神仙。一天，张虚白说："某年某月某日，我将飞升成仙。"到了那天，张虚白果然飞升而去。

原文　　张虚白，邓州南阳人。通太乙六壬术。留心丹灶，遇真人得秘诀。宋徽宗闻其名，召管太乙官。恩赉[1]无虚日。官太虚大夫金门羽客。出入禁中，终日论道，无一言及时政。曰："朝廷事有宰相，非予所知也。"金人尤重之，呼为神仙。一日曰："某年月日，吾当化去。"至期，果然。

1 恩赉：宠信和赏赐。

魏二翁

魏二翁，濮州雷泽人，遇到异人而得道。魏二翁手持蒲扇，经常告诉他人祸福吉凶，周围乡亲都很重视他。魏二翁经常编织丝绵来御寒。有小偷夜里潜入，想要偷窥财物。魏二翁就直接喊他的名字，说："你想要我的丝绵吗？"小偷大吃一惊，道歉后赶快离开了。宋徽宗听说魏二翁的名声后，派遣使者召他入宫。使者来到他的草庐，只听见鼾声如雷，却连人影都看不到。使者只获得一章颂诗回去交差。宣和初年，魏二翁尸解仙去。

原文 魏二翁，濮州雷泽人。遇异人得道。手持蒲筵[1]，时时语人祸福，里闬[2]重之。每制纩[3]，奉以御寒。偷儿[4]夜至，欲窃之。二翁辄呼其名，曰："尔欲我纩乎？"盗惊谢而去。宋徽宗闻其名，遣使召之。至其庐，但闻鼻息齁齘[5]如雷，不见形影。惟得颂一章以归。宣和初，尸解仙去。

1 蒲筵：蒲扇。**2** 里闬：乡里。**3** 纩：棉絮。**4** 偷儿：小偷。**5** 齁齘：熟睡时的鼻息声。

罗升

罗升

罗升，宋宜春人，小时候家中贫困，以杀狗为业，晚年才以卖药为生。罗升在市场遇到异人，传授给他方术。罗升几百岁的时候，忽然有一天辞别亲戚朋友，溘然长逝，当时是政和二年。后来有人见到罗升在海阳市卖药，有一封信寄给乡亲。核验寄信的日期，是罗升尸解后的第二天。

【原文】 罗升，宋宜春人。少贫，以屠狗为业。晚乃货药[1]。市中遇异人，授以方术。年几百。忽一日，辞亲故，奄然而逝，时政和二年也。后有客见其在海阳市货药。有书[2]寄乡人，验其日，乃其解去之明日也。

1 货药：卖药。**2** 书：信。

刘益

刘益，蓝田人，在直庵庐隐居了六十年。刘益肌肤如玉，在下雨的泥泞路中行走，即使骑马也赶不上他。宋徽宗虽然特别礼待刘益，但是宫中生活并不是他想要的，他竭力请求回到山中居住。宣和末年，刘益经常说："山川草木，为什么充满了血腥味？"随即尸解而去，不久，果然发生战乱。

【原文】 刘益，蓝田人。隐直庵庐六十年，肌肤如玉。雨泥徒步，骑不能及。徽宗虽礼之甚厚，然非所乐也。力求还山。宣和末，常曰："山川草木，何腥膻[1]之甚耶？"遂尸解去。已而，戎难[2]果作矣。

1 腥膻：难闻的腥味。**2** 戎难：战争。

武元照

武元照，绍兴萧山人。还是孩子时，她的母亲若吃荤，武元照则一天都不吃奶。等到她的母亲吃素，武元照才吃奶。她的母亲觉得很奇怪。长大后，家人商量武元照婚嫁之事，她听后闷闷不乐，忽然梦到神人告诉她："你本来是天上的玉女，因为受到牵连暂时被贬人间。从现在开始，你可以绝食。"等到醒来后，武元照不想再进食，但她的母亲强迫她吃饭。武元照又梦到神人怒叱她说："你违反了我的戒律。"神人于是剖开武元照的肚子，给她洗涤干净，然后传授武元照灵宝法。从此以后，武元照便能够用符水为人治病。一天，武元照拜访几十家。众人到武元照的家中回访她，家人却说她早已死去了。武元照拜访几十家的那天，正好是她尸解的日子。

原文 武元照，绍兴萧山人。方在女孩，母或茹荤[1]，辄终日不乳。及菜食，乃乳。母异之。后长，议适人[2]，女不乐。忽梦神人告曰："汝本玉女，坐累[3]暂谪尘世。今可绝食。"及觉，欲不食。母强食之。又梦神怒曰："违吾戒也。"乃剖腹，涤之。因授灵宝法。自是能以符水疗人疾。一日诣数十家聚话。诸人往其家访之，云已死矣。诣数十家之日，即尸解之日。

[1] 茹荤：吃肉。 [2] 适人：嫁人。 [3] 坐累：因过失而受牵连。

孙卖鱼

孙卖鱼，不知道他的名字。孙卖鱼曾经在楚州市卖鱼，盛夏时，遇到一位道士对他说："你的鱼腐烂变质了，如果能够给我口酒喝，我可以使鱼活过来。"于是孙卖鱼给了道士一斗酒喝。道士喝完酒后和他聊了一会儿就走了，这时，腐烂的鱼果然活了。从此以后，孙卖鱼说起人的祸福吉凶，都很灵验。宋宣和年间，孙卖鱼被召到京师，赐号尘隐处士。后来，孙卖鱼又回到楚州。靖康初年，孙卖鱼忽然在亳州太清宫又跳又号啕大哭，当时在场的人都不能理解。有人记下当天的日期，是汴京沦陷的日子。

【原文】 孙卖鱼，不知其名。尝卖鱼楚州市。暑中，遇一道士谓曰："汝鱼馁[1]矣，能饮我，可使鱼活。"遂饮以斗酒，因与谈论而去。鱼果活。自是言人祸福辄应。宋宣和中，召至京师，赐号尘隐处士。复还楚州。靖康初，忽于亳州太清宫号跳大哭。人莫之喻。有记其时日者，乃汴京陷之日也。

[1] 馁：鱼类腐烂。

梅志仙

梅志仙，檀州人，持戒严格，在黑山修道二十多年，能够灵魂出窍和分身，远游郡国，神秘莫测。他有一棵没有根的柏树，让弟子栽种，柏树马上枝繁叶茂。梅志仙卧在岩石上，十二天不吃不喝，老虎温驯地在他身旁绕行。梅志仙活到九十多岁，尸解而去。

> **原文**　梅志仙，檀州人。戒行严峻，修道黑山二十余年。遂能出神分身，远游郡国，人莫能测。有无根柏一株，使其徒栽之，立见茂盛。卧于石岩，浃辰[1]不食，虎驯绕其侧。年九十余。尸解。

1 浃辰：十二天。

范子珉

范子珉，处州道士，好喝酒，生活落魄。范子珉谈到他人的意外之事，很多都能言中。范子珉擅长画牛。有一天，范子珉忽然拜访郡守钱竽说："我欠你一幅画，今日特来偿还。"画成，范子珉神情端庄地去世了。将要入殓时，人们在席子上捡到一片纸，上面写着："庚申日，天帝召见范子珉。"庚申日，就是范子珉尸解的日子。

> **原文**　范子珉，处州道士。嗜酒落魄。谈人意外事，多奇中。善画牛。忽访郡守钱竽曰："负公画一轴[1]，故来相偿。"画成，俨然就逝。将敛，得片纸于席间。书曰："庚申日，天帝召范子珉。"即其解日也。

1 轴：量词，计算绕在轴上的线状物及装裱带轴的字画数量的单位。

中国神仙故事

第八卷

武志士

　　武志士，不知道是哪里人，在来宾武禅山修炼。每次外出赶赴斋供，就用青布幕架成桥，长五七里，有时直通市场，人们见到之后都觉得很惊奇。修炼数年后，武志士道成，宋建炎初年，白日飞升成仙。

原文　　武志士，不知何处人。修炼于来宾之武禅山。每出赴斋供，即架青布幕为桥，去五七里。或至市尘[1]，人见而奇之。数年道成。宋建炎初，白日上升。

1 市尘：市场。

萨守坚

　　萨守坚，蜀地西河人，从小热心肠。萨守坚曾经学医，误用药方杀死人，于是放弃学医。萨守坚听说江南三十代天师虚静先生，以及王侍宸和林侍宸有道法，于是徒步前往拜师。萨守坚走到陕西时，盘缠已经用完。这时出现三位道士，问萨守坚要去哪里。萨守坚告诉他们后，道士说："天

武志士

师已经羽化。"萨守坚正怅恨时,第一位道士说:"现在的天师道法也很高,我和他有交情,当为你写推荐信,你拿着信可以前去拜访。"道士又传授萨守坚咒枣之术,每施咒获得一颗枣,可以换取七文钱,一天只需变出十颗枣,就可以得七十文钱,一天的路费就够了。第二位道士说:"我也有一门法术传授给你。"他给萨守坚一把芭蕉扇,说:"对有病的人扇一下,病马上就好了。"第三位道士说:"我还有一门法术传授给你,是雷法。"萨守坚到了信州后,拜见天师,呈上推荐信,听到天师举家痛哭。现任天师说:"虚静天师手写一封信给我和林侍宸、王侍宸,说遇到来访学道的姓萨之人,要各传授他一门法术,而且可以传授你们尚未修炼的法术。"由此萨守坚道法更加厉害。

萨守坚曾经路过潭州,当地居民听到神人说:"提刑明天就来,你们可以前往观看。"只见萨守坚头戴竹帽而来,身上挂着提点刑狱的令牌。萨守坚又来到湘阴,寄宿在城隍庙。太守梦到城隍爷告诉他:"萨守坚住在庙中,令我生活起居不安,希望你能好言帮我请走他。"太守来到庙中,驱逐萨守坚,让他离开。萨守坚对此怀恨在心。刚走了数十里,萨守坚遇到一群人抬着猪肉前往城隍庙中还愿,他在猪肉上放了一些香说:"你们还愿结束后,帮我把它放在香炉中烧掉。"那群人按照萨守坚的话把香放在香炉中,忽然变成雷火,烧掉了整个城隍庙。

又过了三年,萨守坚来到渡口想要过河,见没有划船的人,就拿起船篙自己划船。到了对岸后,萨守坚在船中放了三文钱,用来补偿坐船的费用。在岸边捧水洗手时,萨守坚见一人站在水中,头戴铁冠,身穿红袍,手持玉斧。萨守坚怒叱道:"你是什么东西?赶紧现出原形。"这人说:"我是王善,原湘阴城隍爷。之前你无故焚烧我的庙,我没了住的地方,因此到玉帝面前投诉你。玉帝赐我一把玉斧,让我跟随你,一旦遇到你违

萨守坚

反天律，可以随时处斩你。现在我已经跟随你两年了，发现你并没有触犯任何天律。刚才没有船夫，你还把钱放在船中，像这样的小事你都很诚实，看来是没有报复你的机会了。我从今天起愿意担任你的部将，尊奉你的旨意。"萨守坚说："就算你再跟随我三年，也是如此。"于是萨守坚奏请玉帝，提拔王善担任部将。萨守坚每次施展法术，他都会响应。

后来，萨守坚在闽中游历。一天，诸位部将现身，围在萨守坚周围说："天帝下旨，召你到天庭，位列真人。"萨守坚起身，站着羽化而去。

原文　　萨守坚，蜀西河人。少有利物心。尝学医，误用药杀人，遂弃医。闻江南三十代天师虚静先生，及林王二侍宸道法，步往师之。至陕，行囊[1]已尽。见三道人来，问坚何所往，坚告以故。道人曰："天师羽化矣。"萨方怅恨。一道人云："今天师道法亦高，吾与之有旧[2]，当为作字[3]。可往访之。"遂授以咒枣之术，曰："咒一枣，可取七文。一日但咒十枣，得七十文，则有一日资矣。"一道人云："吾亦有一法相授。"与之棕扇[4]一把，曰："有病者扇之，即愈。"一道人云："吾亦有一法相授，乃雷法也。"及达信州，见天师，投书，闻举家恸哭。云："虚静天师手笔吾与林侍宸、王侍宸，遇萨某，各以一法授之矣。可授以未尽之文。"萨由是道法大显。

尝经潭州。居人闻神言曰："提刑来日[5]至，次日伺之。但见真人携瓮笠至，身悬提点刑狱之牌焉。"继至湘阴，寓城隍庙数日。太守梦城隍告之曰："萨先生寓此，令我起处不安。幸为我善遣之。"太守至庙，逐萨使去。萨恨之，行数十里，遇人舁豕往庙酬愿[6]。萨以少许香附之，曰："酬愿毕，愿为置炉中焚之。"其人如约。忽迅雷火[7]，焚其庙。

越三年，萨至渡，无操舟者。举篙自刺[8]，置三文钱于舟中，以偿舟金。因掬水浣手，见一神铁冠红袍，手执玉斧，立于水中。萨呵之曰："汝何物？速见形。"答曰："我王善，即湘阴城隍也。向君无故焚我庙，我无依，因诉之上帝。帝赐玉斧，令我相随，遇真官有犯天律，便宜行事。今随真官已二年，并无犯律事。且置钱舟中，以此微暗且不欺。无可报君之时矣。今愿为部将，奉行法旨。"萨曰："更随三年亦只如是。"乃词奏玉帝，擢为部将。每有行持，报应若响。

后游闽中。一日，诸将现形环侍，云："天诏召君天枢，领位真人，起身立化。"

1 行囊：出行时所带的钱袋。**2** 旧：交情。**3** 作字：写信推荐。**4** 棕扇：芭蕉扇。**5** 来日：明日。**6** 酬愿：还愿。**7** 雷火：雷鸣电闪之火。**8** 刺：划船。

冯观国

冯观国，邵武人，在尘世之外游历，遇到一位异人，获得内丹法。冯观国自称无町畦道人，寄居宜春。冯观国说人吉凶，全都应验。有人讥笑他醉狂，冯观国写了一首诗回敬："踏遍红尘四百州，几多风月是良俦。朝来应笑酡颜叟，道不相侔风马牛。"绍兴年间，冯观国端坐而逝去。郡守李观民，在治平观为冯观国塑造了一尊仙像。

原文 冯观国，邵武人。游方之外，遇异人，得内丹法。自称无町畦道

冯观国

人。寓宜春，言人吉凶，尽应。或有诮[1]其醉狂者，观国以诗谢曰："踏遍红尘四百州，几多风月是良俦[2]。朝来应笑酡颜叟，道不相侔风马牛。"绍兴中，端坐而逝。郡守李观民，塑仙像于治平观。

1 诮：讥讽，嘲笑。**2** 良俦：好友。

王嚞

王嚞，号重阳子，咸阳人。王嚞的母亲受到异梦感化而怀有身孕，怀胎二十四月才生下王嚞。王嚞个子高大，相貌雄伟，成年后以考取进士为业，善写文章，才思敏捷。

伪齐刘豫改元阜昌。起初，发生饥荒，出现人吃人的现象。王嚞家产丰厚，被邻里洗劫一空。有司率领士兵抓获盗贼，王嚞说："我不忍心置他们于死地。"有司认为王嚞是一位贤人。

一天，王嚞在醴泉遇到吕纯阳，吕纯阳传授他修仙口诀以及五篇秘语。吕纯阳又对王嚞说："你赶紧前往东海，投谭捉马。"说完，吕纯阳消失不见。王嚞于是抛妻弃子，把小女儿送姻家，离家而去。

王嚞生性不爱打扮，人们称他为王害风。王嚞经常拿着一个铁罐乞讨，路过蓝田、登州和昆仑山时，随行的马钰、谭玉、刘处玄、丘处机都是他的传道弟子。一天，王嚞作诗辞别诸位亲朋好友，突然逝去，享年五十八岁。马钰继承了王嚞开创的教派，和谭玉、刘处玄、丘处机相继担任教主。元朝至元六年，元惠宗追赠王嚞为重阳全真开元真君。王嚞写有《前韬光集》《后韬光集》，流传于世。

> **原文**　王嚞，号重阳子，咸阳人。母感异梦而妊[1]，二十有四月始生。身修长，貌雄伟。弱冠业进士，善属文，才思敏捷。
>
> 伪齐刘豫改元阜昌。初，大饥，人相食。嚞家富厚，为邻里劫取，家财一空。有司[2]率兵捕得，嚞曰："吾不忍置之死地。"有司贤之。
>
> 一日，遇吕纯阳于醴泉，授以修仙口诀，并秘语五篇。且曰："速去东海，投谭捉马。"已而亡失所在。嚞乃捐[3]妻子，送次女于姻家。竟委家去。
>
> 嚞性不检束，人呼为王害风。常携铁罐乞食。经行蓝田、登州、昆仑之间，其随行马钰、谭玉、刘处玄、丘处机，皆其传道弟子也。一日作诗别众亲友，奄然而逝，年五十八岁。马钰嗣其教，与谭、刘、丘继为宗盟。元至元六年，赠为重阳全真开元真君。有前后《韬光集》，行于世。

1 妊：怀孕。**2** 有司：官员。**3** 捐：舍弃。

宋耕

宋耕，号雪溪先生，世代居住在双流，后来搬迁到崇庆。宋绍兴年间，宋耕担任阆中令，得道仙去。后来他的孙子宋德之，听说宋耕在四明，亲自前往拜访。来到雪窦山时，遇到一位蜀地的僧人说："听老人们说，雪窦山后面的烂平山，有两位居士，其中一位叫宋宣教。"宋德之翻山来到烂平山，果然见到炼丹的灶炉，但是找不到宋耕的踪迹。宋德之就在灶炉上祭拜宋耕后回去了。

> **原文**　宋耕，号雪溪先生。世家双流，迁崇庆。宋绍兴中为阆中令，得道仙去。后其孙德之，闻其在四明，亲往访焉。至雪窦山，有蜀僧言："闻诸耆老[1]云，山后有烂平山，有二居士焉。其一宋宣教也。"德之跻攀[2]，至烂平，果见有丹灶，而仙踪不可复寻矣。乃置祠其上而归。

[1] 耆老：老年人。[2] 跻攀：攀爬。

孔元

孔元，不知道他是哪里人，曾经服食松脂、松果和茯苓，容貌变回年轻的样子。他已经一百七十多岁了。酒席间，人们请孔元担任酒令，孔元就用拐杖撑着地面，身子倒立头朝下，拿着酒壶倒酒喝。其他人都不能如此。孔元经常在水边凿一个小洞，深一丈左右，住在里面，不吃不喝，过一个多月才出来。孔元后来进入华山，修炼得道，再也没有回来过。

> **原文**　孔元，不知何许人。尝服松脂、松实、茯苓，容更少壮，年已一百七十余岁。酒筵间或请元作酒令[1]，元乃以杖拄地，倒头向下，持酒倒饮。人不能为之也。常于水边凿地，作一方丈，住其中，绝不饮食，月余复出。后入华岳，得道不返。

[1] 酒令：宴会中助酒兴的一种游戏。推一人为令官，违令或依令该饮的都要饮酒。

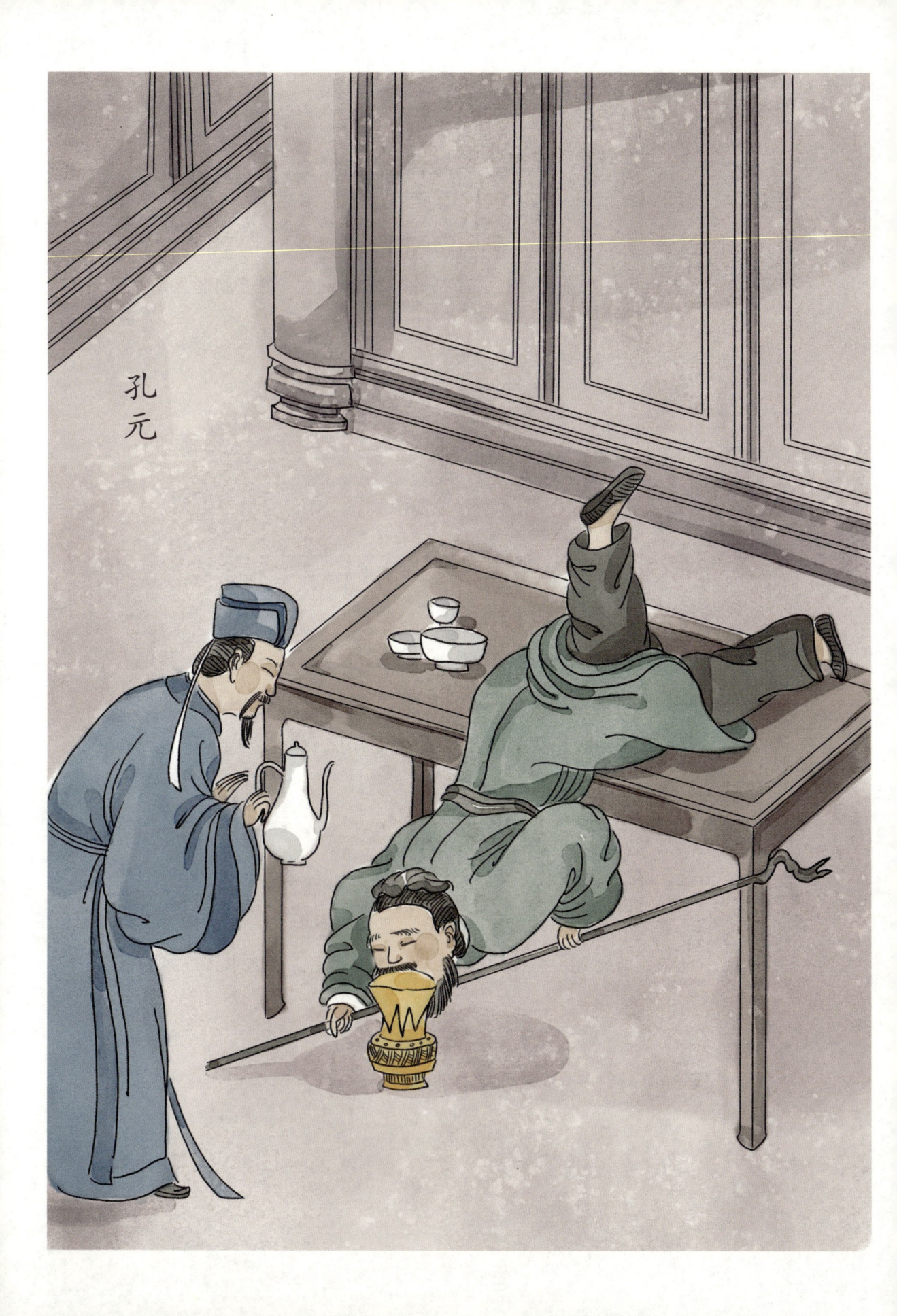

孔元

石坦

石坦，渤海人，遍游赵魏等地的名山，遇到异人而得道。他能够分身，同时前往十几家，每家都说石坦在某时某刻到来，但是聊天内容各异。石坦后来不知所踪。

【原文】 石坦，渤海人。遍游赵魏诸名山，遇异人得道。能分身，同时诣十余家。各家皆云坦于某时到，所言各异。后不知所之。

马钰

马钰，宁海人，孙仙姑是他的妻子。马钰起初名从义，字宜甫，后改名钰，号丹阳子。马钰的母亲刚怀孕时，梦到麻姑赐给她一粒仙丹吞下，梦醒之后就生下马钰，当时是金太宗天会五年。马钰小时候经常诵读乘云驾鹤之类的诗，李无梦见到马钰，认为他很奇特，说："额头上有三座山，手臂下垂超过膝盖，真是大仙的资质。"孙君把女儿嫁给马钰，生了三个孩子。马钰曾经题诗："抱元守一是工夫，懒汉如今一也无。终日衔杯畅神思，醉中却有那人扶。"众人都不明白诗中的意思。

一天，王重阳祖师从终南山前来拜访马钰，对他说："你命中有仙缘，既然吃瓜，就要从瓜蒂开始吃。"马钰问其中缘由，王重阳说："甜从苦中来。"马钰又问王重阳从哪里来，王重阳说："不远千里，专门来扶醉人。"马钰心想此话和之前的诗吻合，觉得王重阳很神奇，于是拜他为师。起初，马钰梦到一只仙鹤从地下涌出。从那以后，马钰便在南园搭建了一个草庵，侍奉王重阳，庵名叫作"全真"。王重阳想带马钰西游，马钰未能马上抛弃家业。王重阳从不同方面开化马钰，又命令马钰把草庵锁住，每天只送一次饭。当时风雪从四面吹入草庵中，然而王重阳神态自若，就像沐浴在春风中，而且每天送马钰夫妇一些梨子、芋头和板栗。马钰西游的念头这才变得坚定起来，把家产托付给三个儿子，跟随王重阳居住在昆仑山的烟霞洞。孙仙姑在家中搭建草庵，和马钰各自修行王重阳传授的道法。马钰修炼了二十多年，一天他对徒弟说："今天将会有大喜事。"随即和徒弟们一起唱歌跳舞，自娱自乐。不一会儿，只听空中传来乐声，抬头看见孙仙姑乘云经过，仙童玉女和旌旗仪仗前拥后导。孙仙姑俯下身子对马钰说："师父在蓬莱岛等你。"

当天晚上，孙仙姑和马钰坐着聊天。这时有人敲鼓，风雨大作，雷声震天，马钰面向东，枕着胳膊逝去了。就在这之前，马钰曾敲酒监郭复中的门，找他要笔写下一首颂诗："长年六十一，在世无人识。烈雷吼一声，浩浩随风逸。"又在刘锡的墙壁上写下一首颂诗。不一会儿，徒弟就说："师父已经仙去了。"这时，人们才领悟刚才所见到的场景，其实都是马钰的阳神。后来，进士徐绍祖等人见到王重阳头戴云冠，身穿红衣，马钰头扎三髻，身穿素衣，出现在云端，过了一会儿才离去。

原文　马钰，宁海人。孙仙姑，其妻也。初名从义，字宜甫。后改名钰，号丹阳子。母初孕时，梦麻姑赐丹一粒，吞之，觉而分瑞[1]。时金太宗天会五年也。儿时常诵乘云驾鹤之诗。李无梦见而奇之曰："额有三山，手垂过膝，真大仙之材。"孙君以女妻之，生三子。尝题诗云："抱元守一是工夫，懒汉如今一也无。终日衔杯畅神思，醉中却有那人扶。"众皆不晓其意。

马钰

一日，王重阳祖师自终南来访之，云："宿有仙契[2]。既食瓜，从蒂食起。"钰问其故，曰："甘向苦中来。"又问："从何方来？"曰："不远千里，特来扶醉人。"钰默念与前所作诗合，异之。遂师事焉。始钰梦一鹤从地涌出，至是起庵南园，供事重阳，名其庵曰"全真"。重阳欲挽西游，钰未能辄弃家业。重阳多方点化，乃命锁其庵，日馈一食。时风雪四入，然重阳神形冲畅，如在春风中。且日与钰夫妻梨芋与栗。钰念始决，遂以赀产[3]付三子。从居昆仑之烟霞洞。孙仙姑在家结庵。各行其所传。修炼二十余年。一日，钰谓门人曰："今日当有非常之喜。"辄歌舞自娱。俄闻空中乐声，仰见仙姑乘云而过。仙童玉女，旌节仪仗拥导前后，俯而告宜甫曰："先师蓬岛待君也。"

于是夜坐谈。将二鼓，风雨大雷震动，遂东首枕肱而逝。是夜，钰扣酒监郭复中门，索笔书颂，云："长年六十一，在世无人识。烈雷吼一声，浩浩随风逸。"又书刘锡屋壁一颂。少顷，人云："师已逝矣。"方悟所见者，皆其阳神[4]也。后进士徐绍祖等见重阳云冠绛服，丹阳三髻素衣，现于云际，移时方去。

1 分瑞：分娩。2 仙契：道家语。谓与仙人有前缘、情分。3 赀产：家产。4 阳神：生魂，灵魂。

孙仙姑

孙仙姑，名不二，号清静散人，马钰（马钰，字宜甫）的妻子。二人都是宁海人。孙仙姑的母亲梦到白鹤飞入怀中，醒来怀有身孕。孙仙姑生而聪慧，乐善好施。

　　王重阳祖师从终南山来，度化马钰及孙仙姑入道。马钰、孙仙姑夫妇虽然把王重阳奉为神灵，但是未能马上抛弃家业跟随王重阳。一天，孙仙姑见王重阳大醉，径直走到自己房中睡觉。孙仙姑大怒，从外面锁上房门，命仆人喊马钰回来。马钰回来之后，孙仙姑把这件事告诉了他。马钰说："师父和我论道，未曾离开席子半步，哪里会有这种事情。"等到打开房门，众人发现室内已经空无一人，又去察看上锁的草庵，发现王重阳正蒙头大睡。从此孙仙姑更加崇信王重阳，于是建造草庵，开始修炼。当时孙仙姑已经五十岁了。

　　后来，孙仙姑又跟随凤仙姑游历到洛阳，六年后道成。一天，孙仙姑突然对弟子说："师父有命，我将前往瑶池。"于是沐浴更衣，写下一首颂诗："三十功满超三界，跳出阴阳包裹外。隐显纵横得自由，醉魂不复归宁海。"写完，跏趺而化，香风弥漫，祥云缭绕，终日不散。

原文　　孙仙姑，名不二，号清静散人，马宜甫、妻也，俱宁海人。母梦鹤入怀，觉而有孕。姑生而聪慧，好济人。

　　重阳祖师自终南来，化宜甫洎[1]仙姑入道。夫妇虽敬奉若神，未能辄弃家从之。一日，仙姑见重阳大醉，径卧于仙姑寝室。姑怒，锁门，使仆人呼宜甫归而告之。宜甫曰："师与我谈道，未离几席。宁有此事？"及开锁，其室已空。复窥所锁之庵，祖师睡正浓也。姑愈敬信，乃始作庵修炼。时年五十矣。

　　后复从凤仙姑游至洛阳。六年道成。一日，忽谓弟子曰："师真有命，当赴瑶池。"遂沐浴更衣。书颂云："三十功满超三界，跳出阴阳包裹外。隐显纵横得自由，醉魂不复归宁海。"书毕，跏趺而化。香风散漫,瑞气氤氲[2],竟日不散。

1 泊:和,与。**2** 氤氲:弥漫。

上官道人

上官道人,剑浦人,修炼辟谷、导引之术。一天,上官道人写了首辞世偈:"处世红尘五十八,混沌独存今始没。时人若问吾归处,扫尽云霞一轮月。"后来上官道人驻兵在广西,有人又见到他。

(原文) 上官道人,剑浦人。辟谷炼气。一日,作辞世偈,云:"处世红尘五十八,混沌独存今始没。时人若问吾归处,扫尽云霞一轮月。"后戍兵[1]于广西。有复见之者。

1 戍兵:驻扎。

吕道章

吕道章,垣曲人。金大定年间,吕道章担任县吏,晚上梦到神人传授他修道之法,醒来后辞官,居住在洪庆观。修道成功后,吕道章替人治病,效果很好。修缮道观时,吕道章在管州山购买木材,砍伐树木,远近不一,但是每棵被砍之树上面都有"道章身董之工"六个字。道观修好后,吕道章解开道袍放在黄河水面上,然后坐在上面,顺风而去。

呂道章

原文 吕道章，垣曲人。金大定间为县吏。夜梦神人教以修道，寤即避役[1]，居洪庆观。道成，治人疾疫，皆验。比修观宇，买本[2]管州山，放伐[3]远近不一。每木上皆有"道章身董之工"。讫，乃解衲置黄河水面，道章坐其上，顺风而去。

1 避役：辞官。**2** 本：木材。**3** 放伐：砍伐。

谭处端

谭处端，字通正，初名玉，号长真子，宁海人。谭处端生而骨相不同凡俗，六岁时掉入井中，却安坐在水面上。还有一次卧室失火，房梁烧断倒在床榻前，谭处端刚刚入睡，被人喊醒起床，见此情景依然神情从容自若。谭处端十岁咏木架葡萄，其诗写道："一朝行上青龙架，见者人人仰面看。"谭处端住在家中，因孝顺父母、讲义气而为人称道，博学多识，尤其擅长写草书、隶书。谭处端因酒醉卧在雪中休息，感染了风痹，于是默诵《北斗经》乞求痊愈，忽然梦到一张大席子横在空中，想要拿席子时，只见上面坐满了各位星宿，于是跪拜祈祷，恍然大悟，从此坚定了皈依道法的念头。

金世宗大定七年，谭处端听说王重阳祖师在马钰家中，于是前往拜师。王重阳留他同住在草庵中。当时天气严寒，王重阳伸出一只脚让谭处端抱住。不一会儿，谭处端身上开始冒汗，就像置身瓮中。第二天，王重阳把洗手剩下的水给谭处端，让他用来洗脸，从此谭处端的顽疾被治好了。后来谭处端跟随王重阳到昆仑山。一天，谭处端寓居新乡府君庙，不久又前

谭处端

往卫州。新乡庙的庙官温六晚上忽然见到草庵中烛火通明，跑过去偷偷观看，只见谭处端向火独自端坐。温六走到谭处端面前跪拜，谭处端微微应答，不发一言，然后请温六出去。久等师父王重阳不来，谭处端也在房中消失不见。温六急忙喊来一群道士，把刚才的事情告诉了他们。道士派朱四前往卫州，找谭处端对质。卫州旅店老板说："谭处端自从来到卫州后，不曾出去过。"朱四回来告诉道士，大家这才知道草庵中的是谭处端的阳神。

谭处端后来在磁州乞讨，一个疯子突然用拳头击打他的嘴巴，把他打得血流不止，牙齿断裂。然而谭处端面色不改，只说谢谢他的慈悲和教诲。当时王重阳在关中，听说后赞赏说："一拳消尽平生的业障。"谭处端经过高唐县，写下"龟蛇"两个字送给茶馆的老板吴六。吴六把字悬挂在茶馆墙上，当时周围邻舍失火，很多房子都被殃及，只有吴六的茶馆独存。人们把这两个字比作吕纯阳的避火符。谭处端东游到阳武，晚上见北斗交换位置，星星像车轮一样大，就对石孔目说："今年这个地方将会遭遇大水灾。"那年阳武果然遇到河流决堤。后来谭处端寓居华阴，梦到王重阳和马钰，告诉他飞升的日期。醒来之后，谭处端写下一首长短句。刚写完，谭处端就枕着胳膊去世了。谭处端写有《前水云集》《后水云集》流传于世。

原文　　谭处端，字通正，初名玉，号长真子，宁海人。生而骨相不凡。六岁堕井，则安坐水上。又所居失火，栋折于榻前，处端方熟寝。呼而起之，神情自若。十岁咏木架葡萄，有云："一朝行上青龙架，见者人人仰面看。"居家以孝义称，博学，尤工草隶。因醉卧雪中，感风痹疾。乃暗诵《北斗经》以求济，忽梦大席横空，欲取之，见诸星坐其上。处端拜祷[1]之，恍然而觉，自是归道之心遂决。

金世宗大定七年，闻王重阳祖师在马丹阳家，往师之。重阳留同宿庵中。时大寒，重阳展足令抱之。少顷，汗出，如置身甑中。明日，以洗手余水令涤其面，宿疾顿愈。后随重阳之[2]昆仑。一日，寓新乡府君庙。寻复往卫州。新乡庙庙官温六，忽夜见庵中灯火荧然[3]，窃视之，见处端向火独坐。温拜于前，处端微答不言，而出温。待师，久不至，乃迹之，不知所在。急呼道众白其事，众令朱四者诣卫质之。主人曰："先生自来卫，未尝少出。"朱回告其众，始知处端阳神也。

后乞食磁州。一狂徒遽以拳击其口，血流齿折而容色不变，但云谢他慈悲教诲。时重阳在关中，闻而赞之曰："一拳消尽平生业去。"过高唐县，书"龟蛇"二字，赠茶肆人吴六。吴悬之于肆。时邻舍失火，多所延及，而吴肆独存。人以二字比吕纯阳辟火符。东游至阳武，夜见北斗交换，星如车轮。语石孔目："今年此地当有大水灾。"是年果河决。后寓华阴，梦遇重阳、丹阳，报以飞仙之期。乃作长短句一首。书毕，曲肱[4]而逝。有水云前后集行世。

[1] 拜祷：跪拜祈祷。[2] 之：前往。[3] 荧然：光微弱的样子。[4] 曲肱：弯着胳膊做枕头。

刘处玄

刘处玄，字通妙，号长生子。刘处玄的母亲梦到一位白衣老翁，用手指摘取玉树上的金叶，叶子忽然从老翁手中掉落，刘处玄母亲走近一看，是一只金蝉，金蝉飞入她的口中，因而生下刘处玄。当天晚上，两道紫气从大基山而来，横贯刘处玄的家。刘处玄年至弱冠也不想娶妻生子。

一天，刘处玄在邻居家的墙壁上看到两首颂诗，墨水尚未干透。末句写道："武官养性真仙地，须作长生不死人。"那年，王重阳带着徒弟马钰、谭处端从东边而来。刘处玄和母亲前往拜见他们，王重阳问刘处玄："你能理解墙壁上的话吗？"为此王重阳令刘处玄跟随他们游历梁州。刘处玄注解了《道德经》《黄庭经》《清静经》等经书。

有一位驸马都尉，出镇莱州，见到信奉刘处玄的百姓众多，却没有发现刘处玄有什么过人之处，就下令抓捕刘处玄，把他关押在监狱。不久，市场上的人在城南见到刘处玄。一位姓郑的狱吏也看到了，以为刘处玄越狱逃出，急忙返回狱中查看，只见刘处玄正在熟睡。郑吏非常害怕，把事情经过详细禀告了驸马。驸马赶忙下令释放刘处玄。

泰和二年，刘处玄在滨州设醮。当时是正月中旬，小雪过后天刚刚放晴，古城濠的冰面上出现上千棵开满鲜花的玉树，像珊瑚一样，尤其以桃花、杏花居多。众人都认为这是神迹所示。到了二月，刘处玄羽化而去，享年五十六岁，著有《太虚》《安闲》《仙集》《至真语录》等书流传于世。

【原文】 刘处玄，字通妙，号长生子。母梦白衣翁指取玉树金叶，叶忽堕于手，视之乃金蝉，飞入口中，处玄乃生。是夜，紫气二道从大基山横贯其家。处玄弱冠，即不欲娶。

一日于邻居壁间得二颂，其墨尚濡[1]。末句云："武官养性真仙地，须作长生不死人。"是年重阳与其徒丹阳、长真自东而来。玄与母参谒[2]。重阳问之曰："汝解壁间语否？"因令从游梁。注《道德》《黄庭》《清静》等经。

有驸马都尉出镇莱州，见其归，向者甚众而不见有异于人。乃捕处玄于狱。俄市人见玄于城南。押狱郑姓者亦见之。意为逃出，急往视狱中，处玄方熟睡。乃惊骇，具白[3]驸马，亟令出之。

泰和二年，主滨州醮。正月中旬，小雪初霁，古城濠水上现琼葩玉树千数，若珊瑚之状，尤多桃杏花。众皆以为通明所感也。次月羽化，春秋[4]五十有六。有《太虚》《安闲》《仙集》《至真语录》等集行世。

1濡：湿。**2**参谒：晋见上级或所尊敬的人。**3**具白：详细告诉。**4**春秋：年龄。

徐弯

徐弯，海盐人，从小会道术，经常抓捕妖邪精怪。钱塘有一位杜氏女，被妖怪附体。徐弯作符召唤妖怪，只见一位白衣人走入门来。徐弯大声呵斥，白衣人马上变成白龟。徐弯后来登上石崎山就没有回来，兄弟上山寻找，只见徐弯在山上靠着一棵树，一动不动。兄弟把徐弯抱下山，发现只是一具空壳而已。

原文 徐弯，海盐人。少有道术，贯收捕邪精[1]。钱塘有杜氏女被邪。弯为作符召之，见白衣人入门，弯一叱，即成白龟。后登石崎山不返。兄弟往寻之，见弯在山上倚树不动，抱下惟空壳耳。

1邪精：邪魅、精怪。

徐弯

丘处机

丘处机，字通密，号长春子，登州人，从小聪明机智，命中与道有缘。刚过十九岁，丘处机就在昆仑山附近居住，后来听说王重阳住在宁海的全真庵中，就前往拜师学道，追随王重阳游历梁地。没过多久，王重阳羽化而去。丘处机与马丹阳、谭长真、刘长生护送王重阳的灵柩回去，安葬在终南山。丘处机在墓旁搭建草庐，居住了三年左右。

金世宗召见丘处机，礼遇隆厚。后来，丘处机辞别金世宗，回到终南山居住。临走时，金世宗赐给丘处机十万钱，他却分文不收。元太祖派遣侍臣刘仲禄不远万里前来迎接丘处机，在御帐东边另设两个帐篷让他居住。元太祖向丘处机请教至道，丘处机回答说："人生四十岁以上，血气逐渐衰败。这时应当修行德业，保养身体，以此获得长寿。"丘处机又讲解服药节欲的道理，说："药的价值无非一把草，修行德业才是保持人之精气的根本。不修身只吃药就好比袋子里装有黄金，用黄金去换铁，时间一久，袋子中的黄金换完了，里面装的全是铁了。这样又有什么好处呢？吃药来养生，和这又有什么区别呢？"又说："战争相继发生，百姓四处流散没有聚集。这时应该免去赋税，来使百姓恢复。这也是一种祈福的方法。"还说："治理国家在于敬畏上天，体恤百姓。长生在于清心寡欲。"元太祖听后非常高兴，命身边的人把这些话写在简策上，方便平时阅读学习。丘处机曾经为太祖祈雨和退去荧惑，都很灵验，因此太祖特别宠信他。丘处机后来辞别归去，太祖就把虎符赏赐给他，凡道家之事一律由丘处机处置安排。

一天，丘处机拿着梨花送给张去华。张去华把花养在瓶中，到秋天，结了二十四个梨子。延祥观有一棵枯萎的槐树，丘处机围绕槐树用拐杖敲打

丘处机

说:"这棵槐树活了。"直到今天,这棵槐树枝繁叶茂,其他槐树都比不上。至元六年六月,东湖水干涸,北口山崩塌。丘处机说:"这难道是因为我?"六月九日,丘处机登宝玄堂,留下一首颂诗,刚写完就去世了。享年八十岁,著有《磻溪鸣道集》流传于世。

原文　　丘处机,字通密,号长春子,登州人。幼颖悟,夙有道缘。年甫[1]十九,遯居昆仑山。后闻王重阳住宁海全真庵,即往师焉。相随游梁。未几,重阳羽化。与马丹阳、谭长真、刘长生四人护丧,葬之终南,庐墓[2]三年余。

金世宗召见,待之甚优。辞还终南,赐钱十万,不受。元太祖遣侍臣刘仲禄万里迎之,设二帐于御幄之东以居,访以至道。对曰:"人生四十以上,血气渐衰,宜修德保身,以介眉寿[3]。"又谕以服药节欲之理:"药为草,精为髓,去髓添草,譬如囊中贮金,以金易铁,久之金尽,囊之所存者全铁耳,夫何益哉?服药者,何以异此。"又言:"兵火相继,流散未集。宜量免税赋以苏黔黎[4]。亦祈福之一端耳。"又言:"为治在敬天勤民,长生在清心寡欲。"太祖悦,命左右书于策。尝祷雨及退荧惑[5],皆验。大宠眷之。后辞归。乃赐以虎符,凡道家事一委处机处置。

一日,持梨花赠张公去华。公养之瓶中。至秋,结实二十四枚。延祥观枯槐一株,处机以杖绕而击之,云:"此槐生矣。"及今荣茂,他槐莫及。至元六年六月东湖水涸,北口山摧,处机曰:"其为我乎?"九日登宝玄堂,留颂书毕而逝。春秋八十,有《磻溪鸣道集》行世。

1 甫:刚刚。**2** 庐墓:古人于父母或师长死后,服丧期间在墓旁搭盖小屋居住,守护坟墓,谓之庐墓。**3** 眉寿：长寿。**4** 黔黎：百姓。**5** 荧惑：古指火星，因隐现不定，令人迷惑，故名。

唐广真

唐广真，严州人，结婚后得了血疾。一天。唐广真梦见道士给她药，服下之后病就好了。唐广真从此和丈夫离婚，跟随师父修道，得以拜见何仙姑。

宋淳熙年间，唐广真在郭家吃饭，仿佛听到有人喊她。唐广真出门遇到三位仙人，带她来到海边，骑着大蛤蟆渡海，跟随仙人游历名山。仙人问唐广真："你想超凡入圣，还是留形住世，或是弃骨成仙？"唐广真说："母亲尚在，愿侍奉母亲终老。"仙人说："如果这样，那么就留形住世吧。"仙人给唐广真一粒仙丹吞下，她从此不再进食，后来被召入德寿宫，被封为寂静凝神真人。

原文　唐广真，严州人。既嫁，得血疾。梦道人与药，服而愈。自是与夫相离，从师修道，得谒何仙姑。

宋淳熙中，在郭家食饭。若有人唤者，出门逢三仙人，引至海边，跨大虾蟆[1]渡海。因随游名山。仙人问曰："汝欲超凡入圣耶？留形住世耶？弃骨成仙耶？"对曰："有母在，愿奉终养。"曰："如是，且留形住世[2]。"遂与丹一粒吞之，自是不米食。后召入德寿宫，封寂静凝神真人。

1 虾蟆：蛤蟆。**2** 住世：身居现实世界。与"出世"相对。

唐广真

陈楠

陈楠

陈楠，字南木，号翠虚，博罗人，以制作栅栏和木桶为生。陈楠后来从毗陵禅师处获得太乙刀圭金丹法，从黎姥山神人处获得景霄大雷琅书，从此能够用符水混合泥土治病，世人称他为陈泥丸。陈楠经常披着头发，日行四五百里，所穿的衣服破烂不堪，上面打满了补丁，而且尘垢满身。他喜欢吃狗肉，终日烂醉如泥。陈楠曾经来到苍梧，郡县因遭遇大旱而祈雨，他就拿着铁鞭到潭里驱龙，不一会儿，雷雨大作。经过三山大义渡，遇到洪流，船夫不敢划船过河，陈楠就站在斗笠上漂浮过河。陈楠在钦管道中行走，遇到一群强盗，被他们用棍棒打死，埋了三天后强盗散了，陈楠又活过来。陈楠在长沙游历，冲撞了帅节，被抓捕押送到邕州监狱。过了几天，陈楠又回到长沙，半夜静坐，有时含着水银，第二天就能变成白金。陈楠经常说自己历经四十五世，有人传言有四辈子都见过他。陈楠把丹法传授给白玉蟾。宁宗嘉定年间，陈楠跳到漳河中水解而去。当天，葛县尉在潭州宁乡见到陈楠。陈楠和葛县尉的父亲交情不错，因此寄信到潮州，送给葛县尉的父亲。计算送信的时间，正好是陈楠水解的日子。陈楠写有《翠虚妙悟全集》流传于世。

原文　　陈楠，字南木，号翠虚，博罗人。以盘栊箍桶为生。后得太乙刀圭金丹法于毗陵禅师，得景霄大雷琅书于黎姥山神人，能以符水捻土愈病。时人呼之为陈泥丸。时披发，日行四五百里。鹑衣[1]百结，尘垢满身。善食犬肉，终日烂醉。尝之苍梧，遇郡祷旱，翠虚执铁鞭下潭驱龙。须臾，雷雨交作。过三山大义渡，洪流舟不敢行，翠虚浮笠而济。行钦管道中，遇群盗，拉杀之。瘗[2]三日，盗散复苏。游长沙，冲帅节，执拘送邕州狱。数夕，又回长沙矣。中夜坐或含水银，越宿成白金。常自言阅世[3]四十五。然人传有四世见之者。以丹法授白玉蟾。宁宗嘉定间，于漳入水而解去。当日有葛县尉在潭州宁乡见之。翠虚与尉父相能[4]，因寄书潮州，达其父，计之，即水解日。已复与其父相见。有《翠虚妙悟全集》行于世。

1 鹑衣：破烂的衣服。 2 瘗：埋葬。 3 阅世：经历世事。 4 能：友善。

訾亘

訾亘，陈留人，拜丹阳马钰、长春丘处机为师，自号宁真子，人们称他为訾仙翁。訾亘在济南游历，来到郑之的钓台。金泰和年间，下了一丈多深的大雪。訾亘已经十多天没有出门了，人们都以为他已经死了。雪化之后，只见訾亘端坐，神情严肃，毫无寒冷饥饿的样子。贞祐年间，军队攻破关隘，民众非常害怕。訾亘说："不用担心。"之后城池果然没被攻破。金哀宗逃奔到蔡地问："天底下的城池，基本上都被攻陷了，唯独这座城池如此坚固，为什么呢？"人们都说因为城中有訾仙翁。訾亘有一天突然羽化而去，还没来得及下葬，第二天，城池就被攻陷了。

(原文) 訾亘，陈留人。师丹阳马钰、长春丘处机，自号宁真子。人称訾仙翁。游历济南，抵郑之钓台。金泰和间，大雪丈余。亘不出已十余日。人以为死矣。除雪，视之，端坐俨然，殊无寒馁色。贞祐间，大兵破关隘[1]。军民震恐，亘曰："无妨。"已而果然。哀宗奔蔡问曰："天下城池，攻陷殆尽，此城独坚，何也？"金[2]以訾仙翁对。亘遂溘然羽化。未及葬，翌日城陷矣。

1 关隘：险要的关口。**2** 金：都。

葛长庚

葛长庚，宋琼州人，他的母亲给他取名白玉蟾，以此来应梦。葛长庚十二岁考取童子科，后来隐居武夷山，号海琼子，拜陈翠虚为师，修炼九年才学得他的道法。葛长庚蓬头赤脚，衣服破烂不堪，喜欢喝酒，但从未见他喝醉过。葛长庚知识渊博，通读儒家经典，出口成章，文不加点。他的大字草书写得龙飞凤舞，还擅长篆书和隶书，"梅竹"二字尤其写得精妙。葛长庚曾经写过一首诗称赞自己："千古蓬头跣足，一生服气餐霞。笑指武夷山下，白云深处吾家。雷印常佩肘间，祈禳则有异应。时言休咎警省，聋俗尝在京都。"

葛长庚在西湖游玩，傍晚时落入水中，船夫找了很久都没有找到，很是惊恐。第二天早上，葛长庚出现在水面上，依然醉醺醺的。一天，有人拿刀追赶葛长庚，葛长庚大声呵斥，那人吓得刀掉在地上，落荒而逃。葛长庚招他过来说："你来，不要害怕。"还捡起刀还给了他。当时人称葛长庚入水衣服不湿，遇到士兵不会被害。

宋嘉定年间，宋宁宗召葛长庚入宫。葛长庚的应答很符合宁宗的心意，被赐住在太一宫。一天，葛长庚不知所踪。后来，葛长庚经常在名山之间往来，神异莫测，皇帝下诏封他为紫清明道真人。有《上清集》《武夷集》两本书流传于世。

[原文] 葛长庚，宋琼州人。母以白玉蟾名之，应梦也。年十二，应童子科。后隐居于武夷山，号海琼子。事陈翠虚，九年始得其道。蓬头跣足，一衲弊甚。喜饮酒，未见其醉。博洽儒书，出言成章，文不加点[1]。大字草书，若龙蛇飞动。兼善篆隶，尤妙梅竹。尝自赞云："千古蓬头跣足，一生服气餐霞。笑指武夷山下，白云深处吾家。雷印常佩肘间，祈禳则有异应。时言休咎警省，聋俗尝在京都。"

游西湖，至暮堕水。舟人惊寻不见。达旦[2]，则玉蟾在水上犹醺然也。一日，有持刀追胁者。玉蟾叱之，其人刀自堕而走。玉蟾招之曰："汝来，勿惊。"以刀还之。时称玉蟾入水不濡，逢兵不害。

宋嘉定中，诏征赴阙。对御称旨，命馆[3]太一宫。一日，不知所往。后每往来名山，神异莫测。诏封紫清明道真人。所著有《上清》《武夷》二集行于世。

1 文不加点：作文一气呵成，无须修改。2 达旦：直到第二天早晨。3 馆：住宿。

彭耜

彭耜，字季益，三山人，很早就因擅长写文章出名。彭耜拜白玉蟾为师，获得太一刀圭火符、九鼎金铅砂汞之书、紫霄啸命风霆之文。彭耜隐居鹤林，用符给人治病，与世隔绝，不与人往来。彭耜的妻子潘蕊珠，志向专一。彭耜后来在福州尸解，被称为鹤林真人。

原文　彭耜，字季益，三山人。早有文声，事白玉蟾，得太一刀圭火符之传，九鼎金铅砂汞之书，紫霄啸命风霆之文。隐居鹤林，以符治疾。与世绝交游。其内子[1]潘蕊珠，厥志[2]惟一。后尸解福州，为鹤林真人。

1 内子：妻的通称。2 厥志：志向。

朱橘

朱橘，号翠阳，淮西人。朱橘的母亲梦到吞入一颗斗笠大的星星而有孕，怀了十五个月还没有生，经常为此发愁。一天，有一位道士从他家门前经过，手中拿着一个橘子对朱橘的母亲说："吃掉橘子，孩子就出生了。"朱橘的母亲听后非常高兴，于是吃下橘子，问道士的姓名。道士说："鞠君子是我的名字。"说完，道士就消失不见了。过了一会儿，朱橘出生了。父亲因此为他取名橘。朱橘参加过两次乡试，都落榜了，他在池边看自己的倒影，忽然大彻大悟，从此厌倦名利，仰慕修道。

一天，朱橘又遇到道士，手中拿着一个橘子，行为像疯子，边走边唱："橘橘橘，无人识。惟有姓朱人，方知这端的。"众人都不知道其中的意思，只有朱橘心有所感。朱橘于是尾随道士来到郊外，向道士行礼跪拜，问道："真人是鞠君子吗？"道士说："你是什么人？"朱橘把自己的姓名告诉了道士，道士说："你现在想要什么？钱财或者显贵，你随便挑选。"朱橘说："人生富贵如海上的泡沫、空中的云朵，有什么好羡慕的。只有神仙不死之术，才是我想知道的。"道士趁机点化朱橘，告诫朱橘前往皖公山修建屋舍，依法修炼。

朱橘拜谢道士后，道士乘云冉冉飞升而去。这个道士就是鞠君子，号九霞，陈翠虚的弟子。朱橘遵守道士的教诲，前往皖公山。后来有人见到一个小孩儿，洁白如玉，在草庵前面的池塘洗手，走起路来像流星，进入草庵就消失不见了，追着小孩儿进入草庵中，发现只有朱橘一人，端坐在席子上。人们都说刚才那个小孩儿是朱橘的分身。

一天，朱橘对乡人陈六说："我今天将在县衙门前站着羽化，希望你用净土将我尸体包裹塑像。"陈六根据朱橘的遗命，在他羽化后，用泥土把他塑成一尊人像。博罗吏喝醉后怒道："这是假的羽化。"于是拿起凳子去砸塑像，但是只有泥土落下。众人这才知道朱橘已经升仙，尸解而去。当时是宋理宗淳祐二年。

【原文】　朱橘，号翠阳，淮西人。母梦吞一星，光大如斗。有娠，怀十五月。母常忧焉。一日，遇道人于门，手持一橘曰："食此子生矣。"母喜而食之。请问姓氏。道人曰："鞠君子，吾姓氏也。"言讫不见。移时[1]，橘生。父因命名橘焉。两领乡荐[2]不遂，因临池顾影，倏然警悟。遂厌名利，慕修炼。

一日，复遇道人手握一橘，状若风狂。行歌曰："橘橘橘，无人识。惟有姓朱人，方知这端的。"众皆莫晓其意，独橘有所感。尾[3]至郊外，拜而问曰："真人非鞠君子乎？"道人曰："子何人斯？"橘以姓名告，道人曰："子今何所欲？或富或贵，惟汝择之。"橘曰："人生富贵如海上沤[4]、空中云，何足慕！惟神仙不死之旨，所愿闻也。"道人因点化之。且戒令往皖公山筑室，依法修炼。

橘拜谢讫，道人乘云冉冉而去。道人即鞠君子，号九霞，陈翠虚之弟子也。橘遵教，入皖公山。后有人见一小儿，洁白如玉，洗手庵前池上，行如流星。随其所之，入庵不见。惟橘端坐。人皆谓小儿是橘之分身也。

一日，谓乡人陈六曰："吾今当立化于县衙前，愿将净土护之。"陈从其言，化后用泥塑之。博罗吏醉，怒曰："此假化也。"乃执凳鞭之，但惟泥堕地而已。众方知橘示化而尸解去。宋理宗淳祐二年也。

1 移时：经历一段时间。 2 乡荐：唐宋应试进士，由州县荐举，称乡荐。 3 尾：跟踪，尾随。 4 沤：水中泡沫。

郝大通

郝大通，字太古，号恬然子，宁海人，从小丧父，侍奉母亲非常孝顺。郝大通曾经梦到神人向他展示《周易》的奥义，从此精通阴阳、律历、卜筮之术。王重阳来到宁海。郝大通受到他的点化，因而入道。后来，郝大通来到岐山，又遇到神人传授他易义，从此预言吉凶祸福，没有不灵验的。郝大通曾经坐在赵州桥下不说话，有小孩儿戏弄他，在他的头上垒砖石为塔，还叮嘱他不要破坏垒起来的砖石，郝大通的头竟然始终没有晃一下。后来河水泛滥，郝大通依然坐着一动不动，而且也没有受伤，就这样坐了六年。宝庆元年，郝大通在宁海先天观羽化成仙，享年七十三岁。在羽化之前的三年，郝大通就已经预备安葬之事了。

（原文）郝大通，字太古，号恬然子，宁海人。少孤，事母甚孝。尝梦神人示以周易秘义，由是动晓阴阳、律历、卜筮之术。重阳至宁海，因点化入道。后至岐山，复遇神人授以易义。凡言休咎¹，无有不验。尝坐

郝大通

赵州桥下而不语，时为小儿辈戏。垒砖石为塔于顶，嘱以勿坏。头竟不侧，河水泛滥，略不为动，而亦不伤。如是者六年。宝庆元年，仙蜕[2]于宁海先天观，年七十有三。前此三年，已预修葬事。

1 休咎：吉凶，祸福。**2** 仙蜕：成仙。

卖姜翁

卖姜翁，不知道姓名，在衡州市场上挑着担子卖姜，三十多年容颜不改。有一天，卖姜翁在茶馆偶遇一位道士，道士说："我有黄白之术，遍访有德之人传授。"卖姜翁没有回应，只是从担子前面拿出一块姜放入口中，吐出马上变成黄金。道士和卖姜翁相视而笑，从此都再也没有出现过。

原文　　卖姜翁，未详姓字。在衡州市荷担[1]卖姜，三十余年颜貌不改。偶遇一道人于茶肆，谓曰："吾有黄白[2]之术，遍求有常德者授之。"翁不应，但就担头取姜一块纳口中，吐出即成黄金。道士遂相顾而笑，自是皆不复见。

1 荷担：挑着担子。**2** 黄白：炼丹化成金银的法术。

李志方

李志方，初名益，安阳人，金宣宗时担任户部令史，后来辞官归隐山

卖姜翁　665

林修炼，拜访丘处机，赐号重玄子。李志方曾经统领天庆宫，出现过上万只仙鹤围绕道坛的异象。李志方生平不写诗，只有羽化时留下一首颂诗，写道："四大既还本，一灵方到家。白云归洞府，明月落栖霞。"写完放下笔就去世了。

原文　　李志方，初名益，安阳人。金宣宗时，为户部令史。后弃官，隐隆虑山修炼。谒丘处机，赐号重玄子。尝主天庆宫，有万鹤绕坛之异。生平不作诗，惟羽化[1]时留颂曰："四大既还本，一灵方到家。白云归洞府，明月落栖霞。"投笔而逝。

1 羽化：成仙。

王处一

王处一，宁海东牟人，号玉阳。王处一的母亲周氏怀孕时，夜里梦到红霞绕身，惊醒后生下王处一。王处一儿时在山中玩耍，遇到一位坐在大石头上的老人对他说："你将来会扬名京师，成为道教宗主。"大定八年，王处一在全真庵遇到王重阳祖师，请求王重阳收他为弟子。王处一后来跟随王重阳到烟霞，传授正法。他的母亲也拜见王重阳，愿意和王处一一起向他学道，号为玄静散人。王处一独自在铁查山修道。王重阳和马丹阳等人在前往龙泉的路上，当时太阳刚出来，王重阳拿着伞忽然腾空而去。从辰时到晡时，王重阳的伞落在王处一的草庵前面，伞上有王重阳亲手写的字。龙泉距铁查山将近二百里左右。王处一隐居在云光洞，经常在悬崖边上跷腿站立，好几天都不移动一下。人们把王处一看成铁脚仙。

大定二十七年，元世宗征召王处一入宫，所有应答无不合乎时宜。元章宗二年，王处一又被征召到偏殿。章宗问："所有问题，你马上就知道如何应答，这是为什么？"王处一回答说："明镜犹能照物，何况天地之镜呢？没有什么幽暗是天地照不出来的。所谓天地之镜，即自身思想明净无杂质。"章宗感叹道："'清明在躬，志气如神'，说的就是您哪！"

第二年，元妃布施给王处一一部道藏，驿吏把诏书送到玉虚观。只见道观前面的水洞有一块大石头，斜出几丈。向下看，经过水洞的人都感到害怕，众人打算把伸出来的石头凿掉，凿了几天，只凿掉了百分之一左右。王处一笑着说："你们这群人怎么能办好这件事呢？"于是亲自走到石头旁边，挥舞铁锤打了三下，响声如雷，响彻山谷。斜出的大石头马上就掉了，目睹的人都惊呆了。次年四月，王处一忽然对徒弟说："群仙已经约我前往。"于是沐浴更衣，焚香礼拜十方而逝。王处一写有《云光集》流传于世。

(原文)　王处一，宁海东牟人，号玉阳。母周氏孕时，夜梦红霞绕身，惊寤而生。儿时游戏山中，遇一老人坐大石上，谓之曰："子异日扬名帝阙[1]，为道教宗主。"大定八年，遇重阳祖师于全真庵，请为弟子。后从重阳至烟霞，授以正法。其母亦拜重阳，愿俱学道，号玄静散人。处一独在铁查山。重阳与丹阳辈行龙泉道中。时日方炽[2]，重阳执伞，忽腾空而去。自辰至晡，其伞堕于处一之庵前。伞上有祖师手字。龙泉距查山，几二百里。处一隐于云光洞。常临危崖，翘足驻立，不移者数日。人以铁脚仙人目之。

二十七年，世宗征赴阙，凡所应对，无不时中。章宗二年，复征见于便

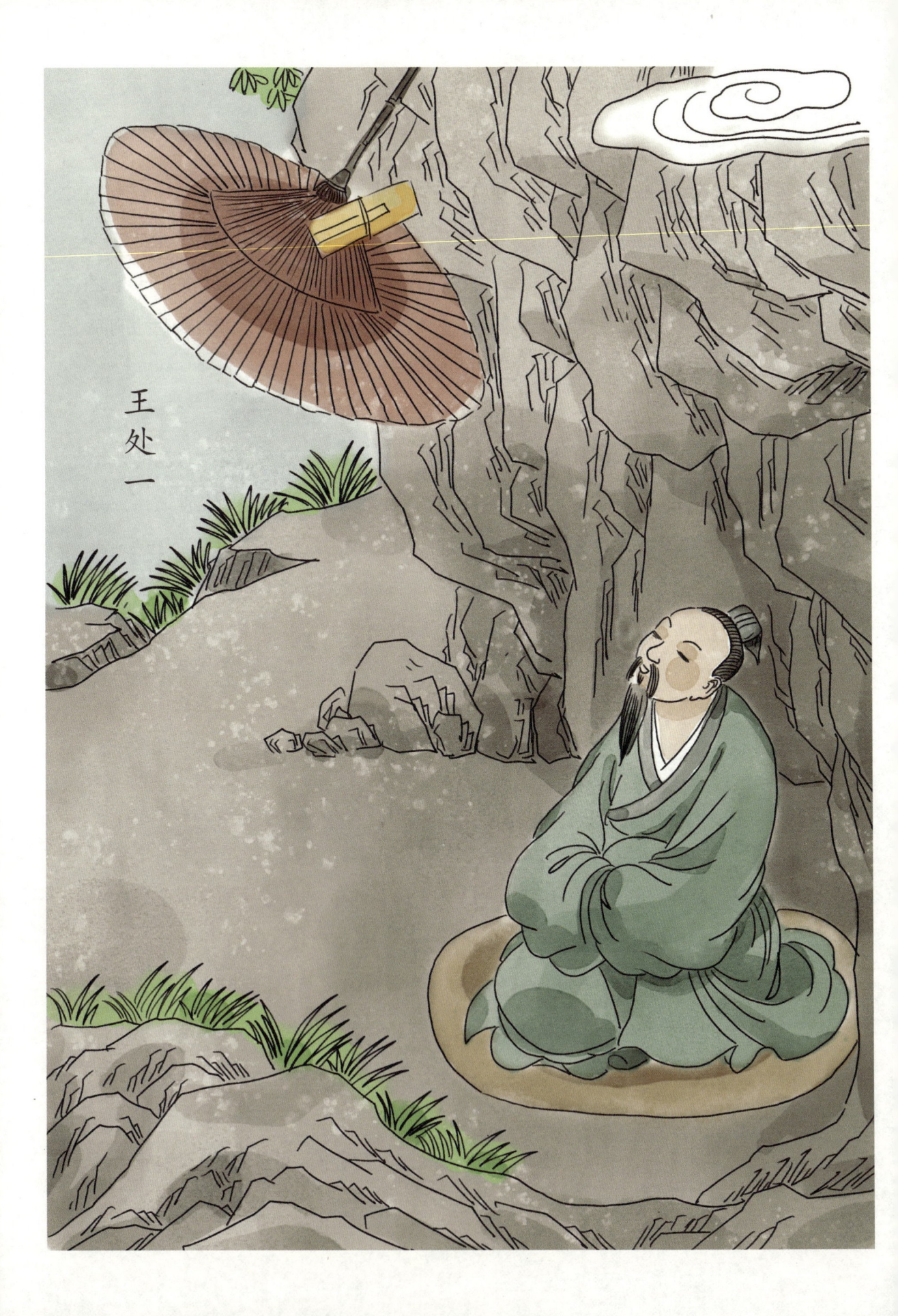

王处一

殿[3]。问曰："凡有所问，而辄知之，何也？"对曰："镜明犹能鉴物，况天地之鉴，无幽不烛，何物可逃。所谓天地之鉴，即自己灵明之妙也。"章宗叹曰："'清明在躬，志气如神'，先生之谓也。"

明年，元妃施道经一藏。驿送诏旨玉虚观。观之水洞前有大石，斜出数丈，俯其下，过者惧怯，众欲凿去。攻之数日，仅去百分之一。处一笑曰："汝等安能办此？"遂躬诣其傍，运锤三击，声若雷霆，响震岩谷，其石即坠。见者悚然。明年四月，忽语门人曰："群仙已我约矣。"乃沐浴冠带，焚香朝礼十方而逝。有《云光集》行世。

[1] 帝阙：京城。[2] 炽：炎热。[3] 便殿：正殿以外的别殿，古时帝王休息消闲之处。

李灵阳

李灵阳，京兆人，为人沉默寡言，博学多识，喜好仙术。李灵阳曾经遇到一位圣人，传授给他抱一符火大丹之诀，和葛长庚、王重阳是好朋友。李灵阳曾经对王重阳说："你羽化成仙时，道化将在九州大地流传开来，教行将传播四海。不是我辈所能企及的。"一天，马丹阳带领丘处机、刘处玄、谭处端前来拜访李灵阳。李灵阳提前给终南山的饭店预留了一些钱，对老板说："今天有仙客丘处机、刘处玄、谭处端和马丹阳来，好好款待他们。"四人来到饭店，老板直接说出他们的姓名，邀请他们到店中入座。马丹阳笑着说："你是怎么知道我们的名字的？"老板说："李仙君提前告知我，因此得以知道。"四人吃完饭后，前往拜访李灵阳。因为李灵阳和王重阳是朋友，四人都以师叔称呼他。

> 李灵阳,京兆人。为人沉默寡言,博学好仙。遇至人,授以抱一符火大丹之诀。与玉蟾、重阳为友。尝谓重阳曰:"子化日,道化九围[1],教行四海,非吾辈可及。"一日,丹阳挈丘、刘、谭来谒。灵阳预留钱于终南食肆,曰:"今日有仙客丘、刘、谭、马者至,则款之。"四师至,食肆道姓以邀之。丹阳笑曰:"子何知予等姓氏?"曰:"李仙君预教。故知之。"四子食毕,往谒灵阳。以其为重阳侣,咸以师叔称之。

1 九围:九州。

颜笔仙

颜笔仙,高邮人,年轻时生活落魄。宋宝庆初年,颜笔仙卖笔时遇到神仙,从此每天卖完十支笔就收摊。恰逢转运使经过,见到颜笔仙,就问他:"能喝酒吗?"颜笔仙说:"能喝一斗酒。"颜笔仙和转运使吃完饭,长揖而去,把随身携带的笔落在船上。转运使令身边的人把笔还给颜笔仙,众人使尽力气都拿不起来。凡是得到颜笔仙笔的人,剖开笔管,里面都有诗偈,记录着笔损坏的时间以及笔主人的姓名和祸福,没有不灵验的,因此被人们称为笔仙。他九十七岁时,在院子里堆了一堆芦苇。颜笔仙坐在芦苇上,自己点燃了芦苇,人们见到颜笔仙在烈火中乘云而去。

> 颜笔仙,高邮人,少落魄。宋宝庆初,鬻笔[1]遇仙,日售笔十矢则止。会转运使过,见之,问曰:"能饮不?"曰:"能饮一斗。"饮

毕，长揖而去，遗所携笔于舟中。运使令左右取还之。众尽力莫能举。凡得其笔者，剖管，中必有诗偈[2]，纪其破毁年月及人姓氏祸福，无不奇中。故号笔仙。年九十七，一日积苇庭中，坐其上，自举火[3]。人见烈焰中，仙乘火云而去。

1 鬻笔：卖笔。**2** 诗偈：僧道隽永的诗作。**3** 举火：点火。

郭志空

郭志空，金章丘人，遇到神人传授给他秘法，从此能够坐着休息而不需要卧下。郭志空擅长导引吐纳之术，有时变成灵风穿透身体的关节处，有时变成玉液浇灌身体的骨髓。郭志空的变幻莫测，不只这一个方面。

(原文) 郭志空，金章丘人。遇异人传以秘法，遂坐而不卧。善运气，或变为灵风而通透关节，或变为玉液而灌溉骨髓。神幻变化，非止一端[1]。

1 一端：指事情的一点或一个方面。

宋有道

宋有道，字德芳，号黄房公，沔阳府人。如果天上没有云，宋有道能够用符召来云；如果天上布满云朵，宋有道能够用符使云散开现出北斗星。因此，宋有道当时号为披云真人。一天，宋有道遇到马钰，马钰传授

宋有道

给他金丹火候秘诀。修炼了两年，能够分身为二，长生不死。宋有道到东海游历，恰逢元太祖召见丘处机以及十八位真人陪同前往。宋有道担任十八位真人的首领。后把至道传授给李大虚，寓居在长春观，端坐而逝。

【原文】 宋有道，字德芳，号黄房公，沔阳府人。无云则能以符而行云，有云则能披云而见斗。故时号披云真人。一日遇丹阳，授以金丹火候秘诀。行之两年，能二其身[1]，弗死。因游东海，适元太祖召丘长春，及诸真十八人为之辅行。公为首焉。后以至道授李大虚，寓燕之长春观坐逝。

1 二其身：分身为二。

李双玉

李双玉，名珏，崇庆州人，获得黄房公金丹之道后改名栖真，号太虚，随即前往武夷山隐居修炼。过了半年左右，道将炼成，李双玉这才回来，途经龙虎山。头天晚上在雩坛，有人梦到李双玉前来。当时干旱了很久，祈雨没有效果。第二天，李双玉果然来了，众人都不知道是李双玉，只有做梦的那个人说："就是此人。"众人请李双玉祈雨，马上就下起大雨来。李双玉来到玉虚庵，搭建一间圆庐住在里面。李双玉后来走出圆庐，把道法传授给张紫琼，并叮嘱张紫琼说："金丹宜潜修，大道当人授。"李双玉后来入青城山，不知所踪。

原文 　　李双玉，名珏，崇庆州人。既得黄房公金丹之道，改名栖真，号太虚。即往武夷潜修半载余，道将成，乃回。道经龙虎山。先夕雩坛[1]，有梦真人至者。时久旱，祈祷弗应。次日真人果至，众皆弗知。惟梦者曰："是此人也。"众请祈雨，应时沾沛[2]。至真州玉虚庵，结寰而坐。后出寰，以道授张紫琼，嘱曰："金丹宜潜修，大道当人授。"后入青城山，莫知所终。

1 雩坛：古时祈雨所设的高台。**2** 沾沛：滋润。

卢六

　　卢六，上林人，生来就不吃肉。一天，卢六前往大山里砍柴，见到两位白衣人在下棋。卢六在一旁观看。一位白衣人说："你且回去，十日后再来。"说完忽然就不见了。卢六回到家，按约定的日期回来。没有见到白衣人，于是寻至山顶。山顶上有平万方丈，卢六坐在上面便坐化仙去。乡民认为他是飞仙而去，在那里建造了祠庙祭祀他。

原文 　　卢六，上林人，生不食肉。一日往樵大山，见二白衣对弈。六从旁观之。一白衣曰："汝且去，十日可再来。"忽不见。六还家，如约而往。不见白衣人，遂觅至大山之巅。有平石方丈，六乃坐其上，即化。乡人以为仙去，建祠祀焉。

赵友钦

赵友钦，字缘督，饶郡人，是赵宗的儿子。赵友钦小时候遭遇战火，很早就有归隐山林的想法。赵友钦非常聪敏，天文、经纬、地理、数术，都加以精心研究，获得张紫琼传授的金丹大道后，收集群书以及经传，创作三教一家的文章，取名《仙佛同源》，又写了《金丹难问》等书。己巳年的秋天，赵友钦寓居衡阳，把金丹妙道传授给陈观吾。今天衢州龙游县衙门南边两里外的鸡鸣塔下，还存有赵友钦的衣冠冢。

原文 赵友钦，字缘督，饶郡人，为赵宗子。幼遭兵火，早有山林之趣[1]。极聪敏，天文经纬地理术数，莫不精究。及得紫琼师授以金丹大道，乃搜群书经传，作三教[2]一家之文。名曰《仙佛同源》。又作《金丹难问》等书。己巳之秋，寓衡阳，以金丹妙道授上阳子陈观吾。今衢州龙游县治南二里鸡鸣塔下，尚有赵缘督葬衣冠墓存焉。

1 山林之趣：隐居的想法。 **2** 三教：儒、佛、道三家。

周史卿

周史卿，浦城人。宋淳祐年间，周史卿遇到异人，获得养生之要，在油果山隐居二十年。丹药快要炼成时，一天傍晚，忽然风雷大作，丹药消失不见。于是周史卿元神出窍去寻找丹药，叮嘱妻子说："七天后我回来。"这时有一位僧人对周史卿的妻子说："学道之人视形体如粪土，你应当把周史卿的尸体烧掉。这样做实际是解除了他的累赘。"妻子听从了僧人的话。第二天，周史卿回来，在空中责备妻子，然后离去了。

原文　　周史卿，浦城人。宋淳祐中，遇异人，得养生之要。隐油果山二十年。炼丹垂成。一夕，风雷大作，丹失去。遂出神[1]求之，嘱妻曰："七日复来。"有一僧谓其妻曰："学道者视形如粪土，当焚之。实释其赘累也。"妻遂从之。明日，史卿来，空中哑哑[2]责其妻而去。

1 出神：灵魂出窍。**2** 哑哑：笑声。

张拱

张拱，宋汴州人，考进士落榜，在宜春门卖药。一位道士忽然来到张拱的药铺送给他七颗枣，张拱吃后便不再进食。第二年，大小便全都消失。张拱日行数百里，后来游历名山再也没有回来。

原文　　张拱，宋汴州人。举进士不第，卖药宜春门。忽有道士抵其肆，授枣七枚。食之，自是不食。二年，溲矢[1]俱绝。日行数百里。后游名山不返。

1 溲矢：大小便。

洪志

洪志，不知是哪里人，才高八斗，学识渊博。在庐山学道，经常骑青牛往来。一天，洪志忽然遇到神人，传授他神方，从此通晓六甲之法，能驱使鬼神，变幻莫测。洪志经常携带一个小竹篮，篮子里的果脯取之不尽。他曾经在旅店住宿，当时天气严寒，人们见他只穿单衣，心生好奇，就暗中观察他，只见洪志从小篮子中拿出锦被和绣褥，都极尽华丽。这时人们才开始觉得洪志神异。后来洪志的丹药炼成，服用后成仙而去，他经常往来的山谷被命名为青牛谷。

原文　洪志，不知何许人。高才博学，学道庐山。常乘青牛来往。忽遇异人，授以神方。自是能明六甲，役使鬼神，变化不测。常携一小篮，篮中脯果[1]取之无尽。尝宿旅舍。时天寒，人见其单服，试暗窥之。见其于小篮内取出锦衾，绣褥，毕尽富丽。始异之。后丹成仙去。因名其常往来山谷为青牛谷焉。

[1] 脯果：蜜饯的一种。

李笈

李笈，字定国，济南人。一天，李笈前往西胡净慈寺，经过长桥时，忽然在竹林小路中迷失方向。李笈这时见到一位道士在林中挖竹笋，于是过去作揖询问道士。道士说："你要去哪里？"李笈说："前往净慈寺。"

洪志

道士说："先不用去，且和我一同吃烧竹笋。"竹笋吃起来非常鲜美。吃完过了一会儿，风雨大作，天色晦暗，道士忽然消失不见。没多久，又雨过天晴了。李筌来到净慈寺门外，马上觉得身体轻盈，健步如飞。等回到家中，李筌不再进食饮水，于是前往蜀地，隐居在青城山。李筌的堂兄李莫，担任梓州路提刑，派人到蜀地寻找李筌。蜀地太守回信说："李筌数年前已经飞仙乘云而去，现在只有画像留在这儿。"

原文

　　李筌，字定国，济南人。一日往西湖净慈寺，过长桥，忽于竹径迷路。见一道人林下劚[1]笋，筌揖问之。道人曰："何往？"曰："往净慈。"道人曰："未须去，且来同食烧笋。"食之甚美。俄风雨晦冥[2]，失道人所在。少倾雨霁，出寺门外，即觉身轻神逸，行步如飞。及归舍，不复饮食。乃入蜀，隐青城山。其从兄李莫，为梓州路提刑。使人至蜀访筌。蜀守报书[3]，数年前已轻举乘云而去。今惟绘像存耳。

[1] 劚：挖。[2] 晦冥：昏暗，阴沉。[3] 报书：回信。

洞真子

　　洞真子，元涿州人，姓丘，壮年学道，曾经在砀山县游历，创建聚仙宫。洞真子北游京师，得赐号宝岩大师。道侣们称他为洞真子。宝祐年间，洞真子邀请乡里一众朋友一起会聚饮茶。洞真子说："我有其他事情要办，今天邀请大家前来告别。"第二天，人们见到洞真子向西而去。弟子打开门前去探视洞真子，发现他已经羽化。

> **[原文]** 洞真子，元涿州人。姓丘，壮年学道。尝游砀山县，创建聚仙宫。北游京师，赐号宝岩大师。道侣号为洞真子。宝祐中，邀里中故旧[1]会茶。云："有他适告别。"次旦，人见其向西去。弟子辟户视之，已羽化矣。

1 故旧：朋友。

岳真人

岳真人，涿州人，他的母亲有一天梦到一位老人，头发花白，身体修长，戴冠佩剑，形象壮伟，对她说："我将托生在你家。"第二天，涿州人见到青气从西北方兴起，从天而降。人们跟随着青气移动的方向前往观察，发现青气停在了岳家，这时岳真人正好出生。岳真人从小不喝酒吃肉，长大后马上辞别父母亲戚前往学道，拜太玄真人为师，最后学得所有秘法。元至正年间，岳真人被封为玄广化真人。丞相安章生病，岳真人前往探视，丞相的病马上就痊愈了。大德初年，岳真人升仙而去。

> **[原文]** 岳真人，涿州人。其母梦老人皓首[1]长身，冠剑庄伟，告之曰："我今当寄母家矣。"明日，州人见有青气西北起，自天而下。随往视之，止于岳家。真人乃生。自幼不嗜酒肉。长，即辞亲学道，师太玄真人，卒得其秘。元至正中，封崇玄广化真人。丞相安童病，真人视之，即愈。大德初，升仙而去。

1 皓首：白头，白发。谓年老。

景素阳

景素阳，襄陵道士，拜梁古宾为师，住在阜山道院。元末兵乱，乡人逃到山中，只有景素阳和师父没有离开。士兵来了，向他们索要财物，什么都没有得到。士兵打算杀掉梁古宾，景素阳说："我的师父已经老了，我愿意替他受死。"士兵马上用刀砍景素阳，刀忽然断成三节。士兵都感到吃惊惶恐，围着景素阳师徒二人跪拜之后马上就离开了。

原文 景素阳，襄陵道士。师事梁古宾，居阜山道院。元末兵乱，乡人匿山中。唯素阳与师不去。兵至，索财不得，欲杀古宾。素阳曰："师老矣，愿以身代。"兵即以刀砍素阳，刀忽断为三。兵皆惊异，罗拜[1]而去。

[1] 罗拜：环绕下拜。

莫月鼎

莫月鼎，名洞一，字起炎，湖州人，生得清秀明朗，肌肤像玉、雪一样光滑洁白，双目炯炯，光耀照人。

莫月鼎入青城山丈人观拜见徐无极，学习五雷之法，又听说南丰有位叫邹铁璧的人，获得王侍宸的斩勘雷书。邹铁璧对此事隐秘极深，非常重视雷书，不轻易传授。莫月鼎于是寄居邹铁璧家中，担任奴仆侍奉邹铁璧。适逢邹铁璧病势危重，打算遣散莫月鼎离去。莫月鼎跪拜在邹铁璧面前，哭着把做奴仆的原委告诉了邹铁璧，邹铁璧听后称赞莫月鼎，马上把斩堪雷书送给了莫月鼎。从此以后，莫月鼎自称雷师，驱除鬼魅，行动与天地契合。莫月鼎不时嬉笑怒骂，似乎有神物跟随在他身边。

元世祖召见莫月鼎，当时天色晴朗，世祖问："现在可以听到雷声吗？"莫月鼎说："可以。"于是拿出胡桃扔在地上，雷应声而发，宫殿都被雷声震得晃动起来。世祖因此改变神情，又请莫月鼎祈雨，天马上就开始下雨。元世祖见后十分高兴，赠给莫月鼎黄金和绢布。莫月鼎把黄金打碎，用来救济穷人。

莫月鼎生性爱喝酒，每天都喝得醉醺醺的，喝醉之后就白眼望天，阴风从他的袖口呼呼地吹出来。莫月鼎曾经和客人在西湖船中喝酒，当时太阳如火，客人请莫月鼎召来一片云遮住。莫月鼎笑着拿起一块果壳漂在酒杯中，顷刻间云从湖边慢慢升起，在太阳下形成一块阴影，正好盖住小船。蕃厘观道士中秋时节正聚在一起吃饭喝酒，酒杯刚举起来，出现一块云挡住了月亮，久久不散去。当时莫月鼎寓居在道观中，道士知道是莫月鼎所为，赶忙请他前来赴宴。道士又向莫月鼎谢罪。莫月鼎用手指云，云马上就散开了，月光如洗。

山民被鬼怪附身，发狂不可控制。莫月鼎喝下一口酒喷在山民的脸上，鬼马上就离开了。卖饼的师傅把饼子囤积在箩筐中，有时被妖怪偷走。莫月鼎召来天雷，在云中轰击妖怪，在市集上斩下猢狲的头。有个人娶媳妇，新娘半路上被猿猴精掳走，花轿来到新郎门前时，轿中空无一人。莫月鼎做禹步状，像在指挥千军万马，忽然狂风大作，新娘飘回屋中。新娘说："刚才还在北高峰，为什么忽然到了这里？"

莫月鼎七十三岁时，一天对弟子王继华说："明年正月十三日，我将在你家羽化升仙。"到了那天，风云大作，电闪雷鸣。莫月鼎要来笔，写下一首偈诗。刚写完，就溘然长逝，脸色红润如丹。

原文

莫月鼎，讳洞一，字起炎，湖州人。生而秀朗，肌肤如玉雪。双目有光射人。

入青城山丈人观，见徐无极，受五雷之法。又闻南丰有邹钱壁者，得王侍宸斩勘雷书，秘重不传。乃委身僮隶[1]事之。会邹病革[2]，将遣去。月鼎拜且泣，具以实告。邹称叹，即以书相授。于是月鼎自名雷师，驱破鬼魅，动与天合。时嬉笑怒骂，皆若有神物从之者。

元世祖召见，时天色爽霁[3]，帝曰："可闻雷否？"月鼎曰："可。"即取胡桃掷地，雷应声而发，震撼殿廷。元主为之改容。复命请雨，立至。元主大悦，赐以金缯[4]。月鼎碎截之，以济寒窭[5]者。

性爱酒，无日不醉。醉辄白眼望天，阴飙[6]翛翛起衣袖间。尝与客饮西湖舟中。当赤日如火，客请借片云覆之。月鼎笑拾果壳浮觞，而顷之云自湖滨起，翳于日下。蕃厘观道士中秋方会饮，觞既举，有云蔽月，久不解。月鼎时寓观中，道士知其所为，急请赴筵，且谢过。月鼎以手指之，云散如洗。

山民为鬼物所凭，狂不可制。月鼎以酒噀其面，鬼即解去。卖饼师积饼于筐，时被精怪窃去。月鼎召雷轰，云中斩猢狲首于市。一人娶妇，半路为日猿精所摄。至门，但空车焉。月鼎禹步[7]，如有指麾状。狂风忽作，飘妇还舍。妇云："适在北高峰，何以忽然至此？"

七十三岁。一日，属其徒王继华曰："明年正月十三日，将化于汝家。"及期，风云雨电交作。索笔作偈，书毕，泊然而逝，颜面如丹。

---

[1] 僮隶：奴仆。[2] 病革：病势危急。[3] 爽霁：晴朗。[4] 金缯：黄金和丝织品，泛指金银财物。[5] 寒窭：贫寒之人。[6] 飙（biāo）：狂风。[7] 禹步：道教法师设坛建醮时，为求遣神召灵而礼拜星斗的步态动作。

张三丰

张三丰，辽东懿州人，名君宝，字玄玄。张三丰生而具有特异的禀赋，龟形鹤骨，大耳圆眼，身长七尺，胡须又硬又长。头上扎着一个发髻，手中拿着一把刀尺，戴着斗笠，穿着补丁衣，用来抵御寒暑，不修边幅，人们称他为张邋遢。张三丰日行千里，静坐时则闭目养神十几天。吃饭喝酒时，几斗几升马上就吃完了。有时修炼辟谷术，几个月不吃不喝，依然神态自若。元末，张三丰住在宝鸡金台观，留下一首颂诗就辞世而去。当地人杨轨山买来棺材入殓张三丰。棺材抬到墓穴准备下葬时，张三丰又活了过来，之后去了蜀地。洪武初年，张三丰来到太和山修炼，在玉虚宫旁边搭建了一个草庵。草庵前面有五棵古树，张三丰经常在树下休息。时间久了，猛兽和禽鸟都在张三丰身边出没，也不与他保持距离，人们由此更加认为他神异。张三丰后来进入武当山，对周围的乡人说："这座山将来会声名赫赫。"他在武当山住了二十三年后，拂袖远游而去。永乐初年，朝廷下令命正一孙碧云在武当山建宫殿等候张三丰。天顺年间，张三丰被追赠为通微显化真人，时而隐居，时而出没尘世。

原文　张三丰，辽东懿州人。名君宝，字玄玄。生有异质，龟形鹤骨，大耳圆目。身长七尺，须髯如戟[1]，顶作一髻。手持刀尺，一笠一衲，寒暑御之，不饰边幅。人目为张邋遢[2]。日行千里。静则瞑目旬日。所啖斗升辄尽。或辟谷数月，自若也。元末，居宝鸡金台观，留颂辞世而逝。土人杨轨山，置棺殓讫。临窆[3]，发视之，复生。乃入蜀。洪武初，至太和山修炼。结庵于玉虚宫。庵前古木五株，尝栖其下。久则猛

张三丰

兽不距，鸷鸟不搏。人益异之。后入武当，当语乡人云："兹山异日当大显于时。"居二十三年，拂袖游方而去。永乐初，勅正一孙碧云："于武当建宫以候。"天顺中，赠为通微显化真人。或隐或见。

1 戟：古代的一种兵器。**2** 邋遢：肮脏，不整洁。**3** 窆：下葬。

刘道秀

刘道秀，安肃人，少年时前往磐溪山，拜和光道人为师。刘道秀后来回家看望父母，见到庄客暴死，就给他一张符，庄客马上就活了过来。又有宗族的妻子死了，刘道秀治疗后也马上活过来了。曾有一群强盗在夜里打劫，刘道秀疾呼一声，忽然大风四起，强盗都溃散奔逃。刘道秀的灵异事情大都如此，后来成仙而去。

原文　　刘道秀，安肃人。少往磐溪山，礼和光道人为师。后归省[1]，见庄客暴死，与之符，立活。又宗人[2]妻死，亦治之，立生。尝有群盗夜劫，秀遽呼，大风欻起[3]，盗皆溃走。其灵异大都类此。后仙去。

1 归省：回家探望父母。**2** 宗人：同族之人。**3** 欻起：忽然兴起。

张中

张中，字景和，临川人，遇到异人传授太乙数，从此谈论吉凶祸福，大多灵验，今人常偷偷记录他的言语。张中经常头戴铁冠，因此号为铁冠道人。

适逢高皇帝初来滁阳驻扎，张中拜访高皇帝说："天下大乱，如果不是命世之主，不能安定天下。现在来看，命世之主恐怕就是您！"高皇帝问他为什么这样说，张中回答说："您长了一双龙瞳凤眼，相貌奇特，贵不可言。如果哪天神采焕发，像大风吹散阴云，就是接受天命的日子。"高皇帝认为张中的言论很特别，于是把他留在帐下。张中屡次跟随高皇帝四处征战。高皇帝经常让张中望气，来判断战事的吉凶。张中出言必定灵验。鄱阳湖之战，陈友谅已经中箭身亡，两军都还不知道。张中通过望气知道了陈友谅的死讯，秘密上奏说："陈友谅已死，但是他的手下还不知道，仍然为他拼命死战。请您下令让人为陈友谅写一篇祭文，让死囚拿着祭文前往敌军哭祭，那么他们的士气就会消失，您就大事告成了。"高皇帝听从了张中的建议，汉兵因此大溃。

徐达担任列将时，张中对他说："您两边的颧骨发红，目光如火，将来会官至极品，只是可惜寿命不长。"后来徐达果然五十四岁就去世了。梁国公蓝玉携酒拜访张中，张中身穿野服出来迎接。蓝玉见后不高兴，就打趣张中说："我有一首俚语，请您对答，上联是'脚穿芒履迎宾，足下无礼'。"张中指着蓝玉所拿的椰杯回答说："手执椰瓢作盏，尊前不忠。"后来，蓝玉因为谋反，获罪诛杀。

张中在京城附近住了几年，一天无缘无故自己从大中桥投水而死，实际上是水解。皇上下令打捞张中的尸体，结果一无所获。不久，潼关的守吏上奏说："某月某日，铁冠道人拄着拐杖出关而去。"核对出关时间，正是张中投水自尽的日子。

原文 　张中，字景和，临川人。遇异人，授太乙数。谈祸福多验，今人多秘录其言。常戴铁冠，因号曰铁冠道人。

张中

时高皇帝初驻师滁阳。道人谒上曰："天下大乱，非命世[1]之主，未易安也。以今观之，其在明公乎！"上问其说，对曰："明公龙瞳凤目，状貌非常，贵不可言。若神采焕发，如风扫阴翳，即受命之日也。"上奇之，留于幕下。屡从征伐，每令望气，以决休咎[2]。言出必验。鄱湖之战，陈友谅已中流矢[3]死，两军皆未知觉。道人望气知之，密奏曰："友谅死矣。然其下未知，犹为之力战。请为文以祭，使死囚持往哭之。则彼众气夺，而公事济矣。"上从其言，汉兵遂大溃。

徐武宁王为列将时，道人谓之曰："公两颧赤色，目光如火，官至极品。所惜者仅得中寿耳。"后果以五十四而薨。梁国公蓝玉携酒访道人，道人野服[4]出迎。玉不悦，因戏曰："吾有俚语，请先生属对。云'脚穿芒履迎宾，足下无礼'。"道人指玉所持椰杯复之曰："手执椰瓢作盏，尊前不忠。"后玉以谋逆伏诛。

道人居都下数年，一日无故自投于大中桥水死，乃水解[5]也。上命求其尸，不获。已而，潼关守吏上奏云："某月某日，铁冠道人策杖[6]出关。"计之，正其投水之日。

[1] 命世：有治国之才者。[2] 休咎：吉凶，祸福。[3] 流矢：乱飞的或无端飞来的箭。[4] 野服：村野平民服装。[5] 水解：道教语。"尸解"方式之一。谓托寄于水而蜕形仙去。[6] 策杖：拄着拐杖。

周颠仙

周颠仙，不知道他的姓名，自称是南康建昌人。十四岁时，周颠仙得了颠疾，在南昌行乞三十多年，有时会忽然冒出奇怪的言论。凡是新官上任，周颠仙必定前往拜见，告状说："我要告太平。"当时是元朝，天下承平日久，将要大乱，因此周颠仙说出这样的话。

　　高皇帝每次出行，周颠仙必定走到他面前跪拜行礼，每次都说要状告太平。高皇帝感到非常厌恶，命人用烧酒灌周颠仙，看他怎么样。周颠仙每次都是狂饮，到最后都没有喝醉。高皇帝打算除掉周颠仙，周颠仙说："您能杀死我吗？水火和铁棍，对我来说宛若无物。"于是高皇帝命人用大缸盖住周颠仙，然后堆积柴火烧他。火熄灭后，打开缸，周颠仙正神情自若地坐着。高皇帝又下令再用火烧他，周颠仙依然没事，又增柴，烧了很久，打开缸，只有灰烬聚集在缸底，周颠仙轻轻晃动一下脑袋，马上就醒了过来，依然一点事都没有。后来，高皇帝就让周颠仙在蒋山寺寄食。周颠仙每天与僧人打闹抢食。一个多月后，僧人把周颠仙在寺庙的所作所为如实上报给高皇帝，说周颠仙行为异常，和沙弥争饭，从此不吃不喝已经半个月了。高皇帝起驾亲自前往探视周颠仙，周颠仙出门拜见高皇帝，脸上丝毫没有疲倦和饥饿的神情。高皇帝在翠微宫吃饭，设盛宴召周颠仙前来吃饭。准备吃的时候，高皇帝又令僧人暂且让周颠仙饿几十天，叫作清斋。僧人因此把周颠仙闲置在房中，不吃不喝二十三天。高皇帝又亲自前往下令说："我来为你开斋。"高皇帝令诸位将校先请周颠仙吃饭，众人各自进献美酒和美食，周颠仙把它们全部吃完了，然后又全部吐掉了。高皇帝又下令让周颠仙前来一同吃饭，周颠仙依然大吃大喝，也有酒足饭饱的神态。于是周颠仙先出去，走在高皇帝的前面，又回头趴在道路的右边，用手在地上画了一个圆圈，回头对高皇帝说："你打破一桶（一统），成一桶。"不久，王师攻取九江。高皇帝问周颠仙："此次出征结果如何？"周颠仙回答说："好。"高皇帝说："对方已经称帝，现在要去攻取，岂不是很难？"周颠仙仰头看着屋顶，看了很久，然后端正脑袋，收敛神色，摇了摇手说："天上没有他的位子。"高皇帝说："你随我出征，可以吗？"周颠仙说："可以。"随即马上高举拐杖前行，做出挥舞击打的样子，示意这次出征必胜。军队来到皖城，苦于无风。高皇帝派人问周颠仙，周颠仙说："只管前行，就会有风。没有胆量，止步不前，便没有风。"于是高皇帝下令众人划船前进，还没行驶三里，就起风了。过了一会儿，又狂风四起，不一会儿，众人就到了小孤山。高皇帝告诉大家，一旦听到周颠仙说了什么话，马上前来报告给我。军队走到马当时，江豚在水波中嬉戏。周颠仙说："出现水怪，将会损失很多士兵。"高皇帝听说后，非常生气，命人把周颠仙抓住扔到江中。过了很久，手下和周颠仙一起回来了。高皇帝说："为什么不把周颠仙扔到江中？"众人说："扔了很多次，但都没能淹死。"高皇帝就更衣和周颠仙一起吃饭。吃完饭后，周颠仙整理仪容，似乎要出门远行。他走到高皇帝面前，弯腰伸脖子，嬉笑着说："你杀掉我吧。"高皇帝说："暂时还不能杀，姑且先放过你。"于是把周颠仙放回庐山，不知所踪。高皇帝后来亲自为周颠仙写了一篇文章，命人刻在庐山的石头上，记录周颠仙的生平往事。

原文

周颠仙，不知其名，自言南康建昌人。年十四，得颠疾。行乞南昌，三十余年。忽有异言。凡新官到任，必谒见而诉之。其词曰："告太平。"是时元天下承平日久，将乱。故颠先发此言也。

高皇帝每出，颠必向前遮拜[1]，而每以告太平为言。上厌之，命沃以烧酒，观其如何。颠剧饮终不醉，欲遂除之。颠曰："公宁能死我乎？水火金梃，直若无耳。"乃命覆以巨缸，积薪煅之。火熄启缸，正坐晏然。乃复煅之，颠犹故也。再加薪，久煅之。启缸，但烟凝缸底，颠微撼其首即醒，然无恙。上乃令寄食蒋山寺。日与诸僧挠竞[2]。月余，僧以实奏，言其异常，与沙弥争饭。遂不食，已半月。上便命驾往视之。颠出谒上，殊无倦容饥色。上饭于翠微，设盛馔，召之侍食。既而令僧且饿之，谕之以为清斋。僧因闭颠空室中，水米不入口者，二十有三日。上又自往谕之："吾来为汝开斋。"令诸将校先馈之，众各进酒馔，颠尽食之。既悉吐去。上命至侍食，仍大饮，亦似有酣态。乃趋出，先行伺上，还伏于道右，以手画地为圈，顾谓上曰："你打破一桶，成一桶矣。"已而，王师狗[3]九江。上问颠："此行何如？"对曰："好。"上曰："彼已称帝，今欲取之。岂不难乎？"颠仰视屋，久之，端首正容，摇手曰："上面无他的。"上曰："汝从行可乎？"曰："可。"即以所扶杖，高举趋前，作挥击状，以示必胜意。行至皖城，苦无风。遣问颠。颠曰："只管行，只管有风。无胆不行，便无风。"乃令众挽舟，不三里，风起。既而狂飙猛作，倏忽达小孤。上谕众，但闻颠言即来白。至马当，江豚戏波中。颠曰："水怪见，当损人多。"上闻之，怒，令持颠去投之江。久之，众与颠俱来。上曰："何不投之？"众曰："频掷不能死。"上乃更与同食。食罢，颠整容饬衣[4]，若远行状。趋近上前，曲腰伸颈而嘻曰："你杀之。"上曰："且未可杀，姑纵汝。"乃纵之庐山，莫知所之。上后亲为文，勒石庐山，以纪其事。

1 遮拜：行礼拜见。**2** 挠竞：骚扰。**3** 狗：夺取。**4** 饬衣：整理着装。

周颠仙

冷谦

冷谦，字启敬。洪武初年，冷谦担任协律郎，朝廷的郊庙乐章大多是他撰写。冷谦有位朋友，生活贫困不能自给，找冷谦求助。冷谦说："我指一个地方，你去那儿，千万不要多拿。"然后在墙壁间画了一扇门，有一只仙鹤在门口把守。冷谦让朋友敲门，门忽然自己就打开了。朋友进去后，只见里面装满了黄金珠宝，金光灿灿。朋友肆意拿取后出门，没有察觉留下了踪迹。过了几天，宫殿府库丢失黄金，收藏官吏怀疑府库中遗留下来的踪迹，认为必定是这个人偷了黄金。于是写下嫌疑人的姓名，抓来审讯，供出了冷谦。官吏因此一并把冷谦也抓捕入狱。冷谦被押送来到城门时，对押送人说："我将死了，希望能够给我少许水解渴。"押送人用瓶子装了水拿给冷谦，冷谦喝完水后把脚放在瓶子里，整个身体逐渐全部到瓶子里去了。押送人说："你不出来，我们都将被连累处死。"冷谦说："不用担心，你只需要拿着这个瓶子直接走到皇帝面前。"皇帝问冷谦，瓶中就应声答复。皇上说："你出来见我，我不杀你。"冷谦说："我有罪，不敢出来。"皇上一怒之下把瓶子击碎了，然后呼喊冷谦。结果每个碎片都回应，只是不知道冷谦藏在哪里。后来有人在蜀地见到冷谦。

原文　冷谦，字启敬。洪武初，为协律郎。郊庙乐章，多其所撰。谦有友人，贫不能自给，求济于谦。谦曰："吾指一处所。汝往焉，慎勿多取。"乃于壁间画一门，一鹤守之。令其友敲门，门忽自开，入其室。金宝灿然盈目。其友恣取[1]以出，而不觉遗其引[2]。他日内库失金。守藏吏疑库中何以有遗引，必此人盗也。乃书其姓名，执而讯之。词及谦，因并执谦。谦将至城门，谓拘者曰："吾死矣。安得少水，以救吾渴。"拘者以瓶汲水与之。谦且饮且以足插入瓶中，其身渐入。拘者曰："汝不出。吾辈皆坐死矣。"谦曰："无害³。汝但持瓶径至御前。"上问之，瓶中辄应如响。上曰："汝出见朕。朕不杀汝。"谦对："臣有罪，不敢出。"上怒，击其瓶碎之，呼之片片皆应。竟不知所在。后有人于蜀中见之。

1 恣取：肆意拿取。 2 引：踪迹。 3 无害：不用担心。

周玄初

周玄初，姑苏人，眼睛炯炯有神，不像尘世中的人。周玄初侍奉母亲非常孝顺，尤其喜欢做善事。起初，周玄初跟随李拱瑞得道，能够驱除妖邪，祈雨灵验。洪武年间，周玄初屡次被皇帝召见，命他求雨打雷。周玄初多次展示神异之处。当时设有神乐观，周玄初被授予正一仙官，主持神乐观中的事宜。周玄初别号鹤林，写有《鹤林集》。

原文 周玄初，姑苏人。精神溢目，不类尘中人¹。事母孝。尤好泽物²。初得道于李拱瑞，能除邪妖。祷雨奇应。洪武中屡被召，命呼致雷雨，数著神异。时设神乐观，授正一仙官，领观事。别号鹤林，有《鹤林集》。

1 尘中人：俗人。 2 泽物：施恩于人，做好事。

任风子

任风子，范县人，长相奇异，从小丧父，被酒店雇为用人。后来任风子遇到神人，传授给他仙术，于是在安平镇的真武庙修炼，长期不吃不喝。即使在隆冬，任风子也只穿一件单衣，在街上乞讨。任风子气色和身体都很好，双眼炯炯有神，预言吉凶祸福，马上就能应验。弘治甲子年冬天，任风子端坐尸解而去。后来有人在辽阳见到任风子。

(原文) 任风子，范县人。状貌奇异。少孤[1]，为酒家佣。遇异人授以仙术。遂修炼于安平镇之真武庙。经旬不食。虽隆冬，单衣行乞于市。气体完粹，双目炯然。言休咎立应。弘治甲子冬，端坐而尸解。后有人见其在辽阳。

[1] 少孤：小时候就失去父亲。

裴仙

裴仙，弘治初年，人们经常见到他。裴仙后来住在夏桂洲家中。一天，夏桂洲的夫人回娘家，裴仙拽住她的轿子模仿小孩儿哭闹声。到晚上，夏桂洲的夫人就去世了。夏桂洲再次担任宰相，裴仙听到任命后，直接说"为何如此"。

(原文) 裴仙，弘治初，人尝见之。后尝寓[1]夏桂洲公家。一日，夫人归宁。裴拽其轿作儿啼，至晚夫人卒。公再相，裴闻命，辄唤奈何。

[1] 寓：寄宿。

沈野云

沈野云，明朝乌程人，名道宁。沈野云从小学习道术，精通仙传。朝廷屡次召沈野云祈雨缓解旱情，马上就能下雨。沈野云被赐三品诰，封为至高道士。

原文 沈野云，本朝乌程人，名道宁。幼习外学[1]，精仙传。朝廷累召，祷雨旱辄验。赐三品诰[2]，封为至高道士。

1 外学：道家的学问。 **2** 诰：皇帝的制敕。

海上老人

海上老人，不知道他的姓名，发如银丝，颜如渥丹，双眼澄澈，左手经常握拳不松开。海上老人每天只吃三颗果子，喝一勺水。洪武壬午年间，海上老人经过济南，永乐年间又来到济南。成化乙巳年，济南卫指挥朱显上奏，赐海上老人姓名王上能。

原文 海上老人，不知姓字。发如银丝，颜如渥赭[1]，双目澄澈，左手常握而不开。日进生果三枚，水一勺而已。洪武壬午过济，永乐间复至。成化乙巳，济南卫指挥朱显奏闻，赐姓名王上能。

1 渥赭：润泽光艳的朱砂，多形容红润的面色。

中国神仙故事

第九卷

姮娥

后羿从神仙那里获得仙药,还没有来得及服用,他的妻子听说后,偷偷吃掉仙药,奔入月宫,成为姮娥。

原文　羿得仙药于神人,未及自服[1],其妻闻而窃食之,奔入月宫,为姮娥。

1 自服:自己服用。

吴刚

吴刚,西河人,学仙时犯下错误,被贬谪到月宫砍伐桂树。桂树刚被砍出缺口,马上又愈合了。

原文　吴刚,西河人。学仙有过,谪令月中伐桂,创随伐随合。

长桑公子

　　长桑公子，周宣王时的老樵夫，经常散着头发，边走边唱："巾金巾，入天门。呼长精，歙玄泉，鸣天鼓，养泥丸。"人们都不知道其中的意思。只有老聃说："他是活国中人，语言深奥，都是修炼无上真正之词，获得三五、守洞房之道。"

（原文）　　长桑公子，周宣王时采薪叟[1]也。常散发行歌，曰："巾金巾，入天门。呼长精，歙玄泉。鸣天鼓，养泥丸。"人皆莫之晓。独老聃曰："此活国中人，其语奥矣。斯皆修习无上真正之词，得服三五守洞房之道者也。"

[1] 采薪叟：砍柴的老人。

张天翁

　　张天翁，名坚，字刺碣，渔阳人，从小落拓不羁，无所拘忌。张天翁曾经张网，抓了一只白雀，很喜欢，就收养了它。一天，张天翁梦到刘天翁怒叱责备他。刘天翁每次要杀死张天翁时，白雀马上就告诉张天翁。张天翁施展各种方术应对，刘天翁始终没能杀掉他。刘天翁于是下凡前来查看张天翁，张天翁摆下盛宴招待刘天翁，趁其不备，偷偷骑走刘天翁的车，驾驭白龙，扬鞭升天而去。刘天翁乘坐剩余的龙追赶张天翁，没有追上。到了玄宫后，张天翁更换百官，紧闭北门，封白雀为上卿侯，又改变白雀的繁殖情况，使得白雀不产于人间。刘天翁失去统治权后，在五岳之间徘徊，四处散播灾难。张天翁很担忧，于是让刘天翁担任太山守，掌管生死簿。

原文 　　张天翁，名坚，字刺碣，渔阳人。少不羁，无所拘忌。尝张罗，得一白雀。爱而养之，梦刘天翁责怒。每欲杀之，白雀辄以报坚。坚设诸方待之，终莫能害。刘天翁遂下观之。坚盛设宾主，乃窃骑其车，驾白龙，振策登天。刘翁乘余龙追之，不及。既到玄宫，易百官，杜塞[1]北门，封白雀为上卿侯。改白雀之胤[2]，不产于下土。刘翁失治，徘徊五岳作灾。坚患之，以刘翁为太山守，主生死之籍。

1 杜塞：关闭。**2** 胤：后嗣，子嗣。

冯延寿

　　冯延寿，周宣王时的史官，号乞食公，是西岳真人。楚庄公时，有一位市场管理员宋来子，遇到乞食公。乞食公终日在市场上乞讨，还唱歌："天庭发双华，山源障阴邪。清晨按天马，来诣太真家。真人无那隐，何以灭百魔。"市场中无人能听懂歌中的意思，只有宋来子有所感悟，于是请求拜他为师。后来辞官跟随冯延寿四处流浪长达十三年。乞食公于是传授给他中仙之道，让他住在中岳。

原文 　　冯延寿，周宣王时史官，曰乞食公，西岳真人也。楚庄公时，有市长宋来子，遇乞食公。乞市经日而歌曰："天庭发双华，山源障阴邪。清晨按天马，来诣太真家。真人无那隐，何以灭百魔。"一市人无解[1]歌者，独来子有悟。乃拜求师之，弃职随逐。积十三年，公遂授中仙之道，以居中岳。

1 解：理解。

王中伦

  高唐县鸣石山上，有块岩石高百仞左右。人们用物体击打岩石，声音清越可听。晋太康年间，逸士田宣在岩石下隐居，山风吹拂树叶，月夜落霜之时，田宣经常敲打石头自我娱乐。他经常见到一人，身穿白色单衣，在石头上徘徊，天亮时才离去。田宣后来令人敲击石头，自己在岩石上面藏着等候白衣人。过了一会儿，白衣人果然来了。田宣趁机抓住他的衣服询问，白衣人自称姓王，字中伦，卫人。周宣王时，王中伦入少室山学道，经常前往方壶山，经过鸣石山，喜欢这块岩石发出的声音，因此就留在石头上听。田宣向王中伦求养生术。王中伦只留给他一块像雀蛋的石头。王中伦先是在空中走了一百多步，渐渐地，云雾缭绕挡住了他。田宣得到石头后，含在口中，一百天都不会感到饥饿。

【原文】 高唐县鸣石山，岩高百仞余。人以物扣岩，声甚清越[1]。晋太康中，逸士田宣隐于岩下。叶风霜月，常扪石自娱。每见一人，着白单衣徘徊岩上，及晓[2]方去。宣后令人击石，自于岩上潜伺[3]。俄果来，因遽执袂，诘之。乃言姓王，字中伦，卫人。周宣王时，入少室山学道。比频适方壶，去来经此。爱此石音响，故辄留听。宣因求养生术，唯留一石如雀卵。初则凌空百步，渐烟雾障之。宣得石，含辄百日不饥。

1 清越：清脆悠扬。**2** 晓：天亮。**3** 潜伺：暗中观察。

王次仲

王次仲，之前在泉漾山搭建草庐隐居，擅长书法，因把篆书改成隶书，人们都推尊效仿。秦始皇听说后召见王次仲，想授予他官爵，王次仲不来。秦始皇大怒，又派遣使者打算杀掉王次仲。王次仲却变成一只大鸟，拍打着翅膀腾空而起。使者跪拜王次仲说："你飞走了，我没有办法回去复命，怎么办？"没过一会儿，天上掉下三根羽毛，使者拿着羽毛回去复命，因此羽毛掉落的地方名为"落翮山"。

（原文）　　王次仲，向结庵，隐居泉漾山。善书，因变篆为隶体，世共宗仿。秦始皇闻而召之，欲爵以官，不至。始皇怒，复遣使欲杀之。次仲变为大鸟，振翼而起。使者拜告曰："君乃飞去，吾无以复命矣。奈何？"须臾，堕下三翮[1]。使者乃持还报，因名其处为落翮山。

1 翮：羽毛。

张丽英

张丽英，汉宁都县张芒的女儿，生而天赋异禀，脸上发出奇光。张丽英平常不照镜子，只是对着纨扇，就像在照镜子似的。十五岁时，张丽英一心入山修炼，于是得道。长沙王吴芮听说后，派遣使者迎娶张丽英，张丽英没有答应，升到山的最高处对使者说："山上有石鼓，里面连通着洞天。如果你们能够凿穿石鼓，我就和你们相见。"使者回去告诉了吴芮。吴芮亲自带兵前来开凿石鼓。凿通之后，忽然紫云兴起。过了一会儿，只见张丽英在半空中，对吴芮等人说："我是金星之精，特地降临人间治理这座山。"说完，张丽英扔下一章石鼓文而去。后人因此把这座山叫作金精山。

原文 　张丽英，汉宁都县张芒女也。生禀异质，面有奇光。居常不照镜，但对纨扇[1]如鉴焉。年十五，矢志[2]入山修炼，遂得道。长沙王吴芮闻之，使使[3]来聘。丽英弗许，乃升山之最高处，谓使者曰："山有石鼓，中通洞天。若能凿通之，当就相见也。"使返，芮自率兵攻凿。既通，忽紫云郁起[4]。少顷，方见丽英在半空中，语曰："吾为金星之精，特降治此山耳。"语讫，投下石鼓文一章而去。后人因名其山为金精山焉。

1 纨扇：团扇。 2 矢志：立下誓愿，以示决心。 3 使使：派遣使者。 4 郁起：兴起。

王晖

王晖，魏时人，白羊公子的弟子，住在华山熊牢岭，经常在溪边种植黄精，虎豹为他耕耘土地。王晖往来出入都骑虎或豹，把道术传授给王法冲后，就尸解而去。

原文 王晖，魏时人，白羊公子之弟子也。居华岳熊牢岭，常种黄精于溪侧。虎豹为之耕耘[1]。出入迭乘[2]虎豹。后以道术传王法冲，乃尸解而去。

1 耕耘：翻土除草，亦泛指耕种。**2** 迭乘：轮流乘坐。

翟天师

翟天师，名乾祐，峡中人，身长六尺，手一尺左右，每次作揖，手都超过胸前。翟天师卧躺经常虚枕，晚年时稍微预言未来之事，曾经来到夔州市场大声说："今晚将有八人经过此地，你们要好好善待他们。"众人不知什么意思。当天晚上，大火焚烧了数百家屋舍，这时人们才明白"八人"即"火"字。翟天师每次入山，老虎就成群结队地跟随着他。翟天师曾经在江边和几十个弟子一起赏月。有人说："月亮上有什么？"翟天师笑着说："可以随着我手指的方向看看。"两位弟子见到月亮悬在半空，上面的楼宇金碧辉煌，应接不暇。不一会儿，全部消失不见了。

> **原文** 翟天师，名乾祐，峡中人。身长六尺，手大尺余。每揖[1]，手过胸前。卧常虚枕。晚年稍稍言将来事。尝入夔州市大言曰："今夕当有八人过此，可善待之。"众不之悟。其夜火焚数百家。方悟八人，火字也。每入山，虎群随之。曾于江岸与弟子数十人玩月。或曰："此中竟何有？"翟笑曰："可随吾指观之。"弟子两人见月在半天，楼殿金玉灿目，应接不暇。数息间不复见。

1 揖：拱手行礼。

灰袋

蜀地有一位道士，疯疯癫癫，俗号灰袋，是翟天师晚年的弟子。翟天师每次都告诫弟子："不要欺负灰袋，我以后都比不上他。"灰袋曾经在大雪中身穿粗布单衣来到青城山脚下，日暮时投宿寺庙求住。僧人说："贫僧只有一件破衣服而已。天气严寒，恐怕不能庇佑你。"灰袋说只需要一张床就可以了。到了半夜，下了很深的雪，寒风凛冽，灰袋住的房间一点动静都没有，僧人担心道士已经冻死了，便靠近查看。僧人在离床数尺远的地方，只见床上冒出热气，就像在做饭一样。灰袋光着身体躺在床上，汗流如注。僧人这才知道灰袋是位神人，打算和他套近乎。天尚未亮，灰袋不辞而去。灰袋多住在村落中，每次住宿不超过两晚。曾经嘴巴溃烂，几个月不吃不喝，身子骨看上去连衣服都支撑不起来了。人们向来认为灰袋神异，因此为他设道场祈福治病。祈福结束后，灰袋忽然站起来，对众人说："你们看看我口中有什么东西？"于是把嘴巴张得像簸箕一样大，五脏六腑全都露出来了。众人感到非常惊讶，行礼问灰袋是什么。灰袋只说："这足够险恶了，这足够险恶了！"灰袋后来不知道所踪。

原文　　蜀有道士阳狂，俗号为灰袋，乃翟天师晚年弟子也。翟先每戒其徒曰："勿欺此人，吾所不及。"尝大雪中衣单褐，入青城山，暮投兰若[1]求寄宿。僧曰："贫僧一衲而已。天寒如此，恐不能相庇。"但言容一床足矣。至夜半，雪深风冽，悄无息声。僧虑道者已死，就视之，去床数尺，气蒸如炊，而袒寝[2]流汗。僧知其异人，将欲挽之。未明，不辞而去。多住村落。每住不逾信宿[3]。曾病口疮，不食数月，骨立若不胜衣。人素神之，因为设道场。斋散忽起，谓众人曰："试窥吾口中有何物？"乃张口如箕，五脏悉露。众惊作礼问之，唯曰："此足恶，此足恶。"后不知所终。

1 兰若：寺庙。**2** 袒寝：不盖被子。**3** 信宿：连宿两夜。

敖仙

　　敖仙，晋人，不知道他的名字。江西上高县北面五里叫作敖岭，即敖仙得道之地，岭上有真人祠、磨剑石和炼丹井，岭下有冲真观。宋熙宁年间，枢密蒋之奇行部来到宝严寺，在墙上题诗写道："嘉节长岐路，区区梦幻身。何年一举袄，仙去逐敖君。"

原文　　敖仙，晋人，未详其名字。江西上高县北之五里曰敖岭，即真人得道处也。上有真人祠、磨剑石、炼丹井，下有冲直观。宋熙宁中枢密蒋之奇，行部[1]至宝严寺，题诗曰："嘉节长岐路，区区梦幻身。何年一举袂，仙去逐敖君。"

1 行部：谓巡行所属部域，考核政绩。

王纂

王纂，隐居在京口马迹山。晋朝永嘉末年，中原大乱，又逢饥荒和瘟疫，死者无数。王纂在静室向天庭上奏章，祈求救护生灵百姓。王纂晚上听到神人对他说："你关心百姓，我特来探望你。" 王纂因此获得神仙教化。

原文　王纂，隐京口马迹山。晋永嘉末，中原大乱，加以饥疫，死者相继。纂于静室飞章[1]告天，祈救生灵。夜感神人语之曰："子念生民，吾今得以盼[2]子矣。"竟得仙教。

1 飞章：报告急变或急事的奏章。 2 盼：探望。

魏华存

魏华存，字贤安，任城人。晋朝司徒文康公魏舒的女儿，从小好道，沉静寡语，待人恭敬谨慎。魏华存经常读《老子》《庄子》《黄庭经》三部经书，体味神仙之道，感受玄理之妙。魏华存常想独居，父母不同意。

二十四岁，魏华存嫁给太保掾刘文，生下两个孩子，此后与家人分居，住在其他房间，后来得道成仙，咸和九年仙去。

原文　魏华存，字贤安，任城人，晋司徒文康公舒之女也。幼而好道，精默恭介。读老庄黄庭三传，味真耽玄[1]。常欲别居闲处，父母不许。二十四适[2]太保掾刘文，生二子。乃离隔，斋于别寝。后得仙道，咸和九年仙去。

1 味真耽玄：体味和沉迷道法。**2** 适：嫁给。

单道开

单道开，敦煌人，经常身穿粗布衣，吃小石子，昼夜都不休息。石季龙时期，单道开从西方而来，一日行七百里。单道开来到秦州后，被送往邺城。佛图澄和单道开对谈，不能说服他。单道开后来进入罗浮山，死后尸体被放在石室中。袁宏担任南海太守，登罗浮山时，见到单道开的尸体，仿佛他还活着一样。

原文　单道开，敦煌人。常衣粗褐[1]，食细石子，昼夜不卧。石季龙时，从西来，一日行七百里，至秦州，送至邺。佛图澄与语，不能屈也。南入罗浮山，卒，以尸置石室中。袁宏为南海太守，登罗浮，见道开形骸如生。

1 粗褐：粗布麻衣。

祁嘉

祁嘉，字孔宾，晋朝酒泉人，年少时家境清贫，好学，博通经传。二十多岁时，一天晚上窗外有人喊："祁孔宾，祁孔宾。隐去来，修饰人间甚苦不可谐。所得未毛铢，所丧如山涯。"祁孔宾于是向西游历海岛，教授门生。前凉国主张重华征拜他为儒林祭酒。朝廷官员和郡县守令等弟子，多达三千余人。祁孔宾高寿时仙去。

原文 祁嘉，字孔宾，晋酒泉人。少清贫，好学，博通经传。年二十余，一夜窗外有人呼曰："祁孔宾，祁孔宾。隐去来，修饰人间甚苦不可谐。所得未毛铢[1]，所丧如山涯。"孔宾且而西游海渚。教授门生[2]。张重华征为儒林祭酒。在朝卿士、郡县守令受业者[3]，三千余人。竟以永寿仙去。

[1] 毛铢：形容极微小的利益。[2] 门生：学生。[3] 受业者：学生。

黄道真

黄道真，晋朝武陵人，脱离尘世，住在高吾山修道，后来乘坐白鹿而去。

原文 黄道真，晋武陵人。弃俗，居高吾山修道，后乘白鹿而去。

萧防

萧防，南昌人，担任句容县簿，在玉晨观华阳洞游历，来到蕊珠殿。一位紫袍人，自称东方大夫华阳洞主，对萧防说："你的远祖萧史真人，命董双成和你结婚。"紫袍人让梁玉清带领萧防来到大殿，和一女子见面，二人相互礼拜。梁玉清致词说："华阳玉女，圣世才郎。仙凡契合，如凤求凰。今日相偶，和鸣锵锵。寿等天地，庆衍无疆。"酒宴结束，萧防恍如梦境初醒，于是弃官入山学道，最后飞升成仙。

原文 萧防，南昌人，为句容县簿。游玉晨观华阳洞，至蕊珠殿。一紫袍人，称东方大夫华阳洞主，谓曰："汝之远祖萧史真人，命董双成与汝成婚。"令梁玉清引上殿，见一女子，交拜。玉清致词云："华阳玉女，圣世才郎。仙凡契合，如凤求凰。今日相偶，和鸣锵锵。寿等天地，庆衍[1]无疆。"宴终，恍如梦觉。即弃官入山学道，竟成飞举。

1 庆衍：子孙后代。

宋玄白

宋玄白，不知道是哪里人，出家为道，身长七尺左右，眉毛和眼睛就像画上去的，言谈举止清秀端庄。宋玄白获得补脑还元之术，卧在雪中，身上竟不会被打湿。宋玄白经常游历名山大川，修炼辟谷导引之术。恰逢越州大旱，人们请宋玄白祈祷求雨，结果下了一晚上的雨。宋玄白后来到信州，又遇到大旱，有道士知道宋玄白能求来降雨，于是请他祈雨。宋玄白立即作法，钉子在空中飞舞，钉住城隍爷的两只眼睛。刺史韦德璘认为宋玄白是狂妄妖邪，准备责骂他。宋玄白笑着说："刺史如果执迷不悟，刘根会诛杀您的祖父。"韦德璘感到害怕，就释放了宋玄白。不一会儿，天下起雨来。韦德璘以礼相赠并且送走了宋玄白。宋玄白后来在抚州南城，白日飞升成仙。

【原文】 宋玄白，不知何所人，为道士。身长七尺余，眉目如画，言谈铃丽。得补脑还元之术，卧雪中，身不沾渍。常游名山，辟谷养气。遇越州大旱，请玄白祈祷，经夕大雨。后至信州遇旱，有道士知玄白能致雨，乃请之。遽作法飞钉城隍双目。刺史韦德璘以为狂妖，将加责辱。玄白笑曰："使君[1]不悟，刘根欲诛尔祖耶。"德璘惧。须臾雨至。以礼遣之。后于抚州南城，白日上升。

[1] 使君：刺史。

陆法和

陆法和，素有道术，能够预先知道吉凶祸福。北齐文宣帝时，陆法和担任江夏郡都督，管理十州诸军。陆法和入宫拜见文宣帝，只称自己是荆山居士。文宣帝曾经在昭阳殿设宴款待陆法和，赐给他丰厚的礼物，陆法和也随缘把礼物全部送给了别人。陆法和后来在江陵百里洲隐居。梁侯景之乱时，侯景派任约在江陵攻击湘东王，陆法和率领蛮兵攻破来军，生擒任约，因此被封为江陵县公。陆法和担忧梁朝皇室日渐衰败，曾经聚集士兵和战船，想要袭击襄阳。梁元帝派遣使者阻止陆法和。陆法和于是回到州内，用白土粉刷城门，终日身穿粗布麻衣，坐在芦苇编的席子上。听到梁朝灭亡后，陆法和从此身穿衰衣。陆法和尸解前，身体缩小到只有三尺左右。后来有人打开陆法和的棺材，发现里面空无一物。

原文　　陆法和，素有道术，能先知祸福。北齐文宣时，为江夏都督，理十州诸军。诣阙[1]但称荆山居士。文宣尝宴之于昭阳殿，赐赉甚厚。和亦随缘尽散。复隐于江陵百里洲。梁侯景之乱，遣任约击湘东王于江陵。法和率蛮兵败约，禽之。封江陵县公。虑梁室日颓，尝大聚兵舰，欲袭襄阳。元帝使使止之，法和乃还州。垩[2]其城门，麻衣苇坐。及闻梁败灭，衰服终身。临解，尸缩止三尺许。后启棺无尸。

1 诣阙：赴朝堂。**2** 垩：用白色涂料粉刷。

神和子

神和子，姓屈突，名无为，六朝时期的人。张咏曾经游历京城，寄居在封丘门。一天，张咏遇到一位道士，二人一起喝酒，直到喝得酩酊大醉。张咏说："不知道您的姓名，日后如何再见？"道士说："我是神和子，将来会在成都与你相见。"后来，张咏驻守成都，这时才非常诧异神和子当年的话。于是张咏四处寻访神和子，没有找到。后来张咏在天庆观游历，看到墙壁上的画像，画中道士神情肃穆，再看画像的题名，写着

"神和子"。张咏惆怅不已。

> **[原文]** 神和子，姓屈穴，名无为，六朝时人。张咏尝游京师，于封丘门逆旅[1]遇一道流。与饮至醉。咏曰："不知姓名，何以相识？"道者曰："我神和子。异日见子于成都。"后咏守成都，始异其言。尝物色访之，弗得。后游天庆观，观壁上画像，一道人俨然。视其题曰"神和子"。咏惆怅不能已已。

1 逆旅：客舍，旅馆。

钱妙真

钱妙真和妹妹在山洞隐居，每日诵读《黄庭经》，积累功德，修行了三十年。梁普通二年，钱妙真道成，忽然披上白衣，进入茅山燕洞。妹妹之后来到洞前，洞门已经关闭。唐大宝年间，朝廷为钱妙真修建了一座宫殿，叫作燕洞宫。至今宫殿中还有紫菖蒲和碧桃。

> **[原文]** 钱妙真，与妹依陶[1]隐居，日诵《黄庭经》，积功修行三十年。至梁普通二年，道成，忽披白衣，入茅山燕洞。妹后至，洞已扃[2]矣。唐大宝间建宫，名燕洞宫。至今有紫菖蒲、碧桃花在焉。

1 陶：山洞。**2** 扃：关闭。

刘珍

刘珍，广汉什邡人。隋开皇年间，刘珍住在安乐山。忽然有一天，刘珍取出祈祷用的道书、钟磬，封存在石室中，说："三十年后，会有圣君前来取出。我的功德已经修炼完成。四月十五，我将升天成仙。"那天，刘珍自己火化，然后前往拜见隋文帝。隋文帝派遣使者到山中寻访他的事迹，又下令建造三座道观。后来唐太宗派人从石室中取出了丹经和钟磬。显庆年间，唐高宗下诏书令孝淑为刘珍撰写《三观记》。治平年间，朝廷赐予道观一块匾额，写着"延真"二字。

【原文】 刘珍，广汉什邡人。隋开皇中，居安乐山。忽取所赍道书、钟磬[1]封于石室中。曰："后三十年，当有圣君取之。吾功行已成，四月之望，当升天矣。"是日，自以火化，往见隋文帝。帝遣使至山访其事，令建三观。后唐太宗遣取丹经、钟磬以进。显庆中，诏书孝淑撰《三观记》。治平中，赐额"延真"。

[1] 钟磬：钟和磬，古代礼乐器。

潘师正

潘师正，宗城人，隐居在嵩山逍遥谷。唐高宗临幸东都，召见潘师正，问他需要什么。潘师正说："茂密的松林，清澈的泉水，这是我需要的。"高宗听后很尊敬潘师正，认为他非同一般，立即下诏，在潘师正草庐的基础上修建道观。适逢太常进献新乐，所以取名定为"祈仙""望仙""翘仙"曲。潘师正活到九十八岁时去世，被朝廷追赠为体玄先生。后来司马承祯尽得潘师正的道法。

【原文】 潘师正，宗城人，隐居嵩山逍遥谷。唐高宗幸东都，召见。问所须，对曰："茂松清泉，臣所须也。"高宗尊异[1]之。诏即其庐作观。时太常献新乐，遂更名"祈仙""望仙""翘仙"曲。年九十八而逝，赠体玄先生。司马承祯尽得其道。

1 尊异：特别看待，格外重视。

谢自然

谢自然，蜀华阳女道士，小时候就悟道。谢自然儿时遇到道师，向她展示黄老仙经，通读一遍，觉得自己之前读过。长大后，谢自然风神清爽，言谈不凡。四十岁时，谢自然外出游历名山洞府，凡是有灵迹的地方，她全都到过。谢自然听说司马承祯在天台玉霄峰，于是前往拜司马承祯为师，终日为司马承祯砍柴做饭。司马承祯怜悯谢自然毅力坚韧，生活艰苦，对她说："我没有得道，哪能够受你这样的服侍。你到底想要什么？"谢自然跪着请求说："我不远万里前来拜师，只想学习成仙之法。"司马承祯担心泄露天机，沉吟许久，不敢马上传授给谢自然。又过了几年，谢自然感叹说："师父没有被记录在仙籍上。"于是登上玉霄峰顶，看见大海和蓬莱仙岛，心想也不是很远。就辞别司马承祯，坐在一张竹席上，打算渡海前往蓬莱仙岛。谢自然在海上遇到新罗的船只，坐了几个月。新罗船队见海中水怪很多，而且风浪险恶，就在一座山脚下停泊歇息。谢自然独自爬上山顶远眺，见到几位道士，他们的侍从都身穿青衣。其中有一位道士，花冠霞帔，容貌端庄美丽。道士让青衣人问谢自然到哪里去。谢自然回答说："前往蓬莱仙岛寻找师父，求成仙之法。"道士笑着说："蓬莱和这里相隔三千里的弱水，不是坐船可以到达的，不是神仙也到不了。天台山有位叫司马承祯的道士，名字已经记录在丹台，住在赤城。他是你的师父。你去求他传授你成仙之法吧！"不一会儿，传来船夫催促坐船的声音。就在这时，忽起大风，船队漂了三天三夜，又回到了天台。谢自然前往拜见司马承祯，把海上遇见道士的事情详细地告诉了司马承祯，又为之前的过错道歉。司马承祯于是挑选好日子，登上道坛，传授谢自然上清秘法。谢自然后来回到蜀地，在贞元十年白日飞升成仙。

原文　　谢自然，蜀华阳女真也。幼而悟道，遇师示以黄老仙经，一览皆如旧读。及长，风神清爽，言谈迥异。年四十，出游名山洞府。灵迹之所，无不抵历。闻司马承祯在天台玉霄峰，遂往师之。终日为采薪执爨[1]。祯怜其坚苦，曰："我无道德，何以堪此。然尔果何所欲？"自然跽请[2]曰："万里向师，惟求度世耳。"承祯恐泄慢[3]大道，沉吟未敢即传。复逾岁，自然感叹曰："明师未录命也。"因登玉霄峰，见沧海蓬莱，亦应非远。遂辞祯去。乃浮一席，欲航海至蓬莱。会遇新罗舟载之，数月，见水怪甚多，风涛汹恶，遂依一山歇泊。自然独登山眕眛[4]，见道士数人，侍者皆青衣。中一道士花冠霞帔，状貌端美，令青衣问自然何往。对曰："往蓬莱寻师，求度世法。"道士咸笑曰："蓬莱隔弱水三千里，非舟可通，非仙莫到。天台有司马承祯者，名在丹台，身居赤城，尔之师也。盍求之。"俄闻舟师呼促登舟，忽风发飘三日夜，仍到天台。自然趋见承祯，具言其事，并谢前愆[5]。于是择日升坛，授以上清秘法。后归蜀，于贞元十年白日升天。

1 执爨：烧火做饭。**2** 跽请：双膝跪地请求。**3** 泄慢：轻慢。**4** 眄睐：顾盼。**5** 愆：过错。

胡惠起

胡惠起，字警俗。唐朝时礼贺下士，武则天召见胡惠起于武成殿，询问他仙术。胡惠起却只是说些道德帝王统治教化的事情。于是武则天派遣使者护送胡惠起回去，又赐书说："轩历之广成，汉朝之河上。"后来白玉蟾说："胡天师，字拔俗。"唐长庆三年二月十六日，胡天师命弟子在伏龙冈建坟，然后尸解而去。享年几百岁，谥号洞真先生。

【原文】　胡惠起，字警俗。唐则天以蒲轮[1]召之，引见武成殿。问仙术，惟陈道德帝王治化之原。遣使送归。复赐书有曰："轩历之广成，汉朝之河上。"后白玉蟾云："胡天师，字拔俗。"唐长庆三年二月十六日，命弟子于伏龙冈造坟解蜕。年数百岁，谥洞真先生。

1 蒲轮：指用蒲草裹轮的车子。转动时震动较小。古时常用于封禅或迎接贤士，以示礼敬。

邓紫阳

邓紫阳，名思瑾，临川人，隐居在麻姑山中。唐开元末年，邓紫阳展示出驯化老虎、驾驶雷车的异象，忽然尸解而去。灵昌太守李邕立碑，记录下了邓紫阳的事迹。

原文 邓紫阳，名思瑾，临川人。隐麻姑山中。唐开元末，感虎驾雷车之异，奄忽[1]而化。灵昌太守李邕作碑纪其事。

1 奄忽：突然，忽然。

殷七七

殷七七，名天祥，又名道筌，不知道是哪里人。殷七七游行天下，很多人都见过他，但是不知道他的年龄。殷七七在泾州卖药时，灵台的汉人和蛮夷都感染瘟疫，服用他的药后马上就痊愈了，人们都称他为神医。殷七七拿到钱后都施舍给了别人。唐代周宝镇守浙西时，殷七七又在此地卖药。周宝听说后，召见殷七七，对他说："鹤林的杜鹃花，天下奇绝。我曾经听说它能够瞬间开花，你能让它在九月九日开花吗？"殷七七说："可以。"等到九月九日，杜鹃花开得烂漫如春。周宝游赏玩了好几天。忽然，花全部消失不见。恰逢周宝做东迎接宾客，有位倒酒的倡优见到花都消失不见，就轻慢羞辱殷七七。殷七七对周宝说："我想用两个栗子作为酒令，可以吗？"在座的宾客都高兴地说："必定有戏法。"殷七七于是用栗子在宾客间流传，接到栗子的人都闻到异香，只有刚才嘲笑殷七七的倡优接到栗子后，栗子都变成了石头，还附着在鼻子上，怎么都拽不下来，散发出臭不可闻的气味。倡优同时狂舞不止，花钿都掉在了地上，不停地啼哭，而鼓乐却自己敲打起来。满座都笑倒在地。过了一会儿，有人替倡优谢罪道歉，这时石头才自己掉下来，又变回了栗子，花钿也恢复了原状。殷七七还有很多法术，都记载不过来。

原文　殷七七，名天祥，又名道筌，不知何所人也。游行天下，人多见之。不测其年寿。泾州卖药时，灵台蕃汉[1]疫病，得药即愈。人皆谓之神医。得钱皆施与人。唐周宝镇浙西时，七七复卖药。宝闻之，召见，谓曰："鹤林杜鹃花，天下奇绝。尝闻能开顷刻花，可副重九乎？"七七曰："诺。"及九日，花果烂漫如春。宝游赏累日，花忽不见。适会宾主趋迎，有佐酒倡优轻侮之。乃白主人："欲以二栗为令，可乎？"咸喜谓："必有戏术。"于是以栗巡行，接者皆闻异香。唯侮笑者，栗化作石，缀[2]在鼻，掣拽不落，秽气不可闻，且起狂舞，花钿[3]委地。相次悲啼，鼓乐皆自作。四坐笑皆绝倒。久之，相为祈谢，石自落，复为栗，花钿悉如旧。诸术尚多，不可胜记。

[1] 蕃汉：蛮夷和汉人。[2] 缀：连缀。[3] 花钿：用金翠珠宝制成的花形首饰。

李升

李升，字云举，江夏人，唐德宗甲午年出生，从小聪明过人，长大后博览群书，神思敏捷，出口成章。李升生性高雅古朴，拜少室山道士为师，学习炼气养形之术。当时元稹、白居易和李升结交，对李升说："生逢太平盛世，为什么不考取功名利禄，而是长久甘于一介布衣呢？"李升说："我不会为天下出来做官，就算被朝廷征聘也不会出仕，我只想靠诗酒度过接下来的岁月。"唐僖宗庚子年，黄巢军队进犯京师，李升搬到宛陵居住。住了一段时间后，他容光焕发，毛发返黑，眼睛方正，牙齿像枣核一样尖锐。李升忽然对人说："我已经厌倦了连年的战争，不如仙去。"当时他已经一百四十七岁，说完此话的第二天气绝身亡，死后容貌不变。李升被人入殓装棺时，发现只是一件空衣而已。

【原文】 李升，字云举，江夏人。唐德宗甲午年生。幼而聪悟。及长，博通群书。机捷[1]，出口成章。性高古。师少室山道士，学炼气养形之术。时元稹、白居易与之友，谓升曰："生当太平之世，何不就荣禄，而久为布衣？"曰："不为世征，征亦不就。以诗酒延留岁月。"僖宗庚子岁，黄巢犯阙，徙居之宛陵。久之，容貌光泽，须发更黑，目瞳且方，牙齿尖锐如枣核。忽告人曰："厌此兵革[2]纷纷，不如去矣。"时年一百四十七岁，翌日气绝，颜色不变。举之就棺，空衣而已。

1 机捷：机智敏捷。**2** 兵革：战争。

费文祎

费文祎，字子安，好道，修成神仙。费文祎偶然路过江夏辛氏酒馆，在里面喝酒，辛氏用大酒杯请他喝酒。第二天，费文祎又来到酒馆，没有向费文祎索要酒钱，又请他喝酒。这种情况数年，辛氏无丝毫吝啬。于是费文祎对辛氏说："我欠了你很多酒钱，现在我要稍稍偿还一些。"费文祎拿出橘子皮，在酒馆的墙壁上画了一只鹤，说："客人前来喝酒，只需令人拍手唱歌，鹤必从墙上下来起舞。"后来客人到酒馆喝酒，画鹤果然翩翩起舞，回旋婉转，与音乐合拍。远近之人没有不聚在这酒馆喝酒，观看仙鹤跳舞的。过了十年左右，辛氏已经家财万贯。一天，费文祎来到酒馆说："之前喝了您的酒，现在偿还得怎么样啦？"辛氏道谢说："有赖您所画的黄鹤，获利百倍。希望您能在酒馆暂留几天，我好好表示谢意。"费文祎笑着说："我这次来难道是为了喝酒？"费文祎拿出牧笛吹奏起来，不一会儿，白云从天而降，墙壁上的鹤飞到费文祎面前，费文祎骑鹤乘云飞升而去。辛氏在费文祎飞升的地方建造了一座楼，叫作黄鹤楼。

【原文】 费文祎，字子安。好道，得仙。偶过江夏辛氏酒馆而饮焉。辛复饮之巨觞[1]。明日复来，辛不待索而饮之。如是者数载，略无愠意[2]。乃谓辛曰："多负酒钱，今当少酬。"于是取橘皮，向壁间画一鹤，曰："客来饮，但令拍手歌之，鹤必下舞。"后客至饮，鹤果蹁跹而舞，回旋宛转，曲中[3]音律，远近莫不集饮而观之。逾十年，辛氏家赀[4]巨万矣。一日，子安至馆曰："向饮君酒，所偿何如？"辛氏谢曰："赖先生画黄鹤，因获百倍，愿少留谢。"子安笑曰："来讵[5]为此。"取笛数弄，须臾，白云自空而下，画鹤飞至子安前，遂跨鹤乘云而去。辛氏即于飞升处建楼，名黄鹤楼焉。

[1] 巨觞：大酒杯。 [2] 愠意：吝啬。 [3] 中：符合。 [4] 家赀：家产。 [5] 讵：难道。

杜光庭

杜光庭，唐缙云人。咸通年间，杜光庭和郑云叟写下长达万字的文章，还是没有考中科举。杜光庭于是前往天台山学道，应诏担任道门领袖。唐僖宗时，杜光庭跟随在皇帝身边，兴元末期，隐居青城山。蜀王建封杜光庭为广城先生。去世时享年八十五岁。人们都认为杜光庭尸解而去。他写有百卷文集，流传于世。

原文

杜光庭，唐缙云人。咸通中，与郑云叟赋万言不中，遂入天台学道。应制[1]，为道门领袖。僖宗时从幸。兴元后，隐于青城山。蜀王建封为广城先生。年八十五而逝。人以为尸解去。有文集百卷。

1 应制：应诏，应皇帝之命。

刘无名

刘无名，曾经夜里坐守庚申，服用雄黄，后来遇到一只鬼使告诉他："我前来摄走你的魂魄，但你头上有黄光数丈，我没有办法接近。一金二石叫作'丹'。你服用石头，再服用黄金，那么鬼籍上就没有你的名字了。遇到青华真人，你就定名仙籍了。"刘无名后来遇到青华真人，传授他丹诀："铅为君，汞为臣，石为使，黄芽为田。"刘无名从此以后能够在口中炼汞成金，最后飞升仙去。

> 原文

刘无名，尝夜坐守庚申[1]，服雄黄。后见一鬼使告之曰："我来摄[2]君，君头上有黄光数丈，不可近。一金二石，谓之丹。君服其石，更服其金，则鬼籍落名，青华定箓矣。"后遇青华真人，授丹诀曰："铅为君，汞为臣。石为使，黄芽为田。"遂能口内炼汞成金。竟得仙去。

1 守庚申：信奉道教者每天庚申日通宵静坐不眠，谓之守庚申。 2 摄：捉拿。

叶千韶

叶千韶，字鲁聪，建昌人，从小拜西山道士为师，学习十二真君道术，修炼辟谷导引之法。叶千韶曾经独居山中，电闪雷鸣，冰雹四起，忽然一位白衣人出现，对叶千韶说："你的道行和德行已经完备，名字已经录在仙籍，只是你还需在人间驱使鬼神，今天我奉诏授予你天书。"叶千韶焚香后阅读天书，就像读人间的兵书一样。从此以后，叶千韶能够立刻召来风雨，驱使雷电，救人疾病，立马见效。叶千韶后来遍游天下，在唐咸通年间，游历来到濠州。刺史刘昉忽然中风，召叶千韶前来为他治病。叶千韶则画了三张符，贴在刘昉的肩、肋骨和大腿处，说："从脚上把风驱赶出去。"风果然呼呼地从脚心冒出，刘昉因此痊愈如初。叶千韶后来隐居西山，消失不见了。

> 原文

叶千韶，字鲁聪，建昌人。少事西山道士，学十二真君道术，辟谷服气。尝独居山中，大雷雨雹。忽一白衣人言："君道德臻备[1]，仙籍襃升。犹当在人间役使鬼神。今奉诏授君天书。"韶焚香读之，若人间兵籍也。自是能立致风雨，驱使雷电，救人疾疫，其应如响。后遍游天下。至唐咸通间，游至濠州。刺史刘昉忽中风[2]，召治。则书符三通，贴于肩胁腿处，曰："驱风，从脚出。"风果冷冷然，自脚心出而愈。后隐西山不见。

1 臻备：达到完备的程度。**2** 中风：外感风邪的病患。

山图

山图，陇西人，从小就喜欢骑马，有一次被马踢中，把脚折断了。山图遇到一位山中道士，让他服用地黄、苦参散。山图服用了一年，不仅脚痊愈了，身体也变得轻盈。山图后来又遇到道士，道士对他说："你如果能够跟随我，我可以使你长生不老。"山图立即跟随道士，游遍天下名山大川，过了六十年。一天，山图回到家中，恰逢母亲去世。下葬结束后，山图又离家而去，从此不知所踪。

(原文) 山图，陇西人。少好乘马，马蹄[1]之，折其脚。遇山中道人，教令服地黄苦参散。服之一岁[2]，而脚愈身轻。复遇道人言："能随吾，使汝不死。"图即随之，遍游名山。逾六十年。一旦归家，正母死。葬毕，复去。遂莫知所之矣。

1 蹄：踢。**2** 一岁：一年。

晏仙人

晏仙人,曾经在鄞江山中砍柴,遇到一位道士在吃桃子。道士把剩下的一半桃子送给晏仙人吃。晏仙人从此能够预知他人的吉凶祸福。鄞江边上的人都称他为"晏仙人"。

原文 晏仙人,尝采樵[1]鄞江山间。见一道人食桃。余半颗与之食,遂能前知人之祸福。汀人目曰"晏仙人"。

[1] 采樵:砍柴。

杨昭庆

杨昭庆,志在清虚无为。唐景福年间,杨昭庆从京兆来到眉州,感慨道:"过去史通平先生获得三一之旨,修行后白日升天成仙,难道就没有继承者吗?"于是杨昭庆前往青神县游仙观,居住了三十多年。后来感动了五岳丈人和希受真人,他们降临道观,授予杨昭庆朱明龙文,也传授了他尸解之道。

原文 杨昭庆,志尚清虚。唐景福中,自京兆至眉州,乃叹曰:"昔史通平先生得三一[1]之旨,修之已白日升天,独无继者乎?"遂住清神县游仙观三十余载。感五岳丈人,希受真君降,授以朱明龙文,亦得尸解之道。

[1] 三一:道家语,指由精、神、气三者混而为一之道。

柴通玄

柴通玄，陕州阌乡人，在承天观做道士，自称一百多岁，讲述唐朝末年的事情，就好像历历在目。柴通玄擅长辟谷和吟咏，最喜欢喝酒。宋太宗召他入宫，没过多久，柴通玄就请辞回归山林。宋真宗祭祀汾阴，也召见柴通玄前来应对。第二年春，柴通玄写了一份遗书，派弟子送到宫里，又聚集百官公卿，讲述生死之要。一天半夜，柴通玄沐浴更衣，燃香礼拜，黎明时分，溘然长逝。

【原文】 柴通玄，陕州阌乡人，为道士于承天观。自言百余岁。言唐末事历历可纪。善辟谷长啸，最喜饮酒。宋太宗召至，恳求还。真宗祀汾阴，亦召对。明年春，通玄作遗表[1]，遣弟子诣阙。又集官僚士庶，言生死之要。夜分，盥濯燃香，迟明[2]而逝。

1 遗表：古代大臣临终前所写的章表，于卒后上奏。**2** 迟明：黎明，天快亮的时候。

丁少微

丁少微，亳州真源人，隐居华山潼谷，住在陈希夷房子附近。丁少微志向高洁，擅长导引之术，多吃仙药。一百多岁时，丁少微依然身体强健，毫无疾病。宋太宗召丁少微入宫，他献上金丹、巨胜、南芝、玄芝。皇上留丁少微在宫中住了一个多月，丁少微请求回到山中。不久丁少微就仙去了。

原文 丁少微，亳州真源人。隐华山潼谷，密迩[1]陈希夷所居。志尚清洁。善服气，多饵药。百余岁，康强无疾。宋太宗召至阙，以金丹、巨胜、南芝、玄芝为献。留月余，请还山。寻卒。

[1] 密迩：贴近，靠近。

赵自然

赵自然，住在铜陵县陶村耆，种杏树，炼丹药。宋代太平兴国年间，赵自然一天晚上梦到真君传授他篆法，从此能够写篆字。后又梦到吃下柏枝，从此不再进食。雍熙年间，赵自然被召入宫，皇上赏赐为他在凤凰山修建一座道观。

原文 赵自然，居铜陵县陶村耆。种杏，炼丹。宋太平兴国中，一夕[1]梦真君授以篆法，遂能篆。又梦食以柏枝，遂不食。雍熙中，召至阙下。赐观于凤凰山。

[1] 一夕：一天夜晚。

张无梦

张无梦，永嘉开元观的羽士。宋真宗召他入宫，讲授周易的谦卦，问他："为什么只讲授谦卦？"张无梦回答说："现在正处太平盛世，应当以'谦'守护。"真宗又命张无梦讲授《还元篇》，张无梦把真宗的疑问解释得详细明白，真宗感到很高兴。宋真宗御笔写下一首诗送给张无梦，送他回山。张无梦回来不久就尸解而去。

【原文】 张无梦，永嘉开元观羽士。宋真宗召对，讲易谦卦。真宗问曰："独说谦卦，何也？"对曰："方大有时，宜守之以谦。"复命讲《还元篇》，敷对[1]详明。真宗大悦，宸翰[2]特赐以诗，宠其还山。无几，尸解。

1 敷对：奏对。**2** 宸翰：帝王的墨迹。

徐道士

徐道士，居住在青溪天乐观，八十多岁。一天晚上，徐道士梦到大罗天赐给他一首诗。徐道士把梦告诉众人后，尸解而去。

【原文】 徐道士，居清溪天乐观，年八十余。梦大罗天[1]赐诗，因白众，尸解而去。

1 大罗天：道教所称三十六天中最高一重天。

抱一道士

抱一道士，姓赵，梁泉人。抱一道士曾经遇到一位老人，从竹筐中拿出食物给他吃，看上去像个萝卜。老人又给抱一道士一个小瓢，里面装着像绿豆一样的药。老人说："遇到病人，就施给他们。"抱一道士从此不吃不喝。宋真宗到东边巡视，召见抱一道士，赐名抱一。

(原文) 抱一道士，姓赵，梁泉人。尝遇一老人，箧[1]中取物饵之，状如芦菔[2]。又与一小瓢，中有药如绿豆。曰："遇有疾者施之。"自是绝粒。宋真宗东封，召见，赐名抱一。

[1] 箧：小箱子，收藏物品的东西，大的叫作箱，小的叫作箧。 [2] 芦菔：萝卜。

石仲元

石仲元，桂林人，号桂华子，在七星山做道士，精通诗词的微妙之处。宋天禧年间，石仲元临死之前对弟子说："生老病死，人之常情。尚未刊刻的诗文，你们帮我好好保存。"石仲元拿出平生所作的三百多首诗交给弟子，对他们说："凡是我所写的诗文，以及你们听我说过的道法，一定要传下去。"石仲元写有《桂华集》流传于世。后人在武夷山又见到过石仲元。

(原文) 石仲元，桂林人，号桂华子，为道士于七星山。于诗妙究精微。

宋天禧中，将逝，谓门人曰："荣谢[1]当然，未丧之文，子其嗣之。"尽出平生所作诗三百余篇授之。曰："凡吾之所得，子之所知，必传之。"有《桂华集》存世。后人见之于武夷。

[1] 荣谢：草木茂盛与凋零，亦喻人世的兴衰。

林遇贤

林遇贤，宋咸平初年，来到长洲，寄居在明觉禅院，经常以喝酒吃肉来自娱。酒家有时遇到林遇贤来店喝酒，就卖出数倍于平常的酒。人们称林遇贤为酒仙。林遇贤断人祸福吉凶，必定灵验。他用符水给人治病，必定痊愈。适逢建造佛寺，林遇贤施舍了数百万的钱财，但未曾向他人乞讨过，人们都不知道他是如何获得这么多钱的。

原文 　林遇贤，宋咸平初，来寓长洲之明觉禅院。常以酒肉自纵。酒家或遇其饮，则售酒数倍于他日。人称为酒仙。语[1]人祸福必验，以符[2]治病必痊。时创佛舍[3]，助钱数百万。未尝称丐于人，而不知所自来。

[1] 语：谈论。 [2] 符：道符。 [3] 佛舍：寺院房舍，佛堂。

郭上灶

郭上灶，宋天禧年间，受雇于汴州桥的茶馆洗刷碗筷。一天，郭上灶遇到吕洞宾，就随他而去十余年。回到汴州后，郭上灶拜访赵长官说："我即将去世，希望你能施舍我一口棺材。棺材顶部穿一个小孔，然后放一根竹子在小孔中，同时凿通竹子的竹节。"赵长官答应了郭上灶的请求。第二天，郭上灶打水洗完澡，躺在一棵槐树下面，气绝身亡。赵长官把郭上灶葬在河边。当年秋水猛涨，赵长官前往查看坟墓情况，发现棺材中没有尸体。

原文　　郭上灶，宋天禧中，以佣沦汤涤器汴州桥茶肆。一日，遇纯阳，随去十余年。复归，谒赵长官曰："大数[1]垂尽，愿施一小棺。棺首可穿一穴，插通节竹于穴中。"赵许诺。明日，汲水浣身[2]，卧槐下，遂绝。葬于河岸。是秋水涨，赵往视之，获棺无尸。

[1] 大数：寿命。[2] 浣身：洗澡。

甄栖真

甄栖真，字道渊，号神光子，博涉经传，擅长写诗作赋。甄栖真考科举落榜，叹道："劳神费精来博取虚名。"于是读道家书来自娱。甄栖真起初寻访崂山华盖先生，后来在京城待了一段时间，又去周游四方，以医术救人疾苦。宋祥符年间，寄居在晋州紫极宫。甄栖真性情平和恬淡，当地人都很喜欢他。甄栖真七十五岁时遇到许旌阳。许旌阳对他说："你神采俊秀，虽然现在已经年老，但还是可以修炼成仙。"许旌阳因此传授甄栖真炼行养元的诀窍。甄栖真修行了两三年，相貌返老还童，攀高涉险，身体轻盈，如同飞鸟，有时几个月不吃不喝。乾兴元年冬天，甄栖真坐在砖榻上去世，一个月后，尸体还和活着的时候一样。这时人们才知道，甄栖真尸解而去了。

原文　　甄栖真，字道渊，号神光子。博涉经传，长于诗赋。应举不第，叹曰："劳神敝精，以博虚名。"遂读道家书以自娱。初访牢山[1]华盖先生。久之，游京师，周历[2]四方，以药术济人。宋祥符中，寓晋州紫极宫。性和静怡淡，晋人爱之。年七十五，遇许旌阳，曰："汝风神[3]秀异，虽老亦可仙。"因授炼形养元之诀，行之二三年，颜童发黑。攀高蹑险，轻若飞举。或月余不食。乾兴元年冬，坐砖榻而卒。月余，形如生。众始知其尸解去。

1 牢山：即崂山，古时称"牢山"，清以后多用"崂山"。2 周历：遍游。3 风神：风采、神态。

管归真

　　管归真，钱塘人，天圣年间遇到一位青衣人，自称姓边，有点铁成金之术，愿意把法术传授给他。管归真问："变成黄金能保持多久？"青衣人说："五百年后恢复原状。"管归真谢绝道："我不能坑害了后人。"青衣人把手搭在管归真的额头上说："你是真人哪！我有紫府符法，珍藏已久，今天难道还要继续藏着吗？"于是把符法传授给管归真。没过一年，管归真的符法已经名声大振。祥符年间，管归真被召入宫，用符救人治病，没有治不好的。京师遇到大旱，朝廷召管归真作法祈雨。管归真施法后，龙虎在天上飞跃，下起倾盆大雨。朝廷给管归真加尊号大法师，赐号正白先生。一天，管归真召来他的徒弟，对他们说："绣衣使者告诉我功业已成，天帝召我入天庭任职。"说完，管归真躺在床上溘然长逝。熙宁年间，赵抃镇守杭州，记录下了他的生平事迹。

【原文】 管归真，钱塘人。天圣间遇一青衣，自言姓边氏，有点化黄白之术，愿以为赠。归真问曰："历岁久远不？"曰："五百岁后当复尔。"归真谢曰："得不误后人也。"青衣以手加额曰："子真人也。吾有紫府[1]符法，珍藏已久，今岂可隐乎？"于是遂受之。不逾年，符法[2]大振。祥符中，召赴阙。行符救病，无一不愈。京师旱，召归真作法。龙虎飞跃，膏雨大溽[3]。加大法师，赐号正白先生。一日，召其徒告之曰："绣衣使者告吾功业成，上帝召任职矣。"遂偃然[4]而化。熙宁中，赵抃守杭，记其行事。

[1] 紫府：道教称仙人所居。[2] 符法：符术。[3] 溽：润泽。[4] 偃然：安息。

鱼肉道人

鱼肉道人，不知道他的姓名，家在成都，生于宋天圣年间，儿时手脚挛缩，不能说话，后来遇到一位异人给他一粒药放于口中，从此能够说话走路，知道幽冥之事。鱼肉道人遇到武当孙坦先生对他说："罗浮山的王野人，是五代时期的惠州刺史，后来弃官学道。你应该前往拜访他。"鱼肉道人来到罗浮山，爬着绿藤登上悬崖，见到王野人正踞坐着。鱼肉道人跪拜后拱手施礼，王野人说："你可以学习道法了。"王野人拿出鱼肉给他吃。鱼肉道人从此能够吃生肉。绍兴末年，朝廷召封鱼肉道人为达真先生。

原文　　鱼肉道人，不详其姓氏，家成都。生于宋天圣中，儿时手足挛缩，瘖[1]不能言。遇异人以药一粒，纳之口中，遂能言行，知隐匿事，遇武当孙坦先生，曰："罗浮山王野人，五代时惠州刺史，弃官学道。宜往拜之。"道人至罗浮，缘藤上崖，见野人踞坐[2]。拜毕，拱立。野人曰："子可教。"取鱼肉与食。道人自此能食生肉。绍兴末，召封达真先生。

1 瘖：嗓子哑，不能出声。**2** 踞坐：坐时两脚底和臀部着地，两膝上耸。

蓝乔

蓝乔，宋龙川人，考科举落榜，于是在霍山隐居。蓝乔经常吹笛，吟诗作赋，唱道："太一亭前是我家，满床书史足生涯。春深带酒不归去，老却碧桃无限花。"蓝乔曾自称是罗浮山的仙人。一天，蓝乔飞升而去。后来有人在洛阳见到蓝乔，身穿粗布衣，打了上百个补丁。蓝乔走到一家酒馆中，一下喝了几斗的酒。他经常在脚下放一百张纸，让人一张一张地拽走，却没有一张破损，可见蓝乔身体轻盈。那天，蓝乔又把纸放在脚下，众人拿完后，只见蓝乔脚下飘浮着云气，随着风云飘升而去。这时天空出现仙鹤，从南而来迎接蓝乔，同时空中回荡着吹奏笙箫的声音。

原文 蓝乔，宋龙川人。举进士不第，乃隐于霍山。常吹笛赋诗，云："太一亭前是我家，满床书史足生涯。春深带酒不归去，老却碧桃无限花。"尝自云是罗浮山仙人。一日，飞升而去。后有人见于洛阳，布衣百结[1]入酒肆[2]中，一饮数斗。常置纸百张于足下，令人片片拽之，无一破者，盖身轻也。是日，复置纸于足下，令人取尽。足浮风云，倏倏而去。有仙鹤南来迎之，空中历历[3]闻笙箫声。

[1] 百结：很多补丁。[2] 酒肆：酒馆。[3] 历历：清晰。

赵棠

赵棠，宋曹州人，弃官隐居在番禺。汴京景德寺有位异僧，名叫志言。人们传言赵棠与僧人经常用偈颂相互唱和。两人相距万里，但偈颂几天就能到对方手中。赵棠去世，恰逢盛夏，而尸体却不腐败。

原文 赵棠，宋曹州人。弃官，隐居番禺。汴京景德寺有异僧，曰志言。人传棠与僧常以偈颂[1]相寄，万里间数日即达。棠死，值盛夏，尸不变。

[1] 偈颂：佛经中的唱颂词，通常以四句为一偈，多指释家隽永的诗作。

刘混康

刘混康，晋陵人，小时候遇到神人，传授给他咒术，替人治病，病人马上就好。宋仁宗听说后召刘混康入宫。刘混康在宫中的言行都很符合宋仁宗的心意。刘混康后来前往茅山居住，朝廷赐他号为葆真冲和先生。

原文 刘混康，晋陵人。幼遇异人，授以咒术，治疾辄验。宋仁宗闻而召之，事皆称旨[1]。后住茅山，赐号葆真冲和先生。

1 称旨：符合上意。

侯谷神

侯谷神，担任沂州道正，样貌古朴，身体清瘦，非常羡慕神仙的点铁成金术。一天，侯谷神遇到一位身穿鹑衣的道士来到观中。两人聊了一会儿，那道士便从袖子中拿出一粒药丸，给侯谷神吃掉。侯谷神活到八十五岁时，忽有一天沐浴更衣，辞别诸位弟子，枕着胳膊羽化而去。

原文 侯谷神，为沂州道正[1]。貌古形臞[2]，酷慕神仙黄白之术。一日，一鹑衣[3]道士入观中，少话间，袖出丸药一粒，与谷神啖之。年八十有五，忽沐浴，别诸弟子，枕肱而羽化。

1 道正：道观的住持，观主。**2** 形臞：身体消瘦。**3** 鹑衣：破烂的衣服。

杨父

杨父，号越渔翁，生了一个女儿，容颜绝美无双。有位姓谢的后生求娶杨女，杨父说："我的女儿写了一联诗，如果你能够对出下联，那我就把她许配给你。诗是：'硖衾半窗月，修竹一帘风。'"谢生说："何事今宵景，无人解与同。"杨女听后说："你是我的命定夫君。"于是和谢生结婚。婚后七年，杨女忽然闭目而逝。后来谢生在江中见到杨女，杨女对他说："我本来是水仙，暂时被贬谪到人间而已。"

原文 杨父，号越渔翁，生一女，绝色[1]。有谢生[2]求娶，父曰："吾女有诗一联，能续之则可。诗曰：'硖衾半窗月，修竹一帘风。'"生曰："何事今宵景，无人解与同。"女曰："天生吾婿。"遂偶之。七年，忽瞑目[3]而逝。后生见之江中，曰："吾本水仙，暂谪人间耳。"

[1] 绝色：非常美。[2] 谢生：姓谢的男子。[3] 瞑目：闭上眼睛。

崔自然

崔自然，巢县人，从小好道，获得服食松脂之法，后来在城南的山洞中隐居，修炼辟谷之术。积雪尚未化去，天寒地冻，崔自然就在溪水中洗澡。每次入山，虎豹见到崔自然后都很温驯。一天，崔自然对徒弟说："我被仙官召见。"说完，崔自然就去世了。有人从豫章前来，在路上见到过崔自然。直到今天，崔自然的石床和药鼎还留存于世。

原文 崔自然，巢县人。少好道，得服松脂法。后隐于城南洞中，辟谷修炼。积雪凝寒，尝于溪中澡浴。每入山，虎豹见之皆驯服。一日，谓其徒曰："我为仙官所召。"语讫而逝。有人自豫章来者，见之于道。今石床、药鼎[1]见存。

1 药鼎：煎药用具，也指道家炼丹药所用的丹鼎。

陈葆光

陈葆光，住在晋陵天庆观，曾经梦到玄武神举起白璧送给他。陈葆光从此善写符箓，治病手到病除。陈葆光写有三卷《丹神蒙求》流传于世。

原文 陈葆光，住晋陵天庆观。尝梦玄武神举白璧授之，遂善符箓。治病立应，撰《丹神蒙求[1]》三卷存世。

1 蒙求：蒙昧的人追求不断解决疑难，后来用蒙求做启蒙的书名。

韦恕女

韦恕的女儿及笄后，有一位姓张的老人，是六合县的园丁，亲自前来向韦恕求婚。韦恕说："如果你能马上拿出五百缗的聘礼，方可与我女儿成亲。"张老答应了韦恕的条件，不一会儿，聘礼钱就到了。张老娶了韦恕的女儿后，每天在田里锄地，去市场上卖菜。韦恕的女儿则每天洗衣做饭。一天，韦恕的女儿回到娘家辞别韦恕说："王屋山下有一个小庄，我今天和您的女婿一同前往。将来麻烦您让哥哥前来拜访做客。"后来韦恕令儿子韦义方拜访张老。韦义方来到一座府第前，只见一群青衣人引着一人，衣冠楚楚，即张老，张老见到他后高兴地说："你的妹妹正在梳头。"随即邀请韦义方入内相见。张老设宴款待了韦义方好几天，临别时，张老送给韦义方三十镒黄金和一顶旧竹帽，并说："黄金太多不便携带，可以拿着这顶帽子到扬州王老家换取一千万钱。"韦义方回来后把这件事告诉了韦恕，又去寻找王老，果然如数获得一千万钱。韦义方后来再去寻找张老，发现前往张老家的路消失不见了。

原文　　韦恕女，及笄。有张老者，六合县之园叟[1]也，自求婚于恕。恕曰："即下聘钱五百缗，方可。"老诺，不移时而钱至。既娶，老负钁秽地[2]，鬻蔬不辍。女执爨濯[3]。一日女来辞恕曰："王屋山下有小庄，今随婿[4]往。他日烦令大兄[5]来相访。"后恕令男义方访之。至一甲第，见青衣辈引一衣冠人，即张老也。喜曰："贤妹正梳头。"即延入见。宴款累日。别时，奉金三十镒，并一旧席帽，曰："金多，不便提携。可持此帽于扬州王老家取钱一千万。"义方归告，复访王老，果如数得钱。再寻之，不复有路矣。

[1] 园叟：种菜的老人。[2] 钁秽地：挖地。[3] 爨濯：做饭、洗刷，泛指家务。[4] 婿：丈夫。[5] 大兄：长兄。

刘野夫

刘野夫，青州人，住在东都，曾经和龚德庄约定："你家人晚上必定外出。我晚上会前来见你。"龚德庄晚上的时候在家静坐，过了一会儿，见火从门上烧起，于是冒着烈焰逃了出来。房子四周都被烧成了灰烬。第二天，刘野夫前来说："幸好你的家人外出，恭喜。"陈莹中尤其推重刘野夫。宋政和年间，刘野夫寓居在兴国寺。有人算过刘野夫的寿命，有一百四十五岁。

原文　刘野夫，青州人，居东都。尝约龚德庄曰："君家人，夕必出。我夕当往见君。"德庄至晚坐待。久之，见火自门起。德庄遂冒烈焰而出，四傍皆烬[1]。翌日，野夫来曰："君家人幸出，可贺也。"陈莹中尤深重之。宋政和间，寓兴国寺。人计其寿，一百四十五岁。

1 烬：烧成灰烬。

许碏

许碏，自称高阳人，年少考进士落榜，在王屋山学道，后来周游五岳，名山洞府，都前往游历过。碰到悬崖峭壁、人迹罕至的地方，许碏就在那里题写："许碏从峨眉山前来寻找偓月子到此。"有人问他为什么这样做，许碏说："我是天上的神仙，之前在昆仑山参加宴会，因为失礼，被贬谪到人间。"人们听后都哈哈大笑，认为他是疯子。后来有一个春天，许碏在头上插满鲜花，在酒楼上醉酒唱歌，然后飞升而去。

> **原文**　　许碏，自言高阳人。少举进士不第，学道于王屋山。周游五岳。名山洞府，无不遍历。石崖层壁，人不及处，即题云"许碏自峨眉寻偃月子到此。"或诘之，曰："我天仙也。向在昆仑就宴，失仪[1]见[2]谪。"人皆笑之，以为风狂。后当春景[3]，插花满头，于酒楼上醉歌，升云飞去。

1 失仪：不符合礼节仪式。2 见：被。3 春景：春天的光景。

苏舜卿

苏舜卿，字子美，擅长写诗，和梅尧臣齐名。苏舜卿后来搬到苏州居住，买了一些水石，修建沧浪亭，从此号沧浪翁。后来，崔存在王屋山遇到苏舜卿，问他："世人都说你是学士仙，是这样吗？"过了一会儿，苏舜卿说："瀛洲有人召我。"说完，苏舜卿就飞升而去。

> **原文**　　苏舜卿，字子美。长于诗，与梅圣俞齐名[1]。徙居苏州，买水石作沧浪亭，号沧浪翁。后崔存遇于王屋山，问曰："世传学士仙矣。"良久曰："瀛洲有召。"遂飞去。

1 齐名：同等的名望。

沈鳞

沈鳞，字廷瑞，沈彬的儿子，在玉笥山学道，经常穿一件粗布单衣，无论刮风还是下雨，都不换衣服。沈鳞喜欢喝酒，擅长写诗，世人称呼他为沈道士。沈鳞写有一首寄给朋友陈智周的诗："名山相别后，此去会难期。金鼎消红日，丹田老紫芝。访君虽有路，怀我岂无诗。休羡繁华事，百年能几时。"后来尸解而去。

原文 沈鳞，字廷瑞，彬之子也。学道于玉笥山。常衣单褐[1]，风雪不易。嗜酒工诗，时呼为沈道者。有诗寄故人陈智周，云："名山相别后，此去会难期。金鼎[2]消红日，丹田老紫芝。访君虽有路，怀我岂无诗。休羡繁华事，百年能几时。"后尸解而去。

[1] 单褐：粗布单衣。[2] 金鼎：道士炼丹之鼎炉。

牟罗汉

牟罗汉，眉州人，名安。牟罗汉到岷山，爬上清阪，忽然遇到一位髯客回头笑着对他说："你饿了，为什么不吃柏子？"说完，髯客扔了一颗柏子到牟罗汉的口中。就在这时，髯客消失不见了。牟罗汉吃下柏子后，再也不生火做饭了。一天，江水暴涨，船不能渡江。有人戏指着牟罗汉的斗笠说："坐斗笠渡江，可以吗？"牟罗汉于是把斗笠放在水上，然后趺坐在斗笠中渡过了江。人们都称他为牟罗汉。

> 牟罗汉，眉人，名安。如岷山陟上清阪[1]，忽遇髯者顾笑曰："汝饥，何不食柏子耶？"言讫，摘子投其口。髯者不复见矣。于是遂不火食[2]。一日，江水暴涨，舟不可行。或戏指其笠曰："乘此渡，可乎？"安遂置笠水面，趺坐其上，截江以济。人呼为牟罗汉云。

[1] 阪：山坡，斜坡。 [2] 火食：烧火煮饭。

刘遁

宋丁谓经常和刘遁往来。一天，刘遁写了一首诗赠给宋丁谓，其中有"他时驾鹤游沧海，同看蓬莱海上春"两句。宋丁谓当时不懂什么意思。等到南迁，在崖州见到刘遁，宋丁谓这才领悟到刘遁是异人，于是和他一起在海上泛舟饮酒。宋丁谓说："这成全了你的诗意。"

> 刘遁，宋丁谓尝与之往来。一日，遁作诗赠谓，有"他时驾鹤游沧海，同看蓬莱海上春"之句。谓当未解。及南迁，见之于崖州，谓方悟遁异人也。遂与之泛舟[1]海上而饮，曰："成子之诗意矣。"

[1] 泛舟：划船。

李常在

李常在，蜀人，从小修行道术，好几代人都见过他。李常在起初有两个儿子一个女孩儿，在他们的婚事都完成后，李常在就离家而走，只有两位弟子跟随。李常在后来用两根青竹杖度化两位弟子的形骸，让他们回家把竹杖放在床上。弟子回去后照做，各家的父母见到儿子的尸体躺在床上，痛哭不已，随后把他们下葬。一百多天后，有人在郫县遇到两位弟子跟随着李常在。弟子分别往各自家中寄回了一封信。家人打开棺材查看，发现只有一根青竹杖而已。李常在又娶了一位妻子，前妻让儿子寻找他。李常在对儿子说："你们的母亲想见我，但是根据道法，我们不能相见。"儿子见到李常在新娶的妻子后，失声痛哭，然后与他诀别而去。

原文　　李常在，蜀人。少治道术，人累世[1]见之。初有二男一女，婚娶已毕，乃去。唯二弟子随之。后各以青竹杖度二弟子身。遣归家，置杖卧床，径还。其家并见儿尸在床，各泣而埋之。百余日，有人于郫县逢二子随常在。因附书[2]达家，各发棺视之，惟一青竹杖耳。常又娶妇，前妇令子往寻之。常在曰："妇欲来见我，法不得见。"儿见妇，泣而诀去。

1 累世：历代，接连几代。　**2** 书：信。

张远霄

张远霄,眉山人。一天,张远霄见到一位老人,拿着一个竹弓、三颗铁弹,说它们值三百千钱。张远霄毫不吝啬钱财,直接把它们买下了。老人说:"我的弹弓能够驱除瘟疫,你要藏好,小心使用。"张远霄再次见到老人时,老人传给他成仙之法。张远霄和老人熟悉后,仔细观察他的眼睛,发现各有两个瞳孔。张远霄后来前往白鹤山垂钓,在西湖峰遇到一位老人对他说:"四目老人是你的师父,你还记得他给你的竹弓和铁弹吗?"张远霄于是大彻大悟,飞天成仙。

原文 张远霄,眉山人。一日,见老人持竹弓一、铁弹三,云质钱[1]三百千。张无靳色[2]。老人曰:"吾弹能辟疫疠,宜宝而用之。"再见老人,遂授以度世法。熟视见老人目,各有两瞳子。后往白鹤山垂钓。西湖峰上遇一老人曰:"四目老人,子之师也。尚不记授竹弓铁弹时耶?"远霄遂大悟,而成仙举。

[1] 质钱:典钱,换钱。 [2] 靳色:吝色,舍不得的神情。

费孝先

费孝先,成都人。宋至和二年,费孝先游历青城山,来到一个村庄,遇到一位老人,老人邀请他坐下休息。费孝先因为弄坏了老人的竹床,心中感到不安,请求按价赔偿老人的损失。老人笑着说:"正好成全了竹床的毁数。看看竹床下面,你能看到那写着'某年某月某日造,某年某月某日被费孝先损坏'。"费孝先算了一下，发现这个竹床已经两百多年了，于是恳请拜老人为师。费孝先获得《周易》的奥秘，最后以擅长算卦闻名天下，后来飞仙而去。

原文　费孝先，成都人。宋至和二年，游青城山。至一村庄，遇老人延之坐。因坏其竹床，孝先不自安，请偿其值。老人笑曰："成毁数也。子但视其下，书云'某年月日造，某年月日为费孝先坏'。"孝先计之，已二百余年，遂恳拜为师。得授易义之秘，竟以卜鸣[1]天下而仙去。

[1]鸣：著名，闻名。

张道清

张道清，郢州人。宋熙宁年间，张道清住在九宫山修炼，名声传到宫中。宋光宗曾经有一次生病，召张道清前来治病。张道清给光宗喝下符水后，光宗马上就痊愈了。张道清设坛作法的晚上，就像白天一样明亮。光宗因此赐号张道清为真君。宋宁宗亲自写下"钦天瑞庆宫"五个字，赐给张道清。谢枋得为张道清写诗："真人何代结幽栖，累世奎章焕紫泥。日月高奔黄道近，衡庐傍出玉绳低。"

原文　张道清，郢州人。宋熙宁间，住鄂渚九宫山修炼，声动禁中[1]。光宗尝有疾，召道清治之，以符水进，立愈。修醮[2]之夕，光景如昼，因赐号真君。宁宗亲书"钦天瑞庆宫"五字赐之。谢枋得诗："真人何代结幽栖，累世奎章³焕紫泥。日月高奔黄道近，衡庐傍出玉绳低。"

1 禁中：帝王所居宫内。**2** 修醮：道士设坛作法事禳除灾祟。**3** 奎章：帝王的诗文、书法等。

二张仙翁

二张仙翁，一位名道温，京兆人；另一位名崇真，泽州人。二人同居于泽州上町社的修真观中，一起外出向东游历海岛，遇到刘长生，私下传授他们妙法。二人回来后在原来的住处搭建了一座茅屋，相继坐着尸解而去，尸体埋在同一个墓穴。传说他们一起成仙而去。

【原文】 二张仙翁，一名道温，京兆人；一名崇真，泽州人，同居泽州上町社修真观。偕¹出东游海岛，遇刘长生，密传妙法。复归，结茅²于旧栖。相继坐蜕³，瘗⁴之同穴。皆传同仙去云。

1 偕：一起。**2** 结茅：搭建茅屋。**3** 坐蜕：坐着仙逝。**4** 瘗：埋葬。

张先生

张先生，贵池人，小时候遇到神人而得道，在齐山中搭建草庐修炼，经常不发一言。士大夫向他问话，他只是用眼睛直视对方，不作回答。张先生终日端坐在草庐中，长达三十年，神采奕奕，头发乌黑，皮肤如同玉雪一样润滑。宋政和年间，张先生尸解而去。后有，氿阳萧行美，九十多岁，质朴无华，清静自守。萧行美曾经在对融山游玩，遇到一位老人，自称是张先生。老人指着一丛草说："你把它移回家种植，能够用它煮铁成银。但是千万不要泄露出去。"萧行美接受了老人的教化，把草移回家，试验后发现果然能变铁成银。过了很久，萧行美逐渐泄露了这个秘密。一天傍晚，风雨大作，雨水冲走了仙草。萧行美再次入山寻找仙草，发现它们都不见了。

【原文】 张先生，贵池人。少遇异人得道，结庐齐山中。常默不语，士大人问之，直视不对。终日端坐庐下，三十年。神观[1]超然，毛发玄润，肌理如玉雪。宋政和间，尸解而去。后沔阳萧行美，年九十余，笃行履素[2]。尝游对融山，遇一老人，自称张先生，指草一丛曰："移栽之，可煮铁成银。但勿漏泄。"行美受教，遂移草归。试之，果然。久之，渐泄其秘。一夕，大风雨，漂失其草。再入山求访之，俱不复见矣。

[1] 神观：精神容态。[2] 履素：质朴无华、清白自守的处世态度。

杨权

杨权，盱江人，从小聪明过人，不同寻常。杨权听说张真牧有道行，立即前往拜他为师。张真牧于是传授杨权九返之术，又叮嘱说："逢江莫行，至泥则止。"后来，杨权坐船行至九江的江沱嘴，于是大彻大悟。杨权就地搭建草庐，住在里面修炼。当时瘟疫流行，杨权施舍符水救人，立马见效,远近之人都很仰慕他。杨权后来写下一首颂诗就尸解而去了。宋咸淳年间,杨权被封为通慧孚惠真人。

原文　　杨权,盱江人。自少颖悟不群,闻张真牧有道行[1],即往从之。真牧授以九返之术,曰:"逢江莫行,至泥则止。"后舟次九江江沱嘴,便悟。遂结庐,修炼其中。时大疫,施以符水辄效。远近慕之。后作颂而解去。宋咸淳中,封通慧孚惠真人。

[1] 道行:修行的功夫。

裴老人

　　裴老人,世代住在江左,得道后前往闽地游历,非常喜欢清源山,于是根据占卜结果,在清源山脚下找了一块地住下。裴老人曾经自唱道:"好酒啜三杯,好花插一枝。思量今古事,安乐是便宜。"凡是遇到喝酒之事,裴老人只喝三杯。他住所之前有十几只老虎出没,十天必吃掉一人。裴老人每十多天买一些肉给老虎吃,还祈祷说:"吃下这些肉,就再也不要吃人了。"久而久之,老虎被他感化,就再也没有伤害过一人。裴老人经常前往泉州,早上出发,晚上就回来了。老虎轮流在城外等候裴老人,驮着他回去。裴老人曾经到万福山顶游玩,口渴无水,就用拳头敲打磐石。磐石稍微倾斜,甘泉逐渐从地下渗出来。直到今天,一人喝,泉水绰绰有余,百人喝,泉水不会枯竭,这块磐石即圣泉岩。

　　隔壁乡里有一座相公庙,乡人祈祷事情,马上就会灵验。每次向相公庙献祭三牲时，看官、尼巫就告诫人们不要偷看，神灵必定吃下一半的祭祀品。神灵每年必定生吃下一个孩童。乡人轮流交出孩童进献到相公庙，如果不这么做，瘟疫和饥荒便会立刻降临。一位八十多岁的老翁，只有一个孙子。乡人把老人孙子推出去祭祀神灵。老翁不忍心，抱着孙子在相公庙门前哭泣。正好裴老人经过相公庙，撞见老人和孙子。裴老人询问后知道了事情原委，就替代老翁抱着孙子，点着斗覆灯等待神灵出现。到半夜时，相公口中发出轰轰声，血腥气扑面而来。裴老人立马拿出灯火照明，只见都是臭虫，于是抱着小孩儿跑了出来。等到天亮，裴老人拿来热水浇在相公像上，臭虫全都死了，相公庙从此也不再灵验，而且瘟疫、饥荒等灾害也被驱除了。

　　泉州城的父老每年中秋节当晚，在桥上架起高座，然后推出一位八十岁的老人坐在上面。夜深人静时，人们都看到一对红灯，从云中而来，将老人接走。老人的子孙、亲戚马上摆设酒宴，唱歌跳舞，邀请宾客在桥下一起欢庆，认为老人升仙而去。这座桥因此命名为登仙桥。乡里的老人唯恐轮不到自己。裴老人偶然间遇到这件事，心想是妖怪在作祟，当为民除害。泉州人素来敬重信任裴老人，于是裴老人持剑坐在高座上。不一会儿，红灯出现。裴老人用剑刺向红灯，血流满地。众人这时才开始感到惊讶。天亮后，人们顺着血迹，一直来到清源山后，只见大磐石下有一条大蛇被刺伤，趴在下面。众人竞相刺死了大蛇。磐石旁边有一个山洞，都是所谓登仙人的尸骨。裴老人让他们的子孙占卜好墓穴位置后，把他们一起合葬了。后来裴老人忽然登上清源山上面的一处山洞，在里面尸解而去。当地人埋葬了裴老人的尸骨，就在尸解的石室中进行祭祀，石室因此取名为"蜕岩"。

原文

裴老人，世居江左。得道，游闽。爱清源山，遂卜居其下。尝自吟曰："好酒啜三杯，好花插一枝。思量今古事，安乐是便宜。"凡遇饮，只三杯而止。元[1]所居处，有虎十余。旬日[2]必食一人。裴老每十余日买肉一块以饲之，且祝[3]曰："食此肉，毋食人肉。"久之，虎为所化，绝不伤人。裴老常到泉城，朝往暮还。其虎迭[4]候裴老于郭外，负之而归。又尝游万福山顶，渴，无水，以拳扣石磐。磐微倾，甘泉渐出。至今一人饮之不盈，百人饮之不竭，即圣泉岩也。

隔里有相公庙者，乡人祈祷之立应。每有三牲祭献，则看官尼巫戒人毋得窥伺，而神必食其半。每一年必生食一孩童。乡人咸轮出幼子以荐之，不尔[5]，凶荒灾疫立降。一老翁年八十余，只一孙，乡人推饲之。翁未忍，抱孙于庙门而泣。裴老适见之，询得其情。因代翁抱其孙，以斗覆灯待之。至夜半，相公口中轰轰有声，腥气逼面。遽出火视之，皆臭虫也。遂抱儿出。及明，取热水浇之，臭虫死，相公亦不灵，而害遂除。

又泉城诸父老每岁中秋夜，共推年登八十者一人架高座于桥。老者坐其上。夜静，皆见红灯一对，自云中来迎去。其子孙亲戚，即设酒乐，宾宴乐其下，以为祖考[6]升仙矣，因名桥曰"登仙"。里中老人，唯恐不与也。裴老偶过之，拊心曰："祟也。吾当为除之。"泉人素敬信裴老，于是遂仗剑升座。俄红灯来，以剑击之，血流满地。众始讶异。天明，依血踪至清源山后，见大磐石下，一大蛇被伤，伏其下。众竟刺杀之。傍一洞，皆向登仙人骨也。裴老令其子孙卜穴而合葬之。后裴老忽登清源上洞，蜕骨而去。土人涂其骨，即石室中祀之。因名蜕岩焉。

[1]元：原来。[2]旬日：十天。[3]祝：祝祷。[4]迭：轮流。[5]不尔：不这样的话。[6]祖考：父祖之辈。

张秉

张秉，武陵人，一天在山间行走，遇到一位仙女对他说："天帝因为你在吴地的功德，特地派我来和你成亲。生下的儿子以木德在吴地称王。"仙女和张秉约定明年再到此地相会。张秉如期到来，果然见到一位女子，把襁褓中的婴儿交付给他。仙女说："子孙世世相承，代代在吴楚享受祭祀。"张秉的儿子名渤，担任祠山仙长。

原文 张秉，武陵人。一日行于山泽间，遇仙女曰："帝以君功在吴分[1]，故遣相配偶，生子以木德王其地。"且约踰年再会于此。秉如期往，果见女以襁褓[2]中子付秉曰："当世世相承，血食[3]吴楚。"后子名渤，为祠山仙长。

[1] 吴分：吴地。[2] 襁褓：背负婴儿用的宽带和包裹婴儿的被子，后来也泛指婴儿包。[3] 血食：受享祭品。

田志亨

田志亨，蠡吾人，号通真子。父母双亡后，田志亨亲自背土筑坟。一天，田志亨离开妻子儿女，出家为道，住在唐县磨岩。田志亨坐在柏树下的磨石上，白天在村子里乞食，晚上就回到石头上睡觉。猛兽蟒蛇每次见到田志亨，都俯首而退。村民都感到很惊异，因此为田志亨创建了一座道观。田志亨八十岁时才去世。

> 田志亨，蠡吾人，号通真子。父母亡，自负土筑墓。一日，舍妻子，为黄冠[1]。居唐县磨岩，坐柏树下一磨石。日乞食村落，夜还宿石上。每有猛兽巨蛇见之，皆俯首而退。里人咸异之，为创观居焉。年八十而逝。

1 黄冠：道士。

吴守一

吴守一，兰陵人，早年出家为道，后来跟随渊然刘真人学习炼度秘法，入琅琊神峰山的南边，修炼了数年的辟谷术。一天，忽然出现一位道士，走入草庵和吴守一聊天。不一会儿，道士从袖子中拿出一包茶，命人煮了喝。刚走出门，道士就消失不见了。喝了道士的那包茶后，吴守一九十多岁仍鹤发童颜。羽化成仙的前一晚，异香满房，白鹤在房子上空盘旋数天。

> 吴守一，兰陵人。早为黄冠，后从渊然刘真人受炼度秘术，入琅琊神峰山之阳[1]，栖霞辟谷有年。忽一道人入庵与语。须臾，袖中出茶一包，命烹其啜[2]。出户，道人不见。自是年逾九十，鹤发童颜。羽化之夕，奇香满室，白鹤绕空者移日。

1 阳：山的南边。 2 啜：喝。

程守善

程守善，金城狄道人，具有纯真的本性并且很有修养。程守善祈雨治病，马上见效。他所住的万寿观，枯败的槐树又重新枝繁叶茂起来。元至正年间，程守善无疾而终，赐号通真子。

原文 程守善，金城狄道人。含真养素，祷雨治疾立应。所居万寿观，枯槐复茂。至正中，无恙[1]而逝，赐号通真子。

1 无恙：没有疾病。

吉志通

吉志通，合阳人，从小聪敏过人，拜乔潜道和潘清客为师，博学多闻。吉志通后来住在武当山，十年不烧火吃饭，只是服用黄精和苍术，精神矍铄，健步如飞。一天，吉志通召见弟子，告诫他们好好珍视道法。说完，吉志通就枕着胳膊去世了，当时是元中统甲子年。

原文 吉志通，合阳人。幼颖悟，师乔潜道及潘清客，博学令闻[1]。后居武当山，十年不火食，但饵黄精、苍术。精神澄澈，行步若飞。一日召弟子，戒以珍重道教。言讫，曲肱而逝。时元中统甲子岁也。

1 令闻：美好的声誉。

王当阳

王当阳，桐汭人。元朝初年，王当阳遇到神人，学会幻化之术，后来在武当山游历一段时间后回到桐汭，在郡南边的平顶山建造了升平道院。王当阳在院中修炼，撰写修行精语，活到九十多岁时，忽然端坐而羽化。

原文 王当阳，桐汭人。元初，遇异人，能幻化之术。后游武当而归，于郡南平顶山建升平道院，修炼其中，撰述[1]精语。年九十余，忽端坐而化。

1 撰述：著述。

张得一

张得一，台州人。有一位叫作忻解元的人，居住在后山岭，此地林木茂密，人迹罕至。曾经有樵夫来到山顶，看见一间草庵，里面端坐着一位道姑。樵夫回来后把这件事告诉了忻解元，忻解元立刻拄着拐杖入山寻访道姑，在草庵前站了很久，等道姑出定睁开眼睛，忻解元走上前去行礼，问："您是哪里人，什么时候来到这里？"道姑不答。忻解元又说："我想盖一间小屋，给您遮风避雨，可以吗？"道姑还是不答。于是忻解元喊来王樵夫一起搭建房屋，又建造土台，供道姑打坐。当时张得一刚刚弱冠，想离家学道，于是带着香烛前来拜访道姑。张得一说："我妄想修真成仙，但是不知道是否有修道的前程。"道姑欣然回答："你将获得至诀，应该速速离开此地。我传授你几句话，如果你能珍视，按此修行，可以获得很多用处。"道姑说："心湛湛而无动，气绵绵而徘徊。精涓涓而运转，神混混而往来。开昆仑于七窍，散元气于九垓。凿破玉关，神光方显。寂然圆郭，一任去来。"张得一忽然有所感悟，回家告别亲友，外出远游，再也没有回来。张得一的家乡每年八月中，都会出现祥光，或者听到仙鹤飞翔鸣叫的声音。远近之人都看见过。

【原文】 张得一，台州人。有忻解元，所居后岭，山林深邃，人迹罕及。尝有樵者至山巅，见小草庵，一道姑坐其中。归告忻，忻即策杖[1]访焉。伫立良久，俟出定[2]开目。乃前作礼，问先生何处人，何年至此。不答。又曰："欲盖小屋，与先生蔽风雨。可乎？"亦不答。忻竟召王作屋，且筑土台以供宴坐。时得一年方弱冠，欲弃家学道。赍香拜谒，启[3]曰："某妄意修真，未知前程可以达道否？"姑欣然应之曰："汝当逢至诀，宜速离此。吾授汝数语，能宝持受行之，不可胜用矣。"云："心湛湛而无动，气绵绵而徘徊。精涓涓而运转，神混混而往来。开昆仑于七窍，散元气于九垓。凿破玉关，神光方显。寂然圆郭，一任去来。"张矍然[4]有悟，归告家人，遂远游不复还。故里每岁八月中，祥光见焉，或有仙鹤飞鸣，远近咸睹。

1 策杖：拄着拐杖。2 出定：佛家以静心打坐为入定，打坐完毕为出定。3 启：禀告。4 矍然：迅速的样子。

梁野人

梁野人，名戴，长沙人，父兄都以学习儒术为业，只有梁野人崇尚逍遥，得铅汞修炼之术。梁野人曾经在三清殿后面的铜像旁边睡觉，梦到高一丈左右的金人，握住他的左手，把一块金币按在他手里并告诫说："你想要钱时，只需要把左手缩进袖子中，袖子迅速震动，那么你想要多少钱就可以拿出多少钱，只是千万不要泄露此事。"梁野人拜谢金人后，恍恍惚惚就醒了，只觉得左手手掌微痛，一看，里面隐隐约约有钱。梁野人顶礼拜谢铜像后，试验了一下，果然很灵验。从此以后，梁野人更加豪放，每天喝酒唱歌，自娱自乐。梁野人的母亲责备他说："我生了两个儿子，希望靠你们来为我送终。你的哥哥年少登科，你到现在还如此落魄，我还有什么指望呢？"梁野人想在尘世外游历修行，母亲没办法留他在家中，于是放他外出游历，十二年杳无音信。哥哥梁颜担任庐州守令，梁野人前往拜访。梁颜见后，悲喜交加，请梁野人喝了几杯酒后说："我现在担任一方的父母官，岂能忍心见到弟弟衣衫褴褛。"于是让梁野人更换衣帽。梁野人说："畅游山林景致，只修炼内观术，为什么要把我锁在形骸之外呢？"梁野人马上离开哥哥的家，寄宿在旅店中。梁野人喝醉酒卧在床上，半夜时发出钱声。店主惊醒，起床说："这个道士必定是小偷，为何有这么多的钱发出声响。"店主通过墙壁的缝隙偷偷观看，发现房中什么都没有。于是等待他出来，只见梁野人拿出钱币，堆了半垛那么高。墙壁上又写有一封信留给太守："弟弟梁野人与山野为伴，在旅店久等兄长不来，现在准备离去，希望兄长多多珍重。有少许钱，烦请周济贫苦人。"梁野人又留下所穿的破衣服，异香袭人，恐怕不是人间能够闻到的香气。人们查寻梁野人离去的踪迹，只见屋上的瓦片稍稍移动。原来梁野人是凌空飞升而去，后来不知所踪。

【原文】 梁野人，名戴，长沙人。父兄皆儒业，独戴慕尚逍遥，得铅汞修炼之术。尝昼寝三清殿后铜像之侧，梦金人长丈余，提其左手，以一金钱按之，戒曰："汝欲钱时，但缩左手。袖中振迅，则钱随取多寡。慎勿妄漏。"戴拜受。恍然而寤，觉左掌微痛，视之隐隐有钱。顶谢[1]讫，试之果验。以后益放旷[2]，歌酒自娱。其母责之曰："吾生二子，冀以终身。尔兄少年登科，汝落魄如此。吾何所望乎？"欲游外方，母留之不可，遂去。十二年无消息。兄颜，守庐州。戴谒之，颜见，且喜且悲，饮之酒数行，曰："吾为邦伯[3]，岂忍见弟褴褛[4]？"令换衣冠，戴曰："山林风致，唯事内观。何索我于形骸之外。"即出寄旅邸[5]，醉卧。夜半有钱声，主惊起曰："此道人必偷儿也。何钱声之多。"穴隙窥之，一无所睹。且而伺其出，钱缗堆垛半壁。上有书贻太守，曰："弟野人以烟萝[6]侣，久候不果，奉辞，唯冀珍重。有少钱，烦周恤贫乏。"仍遗下所着敝衣，异香袭人，殆非世所尝闻。验其去踪，揆屋瓦少偏，乘空而升，后不知所往。

[1] 顶谢：顶礼感谢。[2] 放旷：豪放旷达，不拘礼俗。[3] 邦伯：州牧，古代用以称一方诸侯之长。[4] 褴褛：衣服破烂。[5] 旅邸：旅馆。[6] 烟萝：草树茂密，烟聚萝缠，借指幽居或修真之处。

邓牧

邓牧，钱塘人，精通老庄诸书，所写文章，能够赶上古代的作家。邓牧曾经居住在余杭洞霄宫的超然馆中，一个月都没有出去过。全国各地的名人，因为文章前来拜访邓牧，络绎不绝。如果不是有缘之人，就算出价千金购买，邓牧也不给。元大德年间，邓牧无疾而终，写有《洞霄志文稿》流传于世。

原文　邓牧，钱塘人。通老庄诸书，下笔追古作者。尝居余杭洞霄宫之超然馆，经月不出。四方名胜[1]，以文字诣者交至。非其人，虽千金购之，弗与也。元大德间，无恙而逝。所著有《洞霄志文稿》。

1 名胜：有名望的才俊之士。

张金箔

张金箔，山西平阳人，会很多幻术。张金箔听说济源湫水河的美景，前往观看，对水沉思许久，说："不过是几个幻术而已。"张金箔回家后，在后园开凿水池，聚水设立机巧，同时也能够灌溉田地。有一天，一位老道士前来相见，问张金箔："听说您会很多幻术，特来探视。"张金箔带领老道士观看水池，老道士笑着说："他日请你到寒舍一游，也可赏心悦目。"几天后，老道士派遣两位童子各骑一条龙前来邀请张金箔。龙突然发起脾气来，童子拿起鞭子抽打，龙才趴在地上。张金箔和童子来到一座高山中，枯败的松树参差错落，山上有一块圆形的石壁，老道士端坐在上面，对张金箔说："老夫不想涉足尘世，所以把两只脚放在其他地方了。现在取出，向你行礼。"只见两只脚突兀地靠在石壁上，老道士用手拨开双脚，自动聚集到身体上。老道士向张金箔施礼后，对张金箔说："你将来必定会被幻术所累，不如搬到这里居住，一同享受仙境的乐趣。"张金箔辞谢了老道士的美意。老道士叮嘱童子走开，忽然之间，张金箔的房子、家中男女全都出现在眼前。张金箔大吃一惊。不一会儿，他们和老道士以及童子又都消失不见了，只剩下张金箔一个人在荒山中。张金箔找了很久的路才回来。到家后，张金箔将刚才之事询问家人，他们都说没有移动过半步。

高皇帝听说这件事后，召张金箔入宫，问他用什么法术可以达到一样的效果。张金箔回答说："我能在空瓶中变出采莲之景，还能变出五色云。"高皇帝下令张金箔马上施法。张金箔从袖子中拿出一个铁瓶，画了五张道符，和水一起扔到瓶中，然后用火烤四次。瓶子起初冒出几缕青烟，逐渐喷出五色云，弥漫在宫殿上下。张金箔又把莲子撒在河中，不一会儿，河面长出上万株荷花。张金箔又用剪纸作采莲船扔在河中。河面出现许多美女，都坐在船中采莲，竞相唱着吴歌为乐。高皇帝看后，不觉哈哈大笑。这时，张金箔忽然消失不见，人和船也都不见了。

原文　　张金箔，山西平阳人。多幻术。闻济源湫水[1]之迹，往视之。对水沉思，久之曰："不过术耳。"归以后围凿池，积水设机，亦能溉物。有一老道流[2]至，问曰："闻君多术，故来探耳。"张引观池，老道笑曰："他日请游寒窝[3]，亦可为乐。"数日后，遣二童子各骑龙邀张。龙戾，童鞭之，始伏。至一长山，枯松落落，上有团壁。老道危坐其中，曰："老夫不欲涉尘世，以二足置他所，俟取至为礼。"张见两腿兀然倚壁。老道以手招之，腿自辏，及其体。施礼毕，谓张曰："君后日必为术累，不若移家至此，同享仙境之乐。"张谢不能。老道嘱童往移，倏忽之间，张之房业、男女皆在目前。张大惊，俄顷忽不见，止留张在荒山中。寻路久之，还家问前故，皆曰："未尝少移也。"

高皇帝闻之，召至，问其用术何似。对曰："臣术能采莲为戏，瓶中又能出五色云。"即命为之。袖中取一铁瓶，书五符与水投瓶中。用火四炙。初出如缕，渐勃然五色云，迷布上下。又以莲子撒河中，须臾，莲花万柄挺出。复以纸剪作采莲船投之，美女无数，俱在船采莲，竞唱吴歌[4]为乐。上不觉大笑，忽失其所在，人船俱不见矣。

1 湫水：潭水。**2** 道流：道士。**3** 寒寓：谦称自己的家。**4** 吴歌：吴地之歌，也指江南民歌。

董伯华

董伯华，成化年间居住在泉州，能够呼风唤雨，施法立竿见影。董伯华曾经贩卖雷符，画一张雷符卖一文钱。常看见儿童买雷符，藏在手心，到有钱人门前时打开手掌，雷符马上发出巨响。董伯华后来登上清源山，坐在岩石上尸解而去。

原文　董伯华，成化间居泉州，能呼风唤雨，无不立至。又尝卖雷，画一雷符，卖钱一文。见童辈常买之，藏符于手心，到双门[1]前开手，雷即应声而震。后登清源山，坐岩门尸解。

1 双门：重门，指有财有势的门第。

周思得

周思得，钱塘人，从小聪明过人，跟随四十三代天师张宇初读道家经典，永乐初年被召至京师。周思得曾经跟随皇帝北征，受宠获得了丰厚的赏赐。宣德、正统年间，周思得屡次受封为弘道高士，统领道录司的事情。九十二岁去世，被追赠为通灵真人。

(原文) 周思得，钱塘人。少颖悟，从四十三代天师张宇初读道家书。永乐初，召至京。尝扈从¹北征，宠赉²优出。宣德正统间，累封崇教弘道高士，领道录司事。卒年九十二，赠通灵真人。

1 扈从：随从皇帝出巡。**2** 宠赉：指帝王的赏赐。